U0517849

政府管制研究系列文库

The Research Archive on Regulation

中国资产评估监管制度安排与效率研究

Research on the Arrangement and Efficiency of Chinese Valuation Supervision System

郭化林 著

中国社会科学出版社

图书在版编目（CIP）数据

中国资产评估监管制度安排与效率研究/郭化林著. —北京：中国社会科学出版社，2016.1
ISBN 978 - 7 - 5161 - 7319 - 0

Ⅰ.①中…　Ⅱ.①郭…　Ⅲ.①资产评估—监管制度—研究—中国　Ⅳ.①F123.7

中国版本图书馆 CIP 数据核字（2015）第 300793 号

出 版 人	赵剑英
责任编辑	卢小生
特约编辑	林　木
责任校对	周晓东
责任印制	王　超

出　　版	中国社会科学出版社
社　　址	北京鼓楼西大街甲 158 号
邮　　编	100720
网　　址	http://www.csspw.cn
发 行 部	010 - 84083685
门 市 部	010 - 84029450
经　　销	新华书店及其他书店

印　　刷	北京明恒达印务有限公司
装　　订	廊坊市广阳区广增装订厂
版　　次	2016 年 1 月第 1 版
印　　次	2016 年 1 月第 1 次印刷

开　　本	710×1000　1/16
印　　张	21.75
插　　页	2
字　　数	364 千字
定　　价	78.00 元

凡购买中国社会科学出版社图书，如有质量问题请与本社营销中心联系调换
电话：010 - 84083683
版权所有　侵权必究

总　序

　　管制是英文 Regulation 的翻译，通常被译为"管制"、"规制"或者"监管"。在学术界，国内学者翻译国外论著和自己撰写论著时，同时使用"管制"或"规制"，两者不存在实质性的区别；而实际部门广泛使用的"监管"则可分为狭义监管与广义监管，其中，狭义监管概念和范围基本等同于"管制"，而广义监管通常被理解和分拆为"监督与管理"，等同于一般的行政管理。因此，凡是政府机关的所有行政监督与管理行为都被泛称为监管。笔者认为，被泛化的广义监管是对管制的误解。这是因为，管制不同于一般的行政管理。首先，从对象上看，行政管理发生在政府部门内部，其管理对象主要是政府部门的下级（下属）单位；而管制的对象则不是政府的下级（下属）单位，而是独立的市场主体（企业和个人）。其次，从主体与客体的相互关系看，行政管理是政府部门与政府部门的关系，主体和客体之间往往是上下级关系，并不是完全独立的；而管制实际上是政府与市场主体（企业和个人）的关系，其主体与客体之间是完全独立的。最后，从手段上看，行政管理可以依靠（主观的）行政命令来直接控制下级（下属）单位；而管制主要依靠（客观的）法律来规范和约束经济上、法律上独立的市场主体。

　　尽管不少国内外学者对管制有不同的定义，但不难发现管制至少具有这样几个构成要素：（1）管制的主体（管制者）是政府行政机关（简称政府），通过立法或其他形式对管制者授予管制权。（2）管制的客体（被管制者）是各种经济主体（主要是企业）。（3）管制的主要依据和手段是各种法规（或制度），明确规定限制被管制者的什么决策、如何限制以及被管制者违反法规将受到的制裁。根据这三个基本要素，管制可定义为：具有法律地位的、相对独立的管制者（机构），依照一定的法规对被管制者（主要是企业）所采取的一系列行政管理与监督行为。由于管制的主体是政府，所以管制也被称为政府管制。

管制经济学是一门新兴学科。虽然在 20 世纪 70 年代以前，经济发达国家的许多学者就发表了不少有关价格管制、投资管制、进入管制、食品与药品管制、反托拉斯管制等方面的论著，但这些论著各自在较小的领域就特定的对象进行研究，缺乏相互联系；而且，运用经济学原理研究政府管制的论著更是少见。到了 20 世纪 70 年代，一些学者开始重视从经济学角度研究政府管制问题，并试图将已有的研究成果加以系统化，从而初步产生了管制经济学。其中，美国经济学家施蒂格勒发表的《经济管制论》等经典论文对管制经济学的形成产生了特别重要的影响。20 世纪 80 年代以来，美国、英国和日本等经济发达国家对一些垄断产业的政府管制体制进行了重大改革，并加强了对环境保护、产品质量与安全、卫生健康方面的管制。这些都为管制经济学的研究提供了丰富的实证资料，从而推动管制经济学的发展。

政府管制的研究内容比较广泛，但大致可以归纳为经济性管制、社会性管制和反垄断管制三大领域。其中，经济性管制领域主要包括那些存在自然垄断和信息严重不对称的产业，其典型产业包括有线通信、电力、铁路运输、城市自来水和污水处理、管道燃气、金融保险业等产业。社会性管制的内容非常丰富，通常可以把社会性管制分为卫生健康、安全和环境保护三个方面，因此又可以把社会性管制简称为 HSE 管制（Health, Safety and Environmental Regulation）。反垄断管制是一个具有相对独立的研究领域，其主要研究对象是竞争性领域中具有市场垄断势力企业的各种限制竞争行为，主要包括合谋、并购和滥用支配地位行为。

管制经济学是以经济学原理研究政府管制科学性的一门应用性、边缘性学科。从管制经济学产生和发展的过程看，它是因实践的需要而产生与发展的，其理论研究紧密结合现实经济实际，为政府制定与实施管制政策提供了理论依据和实证资料，其研究带有明显的政策导向性，显示出应用性学科的性质。同时，管制经济学涉及经济、政治、法律、行政管理等方面的内容，这又决定了管制经济学是一门边缘性学科。

经济学是管制经济学的基础性学科。这是因为，管制经济学不仅要研究政府管制本身的需求与供给，包括需求强度和供给能力，而且要分析政府管制的成本与收益，通过成本与收益的比较，以确定某一政府管制的必要性。同时，管制政策的制定与实施也要以经济学原理为依据，如经济性管制的核心内容是进入管制与价格管制，进入管制政策的制定与实施要以规模经济、范围经济、垄断与竞争等经济理论为重要依据，以在特定产业或领域形成规模经济与竞争活力相兼容的有效竞争格局；而价格管制政策的制定则以成本与收益、需求与供给等经济理论为主要依据。对每一项社会性管制活动都要运用经济学原理，进行成本与收益分析，论证管制活动的可行性和经济合理性。

行政管理学与管制经济学具有直接的联系。因为管制的基本手段是行政手段，管制者可以依法强制被管制者执行有关法规，对他们实行行政监督。但是，任何管制活动都必须按照法定的行政程序进行，以避免管制活动的随意性。这就决定了管制经济学需要运用行政管理学的基本理论与方法，以提高管制的科学性与管制效率。

政治学是与管制经济学密切相关的一门学科，从某种意义上讲，管制行为本身就是一种政治行为，任何一项管制政策的制定与实施都体现着各级政府的政治倾向，在相当程度上包含着政治因素。事实上，管制一直是发达国家政治学研究的一个重要内容，管制是与政治家寻求政治目的有关的政治过程。

法学与管制经济学也紧密相关。这是因为，管制者必须有一定的法律授权，取得法律地位，明确其权力和职责；同时，管制的基本依据是有关法律规定和行政程序，管制机构的行为应受到法律监督和司法控制。这就使管制经济学与法学存在必然联系。

管理学与管制经济学也有较大的联系。管制者与被管制者之间通常存在着较为严重的信息不对称性，管制者如何引导被管制者尽可能地采取有利于社会公众利益的行为，这是一个复杂的多重博弈过程，要求管制者必须掌握管理学知识，具有较强的管理能力。

管制经济学的这种边缘性学科性质，需要学者进行跨学科的协同研究。事实上，发达国家就是从多学科对政府管制进行多维度研究的，并强调跨学科研究。

中国对管制经济学的研究起步较晚，据笔者所掌握的资料，最早介绍到中国的管制经济著作是施蒂格勒著的《产业组织和政府管制》（潘振民译，上海三联书店1989年版），在这部文集中，其中有4篇是关于政府管制方面的论文。随后，出版了日本学者植草益著的《微观规制经济学》（朱绍文、胡欣欣等译，中国发展出版社1992年版），这是介绍到中国的第一本专门讨论管制经济的专著，在中国有很大的影响。从20世纪90年代以来，国内学者在借鉴国外管制经济学的基础上，并结合中国实际，出版了许多论著，为管制经济学在中国的形成与发展奠定了基础。但从总体上说，中国对管制经济学的研究还处于起步阶段，在许多方面需要结合中国实际进行深入研究。

在计划经济体制下，中国不存在现代管制经济学所讲的管制问题，不能把计划理解为管制，不能把计划经济体制理解为传统管制体制。因为市场是对计划的替代，而管制是对市场失灵的校正和补充。管制是由法律授权的管制主体依据一定的法规对被管制对象所实施的特殊行政管理与监督行为。管制不同于一般的行政管理，更不同于计划。否则就没有必要讨论管制经济学在中国的发展，就没有必要讨论通过改革如何建立高效率的管制体制问题。从国际经验看，就垄断性产业而言，美国等少数发达国家主要以民营企业为经营主体，与此相适应，这些国家较早在垄断性产业建立现代管制体制。而英国、日本和多数欧洲国家则对垄断性产业曾长期实行国有企业垄断经营的体制，只是在 20 世纪 80 年代才开始对垄断性产业实行以促进竞争和民营化为主要内容的重大改革，并在改革过程中，逐步建立了现代管制体制。

中国作为一个从计划经济体制向市场经济体制过渡的转型国家，政府管制是在建立与完善社会主义市场经济体制过程中不断加强的一项政府职能。传统经济理论认为，自然垄断产业、公用事业等基础产业是市场失灵的领域，市场竞争机制不能发挥作用，主张直接由国有企业实行垄断经营，以解决市场失灵问题。在实践中，长期以来，中国对这些基础产业实行政府直接经营的管理体制。但是，新的经济理论与实践证明，国有企业垄断经营必然导致低效率，并强调在这些产业发挥竞争机制的积极作用。因此，从 20 世纪 90 年代以来，中国像世界上许多国家一样，对这些产业逐步实行两大改革，一是引进并强化竞争机制，实现有效竞争；二是积极推行民营化，一定数量的民营企业成为这些产业的经营主体，在这些产业形成混合所有制的经营主体，以适应市场经济体制的需要。这样，政府就不能用过去管理垄断性国有企业的方式去管理具有一定竞争性的混合所有制企业或民营企业，而必须实行政府职能转变，建立新的政府管制体制，以便对这些产业实行有效管制。同时，在经济发展的基础上，中国日益强调对环境保护、卫生健康和工作场所安全等方面的管制。这些都使政府管制职能表现出不断强化的趋势。为此，党的十三大明确提出，政府的四大基本职能是：经济调节、市场监管、社会管理和公共服务，首次把市场监管（政府管制）作为一项重要的政府职能。

浙江财经大学是国内较早地系统研究政府管制经济学的高等学校，在政府管制领域承担了国家重大科技专项课题、国家社会科学基金和国家自然科学基金项目20多项、省部级研究项目50多项，在政府管制领域已出版了30多部学术著作，在《经济研究》等杂志上发表了一批高质量的学术论文，其中，一些成果获得了"孙冶方经济科学著作奖"、"薛暮桥价格研究奖"、"高等学校科学研究优秀成果奖（人文社会科学）"等。学校已形成了一个结构合理、综合素质较高、研究能力较强的研究团队。为适应政府管制经济学研究的需要，更好地为政府制定与实施管制政策服务，学校成立了跨学科的浙江财经学院政府管制研究院，其中包括政府管制与公共政策研究中心（浙江省社会科学重点研究基地）、管制理论与政策研究创新团队（浙江省重点创新团队）、公用事业管制政策研究所（学校与住房和城乡建设部合作研究机构）等研究平台。政府管制研究院的主要研究方向包括：政府管制基础理论研究、垄断性行业管制理论与政策研究、城市公用事业政府管制理论与政策研究、社会性管制理论与政策研究、反垄断管制理论与政策研究、金融风险监管理论与政策研究、政府管制绩效评价理论与政策研究等。为系统出版学校教师在政府管制领域的学术著作，在中国社会科学出版社的大力支持下，我们将持续出版《政府管制研究系列文库》，这也是学校对外开展学术交流的窗口和平台。欢迎专家学者和广大读者对文库中的学术著作批评指正。

王俊豪

2012年元月于杭州

前　言

　　评估机构是资本市场资产价值信息质量的"守护人"，资产评估利用自身专业技术，为资本市场的投资、交易定价提供重要参考，在资本市场尤其是并购重组等交易中发挥着举足轻重的作用。我国资产评估行业与英国、美国、澳大利亚等发达国家评估行业的发展轨迹不同，它兴起于20世纪80年代末，是为了适应我国经济体制改革、防止国有资产流失的迫切需要而产生的。换句话说，它是政府主导和催生的产物，与政府相关部门有着天然的血缘或"脐带"关系，而并非市场经济"瓜熟蒂落"的结果。这导致资产评估、房地产估价、土地估价、矿业权评估、旧机动车鉴定估价和保险公估在内的六大类评估专业，分别由财政部、住房和城乡建设部、国土资源部、商务部和保监会五个部门管理，即所谓的"五龙治水"、"诸侯割据"或者"市场壁垒"。同时，与英、美等国家两百余年的发展历史相比，中国评估行业仅有不到30年的发展历程，尚存在理论研究薄弱、法规不健全、评估市场集中度低、评估质量不高等问题。祸患常积于忽微，智勇常困于所溺。上述问题的存在，使得本选题的研究十分必要。

　　本书试图从目前国内外资产评估监管现状和已有的监管理论及文献出发，以分析资产评估监管现行模式运行、市场表现、存在问题及政策供给为路径，以促进我国资本市场和资产评估行业健康发展、维护社会公众利益为目的。主要内容包括三个部分，第一部分由研究背景与基本框架、文献回顾与相关理论等构成。本书属于应用对策研究，整个研究工作以国内外发展环境、文献回顾为逻辑起点，系统分析当前我国评估行业及其监管的现状和存在问题，并梳理了资产评估监管方面的研究文献，提出了本书的内容结构和研究方法。第二部分由政府控制、制度环境与评估机构选择，评估机构伦理气氛，资产评估增值率分析，资产评估监管相关方博弈分析，中国资本市场资产评估典型事件研究五章构成。重点研究我国资产评估行业监管的内外部环境、影响因素以及虚假评估等问题，旨在探究我国评估行业监管存在的显性和隐性问题及其产生的内在机理，为中国评估监管模式的改进和政策建议的提出奠定基础。第三部分由资产评估结果的准确性评价、资本市场资产评估监管模式比较研究、我国资本市场资产评估监管效率实证研究、研究结论与政策建议及展望四章构成。探讨了评估质量评价方法、行业自律与行政干预及独立监管等中外评估监管模式；并在对我国资产评估年度质量检查、行业自律、评估方法选择、评估机构市场集中度等方面分析基础上，从监管法规健全程度、行业发展环境、评估执业质量、监管投入、监管信息透明度以及监管效率、效果等方面构建了我国资产评估监管基本评价维度；还在借鉴国外监管体制、发展趋势以及我国国情基础上，提出完善我国资产评估监管模式的政策建议。

本书是2013年度浙江财经大学"政府管制与公共政策研究"专项课题"我国资本市场资产评估监管的制度安排与效率研究（13ZUFEGZ02）"的研究成果。在出版过程中，得到浙江财经大学中国政府管制研究院资助。浙江财经大学研究生蒋恩平、王平裔、黄明菲、苏捷、洪微微、周丹、陈涵涵、李瑞、林禹光、王柔玉、胡悦、张婷、徐浩等参与了部分专题的研究及资料收集和整理工作，其中，蒋恩平参加了第三章的撰写，黄明菲参加了第四章的撰写，王平裔参加了第五章的撰写，林禹光参加了第一章、第六章的撰写，周丹参加了第八章、第十章的撰写，洪微微、陈涵涵参加了第七章的撰写，李瑞参加了第九章、第十一章的撰写，王柔玉、胡悦、张婷、徐浩参加了第二章的撰写。尤其需要说明的是，本书在撰写过程中，得到了浙江财经大学中国政府管制研究院张国平教授鼎力支持，参阅引用了国内外许多同行的观点或材料，对此深表谢意。受时间、水平所限，书中难免有值得商榷乃至不当或错误之处，恳请读者批评指正。

郭化林

2015年3月于钱塘江畔

目　　录

第一章 研究背景与基本框架

第一节 研究背景

一 资本市场虚假评估事件频发

1988 年 4 月，全国第一家资产评估机构大连市资产评估中心成立，这是为了适应我国经济体制改革、防止国有资产流失的迫切需要而产生的。自 1998 年"红光实业事件"，中国证券监督管理委员会（以下简称"证监会"）对评估机构开出了第一份罚单，其后又出现了"麦科特"、"长岭集团"、"泰港集团"、"ST 圣方"、"吴建敏事件"等一系列虚假评估事件。[①] 近年来，对评估机构的检查分为全面检查和专项检查，抽查比例不低于 20%。2013 年查处的主要违规事实、处理结果如表 1 - 1 所示。2014 年，具有证券评估资格的评估机构有 70 家，全面检查 5 家，抽查 15 家，共检查 20 家，证监会累计对 9 家评估机构、21 名个人采取行政监管措施。

同时，根据冰山理论"人们能见到的是露出水面的部分，实际那只是整体冰山的一角（1/8），更大的部分在水下，它是水上部分的几倍或几十倍（7/8）"的观点，或许有更多的评估机构存在虚假评估而未被曝光或受到证监会行政监管措施。不过，一个不争的事实是，上述事件或者不同形式的处罚，一方面，使得评估行业的公信力不断受到质疑，影响了

---

① 中国科学院"社会中介组织的腐败状况与治理对策研究"调查显示，在我国，商业贿赂、政府官员的"寻租"腐败等日益严重的贿赂腐败链条中，中介组织的影子越来越多。该报告特别指出，近年来，财务、审计和评估类型的中介公司抱着"收人钱财，予人方便"的态度做财务审计，通过做假账、假评估、假审计等方式介入各种腐败，其行为正愈演愈烈。李远方：《虚假评估屡屡游离法律监管之外》，《中国商报》2014 年 8 月 15 日。

我国资产评估行业的健康发展；另一方面，也严重损害了投资人和社会公众的利益。

表 1 – 1　　　　　　2013 年中国资本市场披露的主要虚假评估事件

事件	主要违规事实、处理时间及结果
同洲电子	国友大正在执行同洲电子相关项目资产评估时，承接业务期间风险分析不充分，确定重要参数时没有履行必要的评估程序、未获取充分的评估证据。2013 年证监会对北京国友大正资产评估有限公司采取了监管谈话的行政监管措施
海南海药	卓信大华在执行海南海药和江西华伍制动器股份有限公司的评估项目时，均存在问题。2013 年证监会对北京卓信大华资产评估有限公司采取了监管谈话的行政监管措施
豫能控股	北京亚超在执行河南豫能控股股份有限公司拟转让郑州新力电力有限公司股权评估项目时，未收录对大额发电设备的现场勘查与技术鉴定工作底稿，未能聘请外部专家或采取其他措施弥补自身专业经验的欠缺，未对未来经营需求审慎分析、缺乏支持收入预测可靠性的评估证据。2013 年证监会对北京亚超资产评估有限公司采取了出具警示函的行政监管措施，对其注册评估师范海兵和徐峰采取了监管谈话的行政监管措施
远兴能源	龙源智博在执行 2008 年内蒙古远兴能源股份有限公司收购子公司内蒙古博源联合化工有限公司股权评估项目时，评估基准日重要财务数据信息搜集不全，评估程序履行不充分，评估方法的选择依据不充分，收益计算公式存在错误，盈利预测分析不够全面，未充分关注和分析行业存在的风险、企业的竞争情况等，此外还存在评估报告披露有误、工作底稿不符合要求等问题。2013 年，证监会对北京龙源智博资产评估有限公司采取了出具警示函的行政监管措施，对其注册评估师王东升、杨嫦霞采取了出具警示函的行政监管措施
创智科技	天健国众联在执行创智信息科技股份有限公司等多个评估项目时，均存在问题。2013 年，证监会对深圳天健国众联资产评估土地房地产估价有限公司采取责令改正的行政监管措施

二　五龙治水，业务分割，政出多门

（一）五龙治水，业务分割

评估机构和评估人员是评估业务执行主体，是评估法律和规章制度的主要约束对象。鉴于我国资产评估产生的动因主要是服务于国有企业转制过程中国有资产的产权交易，且估值及交易活动都是在相关行政主管部门主导下进行的，随着土地有偿转让、房屋买卖、矿产资源开发等产权交易种类的扩大，在不同行业和领域里针对特定资产的评估制度逐步建立和发展起来，其后的行业自律化管理也是在政府部门主导管理下进行的。由于多种多样的历史原因和利益关系驱使，目前已经形成了包括资产评估、房地产估价、土地估价、矿业权评估、旧机动车鉴定估价和保险公估在内的六大类评估专业，分别由财政部、住房和城乡建设部、国土资源部、商务部与保监会五个部门管理（见图1-1）。据不完全统计，全国有各类评估机构近万家，执业注册评估师10万多人，从业人员约30万人。目前，我国有中国资产评估协会、中国房地产估价师协会、中国土地估价师协会三个评估行业的自律组织。鉴于这三个协会都各自隶属于相应政府部门，且是经过政府批准的民办社会团体组织，也是隶属于政府部门的事业单位，在对应的政府部门工作，其领导基本都是由政府部门任命和推荐，组织结构及职能分工均由政府部门确定。"五龙治水"带来了市场的严重分割。举例而言，对企业价值进行整体评估，本可请一家机构完成，但因为资产、土地、矿业权等评估业务归属不同而需要请三家机构，付几份评估费，加大了市场交易成本，增加了评估委托人的负担，与市场需求不相适应。同时，其业务职责范围与其上级政府部门的职权范围相适应，独立性受到一定程度的制约。同时，作为其行政主管部门代言人，三个协会各自为政，在人员资格、机构资质、准则制定等方面缺乏必要的沟通和协作，进而巩固了评估市场的"诸侯割据"局面，很大程度影响了评估行业的市场化、统一化步伐。

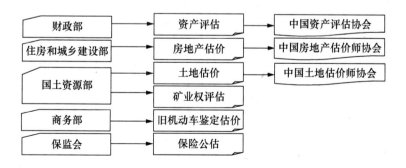

图1-1　中国评估市场分割格局

（二）政出多门

以房地产评估为例，财政部制定有《资产评估准则——房地产》，国土资源部制定有《城镇土地估价规程》（GB/T 18508—2001），住房和城乡建设部则出台有《房地产估价规范》（GB/T 50291—1999）等。正是由于我国评估机构隶属于不同的政府职能部门，执业时遵循本部门和行业制定的制度，导致评估业务分割，这一方面增加了有关部门制定、评估机构执行评估标准以及政府监管的成本，导致评估机构和评估人员无法可依、无据可查，也导致不同行业评估机构之间相互诋毁、恶性竞争乃至"掐架"，严重影响了评估业务价值标准的一致性、准确性和科学性。同时，从全国范围来看，地方政府的多头管理，也大大弱化了中央政府的管理权威。因此，如何统一资产评估资质管理、减少行业行政壁垒、统一评估执业准则等问题，是我国评估领域亟待研究和解决的问题。

三 简政放权，主体监管向功能监管转型

资产评估机构的评估目标与证券监管目标具有相对一致性，某种程度可以看作是监管的延伸。新一届政府上任以来，简政放权成了改革的"当头炮"，一方面要求政府对"该放开的事坚决放开"，发挥市场活力；另一方面对"该管的事管住管好"，形成一套严格、高效、完善的监管体系。二者有机结合、缺一不可。证监会主席肖钢在2014年证券期货监管工作会议上提出，要实现从主体监管向功能监管的转变，大力推进监管转型。就当前资本市场而言，在"放松管制、加强监管"的市场化改革背景下，在股票发行注册制改革等具体领域，以信息披露为中心的监管理念贯穿始终。在对市场经营主体放松管制的同时，加强对中介机构特别是注册会计师审计评估机构的监管尤为重要。市场化改革下的"放权"并不意味着一放了之。在放松对市场经营主体行政管制的同时，必须做好相应的监管安排，以保证上市公司信息质量，维护市场健康有序运行。发达国家的资本市场经验表明，加强对评估机构在内的中介机构的监管，是提高上市公司信息质量的有效手段，同时，也将对上市公司等市场主体的监管起到极大的促进作用。

由此可见，证监会正从主体监管向功能监管转型，其核心是根据业务性质来划分监管对象，即通过对会计师事务所、资产评估机构等中介服务组织的监督管理，进而实现跨产品、跨机构、跨市场的监管协调。

四　资产并购重组及再融业务迅猛增长

资本市场作为现代经济中最重要的资源配置场所，公正、公平、公开是资本市场能够持续健康发展的重要基础。资本市场的资产定价，关系投资人和利益相关方的利益。评估机构是资本市场资产价值信息质量的"守护人"，资产评估利用自身专业技术，为资本市场的投资、交易定价提供了重要参考，在资本市场尤其是并购重组等交易中发挥着举足轻重的作用[1]，主要体现在：（1）有效保证企业在改制过程中资产价值得到正确认定，维护国有资产的合法权益；（2）对拟首次公开发行股票的股份有限公司进行资产评估，以及为已上市公司进行配股增发时的股票定价，可以有效保护原股东以及社会公众投资者的利益；（3）为资产交易双方提供一种有效的价值参考，降低了交易双方的交易成本，提高了交易效率；（4）资产评估具有价值发现功能，通过对资产价值的重新衡量，加强资产的优胜劣汰，提高资产的利用效率和资源的配置效率。[2] 可以说，资产评估对维护资本市场的市场秩序和投资者的合法权益起到了非常关键的作用。目前，资产评估已经成为上市公司资产重组定价的核心环节，其结果是重组各方对资产进行定价的主要依据[3]，资产评估的重要性不言而喻。随着再融资与并购重组业务量逐渐增长，资产评估在其中发挥举足轻重的作用。

20 年来，并购重组推动我国经济结构调整、产业升级。资本市场有近 400 多家上市公司通过并购重组改善了基本面，提高了盈利能力、持续发展能力和竞争力。近年来，上市公司并购重组市场日益活跃，交易规模快速扩张。2006—2011 年，共 143 家上市公司实施行业整合类的重大资产重组，累计交易金额 7570 亿元。其中，2006—2009 年，共有 141 家上市公司进行产业整合重组，交易金额累计达到 8866 亿元，累计交易额是 2002—2005 年的 40 倍。上交所发布的《上市公司 2009 年度并购重组资产评估专题分析报告》显示，2009 年重组市场上，定向增发，包括资产

---

① 孙树明：《资本市场与资产评估》，《中国资产评估》2010 年第 1 期。

② 赵仑：《浅谈资产评估行业对经济发展的作用》，《中国资产评估》2012 年第 3 期。

③ 根据上海证券交易所和中国资产评估协会联合课题组发布的《上市公司 2009 年度并购重组资产评估专题分析报告》，2009 年通过并购重组委员会审核的案例中，以评估结果为基础定价的占 92.98%，其中以评估结果直接定价的占 85.96%；对涉及直接资产交易的上市公司重大资产重组案例 100% 进行了资产评估，其中 92% 以上的资产交易定价直接使用评估结果。

置换情况下的定向增发，从数量上占整个样本比例为87.71%，从发行规模上占整个样本的比例为74.79%。2011年年末，国务院国资委监管的117家央企集团中，43家基本实现主营业务整体上市，其中近半数采取上市公司吸收合并、收购母公司资产等并购方式。2013年上半年，中国并购市场共涉及交易金额约2500亿元，同比提高24.1%，环比涨幅高达121%。统计数据还显示，2013年上半年，中国资本市场并购案件近800起，超过2012年全年。2014年以来，并购重组浪潮持续高涨，据Wind的统计，截至7月底，国内（不限于A股市场）已经完成的并购交易数目是1017例，交易总金额4102亿元。完成的并购交易项目数量已经突破去年全年的总量。同时，1992—2013年，中国境内上市公司数量不断上升，为评估机构发展带来了一定的机遇。

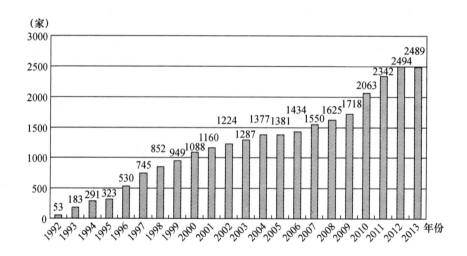

图1－2　1992—2013年中国境内上市公司家数年度变化

2012年以来，中国证监会取消了部分行政许可、公示审核进展、对符合条件的项目进行分道审核，极大提高了审核效率。同期，沪深证券交易所也制定了一系列重组备忘录，明确了重组预案信息披露的格式指引、加强了重组停牌过程中和重组预案披露以后的持续信息披露要求、梳理了重组停复牌要求，规范上市公司并购重组的市场秩序。2014年3月，国务院出台了《关于进一步优化企业兼并重组市场环境的意见》（国发14号），对企业并购重组审批制度简化、充分发挥资本市场作用、金融服务财税政策支持、体制机制完善等方面都提出了明确的要求和政策支持。2014 年 7 月,中国证监会发布了《上市公司重大资产重组管理办法》和《上市公司收购管理办法（征求意见稿）》,通过减少事前管制,以信息披露监管为核心,赋予定价机制灵活性,提供多样化的支付工具和配套融资,强化中介机构责任等措施,进一步简政放权,加强事中事后监管,提高并购重组市场化程度。上述办法的修订体现了让市场先行的资本市场制度改革的主基调,旨在通过定位的市场化,简政放权,取消除借壳上市外的重大资产重组的行政审批,取消要约收购行政许可,提高并购重组效率;定价的市场化,完善市场化发行定价机制,拓宽定价区间;流程的市场化,强化事中事后监管,督促中介机构归位尽责,加强投资者保护,加速提升了并购重组的效率,既顺应了我国并购市场跨越式发展趋势,也为金融资本参与企业并购活动提供了广泛空间。因此,从并购核心驱动力来看,当前我国经济、产业和监管环境非常可能正在孕育一轮史无前例的、真正基于市场的并购浪潮;从并购时间窗口来看,当前估值环境提供了很好的交易机会。

五 评估基本理论结构、质量评价等问题研究滞后

（一）等腰直角三角形的一角"错位"或"不作为"

1. 资产评估活动关系人及其基本关系

理论上讲,资产评估活动通常是由委托方（客户、资产所有者,我）、经营者（被评估资产占有方,你）、评估机构及评估师（他）三个方面构成的等腰直角三角形（见图 1-3）。

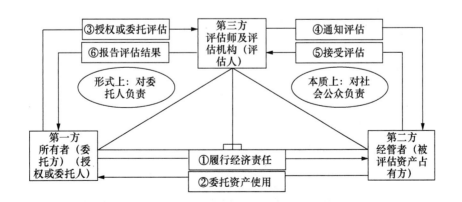

图 1-3 资产评估活动关系人及其基本关系

其中,第三方为评估活动的执行者,形成"我委托或授权他评估你"的三方契约关系,"他"与第一方和第二方之间形成等腰直角三角形,意味着"超然独立"、"不偏不倚"。第一方为理论上的评估行为的授权人或委托方,系资产的所有者,即董事会;第二方为资产的经营管理者(总经理)及其所管理的资产,系资产评估的客体。三者之间的关系表现为:第一方与第二方具有受托经济责任关系,第三方接受委托人委托对经管者管理的资产或负债进行评估,具有独立、客观、公正评价并报告受托责任人履行经济责任状况的义务,其本质是一种独立性的经济评价活动。

2. 第一方与第二方"错位"

如前所述,第一方为理论上的评估行为授权人或委托方,评估机构是"代理人",管理当局与评估机构之间不存在任何契约或利益关系。上市公司股东大会是公司最高权力机构,由其选举产生董事会负责管理公司,负责指导、监督企业的经营管理活动;董事会聘请专业人士直接管理企业,负责企业的日常经营管理活动。[1]《企业国有资产评估管理暂行办法》第八条规定:"企业发生应当进行资产评估行为的,应当由其产权持有单位委托具有相应资质的资产评估机构进行评估"。[2] 但是,在评估活动关系人中,委托方与经管方之间并不像注册会计师审计活动中那样存在经济利害冲突,二者目标往往是一致的。同时,评估业务委托人实际上是公司的管理当局,董事会决定评估费用的权力又被管理当局控制,聘任、解聘评估公司的真正权力掌握在管理层手中,即第二方为实质上的评估行为的授权者或委托方,这一"错位"导致"三方关系"演变成"双方关系",呈现"你付费→我评估"的格局,进而严重影响评估师的独立性,"购买评估结论"现象的出现也就不足为奇。

3. 第三方"独善其身"还是"一唱一和"

独立性是资产评估的灵魂。只有当评估师诚实正直,勤勉尽责,恪守独立、客观、公正原则,并且独立进行分析、估算并形成专业意见,不受委托方或相关当事方的影响,完全依据事实对资产与负债状况作出正确判断和评估,所作出的评估结论才是客观公正的。显然,由于第一方与第二

---

① 崔劲:《资产评估的经济学分析》,《中国资产评估》2012 年第 8 期。
② 以国有企业为例,我国国有资产的法定所有权属于全体人民,国务院代表国家行使国有资产所有权,并由中央到地方形成多级的委托—代理关系。由国有资产监督管理部门委任相关国有企业管理人员负责企业的经营管理工作,而国有企业经营管理层成为国有资产的最终代理人。

方关系人的"错位"或者"重叠"，客观上导致聘任、解聘评估公司的决策权主要掌握在被评估企业的管理层手中，使资产评估活动的内在制衡机制缺失，进而导致评估机构迫于被评估企业和市场竞争的双重压力，不得不向被评估企业做出"妥协"。同时，部分从会计师事务所分离出来的评估机构在合伙人、业务等方面还存在千丝万缕的联系，基于各种关系或者利益，会计师事务所也会对评估活动产生影响。①

4. 维护社会公共利益和资产评估各方当事人合法权益

综观不同国家、地区或组织的评估准则，都将维护社会公共利益和资产评估各方当事人合法权益、提升行业社会公信力作为基本目标，但由于"社会公众及其他各方当事人"在一定情况下的"缺位"或者"不作为"，使评估师难以保持独立、客观、公正，也难以将维护社会公共利益和维护资产评估各方当事人合法权益统一起来。因此，在资产评估活动关系中，形式上，评估师是对委托方负责，但从本质上讲，评估师是对社会公众负责。②

(二) 评估值与交易价格偏差难以评价

价格是商品同货币交换比例的指数。或者说，价格是价值的货币表现。价格是商品的交换价值在流通过程中所取得的转化形式。按照马克思主义政治经济学的观点，价值就是凝结在商品中无差别的人类劳动。价值是价格的基础，价格是价值的表现形式，价格围绕价值上下波动。价值与价格的关系表现为，价值决定价格，价格是价值的货币表现。

在资产评估活动中，评估师做出的评估值仅仅是一种专业化估价意见，是一种决策参考，无强制执行的效力。但在很多情况下，这似乎也成了评估师虚增评估值的一个极好借口。究其根源，主要是评估增值率、评估值与交易价格的偏差率、评估值与基准日市场语境的拟合度等涉及评估质量的评价指标缺乏度量标准。目前，资产评估行业属于买方市场，评估机构众多，评估业务有限，尽管国有企业改制评估、房地产交易估价等评估业务具有"法定业务"的性质，但委托方具有很大的评估资源控制力；使得部分资产评估机构往往采取不正当的手法，拉关系、给回扣、虚假评估，进而降低评估质量，影响社会正常的经济秩序。

---

① 蒋楠:《资产评估行业监管有效性问题研究》,《会计之友》2011 年第 19 期。
② 社会公众是指参与社会活动的民众群体，社会公共利益是指为广大公民所能享受的利益，其他各方当事人诸如投资人或潜在投资人、银行、监管机构等。

　　2012 年度完成交易的并购重组资产评估数据初步统计结果显示，2012 年度，我国主板上市公司共有 627 家完成并购重组交易，其中，经过评估的 528 家，占 84.21%；共涉及公司总市值 49870.57 亿元，占全部主板上市公司市值的 25.87%。经评估的资产总量为 11078.18 亿元，净资产账面值 3147.58 亿元、评估值 6116.92 亿元、增值额 2969.34 亿元、增值率 94.34%。在 961 份并购重组资产评估报告中，780 份报告结果被作为重组交易的定价依据和参考，占比 81.17%。从重大资产重组情况来看，2012 年度完成重大资产重组交易的上市公司共 78 家，其中，经过评估的 75 家，占 96.2%。经评估的资产总量 2499.93 亿元，净资产账面值 1035.55 亿元、评估值 1897.10 亿元、增值额 861.55 亿元、增值率 83.20%。164 份重大重组资产评估报告中，除交易对象为上市公司直接以市场定价外，其余 155 份报告结果均被作为交易定价基础，占比高达 94.51%。资产评估为上市公司并购重组交易定价环节提供了专业依据和参考，促进了上市公司并购重组公平交易和规范运行。[1]

　　2012 年度首发上市（IPO）公司改制评估数据初步统计结果揭示，2012 年度我国主板市场首发上市公司共 26 家（证监会自 2012 年 10 月起暂停发行新股），其中，经过改制评估的有 19 家，占当年全部 IPO 公司数量的 73.08%；经评估的公司总市值 1342.86 亿元，占当年全部 IPO 公司市值的 53.82%。经评估的资产总量为 284.30 亿元，净资产账面值 81.60 亿元、评估值 154.13 亿元、增值额 72.52 亿元、增值率 88.87%。主要涵盖制造业、采矿业、交通运输业等领域，其中制造业在 26 家首发上市公司中占 19 家，经过改制评估的 13 家，经评估的公司市值 733.42 亿元，占当年全部 IPO 公司市值的 29.4%。[2]

　　根据《证券时报》数据部统计，至 2014 年 5 月 31 日，共有 30 家上市公司披露了 43 项与资产交易有关的资产评估报告。其中，置入上市公司的资产加权平均增值率为 168.9%，而置出资产的加权平均增值率仅为 28.8%。数据显示，在上述 43 项需要进行资产评估的交易中，有 30 项属于股权交易，主要是对股权代表的资产进行评估。而其他资产评估主要是

　　①　《2012 年度我国主板上市公司并购重组资产评估情况》，http://www.cas.org.cn/xywdt/xydt/43078.htm。
　　②　《2012 年度我国主板首发上市（IPO）公司改制资产评估情况》，http://www.cas.org.cn/xwdt/xydt/43077.htm。

针对房地产和实物资产进行的。而且在上述资产评估中，只有 4 个项目出现了评估减值，其中 3 个项目是上市公司置出资产。不过，值得注意的是，虽然置出上市公司的资产评估增值比例明显低于置入上市公司的资产增值率，但考虑到置出上市公司的资产大多盈利能力不强，而置入上市公司的资产质量相对较好。因此，并不能简单根据置入资产的评估增值率高于置出资产，就判断评估公司在所有案例中都故意抬高了拟置入上市公司资产的估值。从这些评估报告不难看出，涉及土地和房产的资产评估较容易出现较高的增值率。多个房地产项目资产评估增值率均在 100% 左右。与此相反，实物资产交易或以资产出资的案例中，资产评估增值率相对较低。在上述 43 个项目中，除了晨鸣纸业购买石岘纸业新闻纸生产线的项目资产评估增值率达到 438.72% 外，其余 4 个涉及实物资产的项目，资产评估增值率都没有超过 30%。上述 43 个项目中，有 6 个项目的资产评估增值率超过 500%。①

再如，2014 年 1 月 22 日，天兴仪表发布重大资产重组方案，拟通过发行股份及支付现金相结合的方式，购买郭美姣等 9 位股东持有的网印巨星合计 100% 的股权。根据评估报告，以 2013 年 9 月 30 日为评估基准日，网印巨星账面净资产为 3921.98 万元，但评估机构认定的评估价为 40063.59 万元，评估增值 36141.61 万元，增值率达 921.51%。当时，评估机构上海银信资产评估有限公司使用两种方法对网印巨星进行评估。第一种是资产基础法，分别求出企业各项资产的评估值并累加求和，再扣减负债评估值得到企业价值。按照这一方法，公司评估值为 1.18 亿元，比净资产溢价 200.89%。第二种方法是收益法，是将预期收益进行折现。评估机构提出了共 17 条假设条件，之后假设在这 17 项条件成立的情况下，网印巨星的评估价为 40063.59 万元。最后，评估机构决定，使用收益法来判定网印巨星的价值，将 40063.59 万元作为此次交易的价格。

对于收购资产高溢价率的情况，在 2014 年内并购重组案中已成常态。据 Wind 统计数据显示，2014 年 1 月 1—6 月，已有 183 家公司发布并购重组公告，其中，127 家公司收购资产时的溢价率在 100% 以上，爱使股份收购游久时代的溢价率高达 4092.96%（41 倍），是溢价最高的上市公

---

① 仁际宇：《置入资产评估增值率高于置出 140 个百分点》，http：//biz. xinmin. cn/2013/06/03/20544465. html。

司。游族网络、掌趣科技、拓维信息、巨龙管业等 25 家上市公司收购资产时的溢价率也超过 900%。

基于上述数据，有人将为这些高溢价收购提供定价依据的评估机构比喻成"法外之人"，即在这高买低卖的乱象背后，是一家家评估机构的评估报告，是评估机构逍遥法外的身影。以天兴仪表重组为例，评估机构上海银信资产评估有限公司分别使用资产基础法和收益法进行评估，最后选定了溢价率最高的收益法作为定价依据。而在这一收益法评估中，评估机构一共提出了 17 条假设条件并假定都能成立。而类似的情形，在许多评估报告中都有体现。天兴仪表的重组遭到了证监会的否决，然而评估机构银信评估却并没有遭到处罚。实际上，在资本市场中发挥重要作用的评估机构，似乎总是以"法外之人"的面孔出现。2013 年上半年，中国证监会一共出具过 110 份行政处罚决定书，但评估机构从没有受到过处罚。

（三）资产评估人员专业分工不细

我国资产评估执业准入现行方式是依靠单一考试获得的，考试课程包括资产评估、财务会计、机电设备评估基础、建筑评估基础、经济法等，而在评估工作中往往涉及更加广泛乃至超越评估师专业知识范畴的业务。应当借鉴英、美等发达国家的经验，合理科学地设计资产评估考试课程及方式方法，使资产评估行业更具专业性。

六 评估相关法规不健全

2012 年 2 月 28 日，《中华人民共和国资产评估法（草案）》（以下简称"草案"）经全国人大常委第一次审议，开始向全社会征集建议。为打破部门分割，草案提出了"统分结合"改革思路，体现了新一届政府"简政放权"的改革思想。即在行政管理上由国务院建立资产评估行业管理协调配合机制，负责协调和指导行业发展，逐步取消评估机构的设立许可，同时尊重各个不同专业的现状，加强行业协会管理力度。这一改革因为触动一些部门利益，势必阻力重重，错综复杂。同时，草案规定，我国将针对资产评估行业制定统一的评估基本准则，包括执业基本准则和职业道德准则。国务院建立资产评估行业管理协调配合机制，负责协调和指导资产评估行业发展，国务院资产评估行业管理部门在这一协调配合机制框架下，负责监督管理资产评估行业。但由于多种原因，我国资产评估法虽经反复修改和征求意见，仍然"犹抱琵琶半遮面，千呼万唤不出来"。目前，我国依旧没有关于资产评估的专门法律，唯一一部专门的最高级别法规是 1991 年 11 月 16 日国务院颁布的 91 号令《国有资产评估管理办法》，它为资产评估的有序发展起到了保驾护航的关键作用，也是其后各类相关法令法规制定的重要依据。不过，该法规侧重于处置国有资产评估规范，业已无法满足目前市场经济日益发展对于评估立法的要求。

关于评估的专门规章部长令主要有《国有企业改革中划拨土地使用权管理暂行规定》（国家土地管理局令第 8 号）（1998 年 2 月 17 日）、《城市房地产中介服务管理机构》（建设部令第 97 号）（2001 年 8 月 15 日）、《房地产估价师注册管理办法》（建设部令第 100 号）（2001 年 8 月 15 日）、《国有资产评估管理若干问题的规定》（财政部令第 14 号）（2001 年 12 月 31 日）、《国有资产评估违法行为处罚办法》（财政部令第 15 号）（2001 年 12 月 31 日）、《资产评估机构审批管理办法》（财政部令第 22 号）（2005 年 5 月 11 日）、《房地产估价机构管理办法》（建设部令第 142 号）（2005 年 10 月 27 日）等。

涉及评估内容的法律法规有：（1）全国人大或人大常委颁布的相关法律。1994 年颁布的《中华人民共和国城市房地产管理法》第三十三条规定："国家实行房地产价格评估制度。"第五十八条规定："国家实行房地产价格评估人员资格认证制度。"1997 年修正的《中华人民共和国刑法》第二百二十九条规定："承担资产评估、验资、会计、审计、法律服务等职责的中介组织的人员故意提供虚假证明文件，情节严重的，处五年以下有期徒刑或者拘役，并处罚金。"2004 年修正的《中华人民共和国拍卖法》第二十八条第二款规定："拍卖国有资产，依照法律或者按照国务院规定需要评估的，应该经过依法设立具有评估资质的评估执业机构评估，并根据评估结果确定拍卖标的的保留价。"2005 年 10 月 27 日，第十届全国人民代表大会常务委员会第十八次会议修订的《公司法》明确规定，股东可以用实物、知识产权、土地使用权等非货币财产合法作价出资，对作为出资的非货币财产应当评估作价，不得高估或低估作价。同时，对资产评估机构在公司设立过程中提供虚假材料、因过失提供有重大遗漏的报告、因出具评估结果不实给公司债权人造成损失的法律责任进行了规定。2005 年 10 月 27 日新修订的《证券法》明确规定，申请公开发行公司债券，向国务院授权部门或者国务院证券监督管理机构报送的文件包括资产评估报告；新增以下规定，资产评估机构从事证券服务业务，必须经过国务院证券监督管理机构和有关主管部门批准；国务院证券监督管理机构认为有必要时，可以委托会计事务所、资产评估机构对证券公司财务状况、内部控制状况、资产价值进行审计或者评估。对资产评估机构为证券的发行、上市、交易等证券业务活动制作、出具资产评估报告的法律责任进行了原则性规定。（2）国务院颁布的相关法规。1998 年 12 月 27日，国务院发布《中华人民共和国土地管理法实施条例》（国务院令第256 号），规定："县级以上人民政府土地行政主管部门应当会同同级有关部门进行土地调查，国务院土地行政主管部门会同国务院有关部门制定土地等级评定标准。"2001 年 11 月 1 日，国务院发布《城市房屋拆迁管理条例》（国务院令第 305 号），第二十四条规定："货币补偿的金额，根据被拆迁房屋的区位、用途、建筑面积等，以房地产市场评估价格确定，具体办法由省、自治区、直辖市人民政府制定。"（3）司法机关颁布的有关司法解释。最高人民法院、最高人民检察院颁布的司法解释中也有相关的内容。"对拟拍卖的财产，人民法院应当委托具体相应评估资质的评估机构进行评估。"（4）其他政府部门颁布的相关规章制度。国家工商行政管理总局、银监会、证监会、国家发展与改革委员会等政府部门在其职责范围内发布的规章制度也有涉及资产评估行业的内容。

梳理上述法规发现，不同行业部门之间相关规章存在重叠、互相矛盾、权威性和约束力差等现象，例如，中国财政部令第 22 号规定，资产评估机构名称中需要有"资产评估"字样，而建设部令第 142 号规定，房地产估价机构名称中要有"房地产估价或者房地产评估"字样，所以我国很大部分资产评估机构为了获得多种资质，一个人必须取得多种资格证书。而且，由于评估报告使用者有时候会是不同政府部门，所以报告需要按照不同部门的格式和标准出具，大大增加了评估人员的工作量。同时，《国有资产评估管理办法》主要是针对国有资产改制评估和管理的，显然与非国有资产评估日益增长是有悖的。此外，还缺乏对评估违规的行政处罚和民事责任依据。因此，评估行业急需制定一部能够兼顾保护国有资产所有者和各类非国有资产所有者以及资产评估执业人员合法权益的资产评估法。

七 评估机构规模小，低价恶性竞争普遍

（一）评估机构规模偏小

总体说来，我国评估机构的分布及规模呈现以下态势：一是与地区的经济发展水平或者总量具有一定的正相关关系。据不完全统计，2014 年

全国有资产评估机构 3209 家，图 1-4 显示，山东、辽宁、北京、河南、广东、浙江、江苏、四川 8 个省市的评估机构数量，占全国有资产评估机构总数的 51.45% 以上，而西藏、宁夏和青海三个地区仅有 23 家评估机构。二是评估机构规模"东强西弱"。以 2014 年评估机构 100 强为例，西北五省（自治区）仅有陕西金达资产评估有限责任公司一家入围，而仅北京就有 30 多家评估机构入围，浙江也有 5 家评估机构入围。三是与注册会计师审计等类似行业比较，评估机构规模小。表 1-2 和图 1-5 显示，会计师事务所 10 强业务收入是评估机构 10 强收入的 12.26 倍，仅普华永道中天会计师事务所的业务收入，就是评估机构 10 强收入之和的 2 倍，而排名第十的大信会计师事务所则是评估机构排名第一的 2.37 倍。具体来说，2014 年百家会计师事务所业务收入合计为 347.56 亿元，占行业总收入 563.2 亿元的 61.81%，业务收入增速 10.48%。业务收入超过 1 亿元的会计师事务所有 46 家，其中，超过 5 亿元的会计师事务所 15 家；超过 10 亿元的会计师事务所 11 家；超过 20 亿元的会计师事务所 6 家。此外，注册会计师人数超过 200 人的会计师事务所 43 家。注册会计师人数超过 1000 名的会计师事务所 5 家。反观评估机构，2014 年 100 强营业收入仅有 36.68 亿元，仅为会计师事务所 100 强营业收入的 10.55%。图 1-6 也显示，与资产评估行业相比，注册会计师审计行业营业收入"一骑绝尘"，资产评估行业尚需励精图治、众擎易举，加快评估机构做大做强步伐。

表 1-2　　　　　　　2014 年评估机构与会计事务所收入前 10 位　　　　单位：万元

排名	评估机构名称	收入	事务所名称	收入
1	中联资产评估集团有限公司	46489.27	普华永道中天会计师事务所	335141.01
2	北京中企华资产评估有限责任公司	29229.09	德勤永华会计师事务所	288123.29
3	北京天健兴业资产评估有限公司	19049.37	瑞华会计师事务所	277592.64
4	中和资产评估有限公司	17399.66	立信会计师事务所	250911.05
5	银信资产评估有限公司	15426.14	安永华明会计师事务所	236433.79
6	上海东洲资产评估有限公司	11589.74	毕马威华振会计师事务所	234717.41

续表

排名	评估机构名称	收入	事务所名称	收入
7	北京中同华资产评估有限公司	10240.39	天健会计师事务所	134145.63
8	上海立信资产评估有限公司	9038.95	大华会计师事务所	123787.93
9	中通诚资产评估有限公司	6926.85	信永中和会计师事务所	117517.18
10	坤元资产评估有限公司	6541.05	大信会计师事务所	110054.73
合计		171930.51		2108424.66

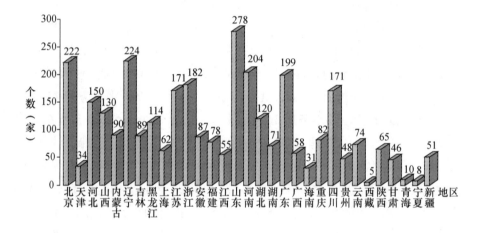

图1-4 全国各省市资产评估机构分布情况

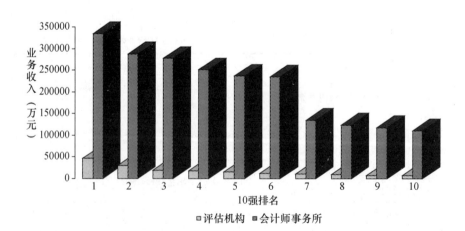

图1-5 评估机构与会计师事务所10强年收入比较

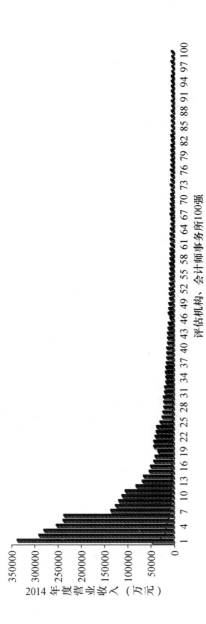

图 1-6 2014 年评估机构、会计事务所 100 强营业收入比较

（二）传统业务空间变窄，低端市场中生存困难

受传统业务空间狭小、自身又没有能力承接高端业务、内部竞争激烈等因素多重打压，资产评估机构在低端市场中艰难求生。首先，资产评估机构的一些传统业务变窄，主要体现在两个方面：一是部分地市工商、法院等部门认可价格鉴证机构出具的估价报告，对资产评估机构出具的资产评估报告不予认可，使当地资产评估机构业务量下降；二是国企改革至今，绝大多数地区企业价值评估业务面临萎缩趋势，县区层面的资产评估机构几乎没有整体资产评估业务。其次，在被分割的评估市场里，竞争不断加剧，业务收费偏低。部分资产评估机构为了生存，减少或简化评估程序，忽视内部管理和执业质量，忽视人才培养，降低评估成本，执业质量难以得到有效的保证。最后，评估机构高端人才匮乏，难以开展高附加值的复杂或新兴资产评估业务。这一点从注册资产评估师学历结构、年龄结构即可见一斑（见表 1-3 和表 1-4），数据显示，截至 2012 年，具有大专以上学历的注册资产评估师占总数的 48.49%，几乎占整个行业执业队伍的"半壁江山"，而硕士和博士学历的评估师仅占 4.7%，说明现有评估师队伍的知识老化严重，知识与技能储备难以胜任实物期权评估、生态环境评估等新兴的评估业务。

表 1-3   2012 年注册资产评估师学历情况

学历结构	大专以下	大专	本科	硕士	博士	合计
评估师人数（人）	527	14883	14880	1370	123	31783
占总人数百分比（%）	1.66	46.83	46.82	4.31	0.39	100

资料来源：财政部企业司、中国资产评估协会：《全面实施我国资产评估行业人才战略》，http：//www.exam8.com/kuaiji/pinggu/zixun/201305/2606808.html。

表 1-4   2012 年注册资产评估师年龄结构

	30 岁及以下	31—40 岁	41—50 岁	51—60 岁	60 岁以上
评估师人数（人）	629	10807	16615	2635	1097
占总人数百分比（%）	1.98	34.00	52.28	8.29	3.45

（三）评估机构组织形式不合理，内部治理有待规范

当前具有资产评估资质的社会中介机构虽然较多，但大多是经过改制

的会计师事务所和专业资产评估机构组织形式为有限责任公司，这种组织形式都以营利为目的，竞争较为激烈，其内在的风险、责任约束不足，极易使评估失真。同时，评估机构内部治理与质量控制体系不完善。诸如三级复核制度实施等内部管理不规范、股东会记录不完整、公司监事无相应的履职记录、财务管理工作不规范、部分高管是存在利益冲突的公司的股东、未对职业风险基金设立专户核算，等等。

第二节　研究框架、方法及评价

一　主要内容及框架

本书以管制经济学、制度经济学为基础，以我国经济高速增长和资本市场重大制度变迁为背景，通过考察当前我国资产评估机构与上市公司之间、资产评估机构之间、资产评估机构与监管部门之间的现实状况，归纳资本市场资产评估低效的基本表现，并从博弈论的角度剖析当前资本市场资产评估监管低效的内在逻辑和根本症结，在借鉴国外先进监管体制设计优点和监管经验、发展趋势以及我国国情基础上，针对性地提出完善我国现行资本市场资产评估监管模式的政策建议，促进我国资本市场的持续健康发展。本书的基本结构如图1-7所示。

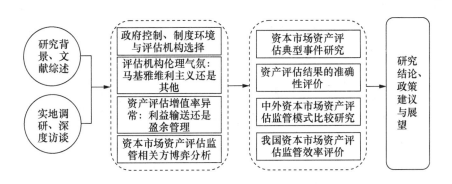

图1-7　研究结构与框架

二　研究方法

本书属于应用对策研究，整个研究工作以国内外文献回顾为逻辑起点，在广泛吸收和借鉴国内外资本市场资产评估监管经验和研究成果基础上，综合运用文献梳理、问卷调查、深度访谈、比较分析等方法，从定性和定量两个方面研究资产评估监管的效率和模式。首先，在文献梳理和走访政府有关部门及国内大型资产评估机构基础上，明确资产评估监管现状和存在问题；其次，比较发达国家资产评估监管模式的历史演变、现状及今后的发展方向，找出目前影响资产评估监管机制的内在机理和影响因素，为构建科学合理的监管机制奠定基础；最后，在综合考量我国国情和资产评估发展现状基础上，提出完善现有模式的政策建议，并设计资产评估监管的目标模式。本书的主要研究方法包括：

（1）文献梳理与理论研究。广泛查阅、梳理和总结国内外资本市场资产评估监管模式、立法实践和监管经验等成果，以便对资产评估监管理论与做法有一个系统、理性的认识，找到资产评估监管的主要影响因素，为进一步研究资产评估监管框架奠定理论基础和平台。

（2）事件研究。主要通过对我国资本市场资产评估典型事件进行梳理和研究，以获得虚假评估的基本特征、方式方法、多发领域等真实有效的数据，考察事件的后续影响程度及其持续时间、发展趋势和长短期效应，进而提出有针对性的监管措施。

（3）比较分析。通过比较国外资本市场资产评估的相关法律法规、模式、文化、监管理念等方面的差异，提出改进或建构我国资本市场资产评估监管模式的建议。

（4）博弈分析。对我国资本市场资产评估监管涉及方面进行博弈分析，并提出对策性建议。

（5）回归分析。通过研究资产评估增值率变化、评估机构伦理气氛以及政府控制、制度环境与评估机构选择等因果关系，发掘可能影响评估机构评估活动以及证监会评估监管活动的因素。

三 主要贡献

本书的主要贡献有：

第一，提出了中国评估监管模式——混合监管模式基本构想。首先，剥离财政部、住房和城乡建设部、国土资源部、商务部与保监会五个部门管理相关评估业务的职权，由证监会作为全国评估行业的主管部门——行政干预。其次，组成联合统一的行业协会——行业自律。行业自律分为两个层级：一是由中国资产评估协会、中国房地产估价师协会、中国土地估价师协会等行业协会发起组成一个统一的行业协会，并分设若干管理部门和专业委员会，分别负责日常事务的管理和评估准则的制定等工作；二是中国资产评估协会、中国房地产估价师协会、中国土地估价师协会等行业协会各自的专业自律监管。最后，外部制衡机制。可由审计署定期或不定期检查和评价全国资产评估行业监管效率、效果和存在问题。同时，应当发挥社会监督的作用，积极提倡、鼓励社会公众参与监督。

第二，构建了我国资产评估监管基本评价维度。基于研究基本目标，我们从监管法规健全程度、行业发展环境、评估执业质量、监管投入、监管信息透明度以及监管效率、效果等方面构建了我国资产评估监管基本评价维度。同时，采用层次分析法（AHP）确定各指标维度所占权重，再采用模糊数学等方法进行综合评定。计算结果显示，我国资产评估监管效率评价的综合得分为 73.71 分，评价级别为较好，表明其还有较大的发展潜力或提升空间。

第三，从政府控制、制度环境与评估机构选择视角研究了有关因素对评估质量的影响，得出了多数具有证券执业资格的评估机构均具有政府控制历史背景、地方政府控制的公司更容易受到制度环境的影响、政府同时控制我国资产评估机构和上市公司是我国评估市场的重要特征、良好的地区制度环境与公司选择具有政治背景的资产评估机构显著负相关等结论。因此，在考察我国上市公司评估机构的行为时，需要考虑资产评估机构和上市公司的政府背景特征，而不是仅仅考虑市场的供需关系。在资产评估业集中度较低的情况下，评估机构"属地"色彩比较浓，评估机构与当地政府关系密切，地方保护严重。导致各地评估机构往往屈从于客户，评估随意性较强，不利于各评估机构的公平竞争、独立性的保持及执业质量的提高。

第四，通过探索性因素分析和验证性因素分析方法，得到我国评估机构占主导的组织伦理气氛类型有四种，即公司规则和程序、法律法规和职业规范、效率以及公司利润。同时发现，我国目前评估机构占主导的伦理气氛为，以遵守公司规则和程序、法律法规和职业规范的制度性伦理气氛和以追求公司利润和效率的形成利润—效率型伦理气氛。

第五，梳理并归纳了虚假评估的基本特征及关注重点。梳理并总结曝光的资本市场虚假资产评估事件，得出了以评估机构高级管理人员参与、少数评估师专业胜任能力缺失、随意删减评估程序、长期雇佣及政治关联关系、预设评估结果、IPO 或增资扩股评估、关联交易评估、涉及国有资产的评估、涉及无形资产评估、收入较大的单项评估业务等出现虚假评估概率较大的基本特征。

第六，计算并分析了我国资产评估市场结构。按照贝恩分类法划分标准，2011—2014 年，CR_4 均在 30% 以下，表明该行业评估机构数量很多，市场类型属于竞争型；CR_8 和 CR_{10} 分别为 36.72%—38.95%、40.04%—42.62%，市场类型为中（下）集中寡占型；CR_{20} 为 53.52%—55.47%，市场类型为中（上）集中寡占型。2011—2014 年赫尔芬达尔—赫希曼指数分别为 302、313、293、270，均低于 1000，也说明我国资产评估是一个没有集中的市场。同时，2013 年，具有证券资格的会计师事务所 40家，而评估机构多达 70 家，资产评估行业集中度还有很大提升空间。理论上讲，我国应该建立寡占型的资产评估市场，寡头垄断的市场会提高评估机构讨价还价能力，并形成资产评估行业的"马太效应"。

第二章　文献回顾与相关理论

第一节　资产评估理论与方法研究述评

一　资产评估研究现状梳理

本书以 1989—2014 年发表的资产评估论文为对象，对这些论文从时间和数量、研究内容、作者、研究方法、研究重点以及中文核心期刊六个维度进行分析，以研究我国资产评估理论和实务的发展过程和现状。

（一）以时间和数量为变量

我们以检索项为"题名"，检索词为"资产评估"，匹配为"模糊"，检索方式为"跨库检索"，对 2015 年 1 月"万方数据知识服务平台"进行检索，得到 1989—2014 年学术期刊、会议、学位论文统计数据如图 2 - 1 所示。

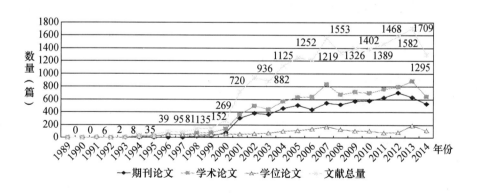

图 2 - 1　1989—2014 年资产评估发表论文统计

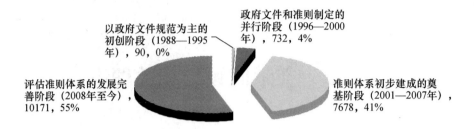

图 2 - 2　1989—2014 年资产评估研究阶段划分

图 2 - 1、图 2 - 2 显示，从数量上看，1989—2014 年，资产评估发表论文总计 18680 篇，其中，期刊论文 7305 篇、学术论文 9577 篇、学位论文 1798 篇。经过 1989—2000 年的缓慢积淀，2001 年起，研究资产评估的论文数量逐年大幅度增加，最高峰为 2013 年的 1709 篇。从时间上看，中国资产评估发展围绕资产评估准则建设这一主线，其演进过程可以划分为以政府文件规范为主的初创阶段（1988—1995 年）、政府文件和准则制定的并行阶段（1996—2000 年）、准则体系初步建成的奠基阶段（2001—2007 年）、评估准则体系的发展完善阶段（2008 年至今）四个阶段（图 2 - 2）。

（二）以研究内容和作者为变量

从研究内容和对象看，资产评估研究范围不断扩展。

1. 国有资产改制评估及国外经验借鉴

我国资产评估行业兴起于 20 世纪 80 年代末，是为了适应我国经济体制改革、防止国有资产流失的迫切需要而产生的。因此，我国第一个有关资产评估的法律文件是 1991 年 11 月国务院发布的第 91 号令《国有资产评估管理办法》（该文件现在仍是我国资产评估行业最高的法律文件）。

贾中元、葛承群（1987）研究全民所有制租赁企业资产评估问题[1]，陈宽（1987）对国营工业固定资产的评估进行了研究[2]，夏自厚（1988）讨论了承包经营前的资产评估评估问题[3]，王久华、王新霞（1988）研究了企业兼并中的资产评估[4]，王存然（1989）论述了股份制企业的资产评

---

[1]　贾中元、葛承群：《关于全民所有制租赁，企业资产评估问题刍议》，《学术界》1987 年第 6 期。

[2]　陈宽：《中国国营工业固定资产的评估》，《中国社会科学》1987 年第 6 期。

[3]　夏自厚：《承包经营前的资产审计评估问题》，《上海会计》1988 年第 8 期。

[4]　王久华、王新霞：《谈企业兼并中的资产评估》，《经济理论与经济管理》1988 年第 8 期。

估问题①，施建国（1989）阐述了美国的企业资产评估及其对我国的借鉴与启示②；肖英鸿（1991）对国有资产管理、资产评估、企业兼并和出售国有小型企业、上海对资产评估机构的管理等问题进行了系列介绍；③ 王子林（1992）分资产评估概述、资产评估要素、资产评估标准和方法、固定资产评估、流动资产评估、房地产评估、无形资产评估、长期投资与其他资产的评估、整体资产评估、资产评估结果的会计处理、资产评估国际比较简述、资产评估管理十二讲，介绍了资产评估的基本理论与方法④；《交通财会》编辑部（1992）开设了资产评估系列讲座，内容包括资产评估概念和原则、资产评估机构及其管理、资产评估法规制度和程序、资产评估的基本方法四讲。⑤

倪所冠、王子林（1989），王惠珍、林晓东（1989），曲晓辉（1989），倪所冠、紫林（1989），吴萍（1989）对我国国有资产评估的演变、基本职能、标准和程序、方法等有关问题进行了探讨。⑥⑦⑧⑨⑩ 周常云（1989）、王开国（1993）、汪建熙（1993）对资产评估中的清产核资、股份制改组、抵押贷款、合资合作、清算破产等问题做了探讨。⑪⑫⑬ 谢惠德（1992）对《国有资产评估管理办法施行细则》做了阐释⑭，晏加源（1991）对资产评估的标准和方法、重置成本会计与变现价值会计的关系等问题做了阐述。⑮ 耿建新（1992）讨论了企业集团的资产评估方式方

① 王存然：《试行股份制企业的资产评估问题》，《财贸研究》1989 年第 6 期。
② 施建国：《美国的企业资产评估及其对我们的启示》，《外国经济与管理》1989 年第 4 期。
③ 肖英鸿：《资产评估》，《上海会计》1991 年第 12 期。
④ 王子林：《资产评估管理》，《财务与会计》1992 年第 1—12 期。
⑤ 编辑部：《资产评估的概念和原则》，《交通财会》1992 年第 6 期。
⑥ 倪所冠、王子林：《论我国国有资产的评估》，《会计研究》1989 年第 1 期。
⑦ 王惠珍、林晓东：《试析发展我国企业资产评估业的意义——兼谈发达国家资产评估的原则与方法》，《世界经济研究》1989 年第 3 期。
⑧ 曲晓辉：《论资产评估》，《税务与经济》1989 年第 3 期。
⑨ 倪所冠、紫林：《论我国国有资产的评估》，《中南财经政法大学学报》1989 年第 5 期。
⑩ 吴萍：《关于评估国有资产的几点意见》，《会计研究》1989 年第 2 期。
⑪ 周常云：《国营商业企业股份化资产评估的观察与思考》，《财政研究》1989 年第 4 期。
⑫ 王开国：《有关清产核资中资产评估的若干问题》，《会计研究》1993 年第 2 期。
⑬ 汪建熙：《对资产评估中若干问题的探讨》，《会计研究》1993 年第 4 期。
⑭ 谢惠德：《〈国有资产评估管理办法施行细则〉简介》，《财务与会计》1992 年第 10 期。
⑮ 晏加源：《资产评估的标准和方法刍论——兼论重置成本会计与变现价值会计的关系》，《会计研究》1991 年第 5 期。

法。①

归结起来，资产评估的理论基础主要包括价值理论（如马克思劳动价值论、新古典经济学价值论、斯拉法价格理论体系等）、效用价值论、供求价值理论、货币时间价值理论、资产补偿理论、生产要素分配理论、成本核算理论等。

2. 资产评估理论结构研究

理论研究方面，王建中（2008）构建了以本质为起点的资产评估理论结构体系，采用归纳和演绎相结合方式，以经济学为基础，充分考虑评估环境因素对理论影响的基础上，按照"本质—目的—假设—原则—规范—方法"基本思路对各构成要素进行了分析构建了我国资产评估基本理论结构，为今后深入研究资产评估理论打下了良好的基础。② 其他学者对资产评估理论结构问题也进行了大量研究，例如：余海宗、骆红艳（2001）认为，我国已经形成了"评估目的—估价标准—评估方法—评估结果"的理论体系；王子林所著的《资产评估》（1992），将全部内容分为资产评估原理、资产评估实务和资产评估管理三个部分；姜楠编著的《资产评估》（2004），把全部内容分为资产评估基础理论和资产评估实务两部分；张彩英主编的《资产评估：理论·方法·实务》（2008），将全部内容分为资产评估的基本理论与基本方法、各项具体资产评估和资产评估操作三篇。

3. 资产评估假设研究

针对股份制中的资产评估不以会计中的持续经营为前提而是假设企业中止经营观点，夏冬林（1995）认为，对企业整体改造的资产评估，如股份制改造、合资等，应当以持续经营或资产继续使用为前提。魏铁华（1995）提出，资产评估假设的前提条件包括连续使用条件（连续使用条件又称持续性条件或继续营业条件。即认为被评估企业资产将以其现在的形式和现有的目标持续地营业下去，或资产仍按原设计及建造的目的，或按目前的用途继续使用，即买卖双方都期望该项资产维持原用途并产生收益）、公开市场条件、清算（清偿）、公允市价（买卖双方均不受压力和干扰，均能充分获得有关资料和信息，均能在自由地考虑各自的最佳利益

① 耿建新：《论企业集团的资产评估》，《经济理论与经济管理》1992年第3期。
② 王建忠：《资产评估理论结构研究》，博士学位论文，西南财经大学，2008年。

而行动的条件下，进行市场交易，这种交易的价格称为公允市价）。刘玉平（2002）认为，收益法运用中，未来收益预测一般应建立在下列前提条件下：（1）公司所遵循的国家有关法律、法规、政策、制度和其所在地的政治、经济环境无重大变化；（2）公司在盈利预测期内，有关税负基准、税率、利率、外汇汇率及市场行情不发生重大变化；（3）公司将持续经营，并在经营范围、方式和决策程序上与现时大方向保持一致；（4）公司产品结构和主要产品价格在预测期内不发生重大变化；（5）无其他人力不可抗拒因素及不可预见因素对公司造成重大不利影响。①

宋明三（2000）认为，"原则性"观点将假设与原则这两个不同概念内容强行捏在一起，资产评估假设是进行资产评估的前提，而资产评估的原则是资产评估工作的依据，并认为"目的性"观点注重的是被评估资产未来效用情况，是根据资产评估的目的提出的。资产评估假设是一种体系，它既有基本假设，又有派生假设。提出资产评估的四种基本假设：利益主体变动假设、资产持续经营假设、有效市场存在假设和理性评估行为假设。王建中、王淑珍、刘静（2002）认为，资产评估假设是对资产评估领域存在的尚未确知或无法论证的事物，根据客观的正常情况或发展趋势所做的合乎逻辑的推理或判断。资产评估假设是资产评估理论的演绎基础，是构建资产评估理论概念框架的逻辑起点。并主张资产评估假设包括利益变动主体假设、资产持续经营假设和有效市场存在假设。王景升（2005）认为，资产评估假设是人们利用已经掌握的数据资料，根据资产评估活动的内在规律和资产评估环境的要求，通过一系列的推理，对资产评估活动做出的合乎逻辑的假定说明。资产评估假设是资产评估得以顺利进行的基础和条件。资产评估有三个基本的假设前提，即公开市场假设、持续使用假设和清算假设，每一种假设都是对资产拟进入的市场条件，以及资产在这样的市场条件下接受何种影响的一种假定说明或限定。崔茜（2008）认为，应从三个方面分两个层次对资产评估活动做出合理的假设：第一层次，交易假设，是对资产评估活动存在前提的假设，它是资产评估中的基本假设；第二层次，公开市场假设和持续使用假设，是在基本假设的基础上做出的具体假设，是对影响资产评估结论的主要因素做出的合理假设。

① 刘玉平：《产评估报告是评估准则制订中的重要内容》，《中国资产评估》2002年第5期。

4. 资产评估原则研究

资产评估原则是指导整个资产评估工作的理论基础，也是指导评估人员在资产评估工作中的基本指导思想，以及对评估人员素质的一种规范。《国有资产评估管理办法》第七条规定："国有资产评估应遵循真实性、科学性、可行性原则……"；《资产评估操作规范》第五条规定："资产评估应遵循独立性、客观性、科学性的工作原则……"；第七条规定："资产评估应遵循资产持续经营原则、替代性原则。"全国注册资产评估师考试辅导教材《资产评估》则将资产评估原则区分为工作原则和经济原则两个层次，工作原则包括独立性原则、客观性原则、科学性原则、专业性原则；经济原则包括贡献原则、替代原则、预期原则。王建中、王淑珍、刘静（2002）认为，资产评估原则按照其在评估中发挥的作用可分为两个层次：第一个层次是资产评估的最高原则或称总原则，反映资产评估这种中介活动的本质要求，应包括"客观、公正、独立"三个原则；第二个层次是由资产评估的最高原则派生出来的原则，用于规范具体资产评估行为，包括现实性原则、公开市场原则和科学性原则。[1] 尉京红、王淑珍、郭丽华编著的《资产评估理论与实务》认为，资产评估原则主要包括工作原则和经济技术原则两个方面。工作原则又具体分为独立性原则、客观性原则、公正性原则、科学性原则、可行性原则五个原则；经济技术原则又具体分为预期收益原则、贡献原则、替代原则三个原则。[2] 姜楠、王景升编著的《资产评估》中，同样将资产评估的原则分为工作原则和经济技术原则两个方面。并认为，工作原则包括独立性原则、客观公正性原则和专业性原则三个原则；经济技术原则包括预期收益原则、供求原则、贡献原则、替代原则和估价日期原则五个原则。[3] 边静慧（2011）认为，资产评估原则包括工作原则和经济技术原则，工作原则有独立、客观、公正、专业、科学五大原则。独立、客观、公正三大原则是对资产评估人员职业道德方面的要求，专业、科学原则是对资产评估人员工作素质的总体要求。[4]

① 王建中、王淑珍、刘静：《资产评估若干基本理论的探讨》，《河北农业大学学报》（农林教育版）2002 年第 1 期。
② 尉京红、王淑珍、郭丽华：《资产评估理论与实务》，中国市场出版社 2004 年版。
③ 姜楠、王景升：《资产评估》，东北财经大学出版社 2007 年版。
④ 边静慧：《论资产评估原则》，《经济论坛》2011 年第 1 期。

5. 资产评估机构改制研究

针对我国资产评估发轫过程存在的法制环境不健全、评估市场割据、评估机构执业不规范等问题，王诚军（1994）探讨了资产评估机构名称的规范化。① 刘萍（1999）就资产评估与职业道德的关系、完善资产评估行业自律体系、中国特色的资产评估行业管理体系等进行了研究。②③④ 刘玉平（2001）、汪海粟（2001）、王子林等（2001）讨论了资产评估行业建设与发展相关问题，主张在经济转型时期，评估行业应进行管理体制创新，通过制定和颁布实施全行业统一的资产评估准则及资产评估机构脱钩改制实现行业的统一管理，并加强法律建设、行业协会建设、完善执业资格准入制度和强化业务教育和培训。⑤⑥⑦ 胡静林（1999）对我国资产评估行业的法制建设做了研究。⑧ 王景升（1999）、潘学模（2000）对资产评估执业风险的类别、防范等问题做了探究。⑨⑩⑪

6. 资产评估准则研究

凌华薇、于宁（2002）发表了《资产评估业：十年无准则》一文⑫，在社会上仍然引起了强烈反响。实际上，我国评估界十分重视资产评估准则及规范的建设，刘萍（1998）、刘玉平（1998）、汪海粟（1998）、崔劲等（1999）均对《中国资产评估准则》制定的架构设计、若干问题进行了深入研究。⑬⑭⑮⑯ 张国林（1999）对我国注册资产评估师职业道德

① 王诚军：《浅谈资产评估机构名称的规范化》，《国有资产管理》1994 年第 6 期。
② 刘萍：《资产评估与职业道德》，《中国资产评估》1999 年第 2 期。
③ 刘萍：《完善资产评估行业自律体系》，《中国资产评估》1999 年第 6 期。
④ 刘萍：《建设有中国特色的资产评估行业管理体系》，《国有资产管理》1999 年第 7 期。
⑤ 刘玉平：《试论我国资产评估行业的统一管理》，《中国资产评估》2001 年第 1 期。
⑥ 汪海粟：《关于发展我国资产评估行业几个问题的思考》，《中国资产评估》2001 年第 3 期·
⑦ 王子林：《资产评估行业建设与发展的若干问题》，《中国资产评估》2001 年第 5 期。
⑧ 胡静林：《中国资产评估行业的法制建设》，《国有资产管理》1999 年第 12 期。
⑨ 王景升：《资产评估执业风险问题研究》，《财经论丛》1999 年第 6 期。
⑩ 潘学模：《资产评估操作中的风险防范》，《中国资产评估》2000 年第 2 期。
⑪ 潘学模：《资产评估风险类别分析》，《中国资产评估》2000 年第 3 期。
⑫ 凌华薇、于宁：《资产评估业：十年无准则》，《财经》2002 年第 11 期。
⑬ 刘萍：《关于制定〈中国资产评估准则〉的构想》，《中国资产评估》1998 年第 4 期。
⑭ 刘玉平：《制定〈中国资产评估准则〉若干问题的探讨》，《中国资产评估》1998 年第 4 期。
⑮ 汪海粟：《制定〈中国资产评估准则〉应思考的几个关系和问题》，《中国资产评估》1998 年第 6 期。
⑯ 崔劲：《中国资产评估准则制定思路》，《国有资产管理》1999 年第 12 期。

准则构建进行了探讨。① 基于麦科特事件，评估界对无形资产评估及其准则制定等相关问题展开了广泛而深入的讨论，无形资产评估的文献约占这一阶段文献总量的 20%。崔劲（1994、1999）、刘玉平（1999）、龚刚敏（2000）、姜楠等（2001）研究了无形资产评估及其准则建设问题。②③④⑤⑥ 赵邦宏、王淑珍、王哲（2002）对资产评估准则的制度成本和效益进行了分析，认为影响资产评估准则制度成本收益的因素有知识存量、资产评估准则变迁类型（诱致性制度变迁和强制性制度变迁）、资产评估准则制定方式、资产评估准则的开放程度、资产评估准则监督管理的力度。⑦ 王淑珍、尉京红、赵邦宏（2002）认为，评估规范是在评估领域内起作用的一种社会意识形态，作为一种机制，它是保障和促进评估活动达到预期的一种制约力量。评估规范具有资产估价业务应遵循的标准、对评估工作进行评价的依据（自我评价和社会评价）和引导评估工作往特定方向发展的一种约束力和吸引力（行为机制）三层含义。⑧ 季珉、岳修奎、王强（2002）从质量管理体系的基本要素分析，主张建立评估机构质量控制框架有建立负有质量管理责任的组织管理体系、建立以人为本的资源管理主线、建立以资产评估项目管理为核心的程序控制过程三个基本点。⑨ 陈明高、王季云（2002）主张建立统一和权威的资产评估标准体系是行业规范发展和统一管理的必由之路。⑩

---

① 张国林：《我国注册资产评估师职业道德准则问题试探》，《中国资产评估》1999 年第 1 期。

② 崔劲：《无形资产的价值化和科学评估》，《中国科技论坛》1994 年第 3 期。

③ 崔劲：《转型经济中的无形资产评估》，《中国资产评估》1999 年第 1 期。

④ 刘玉平：《〈无形资产评估准则〉制订中的若干问题研究》，《中国资产评估》1999 年第 1 期。

⑤ 龚刚敏：《收益现值法参数弹性研究——兼评某无形资产评估案例》，《财经论丛》2000 年第 4 期。

⑥ 姜楠：《对无形资产评估价值决定理论的重新认识》，《中国资产评估》2001 年第 5 期。

⑦ 赵邦宏、王淑珍、王哲：《资产评估准则的成本效益分析》，《中国资产评估》2002 年第 4 期。

⑧ 王淑珍、尉京红、赵邦宏：《我国资产评估规范框架的设想》，《河北农业大学学报》（农林教育版）2002 年第 1 期。

⑨ 季珉、岳修奎、王强：《论资产评估机构质量控制体系的建立》，《中国资产评估》2002 年第 4 期。

⑩ 陈明高、王季云：《修订资产评估操作规范建立资产评估标准体系》，《中国资产评估》2002 年第 4 期。

基于十余年资产评估理论和实践的积淀，2002—2005年我国评估理论及准则建设步入高速发展的"快车道"，其显著成果为《资产评估准则——基本准则》（2004年）、《资产评估职业道德准则——基本准则》（2004年）两个基本准则的施行，并为制定其他评估准则提供了依据。至2014年年底，财政部和中评协累计发布26项评估准则，涵盖了评估执业程序的各个环节和评估业务的主要领域。标志着已初步建立起既适应中国国情又与国际基本接轨的资产评估准则体系。

7. 资产评估监管研究

王德良、韩莹（2002），李双海、李海英、徐宏玲（2003），屠巧平（2003）将期权定价理论、模糊数学等理论应用于无形资产价值评估及评估质量控制。[1][2][3] 张楚堂（2003）、周毓萍（2003）则分别探讨了层次分析法和神经网络在不良资产价值评估中的应用。[4][5] 周勤业、夏立军、李莫愁（2003）采用实证研究方法，研究了大股东侵害与上市公司资产评估偏差问题。[6] 余炳文等（2010）分别从经济学风险理论、委托—代理理论和"寻租"理论分析了资产评估监管问题以及"寻租"行为。[7] 孙如喜、赵邦宏等（2004）则运用博弈论的相关理论，通过设立博弈分析基本假设，建立了对我国资产评估监管的博弈模型，并对其进行相应分析，针对资产评估机构和评估监管部门分别提出了相应建议。[8] 蒋楠（2011）从几个较具代表性案例入手，就如何加强资产评估行业监管、有效降低风险进行分析，并针对监管方面存在的问题提出了改进建议。[9]

---

[1]　王德良、韩莹：《期权定价理论在无形资产价值评估》，《郑州经济管理干部学院学报》2002年第4期。

[2]　李双海、李海英、徐宏玲：《无形资产评估的模糊综合评判模型》，《统计与决策》2003年第8期。

[3]　屠巧平：《资产评估质量的模糊评价》，《贵州财经学院学报》2003年第4期。

[4]　张楚堂：《基于层次分析的不良债权资产价值评估模型》，《武汉理工大学学报》2003年第9期。

[5]　周毓萍：《基于神经网络的不良资产价值评估》，《统计与决策》2003年第9期。

[6]　周勤业、夏立军、李莫愁：《大股东侵害与上市公司资产评估偏差》，《统计研究》2003年第10期。

[7]　余炳文：《经济学风险理论对资产评估监管的影响研究》，《中南财经政法大学学报》2010年第4期

[8]　孙如喜、赵邦宏、谢艳辉：《资产评估机构监管的博弈分析》，《经济论坛》2004年第4期。

[9]　蒋楠：《资产评估行业监管有效性问题研究》，《会计之友》2011年第19期。

8. 资产评估结果准确性或误差研究

沃尔迪（1997）、帕克（1998）将估价准确性定义为"估价与市场价格的接近程度"。①② 周勤业等（2003）认为，资产评估偏差主要有以下两个原因：一方面是因为上市公司大股东存在侵害小股东利益所进行了利益输送而形成的偏差；另一方面是大小不一的评估机构评估质量不一样造成的。马小琪（2008）认为，资产评估误差是资产评估结果与资产评估价值标准之间的差异，价值标准的不同表述方法为分析资产评估误差类型提供了理论依据。③ 秦璟（2012）认为，"正确的评估值"是评估专家给出的平均估价。"错误边际"是指在执业中过失行为产生的，它涉及评估师是否在执行估价过程中采取了合理的谨慎态度和技术。"错误边际"可用于司法解释，代表估价不准确性的可接受水平范围。通常是正确值的 ±10% 范围内。④

关于形成估价差异的原因，提姆·哈佛（1999）调查访问了 40 位资深商业评估师，得出形成估价差异原因的排名依次是：知识或经验、对证据或信息的理解、证据或信息的可用性、程序、评估的固有特性、资产或市场的环境、方法、其他原因和一般错误。⑤ 王竞达（2012）以 2010 年 A 股上市公司资产评估与交易定价发现，交易类型、板块因素和行业对资产评估价格与交易价格关系存在一定的影响。

（三）以高级别期刊论文为变量

表 2 - 1 显示，倘若仅以多数高等院校科研考核认定的期刊级别而论，资产评估研究的高质量论文主要发表在《会计研究》，而诸如《经济研究》、《管理世界》等顶级期刊尚未发表过资产评估的研究文章，从一个侧面说明资产评估问题研究的质量及境地。

---

① Waldy, B., Valuation Accuracy [C]. 64th FIG Permanent Committee Meeting & International Symposium, 1997.

② David RR Parker, Valuation Accuracy—An Australian Perspective [C]. 4th Pacific Rim Real Estate Society Conference, 1998.

③ 马小琪：《资产评估误差研究》，《生产力研究》2008 年第 13 期。

④ 秦璟：《国外资产评估准确性研究进展及对中国的启示》，《经济与管理研究》2012 年第 8 期。

⑤ Tim, H., Why Do Valuers Get it Wrong? A Survey of Senior Commercial Valuation Practitioners [C]. RICS Research Conference – 11Ie Cutting Edge, 1999.

表 2－1　　　　　　　资产评估高级别期刊文章统计（以时间为序）

作者	篇名	期刊	发表时间
王开国	有关清产核资中资产评估的若干问题	会计研究	1993 年 2 月
汪建熙	对资产评估中若干问题的探讨	会计研究	1993 年 4 月
林友宏	开展资产评估工作　为社会主义市场经济服务	评估研究	1994 年 4 月
张训苏	债券资产评估模型的构建	会计研究	1996 年 3 月
黄世忠	从产权经济学的角度论股份制改组的实质及资产评估的基本目标	会计研究	1996 年 3 月
王建春	上市公司改制中财务评估和资产评估的关系研究	会计研究	1997 年 6 月
杨忆	论资产评估实证研究假设——与陆德民博士商榷	会计研究	1998 年 11 月
阎秀敏	也谈股份制改组中按资产评估结果调整账项的必要性——兼与葛徐同志商榷	会计研究	1998 年 8 月
陆德民	上市改组过程中的资产评估：一项实证研究	会计研究	1998 年 5 月
葛徐	股份制改组中依据资产评估结果进行会计调账必要性的质疑	会计研究	1998 年 3 月
周勤业	大股东侵害与上市公司资产评估偏差	统计研究	2003 年 10 月
李莫愁	上市公司资产评估实证分析	经济理论与经济管理	2003 年 10 月
王竞达	创业板公司并购价值评估问题研究——基于我国 2010 年、2011 年创业板公司并购数据分析	会计研究	2012 年 10 月
程凤朝	上市公司并购重组标的资产价值评估与交易定价关系研究	会计研究	2013 年 8 月
胡晓明	企业异质与可比公司赋权——基于并购的非上市公司估值模型构建与应用	会计研究	2013 年 11 月

二　资产评估研究现状基本评价

一个国家的评估准则是该国杰出的评估理论研究、优秀评估执业实践的科学概括，很大程度代表一个国家评估行业的发展水平。资产评估研究文献梳理揭示，与英、美等国家相比，尽管我国资产评估是"应急性"的产物、发展时间短，但在资产评估理论研究、准则建设、实践经验总结以及对我国经济体制转型等方面取得了十分显著的成效，具体体现在：

第一，研究文献呈现稳定、持续增长态势。如前所述，1989—2014年，资产评估发表论文总计 18680 篇，其中，期刊论文 7305 篇、学术论文 9577 篇、学位论文 1798 篇，最高峰的 2013 年达 1709 篇。表明我国理论与实践工作者对资产评估进行了大量的研究，尤其是对评估理论、评估方法、评估准则等方面的研究，取得了一定的成果。

第二，资产评估法律规范体系不断完善。尽管资产评估法因多种原因"难产"，但资产评估并非无法可依，已初步形成一套以国务院颁布的《国有资产评估管理办法》为主干，以财政部、原国家国有资产管理局等政府主管部门颁布的一系列关于资产评估的规章制度为主体，以全国人大及其常委会、司法机关和其他政府部门颁布的其他相关法律、司法解释和规章制度为补充，以中国资产评估协会发布的行业自律管理文件为基础的资产评估法律规范体系。内容涵盖资产评估综合管理、考试、培训、注册、机构审批、执业规范、项目管理、财务管理、收费管理、业务监管、违规处罚、清理整顿、体制改革等各个方面。

第三，构建了体现中国国情并具有特色的资产评估准则体系。评估准则是资产评估理论的有机组成部分，截至 2014 年年底，财政部和中评协累计发布 26 项评估准则，这些准则包括 2 个基本准则、12 个具体准则、4 个评估指南和 8 个指导意见，基本涵盖评估执业程序的各个环节和评估业务的主要领域，使得评估业务的基本程序、主要资产类型的评估业务都有相应的评估准则予以规范，标志着我国的评估实践全面进入了准则规范化时代。

第四，资产评估教育走上高速发展的"快车道"。至 2014 年，除清华大学、中国人民大学、上海财经大学、厦门大学、中央财经大学、东北财经大学、河北农业大学、中南财经政法大学、南京财经大学等资产评估学科基地院校外，已有 30 多所高校开办了资产评估专业，68 所院校 2011 年招收资产评估专业硕士，培养资产评估高级应用型的人才。上述不同的资产评估教育形式并举，使我国资产评估教育走上了高速发展的"快车道"。

不过也发现，我国资产评估研究和实践尚存在以下几个值得改进的方面：

第一，重思辨、概念阐释性研究，轻实践应用和经验总结。相关文献资料中，绝大多数为概念、原则阐释性文章，重思辨，轻实践应用和总结，主要囿于基本理论和方法介绍，缺乏系统、深入地对相关理论和方法的梳理及深化，对实际工作缺乏理论指导意义。此外，评估基础理论的研究较少，部分研究成果内容照搬多于创新，研究不够深入和系统。

第二，高质量文章少。据不完全统计，尚未发现《经济研究》、《管理世界》等国内权威期刊刊登资产评估理论或实证方面的文章，而《中国资产评估》期刊所刊登的研究性文献少、规章制度和领导讲话多、期刊平台低，大多数高校并未将其确定为核心期刊，在某种程度上影响了资产评估的理论研究。

第三，管理体制不顺、政出多门、市场分割。目前，我国存在注册资产评估师、房地产估价师等几种执业资格以及分别由建设部、国土资源部、财政部、证监会、国家知识产权局、国家工商总局、国家税务总局、国家林业局多方监管并存（多龙治水），这种局面导致评估法规政出多门、市场割据，严重影响和制约了我国评估业的发展。

第四，评估实务尚存在价值类型、评估方法以及有关参数选择不当等问题，这也反映了资产评估理论的研究不够成熟，难以对资产评估实践予以科学合理的指导。

第二节　政府控制、制度环境与评估师选择研究回顾

根据党中央、国务院《关于中央党政机关与所办经济实体和管理的直属企业脱钩有关问题的通知》（中办发〔1998〕27号）的文件精神，我国资产评估机构、土地评估机构与政府主管部门脱钩始于1999年①②，但鉴于其历史渊源，一些评估机构或土地评估机构的主要客户，仍然与其产生时所隶属的政府部门及其行业有着千丝万缕的联系。这种与生俱来的联系或者惯性，对评估结果有着一定程度的影响。

一　政府控制与评估师选择的研究

（一）政府控制与企业绩效

1. 政治观点和代理观点

有研究认为，政府控制带来了国有企业经营业绩不佳（Megginson，

---

① 《关于土地评估机构与政府主管部门脱钩的通知》，国土资发〔1999〕318号，http：//www. gov. cn/gongbao/content/2000/content_ 60039. htm。

② 财政部《关于资产评估机构脱钩改制的通知》，http：//www. saic. gov. cn/zcfg/xzgzjgfxwj/199905/t19990525_ 46521. html。

Netter, 2011)。对于这一现象, 学术界主要存在两种理论: 政治观点和代理观点。政治观点认为, 国有企业因为存在政府干预承担了许多政策性目标, 如经济发展战略、就业、税收、社会稳定等, 由此造成国有企业的政策性负担 (Lin et al., 1998; 林毅夫等, 2004a, b), 并导致企业的经营受到限制, 经营目标歪曲化。同时, 过多的政治诉求和承担政治目标都会使企业偏离利润最大化的目标 (Vickers、Yarrow, 1998), 即存在掠夺之手 (Shleifer、Vishny, 1998)。代理成本理论则认为, 国有企业存在严重的政府主体缺位, 国有股东既不能享受监督管理者带来的收益, 也不承担决策失误导致的相应后果, 缺乏动力监督管理者 (张维迎, 1999), 也没有足够的激励去提升国有企业的业绩。

2. 基于股权性质的视角

政府是否应该将"有形的手"伸向企业, 一直是学者激烈讨论的焦点。1998 年, Shleifer、Vishny 在《掠夺之手》[①] 一书中, 对学界有关政府控制的研究进行了总结和开拓。他们认为政府控制存在援助之手和掠夺之手, 前者常常对关键经济问题缺乏说服力, 而后者的研究前提更具有微观基础和经济理性, 提供了一个基础性的政府选择理论, 大量有关政府控制与企业绩效的研究都在质疑国有企业降低了企业的效率。并进一步指出国有企业的低效主要在于国有产权带来的政府干预行为 (Shleifer, Vishny, 1998)。[②] Stigliz (1993)[③] 指出, 政府的政绩诉求导致国有企业缺乏竞争。进一步研究认为, 即使是在完全竞争的环境中, 政府行为往往也将导致企业的经营是无效的 (Shleifer, Vishny, 1994[④]; Shleifer, Vishny, 1996[⑤])。La Porta 等 (1999)[⑥] 进一步指出, 政府作为上市公司的终极控制人普遍存在于西欧和东亚等国家中, 并验证了政府控制的上市公司的业

① 安德列·施莱弗、罗伯特·维什尼:《掠夺之手》, 中信出版社 2004 年版。

② Shleifer, A. and R. Vishny, 1998, *The Grabbing Hand: Government Pathologies and Their Cures*, Cambridge Mass, Harvard University Press.

③ Stigliz, 1993, Capital Structure and the Information Role of Debt, *Journal of Finance*, 45: 321 - 349.

④ Shleifer, A. and R. W. Vishny, 1994, Politicians and Firm, *Quarterly Journal of Economics*, 109: 995 - 1025.

⑤ Shleifer, A. and R. W. Vishny, 1996, State Versus Private Ownership, *Journal of Economic Perspective*, 12: 133 - 150.

⑥ La Porta, R. F., Lopez - de - Silanes, A. Shleier and R. W. Vishny, 1999, Legal Determinants of External Finance, *Journal of Finance*, 52: 1131 - 1150.

绩比非政府控制的上市公司差的结论。

叶会、李善民（2008）① 以 2001—2004 年上市公司为样本，研究结果发现，政府控制的企业控制权定价显著高于非政府控制企业。罗党论、唐清泉（2007）② 则认为，政府通过影响上市公司的担保行为而间接影响上市公司的业绩。其研究发现，地方政府的财政赤字显著影响地方政府控制上市公司的担保行为，而对民营企业而言，地方政府的财政赤字则对其担保行为影响不大。代光伦等（2012）③ 认为，我国中央与地方政府的财政分权改革及国有企业战略性调整使得各级政府有动机将其政策性负担和政治目标内化到控制的上市公司中，影响上市公司业绩。

同时，大量学者从投资效率角度研究了政府控制对上市公司业绩和公司治理的影响。刘星等（2010）④ 通过研究发现，终极控制人所有权性质影响所有权结构在公司价值创造中的作用和效率。辛清泉、林斌、王彦超（2007）⑤ 研究了上市公司经理薪酬在企业投资决策方面的治理效应，发现地方政府控制的上市公司存在因薪酬契约失效导致的投资过度现象。高雷等（2008）⑥ 从外部治理安排和内部治理环境角度研究发现，与非政府控制的上市公司相比，政府控制企业的现金持有量较少。丁友刚等（2011）⑦ 以 1997—2008 年的政府控制上市公司为例，研究了高管更换与上市公司业绩的关系，并发现在政府控制的情况下，高管的升迁与公司的业绩没有关系。因此得出政府控制的上市公司高管更换并不能提高公司业绩。邓晓岚（2011）⑧ 认为，政府干预增加了处在财务困境中公司的代理成本，扰乱了公司的外部治理机制。

---

① 叶会、李善民：《治理环境、政府控制和控制权定价——基于中国证券市场的实证研究》，《南开管理评论》2008 年第 5 期。

② 罗党论、唐清泉：《政府控制、银企关系与企业担保行为研究——来自中国上市公司的经验研究》，《金融研究》2007 年第 3 期。

③ 代光伦、邓建平、曾勇：《金融发展、政府控制与融资约束》，《经济与金融》2012 年第 5 期。

④ 刘星、安灵：《大股东控制、政府控制层级与公司价值创造》，《会计研究》2010 年第 1 期。

⑤ 辛清泉、林斌、王彦超：《政府控制、经理薪酬与资本投资》，《经济研究》2007 年第 8 期。

⑥ 高雷、张杰：《公司治理、政府控制与现金持有》，《中大管理研究》2008 年第 3 期。

⑦ 丁友刚、宋献中：《政府控制、高管更换与公司业绩》，《会计研究》2011 年第 6 期。

⑧ 邓晓岚：《政府控制、政府干预与管理者自利——基于财务困境视角的经验研究》，《南方经济》2011 年第 12 期。

3. 基于政府控制层级的视角

目前，不少研究发现中央政府和地方政府对国有企业的干预行为存在差异。Claessens S. Cheung[1]、S. Djankov 和 L. Lang（2008）[2] 研究发现，在关联企业交易中，中央政府对其所属国有上市公司起到增加价值的作用，而地方政府则会通过关联交易转移上市控制的资源，对上市公司进行掏空。Fan 和 Wong（2002）[3] 认为，中央所属上市公司的绩效比市县级政府所属上市公司的绩效更好。他们将此解释为地方政府对上市公司的干预要强于中央政府，并得出政府对上市公司的干预越强，上市公司的绩效越差的结论。夏立军等（2005）[4] 根据终极控制人将上市公司分为中央控制、省级政府控制、市级政府控制、县级政府控制和非政府控制。通过实证研究发现，政府控制尤其是县级和市级政府控制对上市公司的价值产生了负面影响。代光伦等（2012）[5] 通过对 2004—2007 年 3427 家国有上市公司进行研究发现，国有企业普遍存在融资约束。同时，他们还发现企业融资约束将随着公司终极控制人行政级别的升高而减小。蔡吉甫（2012）[6] 通过对沪深两市的上市公司进行研究发现，地方政府控制的上市公司相比中央控制的上市公司和非政府控制的上市公司其对投资的扭曲程度更大。赵卫斌、陈志斌（2012）[7] 通过将国有上市公司分为中央控制的上市公司和地方政府控制的上市公司研究发现，国有上市公司高管人员薪酬的业绩敏感性与政府控制人员的行政级别相关，中央控制的高管人员

---

[1]　Cheung Yan - leung, P. Raghavendra Rau and Aris Stouraitis, 2008, The Helping hand, the Lazy Hand, Or the Grabbing Hand? Central vs. Local Government Shareholders in Publicly Listed Firms in China, Working Paper, Social Science Research Network.

[2]　Claessens, S., Djankov, S., Lang, L., 2008, The Separation of ownership and Control in East Asian, *Journal of Financial Economies*, 58：81 - 1121.

[3]　Fan, J. P. H, T. J. Wong, 2002, Politically Connected CEOs, Corporate Governance and Post - IPO Performance of China's Newly Partialy Privatized Firms, *Journal of Financial Economic*, 84：330 - 357.

[4]　夏立军、方秩强：《政府控制、治理环境与公司价值——来自中国证券市场的经验证据》，《经济研究》2005 年第 5 期。

[5]　代光伦、邓建平、曾勇：《金融发展、政府控制与融资约束》，《经济与金融》2012 年第 5 期。

[6]　蔡吉甫：《法治、政府控制与公司投资效率》，《当代经济》2012 年第 5 期。

[7]　赵卫斌、陈志斌：《政府控制与企业高管人员薪酬绩效敏感度》，《管理学报》2012 年第 2 期。

的薪酬业绩敏感性更低。逯东等（2014）[1] 以 2004—2010 年的国有上市公司为样本，研究发现，政府控制权对公司价值存在一定损害。并进一步发现政府控制权对公司价值的损害效应会随着行政级别的下降而逐层减弱。邹爱敏等（1999）[2] 研究认为，我国资产评估行业存在政府行为，政府对资产评估行业过多的干预导致难以形成独立、客观、公正的执业环境。

4. 基于政府控制的双重影响视角

大量研究认为，政府控制对上市公司存在负面影响。然而，也有学者认为政府控制对上市公司也发挥着"扶持之手"的积极作用。大量国外的研究表明企业中的政治关联可以为企业带来税收、融资等优惠补贴（Johnson，Mitton，2003；Faccio，2006；Knight，2007；Classsens et al.，2008）。DePater、Myers（1994）[3] 发现中央政府可以运用纠正性补贴来控制税收竞争的负面影响。同时，政府还会通过违规放松管辖方式对国有上市公司给予照顾（Stigler，1971；Kroszner，Stratmann，1998；De Soto，1989）。进一步，当国有企业发生财务困境的时候，政府也会给予经济上的帮助（Faccio，Masulis，2006）。[4] 李文洲等（2014）[5] 对 2007—2010 年 A 股上市公司研究发现，在目前银行业普遍存在"惜贷"局面下，国有企业仍然可以获得超额信贷支持。学者同时发现，政府控制同时产生了股权限制和融债优势两种相反的作用力，企业中的政府控制更有利于债权融资调整，但不利于股权融资调整（赵兴楣、王华，2011）。[6]

（二）政府控制与公司外部治理

龚启辉、李琦、吴联生（2011）[7] 研究发现，政府控制对审计质量具有双重影响：一方面，政府控制增强了本地会计师事务所对本地政府和企

① 逯东、孙岩、周玮、杨丹：《地方政府政绩诉求、政府控制权与公司价值研究》，《经济研究》2014 年第 1 期。

② 邹爱敏、郭丽娟、周晓：《浅议资产评估业中的政府行为及矫正》，《洛阳农业高等专科学校学报》1999 年第 3 期。

③ DePater, J. A. and G. M. Myers, 1994, Strategic Capital Tax Competition: A Pecuniary Externality and a Corrective Device, *Journal of Urban Economics*, 36: 66 – 78.

④ Faccio and Masulis, 2006, Politically Connected Firms, *America Economic Review*, 96: 369 – 386.

⑤ 李文洲、冉茂盛、黄俊：《所有制、政治关联与企业超额信贷》，《经济评论》2014 年第 2 期。

⑥ 赵兴楣、王华：《政府控制、制度背景与资本结构动态调整》，《会计研究》2011 年第 3 期。

⑦ 龚启辉、李琦、吴联生：《政府控制对审计质量的双重影响》，《会计研究》2011 年第 8 期。

业的了解，有助于在审计过程中发现问题，从而提高公司审计报表质量。另一方面，政府控制通过它对审计市场的控制降低了出具非标准审计意见的概率，损害了审计质量。龚启辉等（2012）[①] 研究发现，政府控制会影响上市公司对外部审计师的选择，中央国有企业更偏向于选择具有中央背景的会计师事务所，而地方国有企业则更倾向于选择具有地方政府背景的会计师事务所。

综上所述，政府控制与中介机构关系研究的基本共识是：政府控制对企业的融资约束、投资效率、公司价值、公司治理机制和外部审计师选择、审计质量等都有重要影响。同时，关于政府控制和评估师选择的研究文献主要认为我国资产评估行业存在政府干预，并进一步提出政府对资产评估行业的过多干预导致难以形成独立、客观、公正的评估执业环境。

二　制度环境与评估师选择的研究

（一）制度环境与政治关联的研究

现代制度经济学理论认为，制度是决定经济主体行为的基本因数，转型经济中外部市场的局限性在很大程度上是由于政府干预关键资源的分配造成的（Nee，1992；Stephen，Marc，2002）。因此，在转型经济中，虽然市场机制可以发挥一定的作用，但企业的发展会在很大程度上依赖非市场体系获取资源。夏立军、陈信元（2007）[②] 以 2001—2003 年的政府控制上市公司为对象研究发现，地区市场化进程减轻了地方政府控制公司的经济动机。冯天丽、井润田（2009）[③] 研究发现，商品市场、劳动力市场和资本市场发展水平越高，私营企业家寻求政治关联的意识越弱。罗党论、唐清泉（2009）[④] 研究发现，当地方制度环境越差的时候，民营上市公司越倾向于与政府建立政治关联。其原因在于在制度环境较差的地区，政治关联可以作为一种替代保护机制，这个是处于转型期经济中，民营企

---

① 龚启辉、吴联生、王亚平：《政府控制与审计师选择》，《审计研究》2012 年第 5 期。

② 夏立军、陈信元：《市场化进程、国企改革策略与公司治理结构的内生决定》，《经济研究》2007 年第 7 期。

③ 冯天丽、井润田：《制度环境与私营企业家政治联系意愿的实证研究》，《管理世界》2009 年第 8 期。

④ 罗党论、唐清泉：《中国民营上市公司制度环境与绩效问题研究》，《经济研究》2009 年第 2 期。

业为谋求发展而自发形成的机制。柯复（2006）[①] 研究认为，虽然目前我国的资产评估机构进行了脱钩改制，但无论是在评估师选择上还是在执业环境方面都缺乏一个客观公正的环境。

（二）制度环境对公司治理的影响

严绍兵（2001）[②] 研究了客户对评估师与评估结果的影响，结果发现客户的类型和评估师及评估机构的类型不同，客户对评估师产生的影响也将不同。廖义刚等（2010）[③] 认为，制度环境会显著地影响公司被出具持续经营审计意见与次年银行贷款变化之间的负相关关系。即市场化进度越快，法治化水平越高，金融发展的水平越高，这种负面关系越强烈。

Gong 等（2010）[④] 研究发现，对于跨国上市公司而言，母国投资者保护越弱，控股股东是管理者且其投票权超过现金流量权的公司更可能隐藏内部控制的缺陷。夏立军等（2005）[⑤] 认为，公司所处地区的制度环境的改善可以减轻政府控制给企业价值带来的负面影响。烈云、刘荣英（2008）[⑥] 研究发现，公司业绩与高管变更之间存在负相关的关系。上市公司所处地区的制度环境越好，高管变更与公司业绩之间的负相关关系越明显。李四海（2010）[⑦] 研究政治关系与企业捐赠的关系时发现，政治关联对企业捐赠水平具有显著的影响，而制度环境可以加强这种影响。同时，制度环境将会影响上市公司的信息质量，上市公司所处地区的市场化水平越高、政府干预越少、法律保护越好、社会资本水平越高，则上市公司的会计信息质量越高（袁知柱、鞠晓峰，2009；姜英兵、严婷，2012）。叶会、李善民（2008）[⑧] 发现公司治理环境对控制权定价具有负

---

① 柯复：《对资产评估机构脱钩改制历程的回顾与思考》，《中国昆明国际评估论坛优秀论文集》，2006 年，第 356—368 页。

② 严绍兵：《客户对评估师和评估结果的影响》，《中国资产评估》2001 年第 4 期。

③ 廖义刚、张玲、谢盛纹：《制度环境、独立审计与银行贷款——来自我国财务困境上市公司的经验证据》2010 年第 2 期。

④ Gong, G., B. Ke and Y. Yu, 2010, Home Country Investor Protection, Ownership Structure and Cross – listed Firms' Compliance with SOX – Mandated Internal Control Deficiency Disclosures, Working Paper.

⑤ 夏立军、方秩强：《政府控制、治理环境与公司价值——来自中国证券市场的经验证据》，《经济研究》2005 年第 5 期。

⑥ 烈云、刘荣英：《制度环境、股权性质与高管变更研究》，《管理科学》2008 年第 6 期。

⑦ 李四海：《制度环境、政治关系与企业捐赠》，《中国会计评论》2010 年第 6 期。

⑧ 叶会、李善民：《治理环境、政府控制和控制权定价——基于中国证券市场的实证研究》，《南开管理评论》2008 年第 11 期。

面作用，而这种作用在政府控制企业中的影响更为显著。刘启亮等（2012）① 通过对中国上市公司进行研究发现，良好的外部制度环境有助于缩小非政府控制和地方政府控制上市公司内部控制与中央政府控制的上市公司之间的差距。罗炜、饶品贵（2010）② 研究发现，处于制度环境较好的地区，上市公司更换投行的概率较低，即使更换投行也会选择声誉更好的投行。刘新乐、赵邦宏（2006）③ 从契约经济学的角度分析了我国评估市场，认为我国目前评估师市场上所签订的契约多为不完全契约，这可能会导致出现道德风险、逆向选择和激励问题等。

综上所述，制度环境作为一种外部治理机制对公司治理等有着重要的影响。中国作为一个地域广阔的国家，市场化进程中各地区差异巨大，造成地区之间的制度环境存在显著差异。我国资产评估行业诞生于服务国有资产评估的需要，根据权力转换的迟延理论，国有企业对评估师的选择也必将受到所处制度环境的影响。

三 资产评估监管博弈分析

侯凤坤（2014）认为，资本市场评估监管的主要依据是《关于从事证券期货相关业务的资产评估机构有关管理问题的通知》（财企〔2008〕81 号文），中国证监会、财政部、国土资源部等尚未单独或共同出台部门规章等层次较高的监管规则，资本市场针对评估的监管主要参照执行财政部制定的规章和中评协发布的准则。评估监管规则体系的缺失导致监管跛足前行。④ 陈志军、吴震（2013）认为，监管与评估质量的变化具有一定的波动性。⑤

孙如喜、赵邦宏、谢艳辉（2004）应用博弈理论，对资产评估机构和资产评估监管部门行为进行分析，并提出了对我国资产评估机构监管的几点建议。⑥ 这篇文章为博弈论在资产评估监管中的运用作了比较全面的

---

① 刘启亮、罗乐、何威风、陈汉文：《产权性质、制度环境与内部控制》，《会计研究》2012 年第 3 期。

② 罗炜、饶品贵：《盈余质量、制度环境与投行更换》，《管理世界》2010 年第 3 期。

③ 刘新乐、赵邦宏：《资产评估师市场的契约经济学分析》，《中国乡镇企业会计》2006 年 4 期。

④ 侯凤坤：《资本市场监管视野下的矿业权评估问题》，《中国矿业》2014 年第 8 期。

⑤ 陈志军、吴震：《论我国国有资产评估监管的新模式——基于博弈论视角》，《福州大学学报》（哲学社会科学版）2013 年第 6 期。

⑥ 孙如喜、赵邦宏、谢艳辉：《资产评估机构监管的博弈分析》，《经济论坛》2004 年第 4 期。

研究，并为其后相关研究提供了参照。尉京红、赵黎明、贾芳芳（2005）认为，客户和评估机构间的委托受托关系决定了客户是影响资产评估结论的重要因素，客户与评估机构也就是市场交易中的买方和卖方，他们交易的产品就是资产评估结果及其载体，即资产评估报告，它是客户确定资产的交易价格、实现有关经济行为（如抵押贷款）的重要文件。[①]

但义兵（2006）认为，资产评估质量的高低很大程度取决于客户与评估机构双方在博弈过程中"讨价还价"的能力及博弈的结果。[②] 吴慧香、梁美健（2008）采用完全信息动态博弈模型来分析资产评估监管部门、资产评估机构、资产评估人员的博弈问题。[③] 周经纬（2010）认为，资产评估"寻租"是指评估机构和人员利用其垄断权，迎合评估委托人特殊需要而提供"不清洁"服务，不正当地获得额外利益或好处的违规行为。[④] 李文莉（2011）认为，由于资产评估机构、券商、会计事务所、律师事务所等中介机构均由控股股东控制下的董事会聘任，其佣金直接受到并购项目成败的影响，因此，受到利益驱动的中介机构听命于控股股东的意思表示，做出有利于控股股东的不公允的价格评估。[⑤]

第三节　组织伦理气氛及其作用机制文献回顾

一　组织伦理气氛

（一）伦理

西方"伦理"一词是由古希腊文"ethos"演绎而来。本义是人格、本质，也指风俗习惯。而后，亚里士多德又将"ethos"一词的词义加以扩大与改造，创建了伦理学（ethika），并明确指出"伦理德行是风俗习

---

① 尉京红、赵黎明、贾芳芳：《客户对资产评估质量影响的博弈行为分析》，《中国农业大学学报》（社会科学版）2005 年第 3 期。

② 但义兵：《资产评估质量低下的博弈分析及对策探讨》，《企业经济》2006 年第 10 期。

③ 吴慧香、梁美健：《资产评估机构监管博弈模型构建》，《财会通讯（理财）》2008 年第 7 期。

④ 周经纬：《我国资产评估寻租行为分析》，《会计之友》2010 年第 24 期。

⑤ 李文莉：《我国上市公司并购中控股股东不当定价的监管探析》，《安徽大学学报》（哲学社会科学版）2011 年第 3 期。

惯熏陶出来的，而不是自然本性"。① "伦理"一词在中国最早见于《礼记·乐记》："凡音者，生于人心者也；乐者，通伦理者也"。原指音乐的条理，后指人伦道德之理（人与人相处的各种道德准则），主要形容封建社会中父子、君臣、夫妇、长幼、朋友之间的各类等级尊卑关系及其相应的道德规范。《朱子语类》卷七二云："正家之道在于正伦理，笃恩义。"一般认为，伦是指人与人之间的关系；理则指道理、规则。

关于伦理的含义，《现代汉语词典》将其解释为人与人相处的各种道德准则。② 美国《韦氏大辞典》将其阐释为一门用来探讨何为好与坏，以及道德责任义务的学科。一般意义上来说，伦理是指一系列指导人们行为的观念，是个人、集体和利益三要素间关系的问题，或者是一种处理人与人、与社会、与自然之间关系中的行为规范或道德标准。它由两个基本矛盾构成：一是利和义的关系，是利决定义，还是义决定利；二是个人和集体的关系，是个人利益决定集体利益，还是集体利益决定个人利益。因此，从根本意义上理解，伦理可以被视为是关于处理"己"与"人"关系的准则，能够对人与他人、人与社会、人与国家、人与自然等相互关系进行妥善处理与安排。引申到特定社会环境下，这里的"人"可以是泛指的"客体"，"己"可以是泛指的"主体"。伦理学系统性地思考和研究道德观念方面的问题，像善与恶、对与错、美德与恶行、正义与罪行一类的概念。

（二）组织伦理

组织伦理就是将伦理研究对象扩大，即将人与人之间的关系延伸到组织上，将个体的行为准则延展到组织的行为准则上。所以学术界也将组织伦理视为企业伦理、商业伦理。它是企业生产经营管理活动中，处理企业内部伦理关系与伦理活动，建立企业伦理意识与伦理准则的总和。组织伦理是组织社会资本中的重要构成要素，所以也可认为组织伦理是组织以合法方式获取利益的过程中，处理组织内外利益关系时所应自觉遵守的伦理

---

① ［古希腊］亚里士多德：《尼各马科伦理学》，苗力田译，中国社会科学出版社 1990 年版，第 25 页。

② 中国社会科学院语言研究所词典编辑室编：《现代汉语词典》第 6 版，商务印书馆 2012 年版。

行为准则和规则规范。① 伦理关系包含处理企业内部（企业与创建者、管理者、企业员工）以及企业外部（企业与其他利益相关者、公众、社会媒体）的关系。伦理意识则由企业的道德信念、道德情感、道德认知以及道德传统和道德风气等组成。而伦理准则亦可称作伦理守则，细分为企业的生产准则、销售准则、分配准则与信息准则等。企业伦理表明的是作为一个商业机构或团体存在、运营活动时所应遵守的伦理规则与原则，作用于企业追求利益最大化与非经济顾虑（价值）行为之上。从某种意义上说，企业伦理是企业市场竞争力的源泉活水，加强对企业伦理方面的建设，对提升企业的核心竞争力大有裨益。

亚当·史密斯曾经说过："属于同一行业的人们很少会聚集在一起，甚至为了消遣或娱乐，但是会话的结果是不利于公众的阴谋，或某种提高价钱的手段。"② 因而，企业家或者商人的职业道德时常会被社会大众疑问，政府使用法律与规则来督导商业行为朝向政府认为有益方向发展，而伦理学隐性地调控在政府管控之外的行为范围与细节。③ 大型集团公司的出现，由于它们与社区之间的关系与敏感性相当有限，促使人们关注并拥抱伦理学。

（三）组织伦理气氛的不同观点及提出时间

Victor、Cullen 是组织伦理气氛研究领域具有"里程碑"或"划时代"意义的学者，他们在前人研究的基础上，开创了组织伦理气氛量化及实证研究先河，并取得了系列研究的成果。1987 年，Victor、Cullen 在对组织伦理气氛进行了奠基性研究，他们提出如果将伦理要素纳入到组织管理实践中，进而有益于形成组织伦理气氛，他们认为组织伦理气氛是组织内部成员对组织伦理程序、规则与组织政策所共同拥有的一种稳定的感知和行为倾向。④ 梳理相关文献发现，关于组织伦理气氛的定义，不同时间、不同学者观点纷呈，仁者见仁，智者见智（见表 2 - 2）。相对西方发

① 蔺璇：《团队伦理气氛对团队效能的影响研究》，博士学位论文，山东大学，2012 年，第 3 页。

② Campbell Jones, Martin Parker, Rene ten Bos, *For Business Ethics*. Routledge, 2005（8）：81.

③ Adolf Berle, Gardiner Means, The Modern Corporation and Private Property. *Transaction Publishers*, January, 1991（8）：3.

④ Victor, B., Cullen, J. B., A Theory and Measure of Ethical Climate in Organizations［J］. *Research in Corporate Social Performance and Policy*, 1987（9）：51 - 71.

达国家，国内学者对组织伦理气氛的研究晚于国外，但随着经济全球化、社会环境和市场形势的不断变化以及频繁发生的企业违反伦理事件，员工与组织间的心理契约变得越发脆弱和不稳定，组织伦理气氛研究逐渐升温。具体的研究趋势如图 2 - 3 所示。①

表 2 - 2　　　　　　　　　组织伦理气氛的不同观点及提出时间

代表人物	时间	基本观点
Schneider	1975 年	组织伦理气氛是组织中的员工对于伦理行为的规则以及对伦理困境如何解决的共同认知和体验②
Murphy	1981 年	组织伦理气氛是影响员工伦理行为的重要因素，营销人员的伦理行为会随组织的伦理气氛的改变而改变
Trevino	1986 年	组织伦理气氛是影响员工伦理行为的首要因素，员工伦理行为与组织伦理环境密切相关，组织伦理气氛则是组织伦理环境的体现③
Victor、Cullen	1987 年	组织伦理气氛是员工对伦理程序与政策所共同持有的一种稳定的认知与行为意向，是在处理与伦理有关的问题时组织所表现出的特征，同时也是组织成员对于伦理行为标准和处理伦理行为方式等的共同感知
Wimbush、Shepard	1994 年	组织伦理气氛是员工如何看待与解决两难伦理问题的知觉，是组织及其成员伦理行为决策的重要依据。从道德角度来看，它属于伦理行为的规范结构④
Falkenberg、Herremans	1995 年	组织伦理气氛是一种解决组织及个人伦理问题的非正式的系统

---

①　以检索项为"题名"，检索词为"组织伦理气氛"，匹配为"模糊"，检索方式为"跨库检索"，对 2015 年 1 月"万方数据知识服务平台"进行检索，得到 2006—2014 年学术论文 47 篇、期刊 19 篇、学位论文 27 篇、会议 1 篇。

②　Schneider, B., Organizational climates: An essay [J]. *Personnel Psychology*, 1975, 28 (4): 447 - 479.

③　Trevino, L. K., Ethical Decision Making in Organizations: A Person - situation Interactionism model [J]. *Academy of Management Review*, 1986, 11 (3): 601 - 617.

④　Wimbush, J. C., Shepard, J. M., Toward an Understanding of Ethical Climate: Its Relationship to Ethical Behavior and Supervisor Influence [J]. *Journal of Business Ethics*, 1994 (13): 637 - 647.

续表

代表人物	时间	基本观点
Victor、Agarwal	2002 年	组织伦理气氛是组织成员对什么是正确的伦理行为以及如何解决伦理问题的心理知觉结构，它使员工了解组织的共同价值观与目标，以及在此价值观与目标的背景下，哪些行为是符合伦理的，哪些行为则是非伦理的，伦理问题出现后应该如何处理和解决，谁应该负责任等问题的共同认知[1]
王雁飞、朱瑜	2006 年	组织伦理气氛是组织气氛中的一个重要维度，它是指组织内部成员对于什么是符合伦理的行为，如何解决伦理困境或问题的共同体验和认知，这种认知会影响个体对待伦理问题的态度、信念、动机和行为倾向，最终影响到员工和整个组织的伦理行为[2]
刘文彬	2009 年	组织伦理气氛是指组织成员在工作情境中面对他人和组织进行决策时所采用的主导性思维模式，这种思维模式会从整体上影响个体对待"与伦理有关的问题"的态度、信念、动机和行为[3]
朱颖俊、黄瑶佳	2011 年	伦理气氛是指企业内部的道德气氛，员工能感觉到组织内部伦理的动向，明确知道什么行为是允许的，什么行为是被禁止的认知[4]

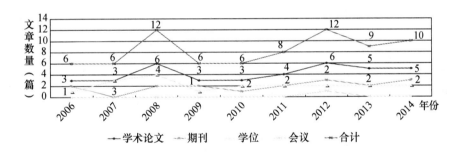

图 2 - 3　2006—2014 年组织伦理气氛研究文献态势

（四）组织伦理气氛的形成

组织伦理气氛的目标是基于积极的组织伦理气氛环境，规范地对组织

① Victor, D. C. , Agarwal, J. , Ethical Climate in Nonprofit Organizations: Propositions and Implications [J] . *Nonprofit Management & Leadership*, 2002 (1): 39 – 54.

② 王雁飞、朱瑜：《组织伦理气氛的理论与研究》，《心理科学进展》2006 年第 2 期。

③ 刘文彬：《组织伦理气氛与员工越轨行为间关系的理论与实证研究》，博士学位论文，厦门大学，2009 年。

④ 朱颖俊、黄瑶佳：《组织伦理气氛与成员信息伦理行为关系的实证研究》，《情报杂志》2011 年第 3 期。

的伦理行为进行规范建构，促使组织内部员工在工作情境中面对他人和组织进行伦理行为决策时产生共同认知，这种认知会在整体上影响着组织或者企业内部成员对待"与伦理有关的问题"的相关态度和动机、信念与行为，并且最终辐射到整个组织以及成员并影响着他们的伦理行为。一言以蔽之，组织伦理气氛就是将组织伦理气氛作为输入变量，组织运营过程作为中介变量，组织运营绩效作为输出变量。图 2 - 4 为组织伦理气氛在组织内部的形成机制，不同类型组织伦理气氛对员工不伦理行为的各个维度具有显著的预测作用；组织认同在组织伦理气氛影响员工不伦理行为的过程中起中介作用。

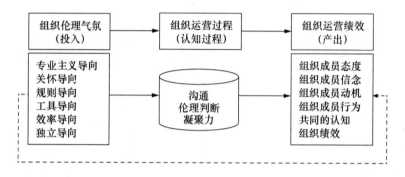

图 2 - 4 组织伦理气氛的形成机制

二 组织伦理气氛的类型与测量

（一）组织伦理气氛的类型

维克托和卡伦（Victor and Cullen）认为，组织伦理气氛可以根据伦理标准、道德关注点两个坐标维度来进行分类，伦理标准和道德关注点各自又分为三个层次，于是便构造了如表 2 - 3 所示的 3 × 3 组织伦理气氛类型。

表 2 - 3   组织伦理气氛类型

		分析取向（道德关注点）		
		个人	组织	社会（世界性）
伦理标准	利己主义	自利	公司利润（自利导向）	效率
	利他主义	友谊（自利导向）	团队利益（关怀导向）	社会责任
	主题主义	个人道德（独立导向）	公司规则和程序（规则导向）	法律和职业规范（法律及法规导向）

维克托和卡伦在伦理标准维度构建过程中，融入了科尔伯格（Kohl-berg，1981）提出的个人道德发展阶段理论，提出了自利、关怀和原则三种伦理标准及其派生的利己主义、利他主义和主题主义三种重要伦理。特定的组织伦理气氛与特定的伦理标准相互匹配。利己主义倾向于永远追求自我收益的最大化，即所谓的"马基雅维利主义"。利他主义则更注重追求组织共同利益的最大化。其中，关怀导向是指企业活动以慈善性标准作为主要原则，一直谋求的是最大多数人的利益，同时也可称为利他主义的伦理气氛。主题主义则倾向于遵循个人原则或专业性准则。其中，独立导向表现为在符合一定道德价值观和原则前提下，企业尊重内部成员的个人道德观与价值观，在企业中个人可按照自己认为符合伦理的情形来进行决策和行为。尊重公司规则和规范导向是指企业内部建立统一特定的组织规则与程序，并且要求企业员工必须按特定的规章或程序进行一切企业经营活动。遵循法律法规导向主要表现为企业对法律法规与职业规范持积极遵守态度，且任何经营活动都以法律和规范为最主要遵循标准。1988年，维克多和卡伦进一步研究发现，一个组织或群体中不存在单一伦理气氛类型主导，而是呈现出一种特定伦理气氛为主导、多种其他类型伦理气氛并存的局面。因此，可以推断组织内部的管理者或员工个体在面对伦理困境问题进行行为决策时，可能会受到多种类型而非单一类型的伦理气氛影响。[1] 换句话说，伦理决策或行为是多种伦理气氛共同作用下的结果。

（二）组织伦理气氛的测量

根据相关文献资料显示，西方研究组织伦理气氛的因素构成主要有维克多和卡伦以及阿加沃尔、马洛伊、布劳尔和施雷德（Agarwal，Malloy，Brower and Shrader）等学者，具体的提出时间及观点如表2-4所示。

表2-4　　　　　　　组织伦理气氛因素结构及其提出时间

学者	时间	观点	具体构成因素
维克多和卡伦	1988年	五因素	工具主义导向、关怀导向、独立导向、规则导向、法律与规范导向
维克多和卡伦	1990年	六因素	专业主义导向、关怀导向、规则导向、工具导向、效率导向和独立导向

① Victor, B., Cullen, J. B., The Organizational Bases of Ethical Work Climates [J]. *Administrative Science Quarterly*, 1988 (1): 101-125.

续表

学者	时间	观点	具体构成因素
卡伦	1993 年	七因素	自利、效率、关怀和团队利益、社会责任、个人道德、组织规则、法律
阿加沃尔、马洛伊	1999 年	五因素	适者生存导向、个人关怀导向、社会关怀导向、独立导向、法律与规范导向
布劳尔、施雷德	2000 年	四因素	自利和公司利润、关怀和团队利益、组织规则、法律
李波	2008 年	五因素	集体主义型、制度型、利润—效率型、自利型、关心型①

三 组织伦理气氛的影响因素

研究影响组织伦理气氛的影响因素，是为了更好地设计与研发评估机构组织伦理气氛调查问卷。通过对国内外文献梳理与分析，影响组织伦理气氛的因素主要分为四方面，分别是个体变量、组织变量、人力资源管理变量和社会规范变量，影响的具体因素和核心因素如表2-5所示。

表2-5　　　　　　　　　组织伦理气氛的主要影响因素

变量	具体因素	核心因素
个体变量	性别、年龄、伦理教育程度、人格特质、员工职业生涯发展阶段和领导行为	领导行为
组织变量	组织结构、组织所处行业、组织规章制度、组织内部的社会文化环境、组织的发展历史、重大伦理事件、英雄人物、组织初创者或领导者、组织营利模式、组织治理结构、组织性质、股票价格及走势、薪酬与福利系统、市场份额等	组织结构、组织初创者或领导者
人力资源管理变量	制定组织伦理政策与规范、定期调查组织伦理问题、恰当方式的企业伦理的教育与培训、参与社会公益事业、建立组织伦理预警机制等	制定组织伦理政策与规范
社会规范变量	不同国家的社会规范、不同文化背景等	不同国家的社会规范

---

① 李波：《中国企业组织伦理气氛问卷编制及其结构的研究》，博士学位论文，山西大学，2008 年。

综上所述，由于不同文化制度背景下的国家，其社会规则规范有较大差异，因此组织的伦理决策程序也可能存在较大差异。同时，组织伦理气氛是针对特定企业或者组织的，与组织创设者或领导者个人的价值观、伦理观有密切关系，是组织内部成员共同认识体验的、一致认可并共同遵守的一种不成文的规范。

第四节 资产评估增值率研究文献综述

资产评估增值率为评估增值额与账面价值绝对值的比值，其数值高低反映了同一资产评估值与购置时账面原值的变化幅度。观察评估值增值率变化幅度及其影响因素，尤其是关联方资产置入、置出资产评估增值率，可以一定程度判定此次资产评估的工作质量及委托方的评估动机。

一 理论研究

国外关于资产评估增值率的相关研究以澳大利亚和英国的研究为代表。从过往研究看，我国整个关于研究资产评估基本理论问题的文章和作者较少[1]，这使得对资产评估高增值率现象的相关理论分析也相对匮乏。其中仅有的研究成果主要是：严绍兵（2001）认为客户在动机、机会和方式的共同作用下可能会对评估师和评估结果产生影响，但这种影响并不一定使评估结果偏离市场价值，这还取决于客户的评估目的和动机。他认为是影响评估师完成评估工作非常重要的一个因素，因为客户往往能为评估师提供大量的信息和专业知识。[2] 杜祖丽（2003）将我国资产评估经常出现较大增值率的原因归结为以下几点：评估价值标准与会计记账价值标准不同、评估取价与会计记账取价的依据和方式不同、资产财务折旧与评估成新率确定的标准不同、评估方法存在缺陷、评估法律法规和服务体系不健全以及评估机构及其人员的主观因素影响。[3]

这两篇文献之后理论界就没有了后续研究，没能将研究形成一个系统。比如严绍兵给我们的启示是客户会因为不同的动机，为评估师提供不

---

[1] 王景升：《我国资产评估理论结构问题研究》，《理论界》2005 年第 11 期。

[2] 严绍兵：《客户对评估师及评估结果的影响》，《中国资评估产》2001 年第 4 期。

[3] 杜祖丽：《我国上市公司资产评估结果偏差原因分析及对策》，《沈阳农业大学学报》（社会科学版）2003 年第 1 期。

同的信息和专业知识而导致不同的评估结果。也就是说，如果能在理论上对客户的动机、影响的方式以及评估结果进行深入的研究，使评估师准确知晓客户的哪些动机或偏好会使评估结果偏离市场价值，哪些动机或偏好又能提高评估结果的准确性和公允性，会对评估行业的进一步健康发展提供很大的帮助。而杜祖丽归纳的原因可能已经失去意义，这是因为我国评估行业经过近十年的发展，特别是基本准则和各项具体准则的发布和实施，评估环境发生了较大变化，但是，理论界并没有给予过多关注。

事实上，我国相关研究其实大多集中在对评估结果差错的分析上[①]，然而资产评估结果发生增值并不等于结果失实，引起资产评估增值的原因也并不是导致资产评估失实的原因，由此造成评估结果增值较大的现象时有发生，却不知原因所在的尴尬局面。

二　实证研究

（一）英国和澳大利亚的研究

澳大利亚长期以来允许公司进行以财务报告目的资产重估，早在20世纪70年代，已有文章研究资产评估的价值相关性问题。其中，夏普和沃克（Sharp and Walker，1975）最早进行了这方面研究，结果显示，资产重估的信息公告与股价大幅上涨有关。研究还发现，如果在公告月的月末之前，依据资产重估结果的账面调整已基本完成，股票市场会很快吸收这种信息，体现在股票价格之中。[②] 在英国，长期以来，公司法就允许公司定期重估固定资产，早在1948年的《公司法》中就允许公司董事判断以何种频率、何种程度、何种基础来进行以向股东报告为目的的固定资产重估，英国《标准会计实务公告第十二号——折旧会计》[③] 同样鼓励有形固定资产重估，认为重估能够提供对会计使用者有用和相关的信息。阿布迪、巴思和卡斯尼克（Aboody，Barth and Kasznik，1999）则通过研究英国公司的固定资产重估与未来经营业绩、公司股价以及公司股票回报率之

---

① 例如，周霞等（2002）、莫新朝（2003）、周凯（2004）、郭超等（2005）、闫丽萍等（2005）、李淑颖等（2006）各从不同角度分析了我国各类资产评估结果失实的原因并提出了相关对策。

② Sharpe, I. G., R. G. Walker, Asset Revaluations and Stock Marker Prices [J]. *Journal of Accounting Research*, 1975, 13 (2): 293 – 310.

③ 英国《标准会计实务公告》（Statements of Standard Accounting Practice, SSAP），于1971年开始由会计准则委员会（Accounting Standards Committee, ASC）发布。ASC已于1990年8月1日为会计准则理事会（Accounting Standards Board, ASB）所取代。

间的关系发现，固定资产重估增值与公司未来业绩变动显著正相关，他们认为，这说明资产重估的结果能够反映资产价值的变化；当年重估增值与股票回报率显著正相关；对于债务权益比率较高的公司来说，资产重估增值与公司未来业绩和股价之间的关系相对较弱，他们认为，这表明资产重估的动机可能会影响重估结果。[①]

（二）国内研究

与澳大利亚、英国不同，我国引入公允价值概念较晚[②]，之前的评估领域也就基本不存在以财务报告为目的的评估业务，而评估界关注较多的是高增值率现象，因此我国的实证研究领域主要资产评估增值率大小的变动趋势以及增值率的影响因素等。

1. 资产评估增值率变动

陆德民（1998）对资产评估增值率进行了实证检验，他以1992—1996年上市的公司资产评估增值率为样本，对公司上市前的资产评估结果及其影响因素进行了实证分析。结果发现，采用自办发行方式的平均资产评估增值率明显低于由券商发行的承销方式；公用事业的资产评估增值率平均值明显高于工业、商业和综合行业，而这三个行业基本处于同一水平；无论从总体上还是从各个行业看，B股的资产评估增值率平均值都明显高于同行业A股。[③] 之后，杨忆（1998）对陆德民博士的研究问题与假设提出了不同意见。[④] 肖时庆（2001）通过考察资产评估结果与公司未来一定期间的经营性收益的关系，来大致判断资产评估是否存在高估或低估现象。[⑤]

邓跃辉（2002）以2001年1月1日到11月10日之间披露的沪市65家上市公司的118份资产评估报告书为样本，从实证角度对资产评估的操纵问题进行研究，结果发现，关联方交易资产评估增值率与增值额明显高于非关联方交易资产评估增值率与增值额；在关联方交易中上市公司受让大股东资产的评估增值率与增值额均显著高于大股东受让上市公司资产的

---

① D. Aboody, M. E. Barth, R. Kasznik, Revaluations of Fixed Assets and Future Firm Performance: Evidence from the UK [J]. *Journal of Accounting and Economics*, 1999 (26): 149 –178.

② 我国直到2006年发布的《企业会计准则》才正式引入公允价值的概念和计量。

③ 陆德民：《上市改组过程中的资产评估：一项实证研究》，《会计研究》1998年第5期。

④ 杨忆：《论资产评估实证研究假设——与陆德民博士商榷》，《会计研究》1998年第11期。

⑤ 肖时庆：《证券市场资产评估问题研究》，博士学位论文，厦门大学，2001年。

评估增值率与增值额；PT、ST 公司的资产评估增值率与增值额略小于非 PT、ST 公司资产评估增值率与增值额；在评估对象中，无形资产的增值率最大，而固定资产的增值额最大。①

2. 影响评估增值率的主要因素

孙如喜（2004）将企业整体资产评估增值影响因素量化为 8 个指标，建立多元线性回归模型，运用逐步回归法对 2001—2003 年的资产评估增值率进行了实证检验。结果发现，固定资产增值率、流动资产比重和流动资产增值率这三个变量对企业整体资产评估增值率具有较强的解释力，但在不同年份，这三个变量对各年资产评估增值率的解释力有显著差异。之后该文还采用非参数检验，对资产评估增值率进行了差异性分析，结果发现从总体上看，在不同的价值类型或评估方法之间，资产评估增值率存在显著差异，而在不同地域或评估目的之间，资产评估增值率并无显著差异。② 赵邦宏等（2005）对 2001—2003 年在《中国证券报》上披露的 303 项企业整体价值评估和 100 项企业单项资产评估进行了实证分析，结果发现，固定资产增值率对企业整体资产评估增值率的影响，无论在总体上还是在各年份，都具有较强的解释力；无形资产的比重只在 2002 年对企业整体资产评估增值率的解释力强；流动资产比重、流动资产的增值率只在 2001 年对企业整体资产评估增值率解释力较强；资产规模、固定资产比重、负债权益比重、企业规模和无形资产增值率对企业整体资产评估增值率解释力不强。并发现不同评估方法、不同评估价值类型的资产评估增值率有显著性差异。③ 李滢（2007）采用因子分析法和多项式回归分析法，将影响资产评估偏差的因素归结为净资产规模、企业规模、无形资产比重、流动资产比重、流动资产增值率和负债权益比重。④

李运锋（2007）以 2000—2003 年上海证券交易所和深圳证券交易所上市公司在资产购买、出售、置换、对外投资等事项中披露的 913 份资产评估报告作为研究对象建立资产评估正常增值率模型，研究发现，当上市

① 邓跃辉：《资产评估与会计操纵——来自上海股市的经验数据》，《证券市场导报》2002 年第 3 期。
② 孙如喜：《资产评估偏差的实证研究——上市公司资产评估偏差趋势、成因与对策》，博士学位论文，河北农业大学，2004 年。
③ 赵邦宏、翟瑞先：《我国上市公司资产评估偏差的实证分析》，《经济论坛》2005 年第 5 期。
④ 李滢：《上市公司资产评估偏差的因子分析》，博士学位论文，河北农业大学，2007 年。

公司向大股东购买资产时，资产评估非正常增值率要高于其他情形，上市公司向大股东出售资产时，资产评估非正常增值率要低于其他情形；当委托方为资产的买方时，资产的价值被低估，当委托方为资产的卖方时，资产的价值被高估；当资产评估方法为收益法时，资产评估非正常增值率要高于其他方法；市场能够察觉资产评估结果失真对上市公司利益的损害，资产评估非正常增值率越高，公司股票累计超额回报率越低。[1] 徐玉德等（2010）对2007—2008年发生重组的上市公司为样本进行了实证分析，结果发现不同重组方式对净资产的增值率没有显著影响，而不同评估方法下的评估结果则显著影响净资产增值率。[2]

赵善学等（2010）对2008—2010年上市公司重大重组估值进行了研究，结果发现，这三年上市公司置入资产时普遍地表现为增值，其中置入资产三年平均增值率排名前三位的行业分别是建筑业、采掘业和房地产业。[3] 王竞达、瞿卫菁（2011）以我国2010年和2011年创业板公司并购价值评估案例为研究对象，对其整体评估和交易定价情况进行描述性统计，并从评估技术方面对创业板并购中的资产评估增值度、资产评估方法选择差异、收益法参数确定、关联和非关联交易、重大和非重大并购重组进行分析，提出应综合运用各种评估方法，规范收益法评估参数确定。还从监管方面提出应加大监管力度，进一步运用市场机制，减少置入与置出资产、关联和非关联交易、重大和非重大并购重组之间的评估差异等建议。[4] 程凤朝等（2011）通过模型分析与模拟计算的方法对上市公司并购重组中的定价方法进行了分析论证，以此推导出上市公司股票定价及所购买资产价值可能存在的误差以及可能的人为操纵偏差。[5] 施超（2012）统计数据显示，无论成本法评估结果与收益法评估结果孰高孰低，成本法评估结果被确定为最终评估结论的比例都显著高于收益法；但在收益法评估

① 李运锋：《上市公司资产评估与大股东利益输送》，博士学位论文，西南财经大学，2007年。

② 徐玉德、洪金明：《资产重组中评估价值相关性的经验研究——基于A股市场的实证分析》，《中央财经大学学报》2010年第2期。

③ 赵善学、施超：《上市公司并购重组企业价值评估增值情况研究》，《中国资产评估》2011年第8期。

④ 王竞达、瞿卫菁：《创业板公司并购价值评估问题研究——基于我国2010年、2011年创业板公司并购数据分析》，《会计研究》2011年第10期。

⑤ 程凤朝、刘家鹏：《上市公司并购重组定价问题研究》，《会计研究》2011年第11期。

结果高于成本法评估结果的情况下，该比例有一定降低。[1] 陈骏、徐玉德（2012）以评估增值率和评估方法选择视角来研究大股东掏空或支持行为，结果发现，盈利企业的控股股东将通过操纵评估增值率对上市公司进行掏空，而亏损上市公司所属地方政府则会通过同属上市公司之间并购交易时进行的资产评估给予利益输送。李菁、赵邦宏（2013）研究发现，固定资产增值率等六个因素值越高，资产评估增值率越高；流动资产在总资产中比重越大，企业规模越大，资产评估增值率越低；评估方法不同，资产增值率不同；评估基准日不同，资产增值率差异不大。[2]

我们认为，资产评估增值率高低在一定程度上反映了评估执业质量，通过实证检验的方法综合分析上市公司资产评估增值率变动及其影响因素，对探究其产生的根源及动机，进而研究如何管制评估机构执业具有一定理论意义。

第五节　资产评估监管研究相关理论

本书旨在考察当前我国资产评估机构与上市公司之间、资产评估机构之间、资产评估机构与监管部门之间的现实状况，归纳资本市场资产评估监管效率的基本表现，然后从博弈论角度剖析当前资本市场资产评估监管的内在逻辑和症结，在借鉴国外先进监管模式设计优点和监管经验、发展趋势以及我国国情基础上，有针对性地提出完善我国现行资本市场资产评估监管模式的政策建议。本书研究的相关理论包括制度变迁理论、俘获理论、博弈论、冰山理论、舞弊三角理论等。

一　制度变迁理论

制度变迁是指新制度（或新制度结构）产生、替代或改变旧制度的动态过程，即一种制度框架的创新和被打破。制度的构成要素主要包括正式制约（如法律）、非正式制约（如习俗、宗教等）以及它们的实施，这三者共同界定了社会的尤其是经济的激励结构。随着外界环境的变化或自

---

① 施超：《企业价值评估中不同评估方法间评估结果的实证比较与分析》，《中国资产评估》2012 年第 2 期。

② 李菁、赵邦宏：《我国上市公司资产评估偏差的实证研究——基于 2007—2010 年上市公司数据》，《西部金融》2013 年第 4 期。

身理性程度的提高，人们会不断提出对新制度的需求，以实现预期增加的收益。当制度的供给和需求基本均衡时，制度是稳定的；当现存制度不能使人们的需求满足时，就会发生制度变迁。作为替代过程，它是一种效率更高的制度替代原制度；作为转换过程，它是一种更有效率制度的生产过程；作为交换过程，它是制度的交易过程。

1993 年度诺贝尔经济学奖得主道格拉斯·C. 诺思（Douglass C. North）将制度作为外生变量，经济增长是资本、劳动和技术参数的函数，在研究中重新发现了制度因素的重要作用，他的新经济史论和制度变迁理论使其在经济学界声誉鹊起，成为新制度经济学的代表人物之一，并因此获得了诺贝尔经济学奖。诺思的制度变迁理论由以下三个部分构成：描述一个体制中激励个人和团体的产权理论；界定实施产权的国家理论；影响人们对客观存在变化的不同反映的意识形态理论。制度变迁理论经济学意义上的制度，"是一系列被制定出来的规则、服从程序和道德、伦理的行为规范"，诺思称之为"制度安排"。制度安排指的是支配经济单位之间可能合作与竞争方式的一种安排。制度安排旨在提供一种使其成员的合作获得一些在结构外不可能获得的追加收入，或提供一种能影响法律或产权变迁的机制，以改变个人或团体可以合法竞争的方式。

制度变迁的成本与收益之比对于促进或推迟制度变迁起着关键作用，只有在预期收益大于预期成本的情形下，行为主体才会推动直至最终实现制度的变迁；反之则相反。推动制度变迁的力量主要有两种，即"第一行动集团"和"第二行动集团"，两者都是决策主体。制度变迁的一般过程可以分为以下五个步骤：①形成推动制度变迁的第一行动集团，即对制度变迁起主要作用的集团；②提出有关制度变迁的主要方案；③根据制度变迁的原则对方案进行评估和选择；④形成推动制度变迁的第二行动集团，即起次要作用的集团；⑤两个集团共同努力去实现制度变迁。

根据充当第一行动集团经济主体的不同，可以把制度变迁分为"自下而上"的制度变迁（诱致性制度变迁、需求主导型制度变迁）和"自上而下"的制度变迁（强制性制度变迁、供给主导型制度变迁）。"自下而上"的制度变迁，是指由个人或一群人，受新制度获利机会的引诱，自发倡导、组织和实现的制度变迁，其特点有：改革主体来自基层；程序为自下而上；具有边际革命和增量调整性质；在改革成本分摊上向后推移；在改革顺序上，先易后难、先试点后推广、先经济体制改革后政治体制改革相结合和从外围向核心突破相结合；改革的路径是渐进的。"自上而下"的制度变迁，是指由政府充当第一行动集团，以政府命令和法律形式引入和实行的制度变迁，其特点有：政府为制度变迁的主体；程序自上而下；激进性质；具有存量革命性质。

诺思研究发现，决定制度变迁路径的力量来自两个方面：不完全市场和报酬递增。就前者而言，由于市场的复杂性和信息的不完全，制度变迁不可能总是完全按照初始设计的方向演进，往往一个偶然事件就可能改变方向。就后者而言，人的行为是以利益最大化为导向的，制度给人们带来的报酬递增决定了制度变迁方向。诺思接着指出，在一个不存在报酬递增和完全竞争市场的世界，制度是无关紧要的；但如果存在报酬递增和不完全市场时，制度则是重要的，自我强化机制就会起作用。制度变迁的自我强化机制有四种表现：（1）设计一项制度需要大量的初始设置成本，而随着这项制度的推行，单位成本和追加成本都会下降。（2）学习效应。通过学习和掌握制度规则，如果有助于降低变迁成本或提高预期收益，则会促进新制度的产生和被人们接受。制度变迁的速度是学习速度的函数，但变迁的方向却取决于不同知识的预期回报率。（3）协调效应。通过适应制度而产生的组织与其他组织缔约，以及具有互利性的组织的产生与对制度的进一步投资，实现协调效应。（4）适应性预期。当制度给人们带来巨大好处时，人们对其产生了强烈而普遍的适应预期或认同心理，从而使制度进一步处于支配地位。随着以特定制度为基础的契约盛行，将减少这项制度持久下去的不确定性。路径依赖对制度变迁具有极强制约作用，并且是影响经济增长的关键因素。

二 俘获理论（利益集团理论）

政府俘获理论又称利益集团理论。所谓利益集团又称压力集团，是指那些具有某种共同的目的，试图对公共政策施加影响的个人有组织的实体。不同的利益集团在规模、资源、权利和政治倾向等方面存在显著的差别。由于一个集团通常只代表整个社会中的一小部分成员的利益，各种社会组织采取集体行动的目标几乎无一例外的都是争取重新分配财富，而不是为了增加总的产出。换句话说，他们都是"分利集团"。因此，各利益集团都会在各自的势力基础上展开分利竞争，通过各种"院外活动"影响政府官员决策为本集团争取最大利益。根据利益集团理论的主张，政府或者立法机构、非营利组织也可以被看成利益集团，它有提供管制的权利，因此它的利益就在于保住这种权利。一个国家、地区或者组织的资产评估准则是在各种利益集团的存在下制定并运作的，也是各种利益集团博弈的结果。

俘获理论建立在实证分析基础上，也将视角扩展到管制的制定过程，对政府的强制力假定进行了怀疑，对管制的目标取向及管制的政治决策过程进行了深入分析。该理论强调指出管制不仅仅是经济过程，更重要的是政治决策对经济资源重新分配的过程，认为管制的目标不是为公共利益，而是取悦于特殊利益集团。政府干预过程中的权力是滥用和过度的。

政府俘虏理论实际上是公权私用，即公共权力为少数利益集团而不是人民大众谋利的问题。其核心内容是：政府建立管制起初，管制机构能独立运用权力公平管制，但在被管制者与管制者长期共存中，具有特殊影响力的利益集团——被管制企业，针对管制者的自利动机进行"寻租"活动，使管制者成为被管制者的"俘虏"，为少数利益集团谋求超额利润，使真正的守法者损失利益，结果使被监管行业更加不公平，降低整体效率。

抑制规制俘获的措施主要有降低规制判定的权限、为规制机构提供激励使其承担一定的责任、增大规制俘获难度、减少规制机构与委托人之间信息的不对称四种，前两种旨在减少从规制俘获中得到的利益，后两种则使这种规制俘获变得更为困难。

三　博弈论

博弈论又被称为对策论，既是现代数学的一个新分支，也是运筹学的一个重要学科。博弈论主要研究公式化了的激励结构间的相互作用，是研究具有斗争或竞争性质现象的数学理论和方法。博弈行为是指具有竞争或对抗性质的行为。在这类行为中，参加斗争或竞争的各方各自具有不同的目标或利益。为了达到各自目标和利益，各方必须考虑对手的各种可能的行动方案，并力图选取对自己最为有利或最为合理的方案。博弈论就是研究博弈行为中斗争各方是否存在最合理行为方案，以及如何找到这个合理行为方案的数学理论和方法。

博弈论考虑游戏中个体的预测行为和实际行为，并研究它们的优化策略。博弈的主要类型有：（1）合作博弈与非合作博弈。前者研究人们达成合作时如何分配合作得到的收益，即收益分配问题。后者研究人们在利益相互影响局势中如何决策使自己的收益最大，即策略选择问题。合作博弈和非合作博弈的区别在于相互发生作用的当事人之间有没有一个具有约束力的协议，如果有，就是合作博弈；如果没有，就是非合作博弈。（2）完全信息/不完全信息博弈：参与者对所有参与者的策略空间及策略组合下的收益函数有充分了解称为完全信息；反之，则称为不完全信息。（3）静态博弈和动态博弈。静态博弈是指参与者同时采取行动，或者尽管有先后顺序，但后行动者不知道先行动者的策略；动态博弈是指双方行动有先后顺序并且后行动者可以知道先行动者的策略。"囚徒困境"就属于静态博弈，而棋牌类游戏等则属于动态博弈。

经济学家们所谈的博弈论一般是指非合作博弈，由于合作博弈论比非合作博弈论复杂，在理论上的成熟度远远不如非合作博弈论。非合作博弈又分为：完全信息静态博弈、完全信息动态博弈、不完全信息静态博弈、不完全信息动态博弈。与上述四种博弈相对应的均衡概念为：纳什均衡、子博弈精炼纳什均衡、贝叶斯纳什均衡、精炼贝叶斯纳什均衡。

博弈论的基本要素有：（1）局中人。在一场博弈中，每一个有决策权的参与者成为一个局中人。只有两个局中人的博弈现象称为"两人博弈"，而多于两个局中人的博弈称为"多人博弈"。（2）策略及行动。一局博弈中，每个局中人都有选择实际可行的完整行动方案，即方案不是某阶段的行动方案，而是指导整个行动的一个方案，一个局中人的一个可行的自始至终全局筹划的一个行动方案，称为这个局中人的一个策略。如果一个博弈中局中人总共有有限个策略，则称为"有限博弈"；反之称为"无限博弈"。（3）得失。一局博弈结局时的结果称为得失。每个局中人在一局博弈结束时的得失，不仅与该局中人自身选择的策略有关，而且与全局中人所取定的一组策略有关。所以，一局博弈结束时每个局中人的"得失"是全体局中人所取定的一组策略的函数，通常称为收益函数。（4）结果。对于博弈参与者来说，存在着一博弈结果。（5）均衡。在经济学中，均衡意即相关量处于稳定值。在供求关系中，某一商品市场如果在某一价格下，想以此价格买此商品的人均能买到，而想卖的人均能卖出，此时我们就说，该商品的供求达到了均衡。纳什均衡就是一稳定的博弈结果。局中人、行动和结果被统称为博弈规则。

四 冰山理论

冰山理论把舞弊的原因形象地比作海面上漂浮的冰山。露在海平面上的只是冰山一角，更庞大的危险部分隐藏在海平面以下（见图2-5）。

图 2 - 5　冰山结构示意

（一）结构部分（第一类因素）

海面上的部分是舞弊的结构部分，包括效率衡量措施、等级制度、财务资源、组织目标、技术状况等，这只是冰山的一角。舞弊结构上的内容实际上是组织内部管理方面的，是客观存在的，每个人都能看到。

（二）行为部分（第二类因素）

海平面以下的部分是舞弊行为部分，包括行为人的态度、感情、价值观念、激励和满意等，这是更为庞大和危险的部分。舞弊行为上的内容是更主观化、个性化的，更容易被刻意掩饰起来。如果刻意掩饰，将很难察觉到。

冰山理论说明，一个公司是否可能发生舞弊行为，不仅取决于其内部控制制度的健全性和严密性，更重要的取决于该公司是否存在财务压力，是否有潜在的败德可能性。它强调，在舞弊风险因素中，个性化的行为因素更为危险，必须多加注意。因此评估师在评估执业时，不仅应关注结构方面，对内部控制、内部管理内容进行评价，而且更应注重个体行为方面，用职业判断分析和挖掘人性方面的舞弊危险。根据该理论，已经识别的舞弊风险远远小于未被识别的舞弊导致的风险。

冰山理论告诉我们，眼见并不一定必然为实。首先，眼睛所看到的总是远远小于看不到的，而且浮在水面上的是容易解决的问题，水面下的才是最难处理的问题。其次，冰山在海洋中浮动，人们能见到的是露出水面上的部分，实际只是整体冰山的一角，更大部分在水下，它是水上部分的几倍或几十倍。最后，任何表现出来的问题、出现的危机都有深层的原因。必须由表及里、由此及彼、层层剖析，透过现象看到本质。

五 舞弊三角理论

众所周知，态度决定成败、质量和高度，作为工作的内在心理动力，态度与工作效率、效果呈同方向变化。评估师的价值取向、道德与态度影响对工作会产生决定性影响，正确的态度与道德行为同技术能力一样重要，价值、道德与态度贯穿于评估师所做的每一件事及整个职业生涯。态度的倾向性反映了个体行为的内在动因，是职业能力形成及其运用的驱动因素，起着催化与促进作用。资产评估活动中存在大量的"灰色地带"，评估师常常面临"压力、机会和自我合理化（借口）"舞弊三角理论问题（见图 2－6）。

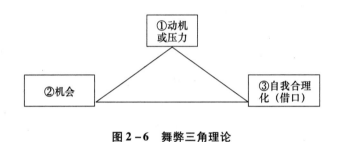

图 2－6 舞弊三角理论

舞弊三角理论是 1995 年由美国舞弊会计学家、美国注册舞弊审核师协会创始人、曾任美国会计学会会长的 W. 史蒂夫·阿尔布雷克特（W. Steve Albrecht）教授提出的，舞弊三角形的三个顶点是"压力、机会和自我合理化（借口）"，即舞弊是压力、机会和自我合理化的综合结果，缺少任何一项要素都不可能真正形成舞弊行为。当工作中存在压力、机会及借口时，评估师可能出现败德行为或利己性选择。

（1）压力因素。是舞弊者的行为动机，刺激个人为其自身利益而进行企业舞弊的压力大体上可分为财务压力（经济）、恶习、与工作有关的压力、其他压力 4 类。

（2）机会因素。是能够进行舞弊而又能掩盖起来不被发现或者逃避惩罚的时机，主要有缺乏发现企业舞弊行为的内部控制、无法评价工作质量绩效、缺乏惩罚措施、信息不对称、无能力察觉舞弊行为（能力不足）、评估制度不健全 6 种情况。

（3）自我合理化（借口）。是指舞弊者能够为自己的行为找到合理的理由，是个人的道德价值判断。在面临压力、获得机会后，真正形成企业舞弊还有最后一个要素——借口，即企业舞弊者必须找到某个理由，使企业舞弊行为与其本人的道德观念、行为准则相吻合，无论这一解释本身是否真正合理。一般而言，评估机构员工舞弊理由通常包括：这是机构欠我的；没有人从我的行为中受到损害；我的目的是善意的，用途是正当的，等等。管理舞弊理由通常包括：我是为了机构的利益、度过困难期等。

第三章　政府控制、制度环境与评估机构选择

作为一个与政府具有天然血缘关系的中国资产评估行业，资产评估机构在脱钩改制之前属于国家行政事业单位，机构中的工作人员也均为具有行政级别的政府工作人员。国有企业在进行评估师选择时或多或少会受资产评估机构原隶属单位和国有企业本身产权等级的影响。同时，我国是一个幅员广阔的国家，各地的制度环境差异较大。

第一节　理论分析及假设提出

一　问题的提出

中国证券市场是一个植根于转型经济中的新兴市场。转轨和新兴的双重特征导致在中国证券市场上政府行为在资源配置等方面发挥着举足轻重作用（夏立军、方轶强，2005；郑军、林钟高、彭琳，2012）。中国的上市公司是产权改革的产物，相当大一部分上市公司的终极控制人是国有企业，只有少部分上市公司完全由非国有企业最终控制。而中国的评估市场也是政府控制下典型的评估市场。中国资产评估行业起步于1989年，源于原国家国有资产管理局成立的资产评估中心。其主要目的是评估国有企业，防止国有资产流失。随着国有企业股份制改革的进行，中国资产评估行业也逐渐壮大。中国大部分的大型资产评估机构都是由政府机构脱钩改制而来。可以说，中国资产评估与政府有着天然的"血缘关系"，政府对资产评估机构发展发挥着重要作用。因此，中国上市公司的评估机构问题可能与西方国家有着显著的差异，研究中国上市公司的评估机构问题必须将其置身于中国上市公司所处的特殊政治经济环境来考虑。然而以往关于上市公司评估机构问题往往过多基于供需关系来对评估市场进行分析，而

忽略对上市公司和评估机构这个供求双方背后的政府行为以及它们所处的制度环境的分析。

中国的市场经济发展取得了举世瞩目的成就，但对于中国这个幅员广阔的国家来说，各个地区之间的市场化程度并不平衡（樊纲、王小鲁，2011），这也造成了地区的制度环境有着很大的差异。现代制度经济学理论认为，制度是决定经济主体行为的基本因素。已有的研究表明，制度环境不同的地区，公司的企业实际税负（刘慧龙、吴联生，2014）、审计师选择（郑军、林钟高、彭琳，2012）、现金股利行为（雷光勇、刘慧龙，2007）、公司价值（夏立军、方轶强，2005）等方面都有显著的差异。那么，上市公司和资产评估机构的政府背景，对上市公司选择资产评估机构起到了多大影响呢？国有上市公司是否更倾向于选择具有政治背景的资产评估机构呢？地区制度环境又是怎么影响上市公司评估师选择呢？在不同产权类型的最终控制人条件下，制度环境对评估机构的影响是否有着不同的表现？我们将对上述问题进行研究。

二　部分资产评估机构背景及主要客户

中国资产评估的产生和发展都具有浓厚的政治色彩。20 世纪 80 年代初，为了服务国有企业改革，防止国有资产流失，中国资产评估开始起步。到 90 年代初，在国务院主导下，原国家国有资产管理局（现为国有资产监督管理委员会）成立了资产评估中心，标志着我国资产评估作为一个独立行业的产生。1991 年 11 月，国务院以 91 号令发布了《国有资产评估管理办法》，标志着我国资产评估行业步入规范化轨道。1993 年 12月，中国资产评估协会成立，成为行业自律管理的起点。至此，资产评估机构得到了初步发展。在资产评估行业发展初期，我国的资产评估机构主要是由国家部门出资成立的。政府部门会根据自己的评估需求成立评估机构，评估机构成为政府财政等部门的职能延伸。不仅资产评估机构属于行政单位下属事业单位，而且资产评估机构的负责人也具有行政级别。上至中央政府部门，下至地方财政部门、审计部门都出资成立了各自的资产评估机构。很多评估机构的负责人也都是来自资产管理部门、财政部门、国土资源管理部门等政府部门。以 2013 年业务收入最高的中联资产评估集团有限公司为例①，董事长王子林历任国家国有资产管理局科研所副主

---

① 这里所指的收入是中国资产评估协会公布的百强资产评估机构业务收入。

任、国务院清产核资领导小组办公室副处长等职。① 而在评估机构的客户方面，具有政府背景的评估机构往往更容易获得具有政府背景的公司评估业务。如表 3 - 1 所示，原隶属于国家体改委的中企华资产评估公司的客户主要包括国家开发银行、中国长城资产管理公司、中国建设银行、中国银行、国家电网公司、中国人民财产保险有限公司、中国北车股份有限公司等大型央企。原隶属于浙江审计厅的万邦资产评估有限公司的主要客户包括浙江省石油公司、浙江省电力建设有限公司、浙江省能源集团有限公司、浙江省天然气开发有限公司等地方大型国有企业。由此可见，评估机构客户群体与其原隶属单位具有密切关系。

表 3 - 1　　　　　　　　部分资产评估机构背景及主要客户②

评估机构名称	政治背景	主要客户
中联资产评估集团有限公司	原为财政部、原国家经贸委联合组建的中国经济技术投资担保公司	中国银行、中国工商银行、中国国家电网、中国南方电网、中国华能集团有限公司、神华集团有限责任公司、中国化工集团公司、中国航天科技集团公司
北京中企华资产评估有限责任公司	原隶属于国家体改委，系中央直属专职评估机构	国家开发银行、中国长城资产管理公司、中国银行、中国建设银行、国家电网公司、中国人民财产保险有限公司、中国北车股份有限公司、中国船舶重工股份有限公司
中天华资产评估公司	原财政部直属机构	中国铁路物资总公司、中国第一汽车集团公司、中国南方航空集团公司、中国兵器工业集团公司、中国航空工业集团公司
浙江万邦资产评估有限公司	原为浙江省审计厅事业单位	浙江省石油公司、浙江省能源集团有限公司、浙江省电力建设有限公司、浙江省钢铁集团有限公司、浙江省天然气开发有限公司、浙江日报报业有限公司
深圳德正信国际资产评估有限公司	原隶属于深圳财政局	深圳市物业发展股份有限公司、深圳能源投资股份有限公司、深圳市商业银行、华润（深圳）有限公司

① 董事长王子林目前是全国人大财经委《评估法》起草小组咨询专家，财政部资产评估准则委员会委员，财政部会计准则委员会咨询专家，中国证监会重组并购委员会咨询专家。
② 本表是由对各资产评估公司网站公布信息整理而成。

同时，通过对中国注册资产评估师协会公布的百强评估机构名单信息统计发现，百强名单中有 36 家具有原政府控制背景，如中联资产评估集团有限公司原隶属于财政部和原国家经贸委，北京中企华资产评估有限公司原隶属于国家体改委；地方性评估机构比如坤元资产评估有限公司原隶属于浙江省财政厅，万隆资产评估有限公司原隶属于上海审计局。进一步发现，在前十强中有七强具有政府控制背景。由此可见，政府部门不仅是注册资产评估师评估的最大需求方，而且以法规、资金人事管理等方式直接主导资产评估机构的发展。

1999 年财政部下发关于《关于资产评估机构脱钩改制的通知》，要求所有资产评估机构在 1999 年 12 月 31 日以前完成脱钩改制工作。完成脱钩改制后，虽然原挂靠单位不再是资产评估机构的直接出资人，也不再对资产评估机构进行人事管理，但原隶属单位尤其是财政部和国资委仍然对资产评估机构的发展发挥着重要的作用，这是由我国资产评估行业的管理体制和国有资产评估审核制度共同决定的。首先，财政部仍然是对中国注册资产评估师协会进行监督和管理的部门，享有批准设立资产评估机构，对注册资产评估师、资产评估机构具有进行检查和行政处罚等重要监管惩戒权力，同时还是注册资产评估师执业准则的批准部门。其次，省级财政部门和同级物价管理部门还具有共同制定注册资产评估师收费办法权力。再次，中国注册资产评估师协会作为财政部一个职能部门，负责对资产评估行业进行监督管理，具有审批和管理会员、惩戒违反行业自律管理规范行为的权力。最后，根据《国有资产评估管理办法》规定，国有资产评估项目需要由相应级别的国资委核准或备案。由此可见，财政部作为政府管理部门，负责资产评估行业管理工作；而国资委则以国有资产出资人身份负责监管所属企业的资产评估项目审核和备案。它们共同对评估市场的发展格局发挥着微妙而又重要的作用。

三　理论分析

（一）政府干预理论

20 世纪 70 年代，政府干预一直是学术界研究的热点之一。政府干预企业经济行为是一种在全世界范围存在的现象（Bortolotti and Faccio，2009）。[1] 大

---

[1]　Faccio, Bortolotti, 2011, Large Shareholder Diversification and Corporate Risk – Taking ［J］. *Review of Financial Studies*，11：11 – 15.

量学者的研究让政府干预理论得到不断完善。目前，主要有以下几个原因来阐释政府干预的合理性。

（1）市场失灵。古典自由主义学派认为，当个体追求自己的个人利益时，在市场这只无形的手牵引下就能实现社会的最佳福利。政府在经济中只用扮演"守夜人"的角色（Smith，1776）。① 然而经过 20 世纪 30 年代的世界大萧条之后，人们开始逐渐认识到古典自由主义经济学理论存在局限性，即存在着市场失灵。凯恩斯（Keyners，1936）② 研究认为，自由竞争的市场机制不能实现经济的均衡发展，经济需要政府的干预行为。由此产生了以凯恩斯为代表的政府干预理论。

（2）外部性。当一个人从事一种影响旁观者福利，而其并不会因这种影响得到报酬或付出报酬活动时，其便产生了外部性。如果这种影响对旁观者是不利的便称为"负外部性"；如果这种影响对旁观者有利，则称为"正外部性"。艾尔弗雷德·马歇尔（Alfred Marshall，1890）在其著作《经济学原理》中首先提出了外部性概念。外部性问题在现实中是普遍存在的，尤其是负外部性问题，因其损害了旁观者的社会福利，所以往往需要政府的干预。

政府干预成本有管理者代理成本与政治目标转移和腐败两种。前者是在国有企业中，政府机构和官员作为国有股权代理者，需要承担监督国有产权所带来的成本，而并不享受监督带来的收益。因此，政府机构和官员往往对国有企业的监督动机较弱。进一步研究发现，政府对国有企业存在支持之手。预算约束理论认为，政府对于国有企业具有"父爱主义"（林毅夫，2004）。③ 而预算软约束将会加剧国有企业管理者的代理问题（潘红波，2007）。④ 后者表明政府对国有企业具有支持之手，但很多学者发现，政府对于国有企业还有掠夺之手。尤其是处于经济转型过程中的国家，政府将许多的政治目标和政策性负担转移到国有企业身上（Lin et al.，1998；潘红波等，2008；吴联生等，2009）。同时，除了社会目标和

① Smith, A. , 1776, *A Inquiry Into The Nature And Causes of the Wealth of Nations*, Reprint, edited by Canaan, Chicago, University of Chicago Press in 1976.

② Keynes, J. M. , 1936, *General Theory of Employment, Interest, and Money*. Cambridge, Cambridge University Press.

③ 林毅夫：《政策性负担、道德风险与预算软约束》，《经济研究》2004 年第 2 期。

④ 潘红波：《政府干预下的掠夺与政治关联研究》，博士学位论文，华中科技大学，2007 年。

政治目标外，政府干预经济的一个非常重要原因是为自己私利，也就是腐败。政治庇护理论认为地方政府可以从当地国企的持续经营中获取私有收益（Shleifer and Vishny，1994）。①

（二）信号传递理论

美国经济学家迈克尔·斯宾塞（Michael Spence）于1972年提出信号传递理论。迈克尔·斯宾塞认为，市场中的各方存在信息不对称，具有信息优势的个体为了避免与逆向选择相关的一些问题的发生，会将其信息传递给在信息上具有劣势的个体。迈克尔·斯宾塞也因其在信号传递模型方面做出的突出贡献获得了2001年度诺贝尔经济学奖。

制度经济学认为，市场经济中普遍存在信息不对称，市场经济主体如果不了解所有活动的条件和结果，那么信息劣势者很容易受信息优势者的欺骗。同时，信息不对称除了会带来欺骗还会产生逆向选择和道德风险等严重问题。信号传递理论主要研究如何确保信息在发出、传输和接受过程中顺利进行。因此，信号传递理论要解决信息不对称主要解决两个环节的问题：信号的发送和信号的甄别。第一个环节是信号发送环节，必须保证信号是真实可靠的；其次为信号是有效的，也就是说，信号要有信息量和区分度。第二个环节是信号的甄别，即确保收集到的信息是真实和有效的。因此，在接收信号时采取行之有效的方案区别信号强弱是信号甄别的关键。

在现代公司治理结构中，公司所有者与管理层之间存在着委托—代理关系，而这种委托—代理的契约关系之下，契约双方追求的是自身利益最大化，导致公司所有者与管理层之间存在严重的因信息不对称而产生的代理成本。同时在企业并购中，并购方与被并购方之间信息也存在严重的信息不对称。要解决公司所有者与管理层等之间的信息不对称的问题，就必须解决信息在发送、传输和接受环节的顺利进行。在信号发送过程中，要确保信息的可信性和有效性。而通过外部评估师的评估能够有效地解决以上问题。在信号的甄别中，信号传递理论强调信号接收方在收集时应对所收集到的信号进行甄别，只有收集到强信号才能确保信号的真实性和可靠性。也只有这样才能有效消除信息不对称问题。管理层发出的企业信号往

往是一个比较弱的信号，而经过评估师评估能够将弱信号变成强信号。因为评估报告是评估师经过一系列严谨的评估程序以后做出的对资产的估值。

综上所述，公司管理层与公司所有者及外部信息使用者之间存在信息不对称，客观需要建立注册资产评估师的评估制度。只有经过注册资产评估师评估的资产才能很大程度解决信息的不对称问题。

（三）权力转换的延迟理论

权力转换的延迟理论认为社会主义市场改革过程是一个精英循环与再生过程，政权的稳定导致干部权力的连续性，干部权力在不同的社会背景下将有不同的形式（宋时歌，1998）。[①] 在旧的传统体制下，干部权力表现为再分配权力；而在经济转型过程中的今天，它已转化为市场中的经济利益。中国的市场化改革并不是简单以市场机制替代计划机制，而是创造出一个更为复杂的两种体制共存的混合经济格局。新兴的经济精英大多数来自旧体制下的干部。资产评估机构在脱钩改制前属于国家行政事业单位，机构中的工作人员大都具有行政级别，因此在整个资产评估的脱钩改制过程中其原来所拥有的再分配的权力也将延伸到新生的市场中，权力和地位并不会被削弱或转换。权力的顺延为资产评估机构借助政府权力影响上市公司评估机构提供了条件。

（四）资源依赖理论

资源依赖理论萌芽于 20 世纪 40 年代，是组织理论的一个重要理论流派。经过几十年发展，到 20 世纪 70 年代，资源依赖理论被广泛应用到组织关系的研究。其与新制度主义理论被列为组织研究中的两个重要流派。资源依赖理论的主要代表著作是杰弗里·普费弗（Jeffrey Pfeffer）与萨兰西克（Gerald Salancik）于 1978 年出版的《组织的外部控制》。资源依赖理论认为，作为开放的系统，任何组织都需要从外部环境中或其他组织中获取它所需要的资源，控制资源的一方能够对需求资源的一方制造依赖。一般来说，控制资源方拥有的资源越稀缺、越不可替代，需求方对它的依赖越高。虽然经过政治体制和经济体制改革，我国政府对经济的干预已经发生了重要变化，但与成熟的市场经济国家相比仍然相去甚远。尤其表现在政府对关键资源的控制、行业管制和行政审批等方面。政治关联可以为

---

① 宋时歌：《权力转换的迟延效应——对社会主义国家向市场转变过程中的精英再生与循环的一种解释》，《社会学研究》1998 年第 3 期。

企业带来政治庇护，因此，政治关联已经成为企业重要的社会资本。资产评估机构在脱钩改制前依靠挂靠单位信息优势、信任优势和社会网络招揽了大量的业务资源，并由此得到快速发展。虽然资产评估机构进行了脱钩改制，但其对原来业务依赖性很高。资产评估机构管理者也将会通过自己的关系对政府部门进行"寻租"等行为以获取持续庇护。

四　假设的提出

（一）政府控制与评估机构

大量文献支持不同产权性质企业在选择中介服务机构时存在差异。龚启辉、吴联生（2012）[①] 认为，依赖于行政权力的稳定关系，会计师事务所和上市公司的政府背景都会影响其审计师的选择。孙铮、于旭辉（2007）[②] 研究发现在公有制背景下，因为政府具有监督国有上市公司管理者的需求，因此，代理层级越多的国有上市公司往往越倾向于选择高质量的事务所。梁莱歆、冯延超、杨继伟（2011）[③] 继续这方面的研究，发现上市公司的终极控制人的政治身份会影响其审计师的选择，实际控制人的政治身份级别越高，越倾向于选择高质量的会计师事务所。然而，也有部分学者并不赞同以上观点。他们认为有政治关联的上市公司更不愿意选择大所，而更偏好于选择本地的小所（李敏才、罗党论，2011；杜兴强、周泽将，2010，2011）。我国的注册资产评估师制度起源于国有资产评估，服务于政府，其从出生便与政府有着千丝万缕的关系。从资产评估机构的发展历程上来看，不管是在国家法规上还是在具体实践中，我国新成立的资产评估机构主要都是由国家部门出资成立，是国家职能部门的功能延伸。不仅资产评估机构是事业单位，而且往往资产评估机构的工作人员也具有行政级别。更有甚者，一些部门"一班人马，两块牌子"，政府官员同时兼任资产评估工作。出资成立资产评估机构的不仅包括中央政府部门，如财政部、国家体改委等，还包括地方财政部门、审计部门和税务部门等。截至目前，在全国"十大"资产评估机构中7家资产评估机构具有中央政府或地方政府背景。由此可见，政府部门不仅是资产评估的最大需求者，同时，其法规政策支持、行政管理等也间接主导资产评估机构的

---

①　龚启辉、吴联生：《政府控制与审计师选择》，《审计研究》2012年第5期。

②　孙铮、于旭辉：《分权与会计师事务所选择》，《审计研究》2007年第6期。

③　梁莱歆、冯延超、杨继伟：《实际控制人的政治身份与审计师选择——来自我国民营上市公司的经验证据》，《审计与经济研究》2011年第3期。

发展。

虽然 1999 年国务院发布了《关于中央党政机关与所办经济实体和管理的直属企业脱钩有关问题的通知》（中办发［1998］27 号）文件，要求资产评估机构在人员、财务、职能和名称等方面进行脱钩改制。虽然原挂靠单位不再是资产评估机构的直接出资人，也不再对资产评估机构的人事和财务进行管理，但我国注册资产评估师行业的管理体制和国有资产评估的备案制度决定了财政部门和国资委仍然对资产评估机构的发展发挥着十分重要的作用。由此可见，中国资产评估的发展历程表明，政府在资产评估过程中发挥着巨大作用，政府部门可以利用政治和行政手段限定而非由市场自由选择方式来决定资产评估机构和上市公司的相互选择。

另外，我国的社会结构和文化特征也强化着政府控制对评估师的选择。中国社会和文化特征表明中国存在上下级等级差序（宋时歌，1998）。① 资产评估机构和国有企业先天性地继承其在差序格局中的关系和地位，因此中央企业应和有中央政府背景的评估机构先天性存在较为密切的隶属和归属关系。在地方国有企业与地方政府背景的评估机构也同样存在这样的情况。因此，借助行政权力和社会结构的网络关系，资产评估机构的背景特征隐含着其客户群体的分布结构。虽然资产评估机构进行了脱钩改制，但是这种关系和地位并不会被削弱和转换。

从公司的角度来说，政府作为国有上市公司的控股股东存在监督上市公司管理者的需要。而其在选择评估机构的时候，也往往会因与原所属的资产评估机构存在先天的亲密关系而更偏好与其存在政治关联的评估机构。因此，具有政治关联的评估机构会因为其先天的信息优势和信任机制获得评估业务。再者，考虑我国资产评估行业发展阶段，高质量的资产评估机构的显性特征难以直观判断，评估质量高低也没有一个可靠的量化指标。因此，政府也更愿意选择和信任自己熟悉的资产评估机构。最后，政府控制的上市公司往往不追求高质量的评估，它们往往只是为了满足监管部门（财政部门和国资委等）的程序性需求。当评估鉴定机制被异化为行政程序时，政府控制的制度背景对企业微观行为的影响就表现为评估师的选择。

---

① 宋时歌：《权力转换的迟延效应——对社会主义国家向市场转变过程中的精英再生与循环的一种解释》，《社会学研究》1998 年第 3 期。

根据以上分析，本书提出假设 1 和假设 2：

假设 1：具有中央背景的公司倾向于选择具有中央背景的评估机构。

假设 2：具有地方背景的公司倾向于选择具有地方背景的评估机构。[1]

（二）政府控制、制度环境与评估机构

自诺斯和托马斯（North and Thomas，1973）、诺斯（1981）的开创性研究以来，制度环境对经济发展影响一直是经济学研究的主要论题之一（刘慧龙、吴联生，2014）。[2] 制度是经济增长的根本原因（North and Thomas，1973）。[3] 制度之所以对经济发展具有这么重要的影响，其原因在于制度环境决定了社会核心经济要素的激励结构，因此它将会对这个社会的方方面面产生重大的影响（Acemoglu and Robinson，2004）。[4] 大量的研究理论表明完善的市场机制、良好的政府治理水平和较高的法治化水平是经济增长的必要条件。进一步研究发现，制度环境将会影响企业对中介服务机构的选择。余玉苗、王宇生（2012）[5] 研究认为，法律制度环境的改善，让企业更倾向于选择小型会计师事务所，同时实际控制人的掏空行为也会因法律惩罚力度的增加而有所减少。黄新建、张会（2011）[6] 研究发现，在市场环境差的地区，企业更倾向于选择低质量的审计师。而张萍、齐欢欢（2014）[7] 则认为，民营企业家在较差的经营环境下更倾向于寻求政治关联，而具有政治关联的公司也将更倾向于选择"十大"会计师事务所审计。蒋德权等（2011）[8] 认为，随着市场化进程的推进，国有

---

[1]　本书所指中央背景包括与中央政府、各部委及各部委所属院校等单位相关联；而地方背景是指除与中央政府、各部委及各部委所属院校等单位相关联外，与地方政府（包括省级及以下政府、省级所属院校）等单位相关联。

[2]　刘慧龙、吴联生：《制度环境所有权性质与企业实际税率》，《管理世界》2014 年第 4 期。

[3]　North，D. C. and R. P. Thomas，1973，The Rise of Western Word：A New Economic History，Cambridge University Press.

[4]　Acemoglu，D.，and J. Robinson，2004，Institution as the Fundamental Cause of Long – Run Growth，NBER Working Paper.

[5]　余玉苗、王宇生：《法律制度变迁、审计师选择与企业价值——基于实际控制人掏空行为视角的实证研究》，《经济评论》2012 年第 5 期。

[6]　黄新建、张会：《地区环境、政治关联与审计师选择——来自中国民营上市公司的经验证据》，《审计与经济研究》2011 年第 5 期。

[7]　张萍、齐欢欢：《经营环境、政治资源与审计师选择——来自中国民营化上市公司的经验证据》，《商业研究》2014 年第 4 期。

[8]　蒋德权、沈永建、王国俊：《不同市场化进程下的审计收费和审计师选择——来自中国上市公司的经验证据》，《山西财经大学学报》2011 年第 12 期。

企业更倾向于选择"四大"会计师事务所。我们相信企业的审计师选择会受到制度环境的影响，同样我们也有理由相信上市公司的评估机构可能受到制度环境的影响。

由于资源禀赋、地理位置和国家政策等方面差异，我们国家的地区制度环境存在巨大差异（樊纲等，2009）①，这种差异的重要特征体现在地区市场化水平、政府治理水平和法治化水平（刘慧龙、吴联生，2014）。② 大量的研究证据（吴文锋等，2008；余明桂等，2008）表明，地区制度环境越差，政府对当地经济活动的干预越高，企业在审计师选择、评估机构等方面的支配权也越容易受政府左右。因国有资产评估结果需要备案，制度环境越差的地区，评估师的选择更容易受政府部门（如财政部门和国资委）的干预。为了使评估报告得到政府部门的认可，因而具有政府背景的资产评估机构将会更容易获得评估业务。而在制度环境较好的地区，社会资源的配置更多的是基于市场配置。政府在资源配置中的作用将会削弱，更多地充当"裁判员"而非"教练员"角色。因而企业具有自主选择评估师的余地。基于以上原因，本书提出假设3：

假设3：制度环境（市场化水平、政府治理水平、法治化水平）越差，企业越倾向于选择具有政府背景的评估机构。

以上关于制度环境影响企业评估机构的分析，没有考虑不同产权性质企业的影响。随着制度环境的改善，政府的行政计划将会减少甚至退出，社会的经济资源将更多由市场来配置（李文贵、余明桂，2012）。③ 此时，政府对国有企业的政治干预也将降低，国有企业负担的政府政治目标和社会责任也会得到相应的降低。因此，制度环境的改善，给予了国有企业或者私营企业更多的评估机构自由选择权。但国有企业因其先天具有政治关联，国有企业董事长也由地方政府委任，具有行政级别。因此相比非国有企业，其必将受到更大的行政干预。同时作为国有企业，在选择评估师时也将受到中国社会的等级差序的影响而选择在差序格局中具有隶属和归属关系的评估机构。同时，具有政治关联的评估机构出的评估报告也更容易得到政府部门的认可。

---

① 樊纲、王小鲁、朱恒鹏：《中国市场化指数》，经济科学出版社2012年版。
② 刘慧龙、吴联生：《制度环境所有权性质与企业实际税率》，《管理世界》2014年第4期。
③ 李文贵、余明桂：《所有权性质市场化进程与企业风险承担》，《中国工业经济》2012年第12期。

同时，中央政府控制的公司在现代企业制度建设方面比较齐全，公司决策机制比较完善（刘启亮等，2012）①，并且，中央政府控制的公司往往属于全国性的大型公司，决策更加规范，并受国家国有资产管理委员会的统一领导。公司政策更具有一致性、连贯性和全国性。因此我们认为，地方政府控制的公司相比中央政府控制的公司更容易受到制度环境的影响。据此，我们提出假设4和假设5：

假设4：国有股权削弱了制度环境与企业选择具有政治背景评估机构之间的负相关关系。

假设5：制度环境对国有企业评估机构的影响，受国有股权终极控制人等级性质影响。相比中央控制的公司，地方政府控制的公司更容易受制度环境的影响。

第二节　样本选取、变量定义和模型构建

一　样本选取

本书选取2011—2013年作为样本期间，并对样本进行了如下的剔除②：（1）剔除了交叉上市的公司，因为交叉上市的公司可能同时面临着B股或H股的双重监管，其可能会对上市公司的评估机构产生影响；（2）剔除金融类上市公司，因为金融类上市公司使用了不同的会计准则，财务数据不统一；（3）剔除ST、*ST类等非正常交易状态的上市公司；（4）剔除相关财务数据缺失的上市公司；（5）剔除了最终控制人缺失的上市公司，包括公司实际控制人缺失、无法确定和没有实际控制人三种情况；这样共得到1844个年度观察值，其中，2011年481个，2012年698个，2013年665个（表3－2）。

表3－2　　　　　　　　　　样本分布情况

年份	2011	2012	2013
观测数（个）	481	698	665

① 刘启亮、罗乐、何威风、陈汉文：《产权性质、制度环境与内部控制》，《会计研究》2012年第3期。
② 本书的剔除原则借鉴了刘启亮等（2012）、龚启辉等（2012）学者的做法。

上市公司的终极控制人产权性质数据根据同花顺数据库导出，将所有控制人的产权性质分为两类：国有控股公司和非国有控股公司。其中，对于国有控股公司，我们又将其分为地方政府控制和中央政府控制两类。对于部属院校控制的上市公司和地方政府控制的上市公司，我们根据刘启亮（2012）等的分类，分别将其认定为中央政府控制的公司和地方政府控制的公司。同时，我们采用 CCER 色诺芬数据库中的实际控制人数据和同花顺金融数据终端中实际控制人数据库进行了交叉核对，并且我们通过手工收集的方式也对部分实际控制人数据做了进一步的交叉核对。最后统计发现：中央政府控制企业 344 家，地方政府控制企业 715 家，民营企业 785 家。如果根据终极控制人性质将资产评估机构进行类似细分：中央政府控制评估机构 668 家，地方政府控制评估机构 289 家，民营评估机构 887 家。本书关于上市公司资产评估机构选择的数据来自 CSMAR 数据库。实际控制人、企业类型、公司地点以及其他财务数据来自同花顺金融数据终端，数据处理采用 STATA12.0 统计软件。另外，为排除异常值对实证结果的影响，在每次进行多元线性回归前对所有连续性控制变量按 1% 和 99% 进行 Winsorize 处理。

二　变量选择与界定

依照研究目标与相关研究成果，选择的变量如表 3 - 3 所示。

表 3 - 3　　　　　　　　　　模型中各变量定义

变量名称	符号	变量定义
中央政府控制的评估机构	Cbcg	评估机构由中央政府控制，Cbcg = 1，否则，Cbcg = 0
地方政府控制的评估机构	Lbcg	评估机构由地方政府控制，Lbcg = 1，否则，Lbcg = 0
无政治背景的评估机构	Nbcg	评估机构无政治关联，Nbcg = 1，否则，Nbcg = 0
政府控制的评估机构	Bcg	评估机构为政府控制，Bcg = 1，否则，Bcg = 0
中央政府控制的公司	Csoe	上市公司为中央国有控股，Csoe = 1，否则，Csoe = 0
地方政府控制的公司	Lsoe	上市公司为地方国有控股，Lsoe = 1，否则，Lsoe = 0
非政府控制的公司	Soe	如果是非政府控制上市公司，Soe = 1，否则，Soe = 0
是否具有政治身份	Pol	实际控制人具有政治身份 Pol = 1，否则，Pol = 0
制度环境	Index	制度环境包括 3 个指标：Tm、Gm、Law
地区市场化水平	Tm	樊纲等（2012）的地区市场化进程指数
政府治理水平	Gm	樊纲等（2012）的减少政府对企业的干预指数

续表

变量名称	符号	变量定义
法治化水平	Law	樊纲等（2012）的市场中介组织的发育与法律制度环境指数
金融市场发展水平	Fm	樊纲等（2012）的金融市场发展指数
公司规模	Size	期末总资产的自然对数
财务杠杆	Lev	负债总额/期末总资产
资产报酬率	Roa	营业收入/期末总资产
成长性	Growth	营业收入变动/上年营业收入
2011 年度	Year11	虚拟变量，控制年度效应，如果观察值属于 2011 年，则 Year11 = 1，否则，Year11 = 0
2013 年度	Year13	虚拟变量，控制年度效应，如果观察值属于 2013 年，则 Year13 = 1，否则，Year13 = 0
行业	Industry	行业哑变量，用来控制行业因素的影响

（一）评估机构的计量

根据资产评估机构的终极控制人的情况将资产评估机构分为以下三种：中央政府控制的资产评估机构（中央所）；地方政府控制的资产评估机构（地方所）；民营资产评估机构。

（二）产权性质的计量

参照刘启亮（2012）、余明桂（2012）、雷光勇（2007）、夏立军（2005）等学者的计量方式，本书将上市公司根据终极控制人性质细分为中央政府控制、地方政府控制（包括省级及以下政府控制）、非政府控制（即民营、集体或外资资本控制）这三种类型。

（三）制度环境的衡量

本书中的制度环境包括 3 个指标：地区市场化水平（Tm）、政府治理水平（Gm）和法治化水平（Law）。根据已有文献（如夏立军等，2005；刘启亮等，2012；刘慧龙等，2014），本书制度环境指标采用的是樊纲和王小鲁（2012）编制的中国市场化指数。① 具体来说，我们使用"地区市场化进程指数"、"减少政府对企业的干预指数""市场中介组织的发育与法律制度环境指数"来衡量地区市场化水平、政府治理水平和法治化水

---

① 樊纲、王小鲁、朱恒：《中国市场化指数》，经济科学出版社 2012 年版。

平。地区市场化进程指数越高，表示地区市场化水平越好；减少政府对企业的干预指数越高，政府的治理水平越高；市场中介组织的发育与法律制度环境指数越高，法治化水平也相应越高。本书的时间跨度为 2011—2013 年，因数据在这三年相对比较稳定，我们采用了樊纲和王小鲁（2012）报告的 2011 年数据衡量 2011—2013 年各省区的制度环境。

（四）控制变量

借鉴已有文献并结合本书研究内容，本书选取以下控制变量：$Size$，公司规模，用公司总资产的自然对数表示；Roa，资产报酬率，用营业收入除以期末总资产表示；Lev，财务杠杆，用资产负债率表示；$Growth$，公司成长性，用营业收入变动除以上年营业收入表示；$Year$，年度虚拟变量；$Industry$，行业虚拟变量。

三　模型构建

本书旨在分析政府控制、制度环境和评估机构关系，根据前文的理论分析和变量假设，构建如下计量模型，通过多元回归分析实证检验前文提出的假设。为检验假设 1 和假设 2，运用 Probit 回归分别运行模型（3.1）和模型（3.2）：

$$Cbcg = \beta_0 + \beta_1 CSOE + \beta_2 Size + \beta_3 Lev + \beta_4 Roa + \beta_5 Growth + \beta_6 Year_{2011} +$$

$$\beta_7 Year_{2013} + \sum_{i=1}^{20} \beta_{8+i} Industry + \varepsilon \tag{3.1}$$

$$Lbcg = \beta_0 + \beta_1 LSOE + \beta_2 Size + \beta_3 Lev + \beta_4 Roa + \beta_5 Growth + \beta_6 Year_{2011} +$$

$$\beta_7 Year_{2013} + \sum_{i=1}^{20} \beta_{8+i} Industry + \varepsilon \tag{3.2}$$

为检验假设 3、假设 4 和假设 5，检验模型（3.3）：

$$Bcg\ (Cbcg, Lbcg) = \beta_0 + \beta_1 Pol + \beta_2 Index + \beta_3 Pol \times Index + \beta_4 Size +$$

$$\beta_5 Lev + \beta_6 Roa + \beta_7 Growth + \beta_8 Year_{2011} + \beta_9 Year_{2013} + \sum_{i=1}^{20} \beta_{10+i} Industry + \varepsilon$$

$$\tag{3.3}$$

第三节　描述性统计及相关性分析

一　描述性统计

表 3-4 系按上市公司和评估机构两者的背景进行的统计。从年度角

度看，三年间资本市场上资产评估项目发生分布情况如下：2011 年 481 个，2012 年 698 个，2013 年 665 个。基本符合目前国内资产评估市场越来越大，评估越来越发展的趋势。在上市公司政治背景视角方面，国有企业资产评估项目在增加，这一点可以从三年间具有政府背景的公司占比看出。而从评估机构的背景角度来看，2011 年具有政治背景的评估机构的业务占整个市场的 55.72%，而 2013 年更是达到了 60.6%，因此，从初步数据可以看到，目前具有政治背景的评估机构在评估业务上具有较大的优势。而日益增长的国有资产评估项目是否正是促进具有政治背景的评估机构业务增长的原因，我们将在实证分析中做进一步的研究。

表 3 - 4　　　　　　　　　上市公司及评估机构背景统计特征

Panel A：按公司政治背景类别划分			
年度	2011	2012	2013
总样本数	481	698	665
具有政府背景的公司样本数	225	400	391
占比（%）	46.78	57.31	58.80
Panel B：按评估机构背景的类型划分			
样本数	481	698	665
具有政府背景的评估机构样本数	268	273	403
占比（%）	55.72	39.11	60.60

表 3 - 5 是对主要变量特征进行的描述性统计。在三年的全样本数据分析中，可以得到三年间资本市场资产评估项目在各种类别资产评估机构的一个分布情况。中央政府控制的评估机构占到全部业务量的 36%，地方政府控制的评估机构占到全部业务总量的 16%，这也从三年数据进一步印证前面所述政府背景评估机构业务占整个评估市场"大半江山"的说法。同时，可以看到中央政府控制的公司和地方政府控制的公司分别占 18% 和 39%，两者之和达到 57%。作为评估业务的供给方，具有政治背景的上市公司提供了市场上将近 60% 的业务；而作为评估业务的需求方，具有政治背景的评估机构的业务份额也恰恰占到一半。我们似乎从中可以看到一丝端倪。

表 3 - 5   主要变量描述性统计特征

变量	样本数	最大值	最小值	平均值	中位数	标准差
Cbcg	1844	1	0	0.360	0	0.480
Lbcg	1844	1	0	0.160	0	0.360
Csoe	1844	1	0	0.180	0	0.380
Lsoe	1844	1	0	0.390	0	0.490
Tm	1844	1	0	0.540	1	0.500
Gm	1844	1	0	0.550	1	0.500
Law	1844	1	0	0.570	1	0.500
Growth	1844	105.5	-32.16	19.11	12.71	29.92
Roa	1844	21.71	-5.110	6.590	5.940	5.540
Lev	1844	87.95	8.370	50.29	51.61	21.76
Size	1844	24.99	19.69	22.17	22	1.300

表 3 - 6   根据上市公司终极控制人属性分样本统计分析

变量	中央政府控制的公司			地方政府控制的公司			非政府控制的公司		
	均值	中位数	标准差	均值	中位数	标准差	均值	中位数	标准差
Cbcg	0.609	1	0.489	0.273	0	0.446	0.322	0	0.468
Lbcg	0.042	0	0.200	0.326	0	0.405	0.160	0	0.367
Tm	0.516	1	0.500	0.502	1	0.500	0.581	1	0.494
Gm	0.577	1	0.495	0.630	1	0.483	0.463	0	0.500
Law	0.582	1	0.494	0.626	1	0.484	0.510	1	0.513
Size	22.465	22.296	1.337	22.720	22.857	1.219	21.548	21.418	29.282
Lew	50.818	49.383	19.605	59.760	66.242	17.940	41.620	40.063	22.176
Growth	8.660	5.099	24.196	22.665	15.646	31.925	20.300	15.207	29.282
Roa	5.962	4.930	6.013	6.570	6.226	5.121	6.866	6.295	5.678

根据上市公司终极控制人属性对上市公司进行分样本统计分析（表 3 - 6），中央政府控制的公司分组选择具有中央政府背景的评估机构（以下简称中央所）的均值为 0.609；而地方政府控制的公司和非政府控制的公司选择中央所的均值分别为 0.273 和 0.322，这两个数据都要远低于中央政府控制的公司的 0.609，这初步印证了假设 1 的结论。而地方政府控

制的公司在选择上则更偏向于具有地方政府背景的评估机构（以下简称地方所）。总共有32.6%的地方政府控制的公司选择了地方所，16%非政府控制的公司选择了地方所，而这一数据在中央政府控制的公司上仅有4.2%。这些也大致与我们假设2吻合。在控制变量方面，资产规模和总资产报酬率两个指标在中央政府控制的公司和地方政府控制的公司及非政府控制的公司并没有显著差异。在资产负债率方面，非政府控制的公司的资产负债率要低于中央政府控制的公司和地方政府控制的公司。这可能是因为公司的国有背景为公司赢得了更多贷款支持（余明桂、潘红波，2008）。① 在公司成长性方面，中央政府控制的公司成长性要远低于地方政府控制的公司和非政府控制的公司。这可能与中央政府控制的基本属于石油、电力和电信等大型自然垄断行业，行业属性导致了公司的成长性较低有关。

二　相关性分析

（一）总体样本相关性分析

表3-7显示了评估机构总样本主要变量的相关系数。

表3-7数据揭示，因变量和自变量之间都存在相关性，中央政府控制的公司与中央所存在显著的正相关关系。同时，我们发现中央政府控制的上市公司与地方所存在显著的负相关关系，但地方政府控制的公司与地方所存在显著的正相关关系。因此，从相关性分析上可以大致得到中央政府控制的公司偏向于选择中央所，而地方政府控制的公司偏向于选择地方所的相关关系分析支持，这些结果为我们的假设提供了初步的支持，我们将用回归分析进一步验证这里的初步结果。而制度环境方面，Cbcg和Lbcg均与Tm、Gm和Law显著负相关。说明在制度环境好（市场化程度高、政府干预小和法治化水平高）的地方，公司选择具有政治背景评估机构的意愿在降低，这与本书的假设3预期是一致的。另外，需要注意的是，Tm、Gm和Law之间均显著正相关，三个变量之间的两两相关系数超过了0.6，这意味着，这三个制度环境变量之间可能存在多重共线性。因此，为了避免出现多重共线性问题，每次只将一个制度环境变量放入回归模型

---

① 余明桂、潘红波：《政治关系、制度环境与民营企业银行贷款》，《管理世界》2008年第8期。

中进行检验。[①] 而其他各变量之间相关系数都不超过 0.6 的临界值,不存在多重共线性,可以进行回归检验。

表 3 - 7　　　　　　　　　　　总体样本的 Pearson 相关性分析

变量	Cbcg	Lbcg	Csoe	Lsoe	Tm	Gm	Law	Growth	Roa	Lev	Size
Cbcg	1										
Lbcg	− 0. 320***	1									
Csoe	0. 250***	− 0. 148***	1								
Lsoe	− 0. 136***	0. 108***	− 0. 373***	1							
Tm	− 0. 207***	− 0. 185***	− 0. 0210	− 0. 059**	1						
Gm	− 0. 287***	− 0. 139***	0. 0270	0. 130***	0. 522***	1					
Law	− 0. 218***	− 0. 163***	0. 0140	0. 094***	0. 723**	0. 607***	1				
Growth	− 0. 0340	0. 0290	− 0. 164***	0. 094***	− 0. 0280	0. 0330	− 0. 0140	1			
Roa	0. 00300	− 0. 0240	− 0. 053**	− 0. 00300	0. 0330	− 0. 0270	− 0. 0170	0. 182***	1		
Lev	0. 0240	0. 0110	0. 0110	0. 345***	− 0. 073***	0. 081***	0. 0190	0. 116***	− 0. 203***	1	
Size	0. 100***	− 0. 0180	0. 108***	0. 339***	− 0. 107***	0. 079***	0. 0290	0. 156***	0. 040 *	0. 547***	1

注: 样本主要采取 Pearson 相关性检验 (双侧),其中 * 、** 、*** 分别表示置信度在 10% 、5% 、1% 水平上显著。

(二) 不同产权性质下分样本相关性分析

在表 3 - 7 基础上根据产权性质分组,将变量分为中央政府控制的公司、地方政府控制的公司和非政府控制的公司分别进行 Pearson 相关性分析。具体见表 3 - 8、表 3 - 9 和表 3 - 10。同总体样本类似,三组分样本的因变量和自变量都具有相关性。制度环境的系数都为负,说明制度环境和选择具有政府背景的评估机构存在反向关系;随着制度环境的改善,中央政府控制的公司和地方政府控制的公司对具有政府背景的评估机构选择倾向将减弱。而在表 3 - 10 中,Soe 与 Cbcg 的系数显著为负说明,非政府控制的公司并不愿选择中央所;而 Soe 与 Lbcg 的系数为正,但并不显著。民营企业愿意选择地方所,但是意愿并不强,因此可以发现民营企业对具有政治背景的评估机构并不青睐,而更偏向于选择无政治背景的评估机构。

---

① 这里我们借鉴了余明桂和潘红波 (2008) 在文献《政府干预、法治、金融发展与国有企业银行贷款》中的技术处理方式。

表 3 – 8　　　　　　　中央政府控制的公司分样本 Pearson 相关性分析

变量	Cbcg	Csoe	Tm	Gm	Law	Growth	Roa	Lev	Size
Cbcg	1								
Csoe	0. 250 ***	1							
Tm	− 0. 207 ***	− 0. 0210	1						
Gm	− 0. 287 ***	0. 0270	0. 522 ***	1					
Law	− 0. 218 ***	0. 0140	0. 723 **	0. 607 ***	1				
Growth	− 0. 0340	− 0. 164 ***	− 0. 0280	0. 0330	− 0. 0140	1			
Roa	0. 00300	− 0. 053 **	0. 0330	− 0. 0270	− 0. 0170	0. 182 ***	1		
Lev	0. 0240	0. 0110	− 0. 073 ***	0. 081 ***	0. 0190	0. 116 ***	− 0. 203 ***	1	
Size	0. 100 ***	0. 108 ***	− 0. 107 ***	0. 079 ***	0. 0290	0. 156 ***	0. 040 *	0. 547 ***	1

注：样本主要采用 Pearson 相关性检验（双侧），其中 * 、 ** 、 *** 分别表示置信度在 10% 、 5% 、1% 水平上显著。

表 3 – 9　　　　　　　地方政府控制的公司分样本 Pearson 相关性分析

变量	Lbcg	Lsoe	Tm	Gm	Law	Growth	Roa	Lev	Size
Lbcg	1								
Lsoe	0. 108 ***	1							
Tm	− 0. 185 ***	− 0. 059 **	1						
Gm	− 0. 139 ***	0. 130 ***	0. 522 ***	1					
Law	− 0. 163 ***	0. 094 ***	0. 723 **	0. 607 ***	1				
Growth	0. 0290	0. 094 ***	− 0. 0280	0. 0330	− 0. 0140	1			
Roa	− 0. 0240	− 0. 00300	0. 0330	− 0. 0270	− 0. 0170	0. 182 ***	1		
Lev	0. 0110	0. 345 ***	− 0. 073 ***	0. 081 ***	0. 0190	0. 116 ***	− 0. 203 ***	1	
Size	− 0. 0180	0. 339 ***	− 0. 107 ***	0. 079 ***	0. 0290	0. 156 ***	0. 040 *	0. 547 ***	1

注：样本主要采用 Pearson 相关性检验（双侧），其中 * 、 ** 、 *** 分别表示置信度在 10% 、 5% 、1% 水平上显著。

表 3 – 10　　　　　　　非政府控制的公司分样本 Pearson 相关性分析

变量	Cbcg	Lbcg	soe	Tm	Gm	Law	Growth	Roa	Lev	Size
Cbcg	1									
Lbcg	—	1								
Soe	− 0. 061 ***	0. 00900	1							
Tm	− 0. 207 ***	− 0. 185 ***	0. 074 ***	1						

变量	Cbcg	Lbcg	soe	Tm	Gm	Law	Growth	Roa	Lev	Size
Gm	-0.287***	-0.139***	-0.148***	0.522***	1					
Law	-0.218***	-0.163***	-0.103***	0.723**	0.607***	1				
Growth	-0.0340	0.0290	0.0350	-0.0280	0.0330	-0.0140	1			
Roa	0.00300	-0.0240	0.044*	0.0330	-0.0270	-0.0170	0.182***	1		
Lev	0.0240	0.0110	-0.348***	-0.073***	0.081***	0.0190	0.116***	-0.203***	1	
Size	0.100***	-0.0180	-0.417***	-0.107***	0.079***	0.0290	0.156***	0.040*	0.547***	1

注：样本主要采用 Pearson 相关性检验（双侧），其中 * 、** 、*** 分别表示置信度在 10% 、5% 、1% 水平上显著。

第四节　回归分析与稳定性检验

实证检验顺序是，首先分别检验各种不同终极控制人类别对评估机构的影响；其次检验不同制度环境（市场化程度、政府干预水平和法治化水平）对企业选择评估机构的影响，并进一步分样本说明这个问题；最后进行稳健性检验。

一　政府控制与评估机构

表 3 - 11 是对模型（3.1）和模型（3.2）的检验结果。在中央政府控制组中，我们发现 Csoe 的系数显著为正，这表明，中央政府控制的公司更会选择中央所为自己进行资产评估；而在地方政府控制组中，Lsoe 的系数显著为正，这也说明地方政府控制的公司在评估机构选择问题上更会选择地方所。由此可见，公司终极控制人类型对企业评估机构的选择具有十分重要影响。综上所述，以上发现与假设 1 和假设 2 的分析是一致的。

表 3 - 11　　　　　　政府控制与评估机构分样本回归分析

自变量	中央政府控制组（因变量：Cbcg）	地方政府控制组（因变量：Lbcg）
常数项	-3.465***	-1.365
	(-3.396)	(-0.946)
Csoe	1.178***	
	-8.837	

续表

自变量	中央政府控制组（因变量：Cbcg）	地方政府控制组（因变量：Lbcg）
Lsoe		0.819 ***
		-5.333
Growth	0.001	0.003
	-0.404	-1.442
Roa	0.01	-0.011
	-0.96	（-0.809）
Lev	-0.001	-0.002
	（-0.435）	（-0.555）
Size	0.141 ***	-0.072
	-2.844	（-1.102）
Industry	控制	控制
Year	控制	控制
N	1844	1844
R^2	12.87%	10.69%

注： *** 、 ** 和 * 分别表示1%、5%和10%的显著性水平，括号中的数字为双尾检验的 t 值。

二 政府控制、制度环境与评估机构

（一）全样本统计分析

表3-12首先检验三个制度环境变量对企业评估机构影响，而后通过结合产权性质对评估机构进行进一步分析。检验方法是在控制企业特征以及行业和时间的基础上，检验这三个制度环境与企业评估机构之间的关系。在表3-12的第1列显示，在没有加入制度环境变量的回归方程中，Pol 的系数显著为正，这说明在控制其他变量的基础上，国有控股公司在统计上显著偏向于选择具有政治关联的评估机构。在表3-12第2列到第4列中，我们分别将三个制度变量放入回归模型（3.3）中。第2列显示，市场化程度与选择有政治背景的评估机构在1%的水平上显著负相关，这表明市场化程度高的地方，国有产权的公司选择有政治背景的评估机构为其进行评估的强度减弱。这个结果与假设3一致。第3列显示，政府干预指数与选择有政治背景的评估机构在1%的水平上显著负相关，说明在政府干预程度越严重的地区，国有产权的公司越倾向于选择具有政治背景的评估机构。这个结果与假设3一致。第4列显示，地区法治化水平与选择

有政治背景评估机构在 1% 水平上显著负相关，表明法治化水平越差的地区，国有产权的公司越倾向于选择具有政治背景的评估机构。这个结果与假设 3 一致。

表 3 – 12　　　　　对全体样本公司的多元回归分析（因变量为 Bcg）

	(1)	(2)	(3)	(4)	(5)	(6)	(7)	(8)
常数项	−0.866	0.066	−0.656	−0.565	0.100	−0.556	−0.492	1.233 *
	(−1.363)	(0.099)	(−0.997)	(−0.855)	(0.150)	(−0.843)	(−0.743)	(1.670)
Pol	0.182 **	0.171 **	0.343 ***	0.295 ***	0.101	0.143	0.179 *	−0.342 *
	(2.555)	(2.312)	(4.553)	(3.941)	(0.959)	(1.372)	(1.707)	(−1.802)
Growth	0.000	0.000	0.001	0.000	0.000	0.000	0.000	0.000
	(0.329)	(0.174)	(0.467)	(0.250)	(0.168)	(0.384)	(0.254)	(0.036)
Roa	0.003	0.007	−0.000	0.001	0.007	−0.000	0.001	0.006
	(0.427)	(1.172)	(−0.017)	(0.134)	(1.198)	(−0.072)	(0.119)	(0.790)
Lev	0.001	0.001	0.001	0.000	0.001	0.001	0.000	0.001
	(0.329)	(0.459)	(0.399)	(0.063)	(0.455)	(0.547)	(0.021)	(0.536)
Size	0.070 **	0.045	0.081 ***	0.077 **	0.045	0.082 ***	0.076 **	0.062 *
	(2.316)	(1.423)	(2.582)	(2.449)	(1.426)	(2.602)	(2.418)	(1.776)
Tm		−0.845 ***			−0.914 ***			−1.296 ***
		(−13.159)			(−9.419)			(−10.572)
Gm			−0.966 ***			−1.165 ***		−1.487 ***
			(−14.654)			(−11.785)		(−12.202)
Law				−0.917 ***			−1.028 ***	−1.275 ***
				(−13.952)			(−10.655)	(−10.881)
Tm × Pol					−0.123			0.470 ***
					(0.951)			(3.068)
Gm × Pol						0.365 ***		0.619 ***
						(2.737)		(3.977)
Law × Pol							−0.208	0.418 ***
							(1.580)	(2.759)
Industry	控制	控制	控制	控制	控制	控制	控制	控制
Year	控制	控制	控制	控制	控制	控制	控制	控制
N	1844	1844	1844	1844	1844	1844	1844	1844
Adj. R^2	0.0858	0.156	0.1741	0.1657	01564	0.1771	0.1667	0.342

注：***、** 和 * 分别表示 1%、5% 和 10% 的显著性水平，括号中的数字为双尾检验的 t 值。

第 5 列到第 7 列分别将一个制度环境和其与国有产权的交互项放入模型中。第 5 列结果显示，市场化程度与选择有政治背景的评估机构仍具有在 1% 水平上的显著负相关。而市场化程度与国有产权变量的交互项和选择有政治背景的评估机构具有弱的负相关关系，这表明国有产权性质削弱了制度环境与具有政治背景评估机构之间的负相关关系。这个结果基本上支持假设 4。同样在第 7 列的法治化水平变量中我们得到了相同的结论。而在第 6 列中，尽管政府干预指数变量仍然在 1% 水平上显著负相关，但发现政府干预指数与国有产权性质的交叉项在 1% 的水平上显著正相关，这表明在政府干预方面，国有产权性质将极大削弱制度环境与选择具有政治背景评估机构之间的负相关关系。综上所述，良好的制度环境（较高的市场化程度、较低的政府干预指数和较高的法治化水平）与选择具有政治背景的评估机构显著负相关。但国有产权性质将在很大程度上削弱了它们之间的这种负相关关系。这一结论支持了假设 4。

第 8 列同时将三个制度环境变量和它们与国有产权的交互项放入回归方程中进行检验。结果显示，市场化程度变量、政府干预水平变量和法治化水平变量仍然在 1% 的显著性水平上与选择具有政治背景的评估机构负相关，而且系数都有了一定的增加。这表明它们之间的负相关关系的作用增加了。但是，它们的交互项 $Tm \times Pol$、$Gm \times Pol$、$Law \times Pol$ 都在 1% 的水平上显著正相关。这表明，国有产权严重削弱了制度环境与企业选择具有政治背景评估机构之间的负相关关系。这一发现与我们假设 4 是一致的。

（二）分样本统计分析

检验表明，国有产权会削弱制度环境与企业选择具有政治背景评估机构之间的负相关关系。而不同产权性质的削弱程度有何区别，将在下面做进一步分析。

表 3 - 13 根据企业终极控制人性质的不同对总样本进行分样本统计分析。在中央政府控制的公司分样本中，Csoe 和 Cbcg 在 1% 的水平上显著正相关，这进一步验证了假设 1。而在制度环境方面，Tm、Gm 以及 Law 与 Cbcg 都在 1% 的水平上显著负相关，这和假设 2 一致。在表 3 - 13 的第 1 列，交互项 $Tm \times Pol$ 系数为 - 0.275，在 10% 的水平上显著为负。因此得到，市场化程度越高，中央政府控制的公司越不会选择中央所，而央企的产权属性弱化了负相关的关系。在第 2 列中，Gm 的系数为 - 0.887，在 1% 的水平上显著负相关。这同样表明，政府干预程度越小的地区，中

表 3 – 13　　　　　政府控制、制度环境与评估机构的分样本回归分析

变量	中央政府控制的公司（因变量: Cbcg）			地方政府控制的公司（因变量: Lbcg）			非政府控制的公司（因变量: Nbcg）		
常数项	-0.636	-1.238*	-1.179*	0.127	-0.389	-0.591	0.178	0.789	0.738
	(-0.989)	(-1.917)	(-1.842)	(0.155)	(-0.482)	(-0.731)	(0.260)	(1.164)	(1.089)
Csoe	0.876***	0.731***	0.938***						
	(7.095)	(5.584)	(7.024)						
Lsoe				0.455***	0.195*	0.404***			
				(4.112)	(1.659)	(3.473)			
Soe							0.015	0.109	0.022
							(0.144)	(1.048)	(0.213)
Tm	-0.484***			-0.625***			0.891***		
	(-6.728)			(-6.089)			(10.446)		
Gm		-0.887***			-0.739***			0.918***	
		(-11.816)			(-6.736)			(10.402)	
Law			-0.551***			-0.663***			0.795***
			(-7.650)			(-6.375)			(9.060)
Tm × Pol	-0.275*			-0.053			0.049		
	(-1.681)			(-0.337)			(0.382)		
Gm × Pol		0.153			0.635***			0.214	
		(0.904)			(3.935)			(1.617)	
Law × Pol			-0.318*			0.164			0.270**
			(-1.888)			(1.052)			(2.073)
Roa	0.007	0.002	0.002	-0.004	-0.011	-0.009	-0.002	0.006	0.005
	(1.107)	(0.314)	(0.353)	(-0.505)	(-1.454)	(-1.228)	(-0.384)	(1.014)	(0.782)
Size	0.052*	0.090***	0.080***	-0.070*	-0.036	-0.032	-0.057*	-0.096***	-0.088***
	(1.714)	(2.929)	(2.643)	(-1.860)	(-0.960)	(-0.863)	(-1.819)	(-3.055)	(-2.811)
N	1844	1844	1844	1844	1844	1844	1844	1844	1844
R²	0.1211	0.1611	0.1279	0.129	0.1162	0.1228	0.1552	0.1732	0.1565

注: ***、** 和 * 分别表示1%、5%和10%的显著性水平, 括号中的数字为双尾检验的 t 值。

央政府控制的企业越不倾向于选择中央所。而交互项 Csoe × Gm 的系数为正, 表明在央企的产权属性严重削弱了政府干预水平与公司选择中央所之间的负相关关系, 但这并不具有统计意义上的显著性。在第3列中, 法治

化水平变量 Law 的系数为 - 0.551，在 1% 的水平上显著为负。这表明法治化水平越高的地区，中央政府控制的公司越不倾向于选择中央所。同时，交互项 Csoe × Law 的系数在 10% 的水平显著为负，由此表明，公司的央企身份削弱了法治化水平对其选择评估机构的影响。

在地方政府控制的公司分样本中，第 4 列、第 5 列和第 6 列中的 Lsoe 都显著为正，说明地方政府控制的公司倾向于选择地方所，这也印证了假设 2。同样，制度环境三个变量系数在 1% 水平上显著为负。说明制度环境越好的地区，地方政府控制的公司越不会选择地方所。这一发现和假设 3 的分析一致。在第 4 列中，交互项 Csoe × Tm 的系数为负，但强度明显降低。这表明在引入地方国有产权性质以后，市场化程度对选择地方所的负相关得到了弱化；同样，在第 6 列中，交互项 Csoe × Law 的系数为正，这说明地方国有产权性质在更大程度上削减了地区法治化水平与选择地方所之间的负相关，但并不具有统计上意义上的显著性。在第 6 列中，我们看到政府干预水平与选择地方所在 1% 水平上显著负相关，但是在交互项 Csoe × Gm 中，其系数在 1% 水平显著为正。这说明了地方国有股份严重削弱了地区政府干预水平变量与公司选择地方所之间的负相关关系。这一发现支持了假设 4 的分析。

通过对比中央政府控制的公司样本与地方政府控制的公司样本的数据发现，国有股份削弱制度环境与选择具有政治背景的评估机构之间的负相关程度会因国有股份的等级不同而表现出差异。相比中央政府控制的公司，地方政府控制的公司在选择评估机构方面更容易受到制度环境的影响。即制度环境越好，地方政府控制的公司相比中央政府控制的公司更不倾向于选择具有政治背景的评估机构。这与假设 5 一致。

在非政府控制的公司样本方面，第 7 列、第 8 列和第 9 列 Soe 的系数都为正，说明民营企业更倾向于选择无政治背景的评估机构，但这一现象还不具有统计意义上的显著性。而制度环境的三个变量系数都为正，在 1% 的水平上显著。这意味着，良好的制度环境促进民营企业选择无政治背景的评估机构。

三　稳定性检验

为提高研究结果的可靠性，我们进行如下稳定性测试：一是对于市场环境的度量，我们用金融市场发展水平指数替代原先指标；二是对于连续变量均值剔除超过三倍标准差的观测值；三是通过 Probit 模型回归分析，结果如表 3 – 14 所示。

表 3 – 14　　　　　　　　　　稳定性检验回归分析

变量	中央政府控制的公司 （因变量：Cbcg）	地方政府控制的公司 （因变量：Lbcg）	非政府控制的公司 （因变量：Nbcg）
常数项	– 1. 027 (– 1. 645)	– 0. 461 (– 0. 633)	0. 689 – 0. 098
Csoe	0. 851 *** (– 7. 205)		
Lsoe		0. 424 *** – 2. 789	
Soe			0. 034 – 0. 113
Fm	– 0. 563 *** (– 7. 850)	– 0. 636 *** (– 6. 425)	0. 895 *** – 10. 16
Fm × Pol	– 0. 278 * (– 1. 728)	0. 172 – 2. 153	0. 262 ** – 2. 134
Roa	0. 002 (– 0. 353)	– 0. 089 (– 1. 308)	0. 004 (– 0. 628)
Size	0. 072 *** – 2. 533	– 0. 038 (– 0. 860)	– 0. 092 *** (– 2. 908)
N	1844	1844	1844
R^2	0. 1327	0. 1425	0. 1654

　　通过分样本研究发现，金融发展水平与国有企业选择具有政治背景的评估机构具有负向关系。也就是说，金融发展水平越差，国有企业越倾向于选择具有政治背景的评估机构，符合假设 3。通过对金融市场化水平与国有产权的交互项研究发现，在中央政府控制的公司分组中，Fm 与 Cbcg 在 1% 水平显著负相关，引入国有产权后发现，交互项 Fm × Pol 只在 10% 的水平上负相关。同样地方政府控制的公司分组也是如此，这验证假设 4。通过对比中央政府控制公司分组与地方政府控制分组，可以发现，金融市场化水平对国有企业选择评估机构的影响，受到国有企业终极控制人等级的影响。相比中央政府控制的公司，地方政府控制的公司更容易受金

融市场发展水平的影响，符合假设 5。

第五节　研究结论与政策建议

一　研究结论

本书以 2011—2013 年中国非金融上市公司资产评估报告的数据为样本，检验了上市公司终极控制人产权属性与评估机构政治背景对评估机构产生的影响。通过实证研究得出以下结论：

第一，中央政府控制的公司更可能选择具有中央政府背景的评估机构，地方政府控制的公司更可能选择具有地方政府背景的评估机构。

第二，制度环境越好（市场化水平越高、政府干预指数越低和法治化水平越高），企业越可能选择无政治背景的资产评估机构。即良好的地区制度环境与公司选择具有政治背景的资产评估机构显著负相关。

第三，综合不同产权性质与制度环境对评估机构的影响发现，企业所处地区制度环境越好，国有产权性质的企业选择具有政治背景的资产评估机构的倾向越弱化。也就是说在制度环境较差的地区国有企业选择有政治背景的资产评估机构倾向表现更为明显。

第四，制度环境对国有企业评估机构的影响，受国有股权终极控制人等级性质影响。相比中央政府控制的公司，地方政府控制的公司更容易受制度环境的影响。（1）政府同时控制我国资产评估机构和上市公司是我国评估市场的重要特征。因此，在考察我国上市公司选择评估机构行为时，需要考虑资产评估机构和上市公司的政府背景特征，而不是仅仅考虑市场的供需关系。（2）地区制度环境的改善能够为当地评估市场创造一个更加公平的竞争环境，上市公司在选择评估师时更多考虑评估质量而不是受双方的政府背景特征所牵制，这样也更利于评估市场声誉机制的构建，形成良性竞争机制，从而利于评估市场长远发展。

二　政策性建议

针对前文理论分析和实证研究，本节对完善资产评估制度环境、优化评估机构机制，发展资产评估行业提出以下几点建议：

（一）积极鼓励资产评估行业发展

资产评估在国有资产管理、企业并购重组中发挥着巨大而不可替代的

作用。同时，随着我国国有企业深化改革、多层次资本市场建立、金融体
制改革等一些国家重大改革和政策的落地和推进，赋予了评估行业新的机
遇和挑战。因此，政府应该出台相应政策鼓励资产评估发展，吸引更多人
才加入评估行业中，壮大专业人才队伍，提升综合专业服务能力。

（二）政府"简政放权"，让评估机构走向市场化

政府控制对资产评估行业的诞生和起步有着重要的作用，为资产评估
机构带来客户资源，解决了资产评估机构前期发展问题。不过随着评估行
业的发展，资产评估在经济生活中发挥的作用日益重要。单纯靠政府关系
业务的喂养已经不能满足资产评估机构的发展，也很难获得市场的认可。
因此政府简政放权，完全脱离与资产评估机构的关系，让评估机构"市
场化"，进行公平竞争，才能释放评估行业的发展动力。为了避免遭到淘
汰，有政治依靠的评估机构也将专心于执业质量的提高；而没有政治依靠
的评估机构为了争取到市场也会努力进行执业能力的提升。另外，评估行
业执业能力、执业水平和报告质量的全面提升，也将为评估获得更多的市
场认可，从而进一步开拓市场，增加评估师的社会影响力。

（三）引入竞争机制，提高评估师执业能力

在政府控制的不完全竞争的评估市场上，评估行业不以评估质量作为
优胜劣汰的标准，而是以谋求政治关联作为发展的路径。这样的机制必然
损害评估行业的长远发展。随着业务领域的拓展和复杂化，对评估师的专
业胜任能力也提出了更高的要求，如果评估师停留于以往的执业能力必不
能赢得市场的认可，最终失去市场。因此引入市场竞争机制，树立评估质
量为导向的价值观对评估行业的长远发展显得异常重要和迫切。

（四）实施定期轮换制度

在目前资产评估制度环境下，并没有实施一个完善的评估师轮换制
度，评估机构依靠原挂靠单位关系掌握业务资源，对其他评估机构形成壁
垒，不利于评估质量的提高。同时，长期的合作关系也将对评估师的独立
性产生不利影响。因此，借鉴注册会计师审计行业的定期轮换制度，评估
师行业也应该建立完善的定期轮换制度，这将有利于消除因评估机构历史
问题形成的壁垒，促进行业竞争，提高评估质量。同时，这一措施也将鼓
励民营评估机构参与竞争，使评估行业更具产业吸引力，激发行业活力，
实现行业长远发展。

第四章　评估机构伦理气氛：马基雅维利主义还是其他

柯勒律治提及："功利主义者破坏了凝聚力的每一种要素，把社会变成了自私的个人利益的斗争场所，并且打破了一切秩序、爱国主义、诗歌和宗教的真正的根基。"资产评估是一门科学，也是一门艺术，是科学与艺术的有机结合体。评估机构和评估人员在进行评估活动过程中，经常会面临诸如招揽业务、预先设定评估值、滥用评估方法、虚设评估参数等"伦理困境"选择问题，进而导致虚假评估行为。探究评估机构的组织伦理气氛类型及其作用机制，对从根本上引导并规范评估机构及其做出"向善"的决策、完善职业道德准则等具有重要意义。

第一节　评估机构组织伦理气氛界定与作用机制

一　组织伦理气氛对结果变量作用机制的一般表述

关于组织伦理气氛与结果变量关系研究，采用的研究范式主要分为主效应模型、缓冲效应模型和调节效应模型（见图 4 -1）。

（一）主效应模型

该模型是目前组织伦理气氛影响效应研究范式的主流，主张组织伦理气氛对个体水平、群体水平和组织水平结果变量具有直接增益作用，其效应独立于其他变量。唐纳德森（Donaldson）、戴维斯（Davis）[1] 的研究表明，组织伦理气氛与诸多组织结果变量都呈显著正相关，能够有效提高组织管理有效性和绩效水平；提高团体之间、个人之间、个人与团体之间的

---

[1]　Donaldson, L., Davis, J. H., Stewardship Theoryor Agency Theory: CEO Governance and Shareholder Returns. *Australia Journal of Management*, 1991, 16: 49 - 64.

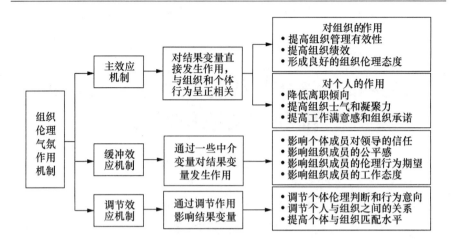

图 4 - 1　组织伦理气氛作用机制

信任程度；促进产品、服务与标准的一致性；增进员工对组织价值理念的理解。

温伯布什（Wimbush）、谢泼德（Shepard）发现，仁爱关怀与规则导向的组织伦理气氛与组织及个人伦理行为呈显著正相关；相反，基于利己主义导向的工具主义导向的组织伦理气氛则容易导致不符合伦理的行为，而且，强调组织价值观与组织伦理的组织，与其他组织相比，经营绩效也较好。洛赫（Loch）、康格（Conger）发现，组织伦理气氛中的仁爱关怀导向与组织积极伦理态度有显著正相关。① 亨利（Henry）研究表明，基于组织伦理的战略与管理实践可以通过形成利于组织发展的组织伦理气氛来整合各种资源，进而达到提高组织整体竞争优势的目的。②

同时，组织伦理气氛与个体心理和行为变量也有密切关系。基于组织伦理气氛的推动，员工在理念上与组织的契合程度较高，相应的工作满意感与组织承诺水平也较高。西姆斯（Sims）、克罗克（Kroeck）研究揭示，组织伦理气氛会显著影响员工的工作态度，组织伦理气氛较好的组织，员工符合伦理的行为较多且离职倾向较低。③ 威克姆（Wickham）研

① Loch, K. D., Conger, S., Evaluating Ethical Decision Making and Computer Use. Comm. ACM, 1996, 39 (7): 74 - 83.

② Henry, J., Silverman, M. D., Organizationalethics in Healthcare Organizations: Proactively Managing the Ethicalclimate to Ensure Organizational Integrity. HEC Forum, 2000, 12 (3): 202 - 215.

③ Sims, R. L., Kroeck, K. G., The Influence of Ethical et one Employee Satisfaction Commitment and Urnover. *Journal of Business Ethics*, 1994, 13: 939 - 947.

究表明，组织伦理气氛与组织的士气和凝聚力有着密切关系。①奥科帕拉（Okpara）研究得出，专业伦理气氛对提升满意感、上司满意感和工作满意感有显著预测作用，关怀气氛较浓厚的组织员工的上司满意感较高，工具性气氛与员工总体满意感、提升同事和上司满意感呈显著负相关，规则、效率和独立气氛与工作满意感没有显著相关，五种组织伦理气氛与薪酬满意感无显著正相关。②

（二）缓冲效应模型

该模型主张，组织伦理气氛心理及行为变量之间存在复杂关系，其对结果变量的影响可能是间接而非直接的关系。康奥斯科（Konovsky）、皮尤（Pugh）发现，组织伦理气氛是通过影响个体对领导者的信任来对个体伦理行为产生影响的。③威克姆（Wickham）研究揭示，强大的组织伦理气氛是提高群体凝聚力和团队士气的平台，进而保证组织的平稳发展和绩效提高。迪克森（Dickson）、艾迪太亚（Aditya）、乔卡（Chhokar）得出，组织伦理气氛会影响员工的公平感（过程与分配公平）和伦理行为期望，最终会影响个体的组织公民行为、任务绩效和关系绩效。④施米克（Schmike）、安布罗斯（Ambrose）、纽鲍姆（Neubaum）发现，组织伦理气氛是通过影响领导者道德认知发展和运用水平对员工的组织承诺、工作满意感和离职意向产生作用的。⑤再如，斯特迪文特（Sturdivant）⑥、史

①　Wickham, J. A., Collected Works of the Thirtieth Chief of Staff, United States Army: J. A. Wickham, United States Army Chief of Staff, June1983 – June 1987, Washington D. C.: US Army, 1996.

②　Okpara, J. O., The Influence of Ethical Climate Types on Job Satisfaction of IT Managers: Implications for Management Practice and Development in a Developing Economy. Academy of Business & Administrative Sciences (ABAS) 2002 Seventh International Conference, San Jose, Costa Rica, 2002, 6 – 8.

③　Konovsky, M. A., Pugh, S. D., Citizenship Behavior and Social Exchange. Academy of Management Journal, 1994, 37: 656 – 669.

④　Dickson, M. W., Aditya, R. N., Chhokar, J. S., Definition and Interpretation in Cross – cultural Organizational Culture Research: Some Pointers From the GLOBE Research Program. In: N. Ashkanasy, C. Wilderom, M. Petersen (Eds.). Handbook of Organizational Culture and Climate Thousand Oaks, CA: Sage, 2000: 447 – 464.

⑤　Schminke, M., Ambrose, M. L., Neubaum, D. O., The Effect of Leader Moral Development on Ethical Climate and Employee Attitudes. Organizational Behavior and Human Decision Processes, 2005, 97: 135 – 151.

⑥　Sturdivant, J., The Future of Federal Labor – management Relations and Partnership. Public Manager, 1997, 26 (2): 23 – 25.

密斯（Smith）① 认为，组织伦理气氛不会直接促进组织绩效的提高，而是高绩效的组织有实力。

（三）调节效应模型

该模型主张，组织伦理气氛对结果变量影响的作用机制通过调节作用来实现。蒂姆（Tim）、切里（Cheryl）研究认为，组织伦理气氛对个体伦理判断和行为意向具有调节作用，强调社会责任、规范和职业操守的伦理氛围对个体的道德判断与行为意向的作用。② 同时，组织伦理气氛对于调节个人与个人、个人与组织之间的关系等也有着积极的作用。

由此可见，组织伦理气氛的影响作用机制是主效应模型还是缓冲效应模型，目前并没有一致结论，有的研究支持主效应模型，有的研究支持缓冲效应模型。同时，也有一些研究者开始探讨组织伦理气氛相互影响效应的动态模型，这些不一致的研究结果说明，组织伦理气氛与结果变量关系还有待进一步研究。组织绩效在组织伦理气氛的作用过程中还会受到其他因素的影响，特别是这些影响因素之间的协同效应。③④ 因此，组织伦理气氛与相关结果变量之间存在复杂的交互作用，可能不是简单的直线关系，有时可能是曲线关系，有时可能是阶段性变化或阈限的关系。

二　评估机构组织伦理气氛界定与作用机制

（一）评估机构组织伦理气氛界定与分析

本书研究背景中就提到资产评估人员面临的"伦理困境"问题。"伦理困境"是指当专业核心价值中对专业人员要求的义务与责任发生冲突的情形，而专业人员面对此种情形时必须决定优先考量何种价值。⑤ 对于评估机构人员来说面对的伦理困境，是指当评估机构的专业核心价值对其专业人员要求的义务和责任发生冲突时，评估机构中的工作者必须决定优

---

① Smith, S. M., Practical Ethics for the Federal Employee: Staking out the High Ground. Huntsville, AL: FPMI Ommunications, 1992.

② Tim, B., Cheryl, V., Ther Moderating Effect of Individuals' Percetions of Ethical Work Climate on Ethical Judgments and Behavior Intertions. *Journal of Business Ethics*, 2000, 27 (4): 351 – 363.

③ Boeker, W., Goodstein, J., Stephan, J., Murmann, J. P., Competition Inmultimarke Environment: the Case of Market Exit. *Organization Science*, 1997, 8 (2): 126 – 142.

④ Whetten, D. A., Inter – organizational Relations. In: J W Lo – rsch (ed.), Handbook of organizational behavior. Englewood Cliffs, NJ: Prentice – Hall, 1987, 238 – 253.

⑤ Robinson, S. L., R. J. Bennett, A., Typology of Deviant Workplace Behaviors: A Multidimensional Scaling Study [J]. *Academy of Management Journal*, 1995 (38): 555 – 572.

先考量何种价值。根据以上对于评估机构伦理困境定义可以分析得出，评估机构作为资本市场中重要的参与者，在解决其面对的伦理困境时，评估机构各自会遵循一种思维轨迹对这种困境提出解决方案，这种解决方案即是对于不同价值的考量后得出的结论。当长期进行一类专业性工作时，在解决伦理困境时所遵循的思维轨迹便形成了一个机构或者说一个组织中墨守的、习惯性的思维定式或行为习惯，由此而产生了组织或机构中的伦理气氛。

本书第二章中曾详细列明了西方学者维克多和卡伦提出的组织伦理气氛类型，他们在利己主义、利他主义和主题主义三个伦理标准和基于个体、组织和世界性三个道德关注点展示了 9 种伦理气氛类型。每一气氛维度下评估机构和评估人员所关注和认同的落脚点都有所不同。在资本市场中，评估机构和评估人员的认知能力有限，在效益最大化驱使下加之信息不对称性的限制，必然会导致机会主义产生。加之，我国市场经济的不完善状况，也为市场投机创造了机会，功利主义的思想正逐渐突破经济伦理的束缚，评估机构的道德底线也一再受到社会公众的质疑，甚至于在资本市场上出现"劣币驱逐良币"这一经济伦理倒退现象：诸如评估人员使用不正当手段编制评估报告、为增加自身收益而迎合委托方不正当需求等进行不伦理评估行为，从而可能在评估机构内部形成一定利己主义氛围，当然也不能以偏概全，完全否定评估人员履行社会责任、维护团队利益形成的利他主义氛围。评估机构具体的伦理气氛类型还有待进一步探析与研究。

（二）评估机构组织伦理气氛的内在作用机制

借鉴国外组织伦理气氛的研究成果，评估机构内部存在的伦理气氛作为影响评估活动的隐性环境，必然会对身处该环境下的评估人员做出的伦理决策行为产生影响，并通过人与组织匹配，最终影响整个评估机构及其内部成员行为的道德程度。那么组织伦理气氛是通过怎样的作用机制，影响到评估人员的行为，最终影响到评估机构的组织绩效呢？

第一，组织伦理气氛能够影响评估师与评估机构的匹配。组织伦理气氛作为组织的内部软性环境特征，是评估机构在招聘时要考量的因素。评估人员会根据自己的道德发展水平选择与之相匹配的组织伦理氛围，更有可能加入那些与自己在价值观和伦理观上有更多相似性的评估机构。换言之，评估机构和评估师的双向选择机理，在于评估机构由怎样的组织伦理气氛主导。而评估师作为构成评估机构的核心要素，其行为结果必然会对机构组织绩效造成一定影响。

第二，组织伦理气氛会影响评估机构和评估人员处理伦理问题的能力。研究表明，高强度的组织伦理气氛存在明确的道德规范，组织成员出现不伦理行为的概率比较小，应对和处理伦理困境问题的经验也比较丰富；而低强度的伦理气氛则常常相反。① 对于评估机构来说，高强度或积极的气氛引导评估人员正确的伦理行为，能够提高机构或其成员解决处理伦理问题的能力，从而产生较高的组织绩效。

第三，组织伦理气氛通过协同作用和凝聚力来影响评估机构的组织绩效。如果评估机构的伦理期望是明确的、可接受的，机构内解决伦理困境的方法也是评估人员所熟悉的，那么评估机构或者评估人员之间的协同水平就会很高，评估人员的士气也比较高，从而产生较高的个体和组织绩效。

由上可知，组织伦理气氛对评估机构及其内部评估人员的伦理行为有着极其重要的影响作用，积极的伦理气氛主导下的组织机构其内部成员的道德水准较高，因而在进行评估活动和处理客户关系时会自觉尊重法律法规和职业道德规范，并能权衡其他利益相关者的利益要求，追求经济价值和道德价值的有效统一，从而为组织带来正向绩效。反之，消极的伦理气氛下就可能会出现违反职业道德行为，不仅为组织带来负向绩效效应，而且影响了评估机构和评估师的声誉，降低了资产评估行业的社会公信力，并严重阻碍了资本市场中评估行业的健康有序发展。

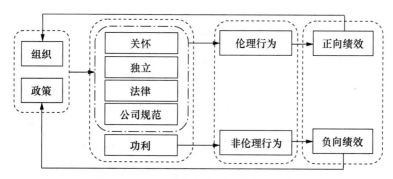

图 4 - 2　组织伦理气氛的内在作用机制

① Wickham, J. A., Collected works of the thirtieth chief of staff. United States Army: J. A. Wickham, United States Army Chief of Staff, June 1983 – June 1987, Washington D. C.: USArmy, 1996.

三 评估机构组织伦理气氛影响因素

梳理有关国内外文献可知，影响组织伦理气氛的形成与发展主要有个体变量、组织变量、人力资源管理变量和社会规范变量四个方面。作为众多组织形式的一种，评估机构内部伦理气氛的影响机制既有其他组织共有的一面，也有其独特的一面。厘清影响评估机构组织伦理气氛的因素，才能更好地把握测量其气氛的标准，构建合理的 ECQ 问卷。本节从评估机构内部与外部环境具体分析影响其组织伦理气氛的因素：

第一，评估机构内部环境，主要是指评估机构内部的组织文化，因为组织文化涵盖了机构内部成员、组织本身、人力资源管理等各个要素，在评估机构内部起着重要链接作用。如果评估机构内部的组织文化是积极良好的，那么就能够推动评估机构朝着健康有利的方向发展，提升评估机构的经营业绩，向评估人员提供良好的职业晋升空间和具有竞争力的薪酬待遇等。换言之，这样的评估机构也就拥有良好的伦理气氛。反之，如果评估机构内部组织文化是消极的，机构内部存在员工之间的恶性竞争，或者持有以讨好领导为主而以自身的应有工作为辅的工作态度，那么，该评估机构则具备不好的伦理气氛。

第二，评估机构外部社会环境，作为中介服务的评估机构，其主要职能是鉴证、咨询。对于鉴证类服务，如果外部环境中的利益相关者迫使评估机构在进行评价与评值过程中恶意抬高或压低评估值，评估机构基于自身生存压力考虑，可能会做出违反法律法规和职业守则的要求，发生造假行为。

本书结合西方组织伦理气氛研究，以及我国评估机构特有的市场环境和影响气氛的因素，通过设计问卷研究我国评估机构的组织伦理气氛类型。对于问卷，结合维克多、卡伦的五因素结构在自利、关怀、规则、法律法规、独立 5 个导向下设计题项。调查发放的评估机构主要分布在浙江杭州市、绍兴市，上海、南京市以及北京等资产评估业务发展活跃的省市，对评估机构调查的人员主要包括资产评估助理、项目经理、高级项目经理、部门经理，以及（副）总经理，涵盖了基层、中高层管理人员。其中受访的评估人员中有在机构工作 3 年以内的，也有 10 年以上的。本书利用统计软件 SPSS17.0 实施主成分分析后，结合软件 AMOS17.0 进行结构方程模型分析，最后本书能够利用对这些评估机构和评估人员的问卷调查得出目前评估机构的组织伦理气氛类型，并希望通过本书为评估机构的内部管理者和外部监管者提供一条企业管理或监管的新路径，让他们可以根据现阶段评估机构发展要求和发展目标，引导与确定评估机构的道德目标和道德追求，形成对机构有利的组织伦理气氛，尽量减少评估市场不伦理行为的发生，从而使得资产评估市场能够获得久远健康发展。

第二节　评估机构组织伦理气氛类型研究

一　研究设计与假设的提出

（一）问卷调查目的

随着我国改革开放和市场经济的不断发展，评估机构也在迅速成长与发展，在我国市场经济体制建设中，资产评估已经渗透在经济生活的各个领域当中，成为资本市场上诸如企业的改制重组和产权交易、中外合资与合作以及租赁、抵质押、保险等重大经济活动的基础。与此同时，在评估行业发展历经的各个改革事件中，通过评估机构内部管理要素的整合和外部监管模式的调整，一定类型的伦理氛围正在评估机构内逐渐形成并作用于机构本身。

目前，我国理论界对于评估机构组织伦理气氛的研究还处于探索阶段，为研究评估机构组织伦理气氛的类型，首先，本书借助西方组织伦理气氛相关研究，采用新的研究视角丰富了我国资产评估行业有关伦理道德的研究，具有一定的理论意义。其次，本书除探讨评估机构组织伦理气氛的维度因素外，还探讨了影响其气氛形成的资产评估市场制度与发展背景，丰富与发展了我国评估机构组织伦理气氛的研究，对将来研究评估机构的组织伦理气氛在形成、发展和运行机制等方面的深入研究做出了贡献，具有重要的现实意义；最后，通过明晰评估机构占主导的组织伦理气氛类型，应用经实证分析得出的组织伦理气氛研究成果，以期达到能够为评估机构的企业文化建设和人力资源管理实践提供理论指导，通过建立有效措施和寻找合理途径来塑造积极的评估机构伦理气氛，达到优化与改善评估机构及其评估师伦理行为目的。

（二）问卷设计

为探寻评估机构伦理气氛类型，首先要明晰评估机构占主导的伦理气氛结构，本书在维克多和卡伦在 1988 年研发的测量组织伦理气氛工具——ECQ 问卷基础上，从伦理标准（利己主义、利他主义和主题主义个人）和道德关注点（个人、组织、社会）两个维度，又结合我国现阶段评估机构发展的实际情况，按照 9 维伦理气氛结构，在双向翻译和专家修订程序保证问卷具有良好的内容效度的基础上，设计了一套具有一定科学理论基础的测量评估机构伦理气氛水平的调查问卷。

研究正式问卷共设计 28 个题目，从不同方面测量机构的伦理气氛质量。例如："在评估机构内，评估机构内没有道德和伦理的空间，人们只考虑自己个人利益"等测量评估机构的自利型伦理气氛；"机构考虑到自身利益，会根据客户需要，编制不实的评估报告"等测量评估机构的公司利润型伦理气氛；"在评估机构内，人们都认为最有效方法就是正确方法"等测量评估机构的效率型伦理气氛；"在评估机构内，人们总在考虑别人利益最大化"等测量评估机构的友谊型伦理气氛；"在评估机构内，评估机构的管理层把所有成员的共同利益作为首要考虑的因素"等测量评估机构的团队利益型伦理气氛；"评估机构进行评估活动时，会权衡社会效益和社会成本，尽量避免对社会造成负面影响"等测量评估机构的社会责任型伦理气氛；"在评估机构中，所有人员有着浓厚道德感和社会责任感"等测量评估机构的遵守个人道德型的伦理气氛。"在评估机构内，评估机构严格要求每个员工都恪守评估机构规章制度"等测量评估机构遵守公司规则和程序的伦理气氛；"在所有评估业务活动中，评估人员都把是否违反法律作为首先考虑的因素"等测量遵守法律的伦理气氛。

调查问卷的编制结构采用国外常用的李克特量表，问卷使用"完全不同意"、"基本不同意"、"不同意也不反对"、"基本同意"以及"完全同意"表述在数据处理上对其分别按照 1、2、3、4、5 进行赋值。调查问卷分两个基本部分：组织伦理气氛测量量表与基本信息统计。

（三）研究假设

经过前文的叙述我们知道，存在于评估机构内对其员工具有引导和规范的隐性环境，就是组织伦理气氛。国外学者在中介机构、上市公司等方面对于组织伦理气氛的研究，已取得较为丰硕的成果。通过前文的分析可以看出，现阶段我国资本市场发展还不完善，评估机构市场集中度偏低。但随着近几年市场对评估的需求和国家政策扶持力度的不断加大，评估服务的范围不断扩展，评估机构不断发展壮大扩张，也为我们研究伦理气氛与评估质量提供了很好的机会。西方学者伦理气氛研究的代表人物维克多、卡伦通过实证研究分析后提出，伦理气氛是影响组织内部员工伦理行为的重要因素，并指出员工的伦理行为会随着伦理气氛的变化而改变。从机构伦理行为角度看，我国评估机构中占主导的伦理气氛结构有：

假设1：评估机构伦理气氛的各维度上存在显著性差异；

假设2：评估机构伦理气氛的各维度在规模上存在显著性差异。

（四）研究对象

主要以浙江地区天源评估机构、坤元评估机构、华夏评估机构，北京中联以及江苏、上海等地的7家评估机构为问卷调查及研究对象。

（五）数据分析方法

对回收的调查问卷进行分析整理后，采用统计软件 SPSS 17.0 对收回的有效问卷进行信度和效度的分析，然后根据研究目的进行探索性因子分析、信度分析、方差分析等；并利用统计软件 AMOS 17.0 进行结构方程模型分析，对探索性分析得出的结果进行验证性分析，检验模型的结构效度。

二　评估机构组织伦理气氛的维度探索

（一）目的

对搜集的问卷采用探索性分析、信度分析、方差分析等方法，求得现阶段评估机构组织伦理气氛的因素维度。

（二）被试

问卷调查涉及浙江、北京、江苏、上海等地区共7家评估机构。本次调研共发放问卷500份，共收回问卷361份，其中有8份问卷存在题目作答不完整或者存在答案选择是同一选项情况，根据样本数据异常原则将此8份问卷作为无效问卷舍去，因此本次研究共搜集有效问卷353份，有效率为70.6%。

由于本次研究需要对取得的数据进行探索性因素分析和验证性因素分析，故将回收的有效问卷共计353份随机分成两部分。另一部分数据（n=235）进行探索性因素分析，另一部分数据（n=118）进行验证性因素分析。根据两部分样本数据的检验结果显示，它们在性别、年龄、工作年限、职位级别、学历、机构规模以及地点分布上都没有差异。

（三）测量工具

所用测量问卷为本书所编制的"评估机构组织伦理气氛调查问卷"。

（四）研究结果与分析

1. 描述性统计与分析

本部分将以第一部分问卷数据进行整理后，按照受访者的性别、年龄、工作年限、受教育程度情况进行分类汇总，表4－1至表4－6为我国当前评估机构的基本信息统计分析表。

表4－1　　　　　　　　评估机构评估人员性别分布（n=235）

		人数	百分比（%）	有效百分比（%）	累积百分比（%）
有效	男	146	62.13	62.13	62.13
	女	89	37.87	37.87	37.87
	合计	235	100.0	100.0	100.0

表4－2　　　　　　　　　评估机构评估人员年龄分布

		人数	百分比（%）	有效百分比（%）	累积百分比（%）
有效	20—30 岁	152	64.68	64.68	64.68
	31—40 岁	56	23.83	23.83	23.83
	41—50 岁	25	10.64	10.64	10.64
	51 岁以上	2	0.85	0.85	0.85
	合计	235	100.0	100.0	100.0

由表4－1和表4－2可知，评估机构男性人员占据大多数，达到62%，受访对象的年龄结构比较年轻，以中青年成员为主，主要集中在20—30 岁之间，人数达到半数，表明目前我国评估机构正处于朝阳阶段。

表4－3　　　　　　　　　评估机构评估人员工作年限分布

		人数	百分比（%）	有效百分比（%）	累积百分比（%）
有效	半年未满	49	20.85	20.85	20.85
	半年至一年	45	19.15	19.15	19.15
	1—3 年	64	27.23	27.23	27.23
	4—6 年	36	15.32	15.32	15.32
	7—10 年	19	8.09	8.09	8.09
	11 年以上	22	9.36	9.36	9.36
	合计	235	100.0	100.0	100.0

表 4 - 4   评估机构评估人员职位分布

		人数	百分比（%）	有效百分比（%）	累积百分比（%）
有效	助理	128	54.47	54.47	54.47
	项目经理	32	13.62	13.62	13.62
	高级项目经理	43	18.30	18.30	18.30
	部门经理	18	7.66	7.66	7.66
	副总经理	5	2.13	2.13	2.13
	总经理	9	3.83	3.83	3.83
	合计	235	100.0	100.0	100.0

从表 4 - 2 可知，我国评估市场评估人员的年龄结构比较年轻，因此表 4 - 3 和表 4 - 4 显示，大多数在职评估人员工作年限较短，职位级别也都比较低。其中在工作年限调查中，人数最多的是工作 1—3 年，在职位级别调查中，评估助理所占比例最大，达到 50%，这与近年来评估机构不断扩大，吸纳了较多的新型人才有很大关系。在评估机构的基层管理人员中项目经理、高级项目经理级别所占比例比较高，二者合计达到管理层的 30% 以上。由这两项调查可以看出，在我国不断推进加强评估机构做大做强的号召下，近年来评估机构的规模扩张，激烈的市场的竞争环境下，机构成员受内部伦理气氛影响更为突出。

表 4 - 5   评估机构评估人员学历分布

		人数	百分比（%）	有效百分比（%）	累积百分比（%）
有效	高中及以下	3	1.28	1.28	1.28
	大专	28	11.91	11.91	11.91
	本科	168	71.49	71.49	71.49
	硕士及以上	36	15.32	15.32	15.32
	合计	235	100.0	100.0	100.0

从评估机构的学历分布表 4 - 5 中很明显看出，评估机构队伍的人员素质都较高，其中拥有本科学历的评估人员比例达到了 71.49%，而硕士和博士人员所占比例也达到 15% 左右，这与近几年我国加强资产评估高学历教育投入有很大关系。

表 4 - 6　　　　　　　　　　　评估机构评估人员所在单位规模分布

		人数	百分比	有效百分比	累积百分比
有效	10 人以下	1	0.43%	0.43%	0.43%
	10—19 人	7	2.98%	2.98%	2.98%
	20—39 人	16	6.81%	6.81%	6.81%
	40—69 人	128	54.47%	54.47%	54.47%
	70—99 人	77	32.77%	32.77%	32.77%
	100 人以上	6	2.55%	2.55%	2.55%
	合计	235	100.0%	100.0%	100.0%

从表 4 - 6 可以看出，在我国实施评估机构做大做强战略的几年中，虽然评估机构通过强强联合，规模得到发展，但包括非注册评估师在内的评估人员数量主要集中于 40—69 人。可见，我国评估机构规模仍然较小，竞争力比较弱，而且目前我国评估机构由于评估师数量少、业务量较低，总体收入不高。评估机构的首要任务是在激烈的竞争中生存下来，只有在能生存的基础上才会考虑评估机构的信誉也就是资产评估质量高低的问题。因此规模较小的评估机构为了生存会不惜一切来争揽客户扩大业务量，在此过程中会最大可能地满足客户的各种不合理评估要求，这样便出现了前文所描述的虚假评估不伦理行为。[1]

本书运用 SPSS 17.0 对研究的样本数据进行描述性统计分析后，结果表明，本书使用的所有题项偏度绝对值小于 3，且峰度的绝对值小于 7，所以本次收集的数据可以满足正态分布，能够继续下一步的研究——探索性分析与验证性分析。

2. 问卷信效度分析

采用 SPSS 17.0 对数据进行探索性因子分析前，第一步是检验 KMO 值（Kaiser - Meyer - Olkin，称为抽样适当性量数）与判断 Bartlett's 球形检验显著性水平。KMO 值是对研究使用的数据是否适合进行因子分析的重要判断标准之一，其值越大则表明各个变量间的共同因子越多。对于 KMO 值的下限，学者 Kaiser 提出，当 KMO 值在 0.5 以下，则不适合再对数据进行因子分析。表 4 - 7 是 KMO 和 Bartlett 的检验结果，可以看出，

---

① 尉京红：《我国资产评估质量问题研究》，博士学位论文，天津大学，2007 年版。

本书中的 KMO 值为 0.660 大于 0.5，近似卡方值为 2401.53，达到显著性水平（自由度 300 达到非常显著，所以收集的数据适合进行因子分析）。

表4-7 KMO 和 Bartlett 的检验

取样足够度的 Kaiser – Meyer – Olkin 度量		0.660
Bartlett's 的球形度检验	近似卡方	2401.53
	df	300
	Sig.	0.000

（1）项目分析。利用项目分析测量各个题项鉴别度，然后求出总量表的决断值，目的是将研究使用的未达到显著性水平的题项剔除。决断值的计算是把研究使用量表的得分总和按照降序排列，以总分最高的 27% 和最低的 27% 为分组界限，列为高分组和低分组，对各个题项的差异采用 T 检验法进行检验。如若 T 值达到显著性水平，则表明该题项具有良好的鉴别度。本书采用 SPSS17.0 进行分析后得出的结果表明，所有分组在量表的各个题项上都存在显著性差异，即研究中使用所有题项都具有良好的可鉴别度。

（2）信度分析。信度是用来检验量表测试结果的一致性和稳定性。如果调查问卷结果不因调查对象、调查地点和调查时间的不同而产生显著性差异，那么就可以认为调查结果具有稳定性和可靠性。对于信度的检验通常可以采用三种信度指标来实现，分别是重测信度指标、分半信度指标以及同质信度指标。本章的探索性分析阶段，主要采用克隆巴赫 α 内部一致性信度系数来进行量表各个题项的信度检验，也就是利用问卷中各个题项之间的同质性（亦称内部一致性）来判断所收集数据的信度水平。如表4-8 所示。

表4-8 信度分析

维度	公司规程	法律法规	公司利润	个人道德	效率
克隆巴赫 α	0.745	0.802	0.709	0.720	0.711

从表4-8 可以看出，评估机构伦理行为各分量表下的克隆巴赫 α 内部一致性信度系数都超过 0.70，学者布里曼和克拉默（Bryman and Cra-

mer，2005）曾经提出，进行结构方程模型研究，克隆巴赫 α 内部一致性信度系数一般需要在 0.80 以上，才能表明各分量表具有很高的信度水平；不过，吉尔福德（Guilford，1965）也曾指出，当信度系数大于 0.70 时亦可以表明各量表具有高信度。因此我们认为，本测量表通过了信度检验，各个分量表均具有信度的内部一致性，能够继续进行下一步的研究。

（3）问卷效度分析。效度分析主要从结构效度、内容效度方面来进行，内容效度主要是指所选项目是否符合所要测量的内容和主题。

本次研究中列出的 28 个题项在对其进行主成分分析后得到旋转矩阵模型显示，特征根的值大于 1 的因子数量多达 9 个，表明各个因子间的分布比较分散，且在矩阵模型中有个别题项的所有因子上的载荷都在 0.4 以下，同时也存在个别题项有多重载荷现象。因此本书对这些题项采取一定的原则标准进行了筛选与整理，筛选的标准是：第一，单个题项在某个因子上的载荷量必须在 0.4 以上，否则予以剔除；第二，如果矩阵中某个题项的载荷虽然超过 0.4，但在两个或两个以上因子同时出现，那么该题项应被剔除。本书需要说明的是：本书由于受调查时间和成本的限制，在面对因子多重载荷问题的处理上，采取直接删除该多重载荷的题项后，判断剩余题项的因子载荷量值是否因此而有所改善，来最终确定是否剔除该题项。

本书中量表的编制是参考以前国外学者所使用的量表，并邀请相关专家和实际评估机构人员反复斟酌，来保证量表的内容效度，还对各个分量表与总量表及各自所属题项下的相关性进行了计算分析，结果见表4-9。以主成分分析法和正交旋转选取特征根值大于 1 的项目。同时，根据因素分析结果，共抽取五个共同因素，分别是公司规范和程序以及法律和规则、个人道德、公司利润和效率，这五维结构与研究中的总量表间的相关性介于0.538—0.863 之间（p < 0.01），在各个分量表下，遵守法律法规型伦理气氛与其项目之间的相关性在 0.752—0.863 之间，公司利润型伦理气氛与其项目之间的相关性在 0.583—0.845 之间，道德型伦理气氛与其项目之间的相关性在 0.538—0.664 之间，效率型伦理气氛与其项目之间的相关在 0.574—0.834 之间，遵守公司规则与程序型伦理气氛与其项目之间的相关性在 0.609—0.665 之间。表4-9 中，所有题项的因素共同度都在 0.500 以上，而且抽取的五个因素的累计方差解释率为53.25%，达到50% 以上。说明本次测量表的编制基本是合适的，问卷结构比较

合理。

表 4 - 9　　　　评估机构组织伦理气氛类型探索性因素分析结果

维度	1	2	3	4	5	共同度
法律法规						
FL7	0.863					0.819
FL15	0.784					0.720
FL11	0.773					0.647
FL3	0.752					0.758
公司利润						
GSLR5		0.583				0.639
GSLR1		0.740				0.686
GSLR9		0.845				0.770
个人道德						
GRDD13			0.664			0.737
GRDD17			0.538			0.713
GRDD16			0.593			0.726
效率						
XL21				0.834		0.534
XL28				0.633		0.602
XL14				0.574		0.757
公司规程						
GSGC4					0.665	0.559
GSGC8					0.625	0.733
GSGC12					0.609	0.554
方差解释率（%）	21.563	9.040	8.806	7.240	6.601	
累计方差解释率（%）	21.563	30.603	39.409	46.649	53.250	

另外，从陡坡检验结果（见图 4 - 3）也可以看出，五个因素比较合理。

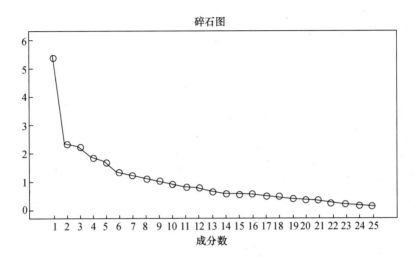

图 4 - 3　陡坡检验

三　评估机构组织伦理气氛的维度验证

（一）研究方法

本节采用验证性因素分析法对上文验证性因子分析得出的结果进行检验，实证分析中使用的统计分析软件为 AMOS 17.0。

1. 结构方程模型

验证性因素分析亦可以称之为结构方程模型（SEM），协方差结构模型等。SEM 是一种实证的技术方法，它的使用范围非常广泛，被应用于营销学、心理学及社会学用来分析研究调查问卷或者实验性的数据。它基于构想模型角度，用实际数据来与模型进行拟合，以检验观测数据对构想模型的支持程度，可谓是一种验证性的方法，一般情况下需要有先前的理论或者经验法则来支撑。在理论导引的基础上构建假设模型图。与传统的因素分析、回归分析和路径分析等多元的统计分析方法相比，SEM 的最大优势在于在允许有测量误差的情况下同时对自变量与潜变量以及潜变量与潜变量之间的关系进行验证。

由于验证性因素分析主要考查是观测变量与潜变量的关系，并对误差进行分析，通常运用于社会学、心理学方面的研究，因此本书采用其中的测量模型技术方法对探索性分析得出的结果进行进一步的检验与验证。构想模型可以从理论上提出，也可以从先前的研究结果中得到，本书则是采用后者进行验证性分析，即根据第一部分调查问卷的统计分析结果进行验证。

2. 模型适配度检验指标

适配度指标是用来评估研究者提出的假设路径分析模型图与所搜集到的实际数据是否相互匹配，但并不能表明路径分析模型图好坏。换言之，一个适配度完全符合评价标准的模型不能完全保证是实用的模型，且不一定具备实际意义，只能表明这个假设的模型比较符合所收集到的数据现状而已。当我们讨论模型的适配或匹配，是指我们所假设的理论模型与实际搜集到的数据一致性。也就是评价 SEM 模型，一般是用来评价研究者所假设的理论模型是否适切于实际数据，而并不是反映变量之间真实关系的模型，换言之，模型的适配可能通过理论检验但可能不具备实际含义。1988 年，Bogozzi 和 Yi 对模型基本适配指标的检验提出五个准则，分别是：①模型中的估计参数中不能有负的误差方差。也就是说，矩阵元素中不能出现负数，而且要达到显著性水平。②所有误差变异需要达到显著性水平（即 $t > 1.96$）。③估计参数统计量相互间相关的绝对值不可以太接近于 1。④潜在变量与其测量指标间的因素负荷值，位于 [0.50, 0.95] 区间是理想的。⑤标准误差不能很大。

分析 SEM 模型的适配度，主要有三类拟合指标。一是绝对拟合指标，如 χ^2，近似均方根误差（RMSEA）、标准均方根残差（SRMSR）、拟合优度指数（GFI）、调整后的拟合优度指数（AGFI）以及比较拟合指数（CFI）等；二是相对拟合指标，如规范拟合指数（NFI）、不规范的拟合指数（NNFI）等；三是省俭度，如省俭规范拟合指数（PGFI）、省俭拟合优度指数（PGFI）等。

现今，研究者多采用 RMSEA（Root Mean Square Error of Approximation）、SRMSR（Standardized Root Mean Square Residual）等综合性拟合指标对观测数据与构想模型的支持情况进行评价。RMSEA 是渐进残差均方和的平方根，被视为最重要的适配指标信息。SRMSR 是平均残差协方差标准化的总和，因此不受测量单位尺度影响。RMSEA 和 SRMSR 值的范围均介于 0—1 之间。一般而言，当 RMSEA > 0.10 以上时，则模型的适配度欠佳；0.08 < RMSEA < 0.1，观测数据与模型拟合情况尚可（mediocre fit）；0.05 < RMSEA < 0.08，观测数据模型合理适配；0.01 < RMSEA < 0.05，观测数据模型适配度非常好；此外，若是 RMSEA 值在 0.01 以下

时，观测数据与模型具有相当理想的适配（Sugawara，1993）。SRMSR 越接近于 0，表示观测数据与模型拟合得越好，按照通用的标准：对于 SRMSR，如果 SRMSR<0.08，那么观测数据与模型拟合情况较好；如果 SRMSR<0.05，则观测数据与模型拟合情况很好。另外，其他几个拟合指标：GFI、AGFI（adjusted goodness-of-fit index）、CFI（comparative fit index）、NFI（normed fit index）、NNFI（non-normed fit index）等的取值范围也在 0—1 之间。越接近 1 表示模型拟合越好；在 0.90 以上时，则表明模型与观测数据较好拟合。这些指标都是对观测数据和模型绝对拟合程度方面的描述。在对模型进行比较时，还会用到诸如 PGFI（parsimony-adjusted NFT）、PNFI（parsimony goodness-of-fit index）等反映模型省俭度的指标。PGFI 和 PNFI 与 GFI、CFI 等指标一样，取值越接近 1 越好，人们通常认为，PGFI、PNFI 值大于 0.5，则为模型可接受的范围。

结构方程模型中理论模型评价比较复杂，因为在对模型进行评定时，所采取拟合指标其评定的侧重点因指标而异。所以，通常采取的做法是，评价一个模型好坏，不是仅依靠单一指标，而是采用多指标综合进行评价。本书所使用的指标参照公认的标准，主要选取 RMSEA、GFI、AGFI、IFI、NFI、PGFI 等指标来评价模型拟合度。

（二）目的

对进行探索性验证分析后得出的评估机构组织伦理气氛的因素维度，进行验证性分析，确保探索性研究中所得维度结构的稳定性和可靠性。

（三）被试

验证性因素分析的被试样本是收回的有效问卷，计 118 份。样本基本情况如表 4-10 所示。

表 4-10　　　　　　　　　被试构成情况（n=118）

	类别	人数	百分比（%）
性别	男	71	60.17
	女	47	39.83
年龄	20—30 岁	69	58.47
	31—40 岁	32	27.12
	41—50 岁	15	12.71
	50 岁以上	2	1.69

续表

	类别	人数	百分比（%）
工作时间	半年未满	29	24.58
	半年至一年	20	16.95
	1—3 年	35	29.66
	4—6 年	14	11.86
	7—10 年	8	6.78
	11 年以上	12	10.17
职位	助理	58	49.15
	项目经理	19	16.10
	高级项目经理	22	18.64
	部门经理	13	11.02
	副总经理	4	3.39
	总经理	2	1.69
学历	高中及以下	1	0.85
	大专	17	14.41
	本科	79	66.95
	硕士及以上	21	17.80
单位规模	10 人以下	1	0.85
	10—19 人	2	1.69
	20—39 人	7	5.93
	40—69 人	60	50.85
	70—99 人	46	38.98
	100 人及以上	2	1.69

（四）测量工具

所用测量问卷为本书编制的"评估机构组织伦理气氛调查问卷"。

（五）研究结果与分析

1. 拟合指标

为检验在探索性分析后得到的气氛维度模型是否与实际数据适配，本书还需要对第二部分收集到的 118 个有效问卷进行验证性因素分析，目的是检验由第一部分数据获得的评估机构组织伦理气氛的因素结构模型是否能够获得数据支持。探索性因子分析得出的评估机构组织伦理气氛类型的五维结构模型在表4－9已经列明。表4－11则展示了评估机构组织伦理气氛量表的五维因素结构模型下的拟合度验证结果。表4－11所列的拟合度指标中RMSEA、AGFI、IFI、PGFI均达到标准，而GFI、NFI也只是略低于标准值，可见，模型的各项拟合度指标基本达到要求，表明该模型具有良好的拟合度，整体拟合情况比较理想，能够继续下一步的研究。

表4－11　　　　　　　模型拟合度检验结果统计检验量

统计检验量		检验结果数据	来源
RMSEA	<0.08（<0.08较好）	0.042	Browne 和 Cudeck（1993）
GFI	>0.90，适配度佳	0.893	Joreskog 和 Sorborn（1981）
AGFI	>0.80，适配度佳	0.855	Hu 和 Bentler（1999）
IFI	>0.90，适配度佳	0.960	Bentler（1990）
NFI	>0.90，适配度佳	0.812	
PGFI	>0.50，适配度佳	0.800	

2. 信效度检验结果分析

（1）信度检验结果与分析。在探索性因素分析对量表信效度进行初步检验的基础上，检验了量表各个题项的项目信度和各分量表下的组合信度。表4－8表明，探索性阶段得到五维结构下的组合信度均大于0.7，因此五个维度均具有良好的信度。

（2）效度检验结果与分析。运用验证性因子分析进一步检验量表的收敛效度和区分效度。学者Fornell 和 Larcker（1981）曾提出使用平均方差抽取量AVE（Average Variance Extracted）来评判收敛效度，而且AVE值应该在0.5以上；反之，则具有较好的区分效度。区分效度（亦称区别效度），是指一个指标变量与其他测量不同潜在变量的指标变量具有较低的相关性。简言之，就是能够区分出不同因素的效度。若潜变量的AVE的平方根大于该潜变量与其他潜变量之间相关系数，则说明具有良好的区别效度。由表4－12可知，各个题项的标准化因子载荷系数都在0.4以上，除个人道德因素外其他四个维度的AVE值都在0.5以上，说明除个人道德维度外各个维度具有良好的收敛效度。而且，本书中区分效度亦采取比较各维度下的AVE值与该维度和其他维度相关系数的平方进行检验，从表4－12可以看出，各维度间的区别效度比较明显。

表 4-12   验证性因子分析信效度指标值

维度	项目	标准化因子载荷	组合信度	AVE	项目	与其他维度相关系数的平方
公司规则			0.741	0.500	法律法规	0.181
	GC1	0.557			个人道德	0.017
	GC9	0.638			效率	0.183
	GC2	0.880			公司利润	0.223
法律法规			0.788	0.558	公司规则	0.181
	FL4	0.898			个人道德	-0.14
	FL6	0.661			效率	0.027
	FL3	0.657			公司利润	0.014
个人道德			0.766	0.450	公司规则	0.017
	DD14	0.742			法律法规	-0.14
	DD13	0.636			效率	0.273
	DD8	0.653			公司利润	0.033
	DD10	0.648				
效率			0.791	0.559	公司规则	0.183
	XL16	0.662			法律法规	0.027
	XL11	0.768			个人道德	0.273
	XL15	0.806			公司利润	0.158
公司利润			0.782	0.546	公司规则	0.223
	LR5	0.775			法律法规	0.014
	LR12	0.665			个人道德	0.033
	LR7	0.772			效率	0.158

　　按照结构方程模型建模要求，对所提出的构想模型进行设置。采用第二部分的统计数据与第一部分数据分析后得出的构想模型进行拟合，得到目前我国评估机构组织伦理气氛构想模型的完全标准化解（见图4-4）。

　　综上所述，研究以卡伦等（1993）开发的量表对我国评估机构的组织伦理气氛进行测量，在测量个人道德维度时发现，其 AVE 值为0.450，小于0.5，说明个人道德与其他维度并不具有明显的区别效度，且其与法律法规呈负方向变动，从理论与实际上来说都未通过检验，因此本书通过采用主成分分析法和结构方程模型进行探索性分析、验证性分析后，得出目前我国评估机构伦理气氛的类型为公司规则和程序、法律法规和职业规范、效率和公司利润四种。

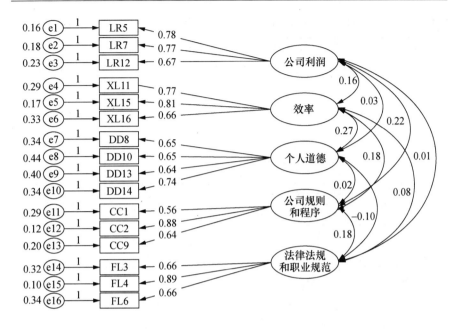

图 4 - 4　维度结构模型

四　不同规模对评估机构组织伦理气氛的影响

（一）研究方法

本书采用自编的"评估机构伦组织伦理气氛调查问卷"。调查对象是本次研究所有问卷的总和，共计 353 份。调查数据采用 SPSS 17.0 软件进行处理。

（二）研究意义

评估机构脱离行政部门管理向专营化发展，通过市场上的兼并重组以及分支机构的设立，其规模不断发展壮大，市场竞争也愈演愈烈。根据近三年评协公布的百强评估机构名单，前四位除排名机构营业收入一直处于稳定增长趋势，保持领先地位。无论是在从业人员规模还是所获收入来看，百强位列四名后规模都比较小。如 2013 年的前四所评估机构收入总额达到 10 亿元，其余机构收入总额只有 20 亿元，近百家营业收入总和只是前四位的 2 倍。

要了解我国评估行业整体市场占有状况，需要借助相关衡量指标，本书选取市场集中度（通常用 CR_t 表示）与赫尔芬达尔—赫希曼指数（HHI 指数），这两个指标通常用来判断市场的垄断程度，其中 CR_t 是指一个行业

表 4 – 13   2013 年中评协公布的评估机构综合评价百强前十位

排名	公司	评估师人数	收入
1	中联资产评估集团有限公司	124	42114.23
2	北京中企华资产评估有限责任公司	84	32513.32
3	北京天健兴业资产评估有限公司	114	16374.47
4	中和资产评估有限公司	73	10163.95
5	上海银信资产评估有限公司	50	7800.00
6	上海东洲资产评估有限公司	51	7222.00
7	坤元资产评估有限公司	105	6849.94
8	北京中同华资产评估有限公司	53	6725.73
9	中通诚资产评估有限公司	40	6432.52
10	上海立信资产评估有限责任公司	40	5878.00

资料来源：中国资产评估协会。

内最大的 t 家企业的衡量指标占整个行业衡量指标的份额，其中，t 为研究所选取的最大企业数量。为弥补 CR_t 计算的缺陷，本书又引入了 HHI 指数。HHI 指数主要反映企业的数目和规模，它能反映 CR_t 无法反映的集中度差别，但对数据的要求较高且含义不够直观。计算公式为：

$$HHI = \sum_{i=1}^{N} (X_i/X)$$

式中，N 为整个行业中所有企业的总数，X_i/X 为企业 i 所占的份额。通常将结果乘以 10000 作为衡量标准。可以看出，CR_t 和 HHI 指数各有优缺点，因此，本书利用这两种方法对评估市场的结构进行分析。资产评估市场集中度见表 4 – 4。

表 4 – 14   中国评估市场集中度

年份	CR_4	HHI
2009	46.65%	276
2010	50.64%	309
2011	51.42%	352
2012	51.91%	373
2013	48.90%	369

资料来源：根据 2009 年以来中国资产评估协会发表前百家信息整理而来。

　　上面分析可以看出，中国评估市场正处于转型时期，即从竞争性转向"寡占型"。规模经济未完全形成。中国评估市场集中度不高，处于成长期，但是从整个中国评估市场的发展趋势来看，发展速度迅速，中国评估市场"十大"优势并不明显，但具有一定的主导作用。

　　发展规模经济是好的出发点，不过也带来不利影响：由于我国市场经济很不完善，评估行业发展时间不长，在我国目前的经济环境下，资本市场缺乏对高质量资产评估的需求，加之评估机构规模扩大，加剧了评估市场的竞争程度，使原本可得利润变得更少。另外，我国评估机构在与客户博弈中本就处于弱势地位，加上评估机构和评估师违规、成本较低等因素影响①，导致恶性压价竞争，与委托方串通，虚假抬高或者压低资产评估价值而损害其他利益相关者利益等低质量评估执业现象频现，使得政府和社会公众对评估结果的科学性以及评估结果的可信度产生置疑，严重影响了资产评估行业的健康发展，因此研究不同规模下的评估机构伦理气氛类型具有现实意义。

　　（三）研究结果

　　对评估机构规模进行单因素变量分析，考察不同规模评估机构在组织伦理气氛各个变量上的差异性，结果见表4-15。

表4-15　　　　　　　规模对组织伦理气氛各维度的差异分析

变量	企业规模（人）			F	P	事后多重比较
	1	2	3			
公司利润	1.77	1.61	1.68	1.586	0.205	
公司规程	4.09	4.34	3.97	16.536	0.000	2>1,3
法律法规	4.01	4.26	3.88	14.065	0.000	2>1,3
效率	3.41	3.36	3.33	.350	0.705	

　　注："1"表示70人以上；"2"表示20—69人；"3"表示20人以下。

　　从表4-15可以看出，不同规模下的评估机构在公司利润型伦理气氛（$P=0.205$）和效率型伦理气氛（$P=0.705$）两个维度都不存在显著差异，而在公司规程型伦理气氛（$P=0.000$）、法律法规型伦理气氛（$P=$

①　贾芳芳：《我国资产评估质量的经济学透视》，博士学位论文，河北农业大学，2004年。

0.000）两个方面都存在显著性差异。

表 4 - 16 事后多重比较

因变量		（I）规模	（J）规模	均值差（I - J）	标准误	显著性	下限	上限
公司 利润	LSD	1	2	0.159	0.089	0.076	- 0.02	0.33
			3	0.095	0.095	0.318	- 0.09	0.28
		2	1	- 0.159	0.089	0.076	- 0.33	0.02
			3	- 0.064	0.082	0.434	- 0.22	0.1
		3	1	- 0.095	0.095	0.318	- 0.28	0.09
			2	0.064	0.082	0.434	- 0.1	0.22
公司 规程	LSD	1	2	- 0.249 *	0.072	0.001	- 0.39	- 0.11
			3	0.121	0.077	0.116	- 0.03	0.27
		2	1	0.249 *	0.072	0.001	0.11	0.39
			3	0.370 *	0.066	0.00	0.24	0.50
		3	1	- 0.121	0.077	0.116	- 0.27	0.03
			2	- 0.370 *	0.066	0.00	- 0.5	- 0.24
法律 法规	LSD	1	2	- 0.251 *	0.079	0.002	- 0.41	- 0.09
			3	0.124	0.084	0.141	- 0.04	0.29
		2	1	0.251 *	0.079	0.002	0.09	0.41
			3	0.375 *	0.073	0.00	0.23	0.52
		3	1	- 0.124	0.084	0.141	- 0.29	0.04
			2	- 0.375 *	0.073	0.00	- 0.52	- 0.23
效率	LSD	1	2	0.047	0.087	0.591	- 0.12	0.22
			3	0.077	0.092	0.404	- 0.1	0.26
		2	1	- 0.047	0.087	0.591	- 0.22	0.12
			3	0.03	0.079	0.703	- 0.13	0.19
		3	1	- 0.077	0.092	0.404	- 0.26	0.10
			2	- 0.03	0.079	0.703	- 0.19	0.13

注：* 表示均值差的显著性水平为 0.05。

多重比较表明：

第一，在遵守公司规程型伦理气氛方面，20—69 人的评估机构与 20 人以下的评估机构和 70 人以上评估机构存在显著差异，其他之间并不存在显著差异；20—69 人的评估机构在遵守公司规程型伦理气氛上得分显著高于 20 人以下企业和 70 人以上企业的得分。

第二，在遵守法律型伦理气氛方面，20—69 人的评估机构与 20 人以下的评估机构和 70 人以上的评估机构存在显著差异，其他之间并不存在显著差异；20—69 人的评估机构在遵守法律法规型伦理气氛上得分显著高于 20 人以下的机构和 70 人以上的机构的得分。

第三节　研究结论、政策建议及展望

一　研究结论

本书对我国评估机构组织伦理气氛问题进行了研究，采用自编问卷调查法，以我国评估师为研究对象，主要研究了两个方面内容：第一，我国评估机构组织伦理气氛问卷的编制以及相关实证研究；第二，不同规模评估机构在组织伦理气氛各维度上的认知差异检验。

（一）评估机构组织伦理气氛维度构成

本书在文献分析基础上，首先对维克多和卡伦于 1987 年、1988 年编制的 ECQ 问卷进行了搜集、整理分析和翻译工作；其次通过采用专家访谈、双向翻译法以及开放式问卷调查法，编制了合理测量本书对象伦理气氛类型的"评估机构组织伦理气氛调查问卷"，再由对调查问卷的信效度进行分析评定后，经过修改、归纳与整理最终得到研究所用正式问卷。

最终，通过探索性因素分析和验证性因素分析方法，得到了我国评估机构占主导的组织伦理气氛类型有四种，即公司规则和程序、法律法规和职业规范、效率以及公司利润。再将本书通过实证分析得出的四维结构类型与国外学者得出的研究模型进行分析比较，验证了本书所得出的四维结构的合理性、适用性和可靠性，故本书假设 1 得到了证实。下文就各种气氛表现类型主导下组织行为进行分析：

（1）遵循公司规则和程序。在该气氛下主导的评估机构管理者内部制定了特定的各种行为规范、程序与规章制度，并且要求员工严格遵守与执行，机构的经营活动中个体决策与行为需要以公司规则与程序以及各种规章制度为准绳。

（2）遵循法律法规和职业规范型。评估机构受到遵守法律法规和职业规范氛围的影响，其管理者和下属员工在做决策时，更多考虑到相关法律法规以及行业伦理和职业守则等制度方面的内容。机构对其内部成员行为决策时更多地受到机构外部如监管机构监督力度限制的，评估机构本身并未对规范评估人员的行为发挥主导作用。

（3）提倡效率型。以效率为主导的评估机构中，评估机构期望每位员工都能高效率地工作，倡导"最有效的方法就是正确方法"，提高工作成果带来更高的收益。因此在此气氛下的机构员工更关注做事效率，而且高效率的工作方案也总是受到其他成员的推崇。注重效率能够提高社会生产率；也可能带来不好的效果。如资产评估师在高效完成工作时，对效率的过度追求可能导致搜集评估信息资料不完备情况下出具低质量的评估报告。

（4）追求公司利润型。马基雅维利主义者个体倾向于操纵和追求利己的目标，具有缺乏情感、以功利性取代道德性、只注重短期目标的特征。同时，马基雅维利主义者更倾向于道德推脱，使自己在没有任何自我谴责心态下追求自己的利益，它已被证明与许多违法以及广泛的不道德行为的发生倾向呈正相关。在该氛围影响下的评估机构，其核心目标是追求机构收益或利润最大化，因而必然要成员行为处事时以评估机构的收益为首要考虑因素，机构关心的是能为其带来多少利益，因此这成为机构及其成员行为决策的依据，机构内部认可的行为是能够为其带来利益的行为。这样就引起只顾利益不顾评估道德而进行违法评估行为。

从上述结论可以看出，对我国目前评估机构占主导的伦理气氛可以看作是以遵守公司规则和程序、法律法规和职业规范的制度型伦理气氛和以追求公司利润和效率的形成利润—效率型伦理气氛。一方面，在制度型伦理气氛占主导的评估机构中，机构要求内部成员严格遵守机构制定的各种行为规范程序、规章制度来执行与完成日常工作任务，同时还要求内部成员严格遵守政府和相关行业协会制定的法律法规和职业守则。表明现阶段我国评估机构本身、法律和相关行业规范等建设具有一定成效，能够在规范成员行为方面发挥重要的作用，能够共同监督与管理评估机构和评估师的行为。另一方面，根据 Peterson（2002）得出的结论：利己主义型伦理气氛与不伦理或不道德行为呈显著正相关，而利他主义和主题主义型伦理气氛则与不伦理或不道德行为呈显著负相关。[①] 自利和公司利润同属于

---

① Peterson, D. K. , The Relationship Between Unethical Behavior and the Dimensions of the Ethical Climate Questionnaire [J] . *Journal of Business Ethics*, 2002 (4): 41.

"工具型"伦理气氛。面临国内资产评估市场中"僧多粥少"的竞争环境，在倡导公司利润和效率型伦理气氛的评估机构，为求生存，以利为先，评估执业过程中很可能忽视法律法规和职业道德规范的要求，可能导致评估质量的下降。

（二）评估机构规模在组织伦理气氛上的认知差异

从前文实证研究结论可以发现，评估机构规模在利润型伦理气氛和效率型伦理气氛两个维度均不存在显著差异，而在遵守法律法规型伦理气氛和遵循公司规范程序型伦理气氛两个维度上存在显著性差异。

事后多重比较表明：在遵守公司规程型、遵守法律型伦理气氛方面，20—69人的评估机构与20人以下的评估机构和70人以上的评估机构存在显著差异，其他之间并不存在显著差异；20—69人的评估机构成员与其他规模下的评估机构的组织成员相比，该规模的评估机构更加强调要求其内部员工严格遵守法律法规和职业伦理、公司规程，在进行行为选择过程中，评估机构主要考虑到的是遵循法律法规、职业伦理规范以及机构内部制定的各种规章程序与规范等方面的内容。但是面对追求公司利润，提出高效率工作方面，不同规模下评估机构具有一致的诉求与目标，没有差异。

二　政策性建议

（一）倡导积极的伦理气氛建设，提高组织伦理气氛水平

就我国评估行业中评估机构不断扩大规模以求发展壮大局势来看，过度追求利润与追求效率的组织伦理气氛不利于我国评估机构的长远发展。从国外评估业的发展趋势也可以看出，为保证我国评估机构的持续健康发展与长远利益的获得，必须倡导与塑造例如遵循法律法规和遵循道德规范等积极的组织伦理气氛。可见，作为评估行业中的主体实施者，评估机构应不断推进遵循道德规范和法律制度的伦理气氛建设，从而能够确保资产评估行业内部评估机构伦理标准的一致性，进一步明晰评估人员的伦理期望。可以采取以下措施加强或培养我国评估机构人员的组织伦理气氛水平：

第一，在机构内部倡导积极气氛，提高评估机构组织伦理的选择能力。机构的领导者一方面应向内部评估人员渲染积极向上的伦理氛围，如关怀型、独立型的伦理气氛；另一方面应明确告知下属成员只有实现自身利益与他人利益的共同发展，才能获得自身业绩最大化从而实现自身价值

的最大化。所倡导的积极伦理气氛能够帮助机构内部员工在面对各种伦理困境时，发挥评估人员的主观能动性，做出对自己、对评估机构乃至对社会都具有价值的伦理行为。而这些通常需借助对后续继续教育工作或者企业内部伦理培训来提升评估人员的专业能力和伦理水平，只有在积极的伦理气氛中，资产评估人员才能感知与认同符合伦理的行为，坚决抵制违反职业道德的评估行为。

第二，树立领导者榜样力量，提高评估机构的伦理调节能力。前文曾阐述了领导者对伦理气氛的塑造作用，作为评估机构的领导者（或者管理者），一定程度上他们自身伦理行为和自制力无形地影响着机构内部成员的言行，也即领导者以身作则、严于律己、关怀他人的态度与行为，能够积极地引导机构内部员工在进行评估活动时选择符合伦理的行为。相反，领导者的自利、一味追求利益的行为决策会影响其下属成员在业务活动中伦理行为的判断，很可能做出不伦理行为。因此伦理水平的提高，不仅需要能驾驭自己的伦理行为为其他成员树立榜样的领导者，而且需要对传统习惯有较强的洞察力的领导者，适时地调节机构内部伦理气氛向积极的方向发展，如此才能达到改善和优化评估人员的伦理行为的目的。与此同时，领导者（或管理者）还要对机构内部出现的不伦理及时制止，如此，才能保证评估机构的所有要素处于合理有效的配置状态，将整个机构置于最具竞争力的整合状态，才能获得最大合理收效。

第三，建立绩效考核与奖惩机制，增强评估机构组织伦理的评价能力。评价评估机构组织伦理，应当重点关注评估机构人员判断善恶的水平以及自我评价方面。通过建立内部人员伦理档案，加强对机构内部职业伦理行为的监管，并将伦理绩效因素纳入评估师日常工作的绩效考评，加大对评估程序中评估师的独立客观、诚信谨慎、公平公正等职业素养的考察；与此同时，资产机构内部应当建立合理可实施的与职业伦理相关的奖惩措施，一方面表彰遵守职业伦理的行为评估师，另一方面对做出不伦理行为的评估师应当予以惩戒与教育。同时，机构内部可以聘请专业的伦理顾问定期对机构及其员工的伦理行为状况进行调查并及时采取应对对策。建立和完善内部伦理行为评价体系，从行业内部着手建立积极的伦理气氛，对加强和改善整个评估行业伦理状况起到至关重要的作用。

（二）引入企业伦理责任因素，完善科学的评估机构伦理评价体系

我们知道，自 2009 年中评协第一次进行评估机构百强评估机构评选，

我国各大评估机构争先创优，力争百强席位。通过政府和相关协会组织的评选不仅能为各大评估机构带来荣誉和声望，接踵而来的则是公众的信任和更多的评估业务量。不过，目前我国百强机构在评选过程中在执业质量指标中只引入了依据评估机构、注册资产评估师受处罚和惩戒情况因素，笔者认为，可以考虑加入评估机构企业伦理责任因素，因为合理科学的评价评估机构的组织伦理行为，不仅可以帮助社会公众区分评估机构的好坏，鉴定评析评估机构出具报告的真实可行度，更可以在资本市场中弘扬高尚的道德风气。在西方目前已形成多种形式评价企业伦理行为的指标，包括我们熟知的多米尼道德指数、道·琼斯可持续发展指数、伦敦金融时报道德指数以及商业道德指数等。在对评估机构的评价体系构建中，适当地融入西方评价伦理行为的指标，逐步实现制度化、明确化、可操作化的评价标准。以此我们才能利用更全面、更可行的评价指标和理性的评价标准达到科学性评价，这也起到督导与塑造积极的评估伦理行为的作用。

（三）加强评估机构组织伦理制度建设与环境监管

从我国资产评估行业发展历程来看，相关行业监管部门对资产评估行业的监管力度与强度较弱、不伦理行为已严重影响了评估行业的健康持续发展。因此，加强相关行业监督管理部门的作用与伦理制度建设就显得尤为重要。为加强政府、行业监管部门力度，可以从以下三面入手：

第一，政府监管部门可以在评估机构内部塑造积极的组织伦理气氛，这一点可以与评估机构管理者或者领导者共同制定相关行业规范或者公司规程，来引导评估人员做出合理正确的伦理行为。

第二，监管机构针对评估机构组织伦理气氛类型，有针对性地制定政策管理规范，可通过制订行业法规的实施细则对评估机构完成评估项目时间予以关注与检查，并进行约束；对以公司利润为主导的评估机构，为防范违规、违法现象的发生，可以定期通过对该类评估机构及其评估人员出具的评估报告等工作内容进行重点监督与检查，来评价其对评估准则和相关法律法规的遵循情况。

第三，针对评估机构规模、信誉高低实行分级管理，采用对评估人员的诚信考核制度来建立评估机构积极向上伦理氛围，加强资产评估执业人员的职业伦理教育，帮助与引导评估人员等树立正确的职业观、伦理观，培养良好的职业态度和职业荣誉感，从而保证我国资产机构和评估人员在评估活动能够一贯坚持独立客观与公平公正的评估原则。

第五章 资产评估增值率异常：
利益输送还是盈余管理

　　我国资产评估行业的执业质量一直备受争议，特别是在上市公司的资产交易业务中，其客观公允性饱受质疑。另外，我国上市公司治理普遍存在"一股独大、股权分裂、国有股产权缺位、内部人控制"等缺陷，上市公司和大股东在评估业务中处于优势地位，常常通过置出资产或置入资产等方式，达到大股东侵害或盈余管理。即利用股权转让、兼并收购、资产剥离、资产置换等资产重组形式，以较低价格将上市公司的优质资产出售给大股东（置出资产），或以较高价格将大股东的不良资产出售给上市公司（置入资产），影响甚至操纵资产评估结果，进而达到向大股东输送利益的目的。因此，我国资产评估行业的执业质量到底如何？是否已沦为上市公司大股东侵害或盈余管理的工具？研究资产评估增值率及其成因有助于回答上述质疑并提出有针对性的解决方案。

第一节　资产评估增值率及其影响因素

一　资产评估增值率的含义

　　现有的研究可知，对资产评估结论进行评价的一个合理指标是资产评估增值率。资产评估增值率（以下简称 δ）为评估增值额与账面价值绝对值的比值，其数值高低反映了同一资产评估值与购置时账面原值的变化幅度。用公式表达为：

$$\delta = \frac{\text{资产评估值} - \text{资产账面价值}}{|\text{资产账面价值}|} \times 100\% = \frac{V - BV}{|BV|} \times 100\%$$

　　对于 δ 异动的考察主要涉及早期和近期两类文献，前者如夏普和沃克（1975），斯坦迪什和昂格（Standish and Ung，1982），伊斯顿、埃迪和哈里斯（Easton，Eddey and Harris，1993），陆德民（1998），阿布迪、巴思和卡斯尼克（1999），杨智元、邹功达（1999），严绍兵（2001），周勤业、夏立军、李莫愁（2003），唐宗明、蒋位（2004），赵邦宏（2005），王毅等（2005），这些研究多以夏普、沃克的研究为基点，继承并拓展了Sharp、Walker 的研究方法和模型，主要集中于资产评估增值和股价变动之间的关系以及 δ 的微观影响因素，但忽视了上市公司资产重组动机对其的影响；而研究中国 δ 变化异常的近期文献主要有李运锋（2007）、严绍兵（2008）、赵善学和施超（2011）、程凤朝等（2011）。他们的研究也仅是涉及 δ 偏高偏低，或者哪些具体资产的 δ 偏高偏低问题，有些研究涉及上市公司对评估结论的影响或操纵，但具体的操纵动机的深入分析不够透彻明晰，没有运用实证检验具体证明盈余管理、大股东侵害、评估方法可选性、评估师的职业判断等影响 δ 的因素及其背后动机，一定程度影响了研究结论的科学性和合理性。因此，探析上市公司的资产重组动机与资产评估结论之间影响关系，明确资产评估结论异动的实质原因。

二　δ 产生的根源

资产评估增值是指被评估资产的评估值大于原账面价值的现象。[①] 评估增值率就是被评估资产的评估值减去账面价值差再除以账面价值绝对值[②]得到的结果。δ 作为一个相对量，比增值额更能体现评估结果的波动性。[③] 我们将对资产评估产生增值的根本原因以及影响评估增值率高低的具体因素进行理论分析，从而了解我国上市公司是否存在影响 δ 的动机和机会，以及对评估增值率究竟造成怎样影响。

资产评估发生增值的根本原因在于评估值与财务会计账面价值的性质差异。

（一）资产评估值

资产评估值是指资产评估的价值类型，即评估结果的价值属性及其表现形式。由于所处的角度不同，以及对资产评估价值类型理解的差异，人们对资产评估价值类型的分类也有所不同。目前，人们对资产评估的价值

---

① 当然也有评估价值小于原账面价值，即发生减值的现象。但这种情况一般较少出现，本书统称为资产评估增值。

② 之所以除以账面价值的绝对值，这是因为在某些情形下，被评估资产的账面价值小于 0，若再用增值额除以原账面价值，则增值率也小于 0，不符合实际情况，因此应除以账面价值的绝对值。

③ 因此本书采用资产评估增值率这一指标来衡量上市公司对资产评估结果的影响。

类型主要有以下几种分类：（1）以资产评估的估价基准形式表述的价值类型，具体包括重置成本、收益现值、现行市价（或变现价值）和清算价值四种；（2）从资产评估假设的角度表述资产评估的价值类型，具体包括继续使用价值、公开市场价值和清算价值三种；（3）从资产业务的性质，即资产评估的特定目的划分资产评估的价值类型，具体包括抵押价值、保险价值、课税价值、投资价值、清算价值、转让价值、兼并价值、租赁价值、补偿价值等；（4）以评估资产时所依据的市场条件、被评估资产的使用状态以及评估结论适用范围划分资产评估结果的价值类型，包括市场价值和市场价值以外的价值类型两大类。目前来看，《国际评估准则 2011》（*International Valuation Standards* 2011，IVS2001）和我国《中国资产评估准则——资产评估价值类型指导意见》中都将资产评估价值类型划分为市场价值和市场价值以外的价值类型，其中市场价值是指自愿买方和自愿卖方在各自理性行事且未受任何强迫的情况下，评估对象在评估基准日进行正常公平交易的价值估计数额，而市场价值以外的价值类型则包括投资价值、在用价值、清算价值、残余价值[1]等。

市场价值和市场价值以外的价值类型分类，不仅仅是根据资产评估目的等相关条件的被动选择，它们对于实现评估目的，特别是把握资产评估中的公允价值具有极其重要的作用。这种作用突出表现在资产评估的市场价值上。由于市场价值与市场价值以外的价值类型之间的特殊关系，市场价值及其成立条件是这种价值类型分类的基准，确立了市场价值及其成立的条件，就等于明确了市场价值以外的价值类型及其成立条件。明确了市场价值在资产评估中的作用，也就很容易把握市场价值以外的价值类型及其具体价值形式在资产评估中的作用。

市场价值在资产评估中的作用主要体现在：市场价值是资产评估中的公允价值的坐标。资产评估中的公允价值与市场价值是两个不同层次的概念。资产评估中的公允价值是一个宏观层次的概念，它包括了正常市场条件和非正常市场条件两种情况下的合理评估结果。而资产评估中的市场价

---

① 投资价值是指评估对象对于具有明确投资目标的特定投资者或者某一类投资者所具有的价值估计数额，亦称特定投资者价值；在用价值是指将评估对象作为企业组成部分或者要素资产按其正在使用方式和程度及其对所属企业的贡献的价值估计数额；清算价值是指在评估对象处于被迫出售、快速变现等非正常市场条件下的价值估计数额；残余价值是指机器设备、房屋建筑物或者其他有形资产等的拆零变现价值估计数额。

值只是正常市场条件下资产处在最佳使用状态下的合理评估结果（而凡是不满足市场价值成立条件的其他合理评估结果都是另外一种价值类型——非市场价值）。相对于公允价值和市场价值而言，市场价值更为具体，条件更为明确，评估人员在实践中更易把握。由于市场价值概念的明晰性和可把握性，资产评估中的市场价值能够成为资产评估公允价值的坐标和基本衡量尺度。正是由于市场价值自身的特点，包括国际评估准则委员会在内的资产评估界广泛地使用市场价值概念。并把资产评估中的市场价值作为衡量资产评估结果公允公正的基本尺度和标准。

在上市公司重组活动中主要涉及的就是正常市场条件下的公允价值，即资产的市场价值，也就是说，评估值主要反映的是资产在公平市场中的价格体现。

（二）会计价值

会计价值是指资产、负债和所有者权益的账面价值，与资产评估的市场价值完全是两回事。账面价值作为一个财务会计概念，是确认、计量等会计活动的结果，是对企业资产负债表上列示的各项资产、负债及权益价值的记载。《企业会计准则——基本准则》表明，企业在将符合确认条件的会计要素登记入账并列报于会计报表及其附注时，应当按照规定的会计计量属性进行计量，确定其金额，会计计量属性主要包括历史成本、重置成本、可变现净值、现值和公允价值五种。目前来看，应用最广泛的还是历史成本计量属性，即大部分企业账面价值更多的是从历史成本角度反映企业价值，是一种静态的价值衡量方式。

会计师选择历史成本而舍弃现行市场价值的理由主要有两点：（1）历史成本具有客观性，可以重复验证，而这正是现行市场价值所缺乏的。会计师和审计师的职业地位，需要客观性的支持。（2）如果说历史成本与投资人的决策不相关，那么现行市场价值也同样与投资人决策不相关。投资人购买股票的目的是获取未来收益，而不是企业资产的价值。因此与投资人决策相关的信息，是资产在使用中可以带来的未来收益，而不是其现行市场价值。

当然，历史成本一直受到很多批评：（1）制定经营或投资决策必须以现实的和未来的信息为依据，历史成本会计提供的信息是面向过去的，与管理人员、投资人和债权人的决策缺乏相关性。（2）在用历史成本计量的情况下，很难反映企业真实的财务状况。（3）现实中的历史成本计价缺乏方法上的一致性,其货币性资产不按历史成本反映,非货币性资产在使用历史成本计价时也有很多例外,所以,历史成本会计是各种计价方法的混合,不能为经营和投资决策提供有用的信息。(4)历史成本计价也缺乏时间上的一致性,因为资产负债表是把不同会计期间的资产购置价格混合在一起,使之缺乏明确的经济意义。

由于历史成本存在以上缺点,各国会计准则的制定机构陆续引入了公允价值概念,我国在 2006 年发布的《企业会计准则》中也正式引入公允价值概念,以改善财务会计报告信息与报告使用人决策的相关性。

可见,评估值和会计价值具有完全不同的性质,是从不同角度度量资产的价值,评估结果发生增值即评估值与原账面价值有所差别在所难免。尤其是当现实情况中市场行情处于不断变化时,资产价格也必然随之波动,而在采用历史成本计量的情况下,账面价值将很难及时地反映出这种变化。资产价格的波动越大或随市场变化越大,账面价值与市场价值间的差异就越大,越发暴露出账面价值在反映企业价值方面的缺陷,此时,资产评估的结果与账面价值的差异也就越大。①

三 δ 的影响因素分析

资产评估发生增值的根源在于评估值和账面价值性质的不同,但还有众多的外在因素会影响到最终增值额和增值率的大小,因此有必要认真梳理和分析影响资产评估结果的各种因素。梳理和分析影响我国资产评估结果的各种因素,也有助于找出有利于我国评估业健康发展的各种对策,提高我国资产评估的理论研究水平,从而推动我国评估业的不断发展。

(一) 资产评估环境因素

任何一个行业都不是孤立存在的,其生存和发展总是因为周围环境的转变而受到影响或制约。资产评估作为社会主义市场经济中不可或缺的中介服务行业,必然受各种各样因素的影响。资产评估环境就是指资产评估活动所处的各种条件因素的集合。资产评估环境对评估结果的影响往往是评估机构和评估人员无法控制或难以改变的,它需要整个社会特别是监管单位以及自律组织的共同努力,不断改善资产评估执业环境,推动我国评估业的健康可持续发展。资产评估环境因素包括经济环境、政治环境、法

---

① 这表明评估增值在一定意义上反映了账面价值所代表的会计计量属性在反映资产真实价值时的有效程度,因此并不能简单地通过增值率高低来判断评估结果的合理性或资产评估师评估工作的有效性。

律环境、社会和文化环境等。

1. 政治环境

政治环境主要包括一个国家实行的政治制度和政治体制，还包括基本政策、政府行为和各政治利益集团的影响等。政治环境对资产评估是一种居高临下的影响，这种影响甚至涉及资产评估实务处理的某些细节。[①] 由于政治上条块分割的行政管理体制，我国资产评估自诞生之日起也就一直处于条块分割的管理体制之下，目前已经形成了包括资产评估、房地产估价、土地估价、矿业权评估、旧机动车鉴定估价和保险公估在内的六大类评估专业，分别由财政部、住房和城乡建设部、国土资源部、商务部和保监会五个部门管理。这些部门对评估的管理基本自成体系，从评估项目的管理、评估人员资格考试和认定、评估机构的审批与管理和评估规范的制定到评估质量的监控等都有一套相对独立、比较完整的系统。这种以行政权力为基础的多头管理，分别建立资产评估管理体系和资格认证的做法，与评估行业中介性、社会性、市场性的特点完全背道而驰，不仅不利于评估业的健康发展，更会对评估结果的准确性和一致性产生不利影响。而且多头管理形成的行业垄断会造成企业重复评估（企业往往需要经过多个机构分别对其土地、房产、机器设备进行评估），这加重了企业负担，劳民伤财。令人欣慰的是，这种多头管理的混乱局面已经得到了有关部门的重视，《中华人民共和国资产评估法（草案）》已于十一届全国人大常委会第二十五次会议进行了初次审议[②]，其立法宗旨和重点之一就是要建立部门协调配合机制，逐步完善行政管理体制：针对政出多门、执业标准不统一的问题，按照"统分结合"原则，在实行统一市场准入、统一基本准则和统一法律责任基础上，实行不同评估类别之间既有区别又有融合、各有关行政管理部门在协调配合机制框架下的部门分工负责制，明确行业

---

① 刘志彬、李曼：《浅析资产评估环境》《经济论坛》2004 年第 14 期。

② 资产评估法是十届、十一届全国人大常委会的立法规划项目。2006 年 6 月，全国人大财政经济委员会成立了资产评估法起草组，成员单位有国务院法制办、财政部、住房和城乡建设部、国土资源部、商务部等部门以及评估行业协会、部分评估机构和有关科研院所。起草组成立以来，深入开展调查研究、考察学习、专题讨论等工作，在对有关方面提出的九份资产评估法草案建议稿分析论证的基础上，于 2007 年年底提出了资产评估法草案初稿。之后的四年多时间里，起草组又多次征求各方意见，对草案反复认真修改，形成了最终提请常委会审议的法律草案。草案包括总则、注册评估师、评估机构、评估委托与报告使用、行政监管、自律组织、法律责任和附则共 8 章 59 条。

自律职责和监管责任，为今后进一步理顺资产评估行业管理体制、促进行业健康发展奠定基础。①

2. 经济环境

经济环境主要包括社会经济结构、经济发展水平、经济体制、宏观经济政策和当前经济状况等方面。经济环境对评估结果的影响是多方面的。

首先，由于我国最初建立的是计划经济体制，因此经济体制是影响我国评估结果的一个重要因素。第一，科学地评估资产的价值往往需要利用市场上同样或类似资产的交易信息，而我国与市场经济高度发达的国家和地区相比，资产交易相对不发达，这使得可比资产及其交易信息的获取比较困难。② 第二，经济体制的制约还体现在政府部门对评估结果的干预上，尤其是国有企业改制、重组以及与外商合资过程中，相关部门因其利益关系会对评估结果的公允性和准确性产生不利影响。

其次，经济发展水平也在一定程度上影响了我国的评估活动。比如，由于我国信息化建设相对落后，信息传递手段还不够发达，数据库建设不够完善，评估人员可能在翻阅大量的报纸等资料之后只能得到少量的交易信息，信息量的限制使得可比性不强，从而影响资产评估结果。

最后，当前经济状况也影响着评估结果。当前经济状况通过影响当前市场上的各个因素（如通货膨胀率、利率和汇率等），来影响评估所用参数③的大小，最终体现在评估结果之中。这与我国经济体制、经济发展水平往往会对评估结果造成负面影响不同，经济发展状况对评估结果是一种中性的、整体的影响。

3. 法律环境

法律环境主要是指法律意识形态以及与之相对性的法律制度、法律法规等。法律作为政府管理的一种手段，是评估活动得以顺利进行的前提条件，因为合法的评估活动理应得到法律保护，而违法的评估行为将会受到

---

① 资产评估法（草案）条文及草案说明，全国人民代表大会官方网站，http：//www.npc.gov.cn/npc/xinwen/lfgz/flca/2012－02/29/content_ 1694845. htm。

② 这里主要是指资产评估的市场法，即利用市场上同类或类似资产的近期交易价格，经过比较或类比分析来估算资产价格。市场法的基本条件是存在活跃的公开市场以及公开市场上要有可比的资产及其交易活动。

③ 评估参数是指在使用各种评估方法进行评估时所用到的数据或信息，这些数据或信息可能是真实的，如相同或类似资产的交易价格、资产能产生的实际现金流量等，这些数据或信息也可能是假定的，如预计现金流量、市场参与者面对风险的态度等。

法律惩罚。法律环境正是通过影响评估活动的进行从而影响了最终评估结果，比如一个国家的评估法律十分完善，违法成本①非常高昂，评估机构和评估师在执业过程中就会小心谨慎，操纵评估结果甚至弄虚作假的可能性就相对较小，资产评估的结果就会更加准确。然而，我国资产评估业发展起步较晚，法律体系尚未建立，资产评估准则也不统一，法律环境总的来说并不尽如人意。目前，我国资产评估主要遵守的还是 1991 年颁布的国务院 91 号令《国有资产评估管理办法》。但 91 号令主要针对的国有资产评估，并不是面向资产评估全行业的法律规范文件，随着资产交易业务的不断扩大和多样化，无论从效力上还是范围上 91 号令都已远远不能满足我国资产评估业发展的需要。因此在这之后，我国各评估管理部门在各自专业领域实施了一些准则、标准或规范，但存在基本制度、规则不统一，政策、标准不一致问题，不同部门管理的标准或规范之间常常发生矛盾，严重影响评估结果的公允性、准确性和一致性。因此急需制定一个全国统一的资产评估法律和行业基本准则。如上文政治环境中所述，十一届全国人大常委会第二十五次会议已初次审议了《中华人民共和国资产评估法（草案）》，这对我国建立资产评估法律体系，规范资产评估行业基本制度，制定全国统一的资产评估基本准则，从而推动评估业健康发展具有重要作用。

4. 社会和文化环境

社会和文化环境范围很广，是人类文明的重要标志，包括人口状况、社会流动性、生活方式、文化传统、价值观、道德规范、教育水平和科学精神等。在不同社会和文化背景下，人们会对同一事物或同一行为做出不同的评价，因此社会和文化环境同样会对资产评估结果产生影响。

首先，我国的社会文化偏向于群里价值观、集体主义，这会使我国的资产评估活动"顾全大局"，可能会为了某个社会总体目标的实现而损害一部分人的利益，这表现为我国政府部门对评估活动的介入过多，对评估结果的干扰过大。

其次，在评估执业过程中，评估人员的职业素质（包括专业知识和职业经验等）和道德素质会对评估结果产生重大影响，而这些因素总体

---

① 资产评估违法成本是指评估机构或评估人员以谋取利益为目的，通过非法手段编造虚假评估报告，因此损害他人利益而将要付出的承受法律制裁、接受行政处罚、进行经济赔偿等代价的总和。

上是由社会文化和教育发展水平所决定的。我国的传统文化和教育方式中，相对不注重个人的创造性和逻辑推理能力，从而导致评估人员的分析判断能力相对较低。[①] 另外，我国目前各管理部门都制定了各自评估人员考试制度和资格认定标准，评估人员素质和能力不同，后续教育也没有形成规范体系，对评估结果造成很大影响。

最后，我国的科研和教育发展水平也制约了人们对资产评估认识的深度和广度。我国资产评估理论和方法研究薄弱，评估理论偏重于应用方面的研究，很多都是对实践经验的思考[②]，理论成分较少，因此指导实务的能力比较有限[③]，而且有资产评估教育背景的专业人才也相对匮乏，这些都影响了我国资产评估的科学性和运用水平，对评估结果产生不利影响。

（二）资产评估机构因素

资产评估机构是指依法设立，取得评估资格，从事资产评估业务的机构。[④] 评估机构作为资产评估活动的组织管理者，必然对评估质量有至关重要影响。如果资产评估机构内部管理规范，风险控制得当，按照相关法律法规指导评估人员执业，就能使评估结果准确，这对保障资产交易的公平和公正，以及优化评估业自身执业环境有重大作用。反之，如果资产评估机构因为某些特殊利益而违规操作，不仅会影响评估结果的准确性，更会损害整个资产评估行业声誉，恶化资产评估行业的执业环境。

目前，我国评估机构已超过 3000 家，而资产交易活动还不是非常活跃，僧多粥少使得评估机构之间竞争十分激烈。首先，评估机构经常为争夺业务竞相压价。针对这一现实情况，为了规范资产评估收费行为，促进资产评估行业健康发展，国家发改委和财政部曾于 2009 年 11 月 17 日发布了《资产评估收费管理办法》（发改价格〔2009〕2914 号）。但赵翠云（2010）曾按照不同评估目的对 102 份资产规模较大的评估报告收费情况进行统计，发现这些报告实际平均收费尚不足标准的 40%。[⑤] 可见，低价

---

① 王哲、赵邦宏、刘巧茹、颜爱华：《资产评估环境初探》，《河北农业大学学报》（农林教育版）2002 年第 1 期。

② 崔茜、王建中：《资产评估理论结构模型构建》，《财会通讯》2008 年第 4 期。

③ 余海宗、骆红艳、王萍论：《我国资产评估理论体系的构建》，《四川会计》2001 年第 2 期。

④ 中华人民共和国财政部令第 64 号：《资产评估机构审批和监督管理办法》，http://www.gov.cn/flfg/2011-09/01/content_1938155.htm。

⑤ 赵翠云：《资产评估行业发展中的问题及对策建议》，《行政事业资产与财务》2010 年第 8 期。

竞争依然是困扰我国资产评估业发展的一大难题。然而降低收费是以评估质量为代价的，价格大战必然导致评估机构为了降低成本而减少了必要的评估程序或调查的深度和广度，从而对评估结果造成不利影响。第二，我国资产评估机构为了得到评估项目，不得不迎合委托方或相关当事方的不合理要求，故意高估或低估资产的价值。有些评估委托人由于其特殊目的，如试图侵占国有资产，在资产重组中高报资产价值，隐瞒亏损等，要求评估人员高估或低估资产价值。而一些评估机构为了生存或在不正当经济利益的驱动下，不顾法律法规和准则的要求，不讲职业道德，设法满足委托方的要求，这对评估结果的准确性造成了严重影响。

另外，由于我国资产评估业发展时间短，评估机构自身的内部管理不规范，风险控制意识和质量控制水平不高，以及在委托人提供的资料不充分或不真实，且有误导评估人员行为时鲜有很好的应对措施，这都影响资产评估结果的准确性和公允性。

（三）资产评估人员因素

资产评估工作是一项专业性和技术性很强的独立服务于社会的公正性活动，是评估人员根据其专业知识和经验进行分析和估算的结果。因此，评估人员是资产评估结果的直接缔造者，其职业素质和道德素质对评估结果产生直接影响。首先，评估工作的专业性和技术性要求评估人员必须具备一定专业技术知识和很强的专业判断能力。为使评估结果更加准确，资产评估人员必须具备经济、法律、专业技术、财务会计等诸多方面知识。其次，由于评估对象本身具有特殊性和复杂性，如一些无形资产或评估人员极少接触到的资产等，因而缺乏在公开市场可比的资产及其交易活动，使评估这类资产时考验评估人员知识范围、职业经验和判断能力。最后，由于资产评估具有市场性、公正性和咨询性的特点[1]，对资产评估人员的道德水平提出了较高要求。职业道德观念和水平决定了资产评估人员对待评估工作的态度、认真程度和谨慎程度等，这就造成对于同一评估对象，不同评估人员可能会得出不同的评估结果。

我国资产评估行业起步晚，评估人员专业知识水平不高，知识面较窄，实际工作经验较少。我国2005年才开始资产评估专业本科招生[2]，

---

[1] 郭化林：《资产评估》，浙江人民出版社2010年版。

[2] 经教育部批准，2005年南京财经大学和内蒙古财经学院率先开始资产评估本科专业招生。

因此目前的评估队伍主要还是由财务会计、经济管理、工程技术等相关专业构成，评估理论基础不扎实，知识结构单一，加上我国对后续教育的法律法规还没有出台和实施，后续教育的不完善使得我国评估人员的整体专业知识水平还有待提高。[①] 另外，目前我国的资产评估人员职业道德观念还不够强，缺乏诚实正直，勤勉尽责的职业态度，在评估过程中可能为了节省时间、降低成本而没有做到尽职调查，更有甚者为了不正当的经济利益受到委托方或相关当事方的影响，以预先设定的价值作为评估结论。这些情况都对资产评估结果造成了不利影响。

四 上市公司对 δ 的影响

(一) 上市公司影响 δ 的动机

已有研究表明，上市公司影响甚至操纵资产评估结果主要是出于盈余管理[②]和大股东侵害[③]两大动机，因为盈余管理和大股东侵害行为往往需要利用资产重组来完成。重组，一般指股权转让、兼并收购、资产剥离、资产置换[④]，而资产评估正好为这些行为提供了定价依据。

1. 资产评估和大股东侵害

唐宗明、蒋位[⑤] (2002) 等的许多研究都表明，在我国上市公司中存在严重的大股东侵害中小股东情况。这是由于在我国上市公司股权集中度相对较高，往往形成"一股独大"局面，大股东在公司治理中扮演着主要角色，直接控制着公司的经营管理活动。能够控制公司的股东就会为了自身利益通过各种途径将上市公司的财产或利润转移出去，如非法占用上市公司巨额资金或利用上市公司名义进行各种担保和恶意融资、扭曲的股利分配政策、非公允关联交易、过度职位消费等，这些行为都侵害了中小股东利益。其中，涉及资产评估的主要是非公允关联交易，即大股东以上市公司名义操纵资产评估结果，以较低的价格将上市公司的优质资产出售给大股东，或是以较高价格将大股东的不良资产出售给上市公司。因此在那些交易对象为大股东的资产重组活动中，可能存在通过操纵 δ 向大股东

---

① 胡园园：《"十二五"中国资产评估行业的发展战略》，《学理论》2011 年第 28 期。

② 盈余管理是指管理层在会计准则和公司法允许的范围内进行盈余操纵，或通过重组经营活动或交易达到盈余操纵的目的，但这些经营活动和交易的重组增加或至少不损害公司价值。

③ 大股东侵害指上市公司大股东利用其控股地位通过非公允交易等手段侵害中小股东利益的行为。

④ 陈信元、原红旗：《上市公司资产重组财务会计问题研究》，《会计研究》1998 年第 10 期。

⑤ 唐宗明、蒋位：《中国上市公司大股东侵害度实证分析》，《经济研究》2002 年第 4 期。

输送利益的行为，具体手段为高估接受大股东的资产或低估流出到大股东的资产。

2. 资产评估和盈余管理

在我国上市公司中，主要通过会计方法和关联交易两大工具进行盈余管理[①]，尤其是属于关联交易的重组活动是进行盈余管理更为有效的手段，这是因为关联方之间往往存在控制与被控制的关系或各种复杂的利益关系，他们之间的交易价格通常不公允。利用资产重组进行盈余管理主要有两种方法，一是当上市公司出现业绩滑坡时，为了避免继续经营不良资产而可能出现的亏损，将不良资产出售给关联公司（常见的是将长期股权投资转卖给集团公司），通过影响资产评估结果从而操纵价格交易，这样上市公司不仅可以避免亏损，又能以市价达不到的价格完全收回初始投资成本，甚至还能获取投资收益。二是上市公司通过现金、非公开发行股份、不良资产置换等方式低价置入集团公司等关联方的优质资产，通过影响评估结果达到实质上的不等价交易，从而改善上市公司资产质量，提高经营业绩。可以发现，上市公司要通过资产重组达到盈余管理目的，必将影响甚至操纵资产评估结果，有理由相信资产评估可能是上市公司进行盈余管理的手段之一。

是什么样的上市公司具有盈余管理动机。换句话说，盈余管理动机究竟指什么？根据以往研究，我国盈余管理动机主要包括 IPO 动机、配股动机以及防亏、扭亏和保牌动机。[②] 首先，关于 IPO 动机，由于本章研究的是已上市公司的 δ 情况，所以 IPO 即首次公开发行股票动机并不属于本章研究范畴。其次，关于配股动机，众多研究都从净资产收益率（ROE）角度研究配股动机，如陈小悦等（2000）[③]、陆正飞等（2006）[④]，这些研究往往表明上市公司为了达到监管部门的配股刚性规定存在各种各样盈余管理行为。但这些研究都是建立在 2006 年之前证监会始终以净资产收益

---

① 李清：《我国上市公司盈余管理的理论与实证研究》，博士学位论文，武汉理工大学，2008 年。

② 张菊香：《基于动机视角的盈余管理文献综述》，《审计和经济研究》2007 年第 6 期。

③ 陈小悦、肖星、过晓艳：《配股权与上市公司利润操纵》，《经济研究》2000 年第 1 期。

④ 陆正飞、魏涛：《配股后业绩下降：盈余管理后果与真实业绩滑坡》，《会计研究》2006 年第 8 期。

率作为配股条件的唯一财务标准之上①，而在 2006 年 4 月 26 日，中国证监会通过了《上市公司证券发行管理办法》，配股条件中去除了对净资产收益率的要求，财务指标只需满足公开发行证券的一般规定即可，即"最近 3 个会计年度连续盈利，扣除非常性损益后的净利润与扣除前的净利润相比，以低者作为计算标准"。② 由此可见，新的配股政策完全放弃了对净资产收益率的要求，至于连续 3 年盈利的要求则可归纳于盈余管理第三大动机中的防亏动机。最后，需要防亏、扭亏以及保牌的公司为了维持上市资格通常具有较强的盈余管理动机，而且此时盈余管理活动往往会借助重组活动，例如陈晓和戴翠玉（2004）就发现亏损企业进行重组活动是实现扭亏的主要手段之一。③ 由此本章认为，需要防亏、扭亏以及保牌的公司很可能出于盈余管理动机来影响资产评估结果，其中防亏动机涉及微利的上市公司，扭亏动机涉及亏损的上市公司，保牌动机涉及被特别处理④的上市公司。

由此可见，资产评估结果作为重组活动中资产定价的主要依据，既影响市公司的盈余又影响大股东利益，因此上市公司确实有操纵资产评估结果的动机。

---

① 2006 年以前，我国配股政策经历了四次重要的变更：第一次是 1994 年 12 月 20 日，中国证监会发布《上市公司配股的通知》，将以前申请配股的必备条件"连续两年盈利"变为"近三年 ROE 平均 10% 以上"；第二次是 1996 年 1 月 24 日，中国证监会下达的《关于一九九六年上市公司配股工作的通知》，将对净资产收益率的要求从近三年平均 10% 以上，修改为"最近三年内净资产税后利润率每年都在 10 % 以上"；第三次是 1999 年 3 月 27 日，财务指标要求从之前的"连续三年净资产收益率不低于 10%"修改为"三年平均净资产收益率不低 10%，每年净资产收益率不得低于 6 %"；第四次是 2001 年 3 月 15 日，中国证监会要求上市公司最近 3 个年度的加权平均净资产收益率平均不低于 6 %。由此可见，虽然证监会对配股的有关规定不断作出变动，但在 2006 年之前始终是以净资产收益率作为唯一标准。

② 《上市公司证券发行管理办法》仅对上市公司向不特定对象公开募集股份（简称"增发"）做出额外盈利水平要求：最近三个会计年度加权平均净资产收益率平均不低于 6%，扣除非经常性损益后的净利润与扣除前的净利润相比，以低者作为加权平均净资产收益率的计算依据。为此，本书专门从国泰安数据库取得了 2009—2011 年上市公司的增发数据，结果发现，2009—2011 共有 38 家上市公司公开增发过股票，但其中只有 6 家还披露过资产评估报告，且这 6 家之中有 2 家的资产评估基准日在增发开始日之后，有 2 家的资产评估基准日与增发开始日在同一会计年度，即仅有 2 家能利用资产评估结果影响公开增发之前年度的盈余。样本数量的限制，再加上以往的盈余管理研究也极少考虑公开增发的情况，因此本书亦不将公开增发作为盈余管理的动机。

③ 陈晓、戴翠玉：《A 股亏损公司的盈余管理行为与手段研究》，《中国会计评论》2004 年第 2 期。

④ 包括警示存在终止上市风险的特别处理（简称"退市风险警示"）和其他特别处理。

（二）上市公司影响 δ 的机会

如上文对 δ 的影响因素部分所述，首先，我国资产评估业发展起步较晚，法律体系尚未建立，评估准则不统一，相比注册会计师来说，注册资产评估师在执业过程中拥有更多职业判断的空间。这种情况使得注册资产评估师选择低质量评估结果的成本较低，为上市公司操纵资产评估结果提供了可能。其次，我国评估机构数量众多，但资产交易活动并不发达，僧多粥少使得评估机构之间竞争十分激烈。资产评估机构为了得到评估项目，除了竞相压价之外，还不得不迎合委托方或相关当事方的不合理要求，这也给上市公司操纵资产评估结果的机会。

（三）上市公司对 δ 的具体影响

通过对上市公司影响资产评估的动机分析，可以将上市公司盈余管理和大股东侵害中涉及资产评估的重组活动分为置入资产和置出资产。置入资产是指上市公司流入被评估资产，包括盈余管理中低价购买往往是属于关联方的优质资产和大股东侵害行为中高价取得大股东的不良资产；置出资产是指上市公司流出被评估资产，包括盈余管理中高价出售不良资产和大股东侵害行为中贱卖上市公司优质资产给大股东。由此可见，上市公司盈余管理动机和大股东侵害动机对资产评估结果的影响是完全不同的。例如，同样是在上市公司置入大股东资产的情况下，盈余管理动机是希望能以比资产实际价值低的价格得到该资产，而比资产实际价值更高的定价则会有利于大股东获得更多利益。因此，在上市公司置入大股东资产的情形中，上市公司的盈余管理动机会使得 δ 偏低，大股东侵害动机会使得 δ 偏高。由此可以认为，在对 δ 的影响中，盈余管理动机和大股东侵害动机是互斥的，即上市公司对资产评估结果的影响不可能既出于盈余管理动机又出于大股东侵害动机。

考虑自 2007 年 8 月以来美国次贷危机全面爆发，随即触发全美众多金融巨头破产、倒闭进而引发实体经济危机。这场危机已演变为一场自 20 世纪 30 年代大萧条以来最为严重的全球性金融危机。欧美、亚洲世界各国的实体经济在此次金融危机中普遍受到影响，中国作为美国第二大贸易进口国和世界最大贸易出口国也难以独善其身。薛熠等（2010）的实证研究证明，美国的危机显著且在很大程度上拖累了我国的进出口。[①] 这

---

① 薛熠、何茵：《次贷危机对中国经济的影响——基于创新的金融危机测度指标的实证分析》，《金融研究》2010 年第 5 期。

突如其来的金融危机对我国企业的经营状况造成了较大影响，许多研究也表明上市公司的经营业绩受到了负面冲击。[①] 此外，由于大股东本身的特殊身份，使得上市公司购买大股东资产等行为往往十分敏感，越来越受到监管者、市场参与者以及媒体、研究者的关注，因此资产评估的结果可能更显公允，甚至有所"优惠"。

第二节　δ 的描述性统计与分析

一　样本选取与数据来源

以 2009 年 1 月 1 日至 2011 年 12 月 31 日在深圳证券交易所和上海证券交易所网站上披露的资产评估报告[②]为研究对象，考察近三年来我国 δ 的有关情况。资产评估报告主要包括标题及文号、声明、摘要、正文、附件五部分内容。其中资产评估报告摘要和正文部分提供了本章所需的信息，如委托方和产权持有者、评估目的、评估对象、评估方法、评估基准日、评估结论（包括账面价值、评估值、评估增减值、δ[③] 等）、评估报告日等。通过手工搜索深圳证券交易所、上海证券交易所以及巨潮资讯网[④]上的信息披露内容，本章共收集 1260 份不同的资产评估报告，其中 2009 年披露 342 份，占总数的 27.3%；2010 年披露 473 份，占总数的 38.45%；2011 年披露 445 份，占总数的 34.26%。由于本章研究的 δ 是由评估增减值除以账面价值的绝对值得到，因此需剔除账面价值为 0 或相应数据不全的资产评估报告，总共涉及 2009 年 37 份，2010 年 42 份，

---

① 例如刘家（2010）对金融危机下造纸上市公司的经营效率进行研究发现，造纸上市公司 2009 年比 2008 年在技术效率、规模效益和综合经营效率上都是下降。王晓莉等（2010）对军工上市公司是否受金融危机影响进行了研究，结果发现军工上市公司的经营业绩确实受到了金融危机的负面冲击。

② 本书所称资产评估报告，仅指由中国财政部所领导的中国注册资产评估师根据资产评估准则的要求，在履行必要评估程序后，对评估对象在评估基准日特定目的下的价值发表的、由其所在评估机构出具的书面专业意见。

③ 在一份资产评估报告中可能会提供各类资产的增值率、负债的增值率和净资产的增值率等指标，本书选取的样本增值率是根据具体评估对象确定的增值率，例如某资产评估报告的评估对象为某公司 30% 股权，则该样本的增值率就是指这 30% 股权的评估增值率。

④ 巨潮资讯网（www.cninfo.com.cn）是中国证券监督管理委员会指定的上市公司信息披露网站。

2011 年 61 份，因此能够得到增值率的资产评估报告总共 1120 份，其中2009 年 305 份，占总数的 27.23%；2010 年 431 份，占总数的 38.48%；2011 年 384 份，占总数的 34.29%。

另外，上市公司之所以进行资产评估活动或披露资产评估报告，一般是为了置入或置出该被评估资产，即被评估资产将流入或流出上市公司。对 1120 份资产评估报告进行整理分析发现，这些评估报告也涉及被评估资产既未流入上市公司也未流出上市公司的情况，比如上市公司对全资子公司进行增资前的资产评估，又如上市公司与非关联公司共同投资设立一个新公司，上市公司出资额仅占新公司少数股权，新公司不进入上市公司的合并报表，而评估报告是关于非关联公司投入设公司的实物资产。这类被评估资产既没有流入上市公司也没有流出上市公司的资产评估报告共有 43份，仅占全部 1120 份资产评估的 3.84%，具体描述性统计情况见表 5－1。

表 5－1　　　　上市公司置入或置出被评估资产的描述性统计

	样本数	平均值(%)	中值(%)	最大值(%)	最小值(%)
其他情况	43	291.82	17.93	7051.23	－89.22
上市公司置入或置出被评估资产	1077	243.12	45.86	22487.42	－1613.43

结合上文的分析以及表 5－1 可以看出这类被评估资产既未流入也未流出上市公司的样本数量极少，仅 43 个，而考虑到正是因为被评估资产的流动才会引起上市公司价值以及收益的变化，才能达到上市公司盈余管理或大股东侵害的目的，因此本章剔除此部分的影响以集中考察上市公司置入和置出被评估资产的 δ 情况，在下文的实证分析中，我们也进行这样的处理。因此，本章最终筛选出资产评估报告共 1077 份，其中 2009 年289 份，占 26.83%；2010 年 417 份，占 38.72%；2011 年 371 份，占34.44%。本章就将以这 1077 份资产评估报告为研究样本，对 2009—2011年 δ 进行研究。

二　2009—2011 年上市公司资产评估现状

（一）总体情况

对 1077 份资产评估报告进行整理，δ 总体和分布情况见表 5－2 和表5－3。

表 5 – 2 δ 总体情况统计

年份	2009	2010	2011	合计
数量	289	417	371	1077
评估增值率平均值（%）	154.37	198.30	362.53	243.12

表 5 – 3 δ 分布区间统计

增值率分布区间	小于 -50%	[-50%，0)	[0，50%)	[50%，100%)	[100%，200%]	大于 200%	合计
业务笔数	6	74	479	161	144	213	1077
所占比例（%）	0.56	6.87	44.48	14.95	13.37	19.78	100

从表 5 – 2 可以看出，2009—2011 年，δ 有变高的趋势，尤其是 2011 年 δ 的平均值已经高达 362.53%！究其原因，我们发现在 2011 年披露的 371 份评估报告中有 20 份的 δ 在 1000% 以上，其中有 2 份更是达到 20000% 以上，而这种情况在 2009 年和 2010 年是较为罕见的[①]。

从表 5 – 3 可以看出，δ 非常多地集中在大于等于 0 到小于 50% 的这样一个区间内，几乎占 1077 份评估报告的一半，可见许多的评估结果还是处于一个相对较为合理、容易让人接受的增值范围之内。然而从表 5 – 2 中可以得知这三年的平均增值率高达 243.12%，显然并不落在这样一个集中了多数样本区间内，却正好处于所占比重第二大的区间，即大于 200% 的这样一个高增值率范围内。由此可以发现高增值确实是我国资产

---

① 2012 年度完成交易的并购重组资产评估数据统计显示：2012 年度，我国主板上市公司共有 627 家完成并购重组交易，其中，经过评估的 528 家，占 84.21%；共涉及公司总市值 49870.57 亿元，占全部主板上市公司市值的 25.87%。经评估的资产总量为 11078.18 亿元，净资产账面值 3147.58 亿元、评估值 6116.92 亿元、增值额 2969.34 亿元、增值率 94.34%。在 961 份并购重组资产评估报告中，780 份报告结果被作为重组交易的定价依据和参考，占比 81.17%。从重大资产重组情况来看，2012 年度完成重大资产重组交易的上市公司共 78 家，其中，经过评估的 75 家，占 96.2%。经评估的资产总量 2499.93 亿元，净资产账面值 1035.55 亿元、评估值 1897.10 亿元、增值额 861.55 亿元、增值率 83.20%。164 份重大重组资产评估报告中，除交易对象为上市公司直接以市场定价外，其余 155 份报告结果均被作为交易定价基础，占比高达 94.51%。同时，证券时报数据部统计，2013 年 1—5 月，共有 30 家上市公司披露了 43 项与资产交易有关的资产评估报告。其中，置入上市公司的资产加权平均增值率为 168.9%，而置出资产的加权平均增值率仅为 28.8%。上述 43 个项目中，有 6 个项目的 δ 超过了 500%。

评估的常见现象，且影响重大。

（二）不同评估方法的描述性统计

在 1077 份资产评估报告中，有 1055 份的评估结论采用一种评估方法得到的结果[1]，另外，22 份评估结论则涉及两种或两种以上的评估方法，例如评估结论为两种评估方法所得结果的平均值。资产评估的基本方法分为成本法、收益法和市场法，注册资产评估师应当根据评估目的、评估对象、价值类型、资料收集情况等相关条件，分析这三种基本方法的适用性，恰当选择一种或者多种方法进行评估。[2] 由于 2005 年 4 月 1 日起执行的《企业价值评估指导意见（试行）》第三十四条说明企业价值评估中的成本法也称资产基础法，是指在合理评估企业各项资产价值和负债的基础上确定评估对象价值的评估思路。因此本章对这 1121 份评估报告中所称的成本法和资产基础法全部统一称为成本法。在 1055 份最终采用一种评估方法所得结果的评估报告中，812 份采用了成本法，占总数的 76.97%；211 份采用了收益法，占总数的 20%；32 份采用了市场法，占总数的 3.03%。具体情况见表 5-4。

表 5-4　　采用一种评估方法结果作为最终评估结论 δ 描述性统计

	样本数	平均值（%）	标准差（%）	中值（%）	最大值（%）	最小值（%）
成本法	812	245.51	1358.19	29.53	22487.42	-1613.43
收益法	211	255.55	389.38	134.74	3728.35	-30.83
市场法	32	174.63	230.68	100.46	898.25	-0.7527

从表 5-4 可以看出，采用收益法评估的增值率平均值最大，为 255.55%，但相比成本法并没有太大差别，反而是中值相差甚大，采用成本法的增值率中值仅为 29.53%。这说明采用成本法评估和收益法评估的增值率平均值相差不多，但实际分布情况却大相径庭，成本法的增值率大多集中在较低水平的区间，它的平均值在很大程度上是由几个增值率特别

---

① 大多评估业务都采用两种或两种以上的评估方法，但在分析了评估目的、评估对象特点以及评估方法的适用性等条件之后，最终仅采用其中一种评估方法的结果，这和仅使用一种评估方法进行评估不同。

② 三种方法各有其特定的使用条件，如果方法在使用中脱离实际，片面选择对客户最有利的前提假设或参数，就很可能导致置入上市公司的资产出现高估，不利于并购重组交易的公平与公正。

大的样本拉升引起的，成本法的标准差高达 1358.19% 也表明成本法的波动性远大于收益法和市场法。成本法评估的这种现象可能和我国近几年资产价格的巨大波动有关，尤其是土地、房地产等不动产价格剧烈变动，引起在采用成本法计算重置成本时发生较大增值。与成本法的巨大波动性形成鲜明对比的是市场法，其评估增值率最为稳定。从理论上说，由于评估想要得到的往往是一个公允市场价值，因此公开市场上已有的交易价格应该是最有说服力的证据，这正是市场法的优点。而《资产评估准则——企业价值》相比《企业价值评估指导意见（试行）》，针对企业价值评估的市场法作出了较大变动，这为今后注册资产评估师采用市场法打下了良好的准则基础。

从另外 22 份评估报告看，在成本法、收益法和市场法这三种基本评估方法之外，还存在专门针对土地等不动产评估的基准地价系数修正法和假设开发法两种衍生方法，一般是采用这两种方法的加权平均值作为评估结果，权重则根据评估师的执业判断和经验得到。可见评估人员必须对各种评估方法的适用性和所得结论的可靠性进行分析，经过综合判断得到最终的评估结论。

（三）不同类别上市公司和不同交易性质的描述性统计

本章将上市公司类别分为 ST 类和非 ST 类。ST 类即受到证券交易所特别处理的上市公司股票。根据上市公司上市规则①，当上市公司出现财务状况或其他状况异常，导致其股票存在终止上市风险，或者投资者难以判断公司前景，其投资权益可能受到损害的情况，上海证券交易所对该公司股票交易实行特别处理，包括警示存在终止上市风险的特别处理（简称"退市风险警示"）和其他特别处理。

根据被评估资产是否涉及重大资产重组划分被评估资产的交易性质。依据《上市公司重大资产重组管理办法》，上市公司重大资产重组是指上市公司及其控股或者控制的公司在日常经营活动之外购买、出售资产或者通过其他方式进行资产交易达到规定的比例，导致上市公司的主营业务、资产、收入发生重大变化的资产交易行为。

不同类别公司以及不同性质交易的 δ 具体情况如表 5 - 5 所示。

---

① 指《深圳证券交易所股票上市规则》、《深圳证券交易所创业板股票上市规则》和《上海证券交易所股票上市规则》。虽然根据 2012 年新修订的《深圳证券交易所创业板股票上市规则》，创业板将不再实施"退市风险警示处理"措施，但对本书样本无影响。

表 5 – 5　　　　　不同类别上市公司和不同交易性质的 δ 描述性统计

	样本数	平均值（%）	中值（%）	最大值（%）	最小值（%）
总体样本	1077	243.12	45.86	22487.42	– 1613.43
ST 类	141	150.79	38.01	3846.12	– 937.50
非 ST 类	936	257.03	47.10	22487.42	– 1613.43
涉及上市公司重大资产重组	348	116.44	44.94	2216.88	– 937.50
不涉及上市公司重大资产重组	729	303.60	44.14	22487.42	– 1613.43

从表 5 – 5 可以看出，（1）ST 类上市公司 δ 平均值为 150.79%，低于非 ST 类的 257.03%。可能的原因是自 1998 年 4 月 22 日沪深交易所宣布将对财务状况或其他状况出现异常的上市公司股票交易进行特别处理以来，无论是理论界还是证券市场中的参与者都对这类公司给予了更多的关注，尤其是当这类公司进行须经资产评估定价的各种重大资产交易时，更是受到公司管理层、市场参与者和监管机构等各方的重视，因此 ST 类公司的 δ 往往不会太高而引起人们的强烈质疑。（2）涉及上市公司重大资产重组的 348 项资产评估平均增值率仅为 116.44%，而不涉及上市公司重大资产重组的 729 项资产评估的平均增值率却高达 303.60%。这两种情况下的平均值对比非常明显，可以看出上市公司涉及重大资产重组而进行评估时，增值率一般会低于不涉及重大资产重组的情形。与之相反的是，这两种情况下的增值率中值却非常接近，相差还不到 1%，也就是说当上市公司不涉及重大资产重组而进行评估时，会有许多增值率异常高的样本，如 22487.42%，但当上市公司涉及重大资产重组而进行评估时，不太会出现这种高增值现象，最大值仅为 2216.88%。这两种现象其实共同反映了上市公司涉及重大资产重组时资产评估会表明一个更高的质量，这是由于上市公司重大资产重组须经中国证监会依照法定条件和法定程序核准之后才可进行，资产评估报告作为其中的一个重要文件，也就有了更高的监管需求。

三　上市公司动机与 δ

（一）大股东侵害与资产评估

本章通过检索有关上市公司公告、董事会决议、独立财务顾问报告等公开信息来判断被评估资产的交易对象是否属于上市公司关联方，并由此将交易对象划分为大股东、一般关联方和非关联方，以考察大股东或者关联方是否对 δ 产生影响进而影响评估质量。其中大股东是指上市公司的第一大股东；一般关联方是指除了大股东以外的其他关联方。① 需要说明的是，本章考察的是被评估资产是从大股东、一般关联方还是非关联方流入上市公司，以及被评估资产从上市公司流出给了大股东、一般关联方还是非关联方，因此上市公司公告等公开信息披露的是关联交易，并不一定就是本章的与大股东交易或与一般关联方交易。例如上市公司与子公司等关联方共同投资非关联的第三方，依据上市规则该交易属于关联交易，但被评估资产是从非关联方流入上市公司，本章将这种情况划分为与非关联方交易（该例为置入非关联方资产）。这是因为产权所有者是独立于上市公司的，交易双方的自利动机会使交易价格显得相对公正，正是考虑到这点才选择根据被评估资产的交易对象来进行划分。具体情况如表5-6所示。

表5-6　　　　　　　　　大股东变量的 δ 描述性统计

		样本数	平均值(%)	中值(%)	最大值(%)	最小值(%)
上市公司置入资产	置入大股东资产	384	149.16	46.33	9208.24	-89.44
	置入一般关联方资产	145	144.86	39.67	5650.39	-22.07
	置入非关联方资产	236	433.02	81.03	20887.46	-54.90
	小计	744 (765)②	239.92	54.81	20887.46	-89.44
上市公司置出资产	置出资产给大股东	100	104.30	24.32	3528.95	-937.50
	置出资产给一般关联方	87	309.46	26.12	13471.04	-14.66
	置出资产给非关联方	151	329.81	30.66	22487.42	-1613.43
	小计	333 (338)③	250.29	28.10	22487.42	-1613.43
两类合计	与大股东交易	484	139.90	38.91	9208.24	-937.50
	与一般关联方交易	232	206.59	33.23	13471.04	-22.07
	与非关联方交易	387	392.75	63.43	22487.42	-1613.43
	小计	1077 (1103)④	243.12	45.86	22487.42	-1613.43

① 本书所指关联方是包含大股东在内的全部关联方，而一般关联方是指除大股东外的其他关联方。

② 上市公司置入资产情形中，其中21项是大股东和一般关联方共同持有该被评估资产，且同时置入大股东和一般关联方持有的部分。744代表置入资产共涉及744份评估报告，而置入大股东资产和一般关联方资产重叠的21份评估报告则形成括号内的765。

③ 上市公司置出资产情形中，有5项是同时流出被评估资产给大股东和一般关联方。333代表置出资产共涉及333份评估报告，而置出资产给大股东和一般关联方重叠的5份评估报告则形成了括号内的338。

④ 上市公司置入或置出资产共涉及1077份评估报告，其中有26份既涉及与大股东交易又涉及与一般关联方交易，形成括号内的1103。

从表5-6可以看出，（1）上市公司置入资产情形明显多于上市公司置出资产情形，这说明，上市公司资产重组的形式是以注入资产为主的。这两种情况的增值率平均值似乎相差不大，但中值对比明显，置出资产的 δ 中值仅为28.10%，而置入资产的 δ 中值则为54.81%，表明上市公司可能存在一定的低卖高买现象。（2）上市公司无论是置出资产还是置入资产，交易对象为大股东的样本数量都明显多于交易对象是一般关联方或非关联的情况。这说明上市公司的资产重组活动往往是通过大股东之间的交易进行的。（3）在上市公司置入资产的情形下，置入非关联方资产的资产评估平均增值率高达433.02%，明显高于其他两种情况。可能的原因有两个，第一是由于上市公司与关联方，尤其是与大股东之间存在特殊关系，购买大股东资产的行为往往十分敏感，受到监管者和市场的强烈关注，因此从资产评估情况看，交易价格似乎更为公允，甚至有所"优惠"；第二则可能是由于许多上市公司利用低价购入大股东等关联方资产来提升自身资产质量。（4）在上市公司置出资产情形下，置出资产给大股东的 δ 平均值仅为104.30%，而另外两种情况都超过300%，有明显差异。结合前文的分析，这说明上市公司确实可能存在低价出售优质资产给大股东而侵害中小股东利益的情况。

（二）盈余管理与资产评估

根据上文理论分析的结论，出现微利、亏损或被特别处理的上市公司可能会出于盈余管理动机影响 δ，因此需要进一步分析这些公司与 δ 的关系。

考虑上市公司以资产评估结果为定价依据的重组活动需在评估基准日一年内完成[①]，例如评估基准日为2009年6月30日，则以此评估报告结果为定价依据的重组活动需在2010年6月30日之前完成，否则需出具新的评估报告。这表明上市公司的有关重组活动既可能发生在与评估基准日相同的一年，也可能发生于评估基准日的下一年。而在某年中，上市公司出现了微利、亏损或被特别处理等情形，其势必会出于盈余管理动机影响当年以及下一年的重组定价，因此本章认为，这些公司很可能出于盈余管理动机影响当年以及下一年资产评估结果，具体表现为高估置出的资产，

① 《资产评估准则——评估报告》中对评估报告的使用有效期做出规定："通常，只有当评估基准日与经济行为实现日相距不超过一年时，才可以使用评估报告。"

低估置入的资产。由此本章做出以下规定：在评估基础日的前一年以及当年，加权平均净资产收益率小于2%①，以及被特别处理（即上文所述的ST类）的上市公司具有盈余管理动机。具有盈余管理动机则其盈余管理变量为1，否则为0。本章通过检索这些在2009—2011年披露过资产评估报告的上市公司年报获取相关财务数据。具体情况如表5-7所示。

表5-7 盈余管理变量与δ的描述性统计

	盈余管理变量	样本数	平均值(%)	中值(%)	最大值(%)	最小值(%)
上市公司置入资产	1	291	223.77	42.42	20887.46	-89.44
	0	453	250.29	62.55	9208.24	-54.90
上市公司置出资产	1	190	180.89	19.36	3528.95	-937.50
	0	143	342.49	34.74	22487.42	-1613.43
两类合计	1	492	290.49	35.78	20887.46	-937.50
	0	585	271.41	55.27	22487.42	-1613.43

从表5-7可以看出，（1）当上市公司置入被评估资产时，具有盈余管理动机的上市公司δ平均值为223.77%，中值为42.42%，都低于不具有盈余管理动机的上市公司。可见当上市公司处于微利、亏损或被特别处理时，与普通公司相比，确实有低估流入上市公司资产的倾向。（2）在上市公司置出资产的情形中，有190个样本具有盈余管理动机，多于不具有盈余管理动机的数量，可见上市公司往往是出于盈余管理动机而出售自身资产。但在置出资产时，具有盈余管理动机的δ平均值仅为180.89%，远低于不具有盈余管理动机的342.49%，这似乎与上文理论分析中认为上市公司会出于盈余管理动机而高估置出上市公司的资产不符。本章认为这种情况很可能是由于这两类公司置出资产的绝对质量差异引起的，因为具有盈余动机的都是微利、亏损等经营状况不佳的上市公司，资产质量往往不高，有时能出现受让方已属万幸，因此当上市出售这些非优质资产时，并不能得到一个很高的评估值。（3）同样是具有盈余管理动机的上市公司，置入资产的δ均值为223.77%，明显大于置出资产时的δ均值，

① 扣除非经常性损益后的净利润与扣除前的净利润相比，以低者作为计算依据，还包括由于所有者权益为负而无法计算净资产收益率的上市公司。

这与王毅的统计结果相同。本章认为可能的原因也是由于资产质量差异引起的，微利、亏损等经营状况不佳的上市公司置入资产质量往往会高于置出资产的质量。（4）从总数上看，具有盈余管理动机的样本共492个，占到了全部样本的45.68%，可见上市公司出现微利、亏损或股票被特别处理等情形时，确实会进行大量重组活动来改善自身状况。

（三）两大动机的综合影响

为了考察上市公司大股东侵害动机与盈余管理动机对δ的综合影响，将上市公司置入资产和置出资产都分为四类情形：具有盈余管理动机时与大股东交易，具有盈余管理动机时与其他方（包括一般关联方和非关联方）交易，不具有盈余管理动机时与大股东交易以及不具有盈余管理动机时与其他方交易。通过这样的划分我们可以了解上市公司这两大动机之间的联结关系。具体情况见表5-8，其中盈余管理变量为1则表示该上市公司具有盈余管理动机，0则表示上市公司无盈余管理动机，大股东变量为1则表示交易对象为该上市公司大股东，0则表示交易对象为除大股东外的其他方。

表5-8　　　　大股东变量、盈余管理变量与δ的描述性统计

	盈余管理变量	大股东变量	样本数	平均值(%)	中值(%)	最大值(%)	最小值(%)
上市公司 置入资产	1	1	185	104.41	37.23	2216.88	-89.44
		0	106	432.10	46.91	20887.46	-37.31
	0	1	199	190.76	54.42	9208.24	-31.68
		0	254	296.92	68.19	8629.94	-54.90
上市公司 置出资产	1	1	66	107.41	16.76	3528.95	-937.50
		0	124	220.00	20.70	3400.97	-59.49
	0	1	34	98.27	34.75	611.35	-6.93
		0	109	418.67	34.74	22487.42	-1613.43
两类合计	1	1	251	105.20	33.58	3528.95	-937.50
		0	230	317.75	36.04	20887.46	-59.49
	0	1	233	177.27	48.71	9208.24	-31.68
		0	363	333.48	62.08	22487.42	-1613.43

从表5-8中可以发现，（1）在上市公司置入资产情形中，具有盈余

管理动机的上市公司中有 185 个样本是置入大股东资产，而置入其他方资产（包括一般关联方和非关联方）的样本仅 106 个，且这两者的平均值相差巨大，前者仅为 104.41%，后者高达 432.10%。由此可见注入大股东资产是上市公司保亏、扭亏和保牌的主要选择，且大股东会帮助上市公司达到盈余管理的目的而低估该资产。（2）同样是置入大股东资产，具有盈余管理动机的 δ 平均值为 104.41%，而不具有盈余管理动机的 δ 平均值为 190.76%，可见上市公司状况的不同，与大股东交易的 δ 也明显不同。当上市公司处于一个更健康状况时，就会以一个相对高的价格接受大股东注入的资产。换句话说，这些相对健康的公司之中可能存在通过高估置入的资产而向大股东输送利益情形。（3）在置出资产情形中，无论上市公司是否具有盈余管理动机，与大股东交易的增值率平均值都低于与其他方交易的增值率平均值。尤其是在不具有盈余管理动机的公司中，置出资产给大股东的 δ 平均值仅为 98.27%，而置出资产给其他方的 δ 平均值却高达 418.67%，可见当上市公司的状况相对健康时，存在低价出售资产给大股东从而侵害中小股东利益的情况。（4）同样是置出资产给大股东的情形下，具有盈余管理动机的 δ 平均值为 107.41%，而不具有盈余管理动机的 δ 平均值也有 98.27%，两者相差不多，且样本数量都没有与其他方交易的样本数量多。这表明当上市公司需通过出售资产进行盈余管理时，大股东往往不是受让方，即使是作为受让方也不会以一个很高的价格从上市公司购入该资产。（5）从置入资产与置出资产的合计来看，无论上市公司是否具有盈余管理动机，与大股东交易的 δ 都低于与其他方交易的情形。这与前文的结果相类似，都体现出与上市公司与大股东交易的敏感性，使得 δ 相对不高。

第三节　实证检验

描述性统计表明，在不同情况下资产 δ 的平均值有所不同，但这些差异是否具有统计意义？能否从统计上说明上市公司出于大股东侵害动机或盈余管理动机对资产 δ 造成显著影响？这就需要采用实证方法解答以上问题。本章采用 SPSS 进行具体操作。

一　研究假设

根据上文分析，首先有理由认为操纵资产评估结果的现象主要发生在关联交易，这是因为上市公司与关联方（包括与大股东）之间的交易往往是不独立的，这使得资产评估结果非常容易受到操纵，为某些特殊目的留下较大的操作空间。另外，置入资产和置出资产对上市公司财务报表的影响是不同的，置出资产使该项资产不再进入资产负债表且一般带来的是当期非经常性损益①，而置入资产则代表交易完成后该资产将进入公司资产负债表并在今后带来正常经营收益，因此有理由认为上市公司对这两种情形的 δ 是不同的。由此本章首先提出以下假设：

假设 1a：与关联方交易的 δ 和与非关联方交易的 δ 显著不同。

假设 1b：上市公司置入资产与置出资产的 δ 显著不同。

其次，根据前文 δ 的描述性统计结果及分析可以看出，由于上市公司与关联方，尤其是与大股东之间存在特殊关系，与大股东进行资产交易的行为往往十分敏感，受监管者和市场的强烈关注，因此从资产评估情况看，关联交易价格似乎更为公允。另外，为了避免上市公司可能出于盈余管理动机而与大股东交易的干扰，本章还根据上市公司是否具有盈余管理动机分别考虑。因此本章提出以下假设：

假设 2：在上市公司置入资产的情形中，置入大股东资产的 δ 低于置入其他方资产时的 δ，置入关联方资产的 δ 低于置入非关联方资产时的 δ。

假设 2a：上市公司具有盈余管理动机时，置入大股东资产的 δ 低于置入其他方资产时的 δ，置入关联方资产的 δ 低于置入非关联方资产时的 δ。

假设 2b：上市公司无盈余管理动机时，置入大股东资产的 δ 也低于置入其他方资产时的 δ，置入关联方资产的 δ 也同样低于置入非关联方资产时的 δ。

假设 3：在上市公司置出资产的情形中，与大股东交易的 δ 高于与其他方交易的 δ，与关联方交易的 δ 高于与其他方交易的 δ。

假设 3a：上市公司具有盈余管理动机时，置出资产给大股东资产的 δ 高于置出资产给其他方时的 δ，与关联方交易的 δ 高于与其他方交易的 δ。

①　非经常性损益是指公司发生的与经营业务无直接关系，以及虽与经营业务相关，但由于其性质、金额或发生频率，影响了真实、公允地反映公司正常盈利能力的各项收入、支出。

假设 3b：上市公司无盈余管理动机时，置出资产给大股东资产的 δ 也高于置出资产给其他方时的 δ，与关联方交易的 δ 也同样高于与其他方交易的 δ。

最后，根据前文理论分析，盈余管理动机会使上市公司低估置入的资产而高估置出资产，由此本章提出以下假设：

假设 4：在上市公司置入资产的情形中，有盈余管理动机的上市公司的 δ 低于无盈余管理动机的上市公司。

假设 4a：同样是置入大股东资产或关联方资产，有盈余管理动机的上市公司的 δ 低于无盈余管理动机的上市公司。

假设 4b：同样是置入非大股东资产或非关联方资产，有盈余管理动机的上市公司的 δ 也低于无盈余管理动机的上市公司。

假设 5：在上市公司置出资产的情形中，有盈余管理动机的上市公司的 δ 高于无盈余管理动机的上市公司。

假设 5a：同样是置出资产给大股东或关联方，有盈余管理动机的上市公司的 δ 高于无盈余管理动机的上市公司。

假设 5b：同样是置出资产给非大股东或非关联方，有盈余管理动机的上市公司的 δ 也高于无盈余管理动机的上市公司。

二　研究设计

（一）数据来源及样本选取

数据来源及样本选取如表 5-9 所示。

表 5-9　　　　　　　　　　变量定义

变量名称	变量符号	变量定义
δ	R	（资产评估值 - 账面价值）÷账面价值的绝对值
大股东	BigH	与大股东交易则 BigH 为 1，否则为 0
关联方	Related	与关联方交易则 Related 为 1，否则为 0
盈余管理	EM	具有盈余管理动机则 EM 为 1，否则为 0

（二）检验方法

一般情况下，可以采用独立样本的 T 检验，也就是比较两个独立没有关联的正态总体的均值是否具有显著性差异。由于这种方法对总体做了正态分布假设，因此首先需对 δ 是否符合正态分布进行检验。若检验结果表明 δ 确实符合正态分布或近似于正态分布，才可利用参数检验，否则需利用非参数检验方法。

非参数检验是相对于参数检验而言的，是指在总体分布情况不明时，用来检验数据资料是否来自同一个总体的假设的检验方法。非参数检验的特点是：（1）从非参数检验的前提条件看，仅要求"观测值是独立的"、"变量具有连续性"等简单假设，不要求确保样本所属的总体符合某种理论分布。检验不受总体分布形状的限制，使得适用范围更为广泛。（2）从非参数检验方法对原始数据的要求看，它不要求有很精确的计量值，可以使用分类数据和顺序数据，非参数检验的处理方法大都基于低精度数据，因而它几乎可以处理任何类型的数据。（3）从非参数检验方法效率看，虽然非参数检验计算方法名目繁多，有时对某类数据的算法就有多种，但其表现形式一般比较简单并易于理解，依照不同类型数据的不同算法，效率也不同。研究表明，多数常用的非参数检验方法的效能是参数检验方法的 95% 左右。也就是说，通过 95 次独立观察获得的数据能够保证参数检验所要达到的精度，那么若用非参数检验方法，则需要 100 次的独立观察。总之，非参数检验需要更大的样本容量来保证所要求的检验精度。

非参数检验根据样本数目以及样本之间关系可以分为单样本非参数检验、两独立样本非参数检验、多独立样本非参数检验、两配对样本非参数检验和多配对样本非参数检验几种。

1. 正态分布假设检验

由于要根据样本增值率是否服从正态分布来选择检验方法，因此首先需要对样本增值率进行正态分布假设检验。检验方法包括：

（1）图示法，包括 P–P 图和 Q–Q 图等。P–P 图是以样本的累计频率作为横坐标，以按照正态分布计算的相应累计概率作为纵坐标，把样本值表现为直角坐标系中的散点。如果资料服从整体分布，则样本点应围绕第一象限的对角线分布。Q–Q 图则以样本的分位数作为横坐标，以按照正态分布计算的相应分位点作为纵坐标，把样本表现为直角坐标系的散点。如果资料服从正态分布，则样本点应该呈一条围绕第一象限对角线的直线。这两种方法中以 Q–Q 图为佳，效率较高。

（2）计算法，主要指计算偏度系数和峰度系数。简单来说，峰度是描述分布形态的陡缓程度，峰度为 3 表示与正态分布相同，峰度大于 3 表示比正态分布陡峭，小于 3 表示比正态分布平缓。在 SPSS 等统计软件中，对峰度进行了减 3 处理，即将正态分布的峰度值定为 0。而偏度衡量的是分布的不对称程度或偏斜程度。正态分布的偏度为 0，两侧尾部长度对称，偏度小于 0 称分布具有负偏离，也称左偏态，此时数据位于均值左边的比位于右边的少，直观表现为左边的尾部相对于右边的尾部要长，因为有少数变量值很小，使曲线左侧尾部拖得很长；偏度大于 0 称分布具有正偏离，也称右偏态，此时数据位于均值右边的比位于左边的少，直观表现为右边的尾部相对于左边的尾部要长，因为有少数变量值很大，使曲线右侧尾部拖得很长；而偏度接近 0 则可认为分布是对称的。

（3）非参数检验方法。非参数检验方法有 Kolmogorov – Smirnov 检验（D检验）和 Shapiro – Wilk（W 检验）。前一种检验建立在样本分布与预期累积分布之间没有显著差异假设基础上，使用 Lillifors 显著性概率进行修正检验正态性的，Lillifors 可以在方差与均值未知情况下直接使用，它是对 K – S 统计量的修正。SPSS 中规定：如果指定的是非整数权重，则在加权样本大小位于 3 和 50 之间时，计算 Shapiro – Wilk 统计量。对于无权重或整数权重，在加权样本大小位于 3 和 5000 之间时，计算 Kolmogorov – Smirnov 统计量。当显著性水平小于 0.05 时，则拒绝正态分布假设。

具体操作时，在 SPSS 中可采用探索分析（Explore）方法检查数据是否为正态分布。Explore 过程除了输出描述统计量之外，还提供图形可以直观地将异常值、非正常值、缺失数据及数据本身特点呈现出来。SPSS 探索分析的部分输出结果见表 5 – 10、表 5 – 11、图 5 – 1 和图 5 – 2。

从表 5 – 10 中可以看出，增值率偏度值为 13.413，大于 0，表明样本增值率呈明显的右偏态，即大于均值的样本比小于均值的样本少，且有少数样本的增值率很大，使曲线右侧尾部拖得很长。峰度为 215.522，远远大于 0，这都说明样本增值率完全不符合正态分布。

从表 5 – 11 中可以看出无论是 Kolmogorov – Smirnov 检验还是 Shapiro – Wilk 检验，显著性概率值 Sig. = 0.000 < 0.05，所以拒绝数据呈正态分布的假设。

表 5 - 10   样本增值率描述性统计

			统计量	标准差
R	均值		243. 1235	36. 37504
	均值的 95% 置信区间	下限	171. 7494	
		上限	314. 4975	
	5% 修整均值		100. 0764	
	中值		45. 8618	
	方差		1425025. 422	
	标准差		1193. 74429	
	极小值		- 1613. 43	
	极大值		22487. 42	
	范围		24100. 86	
	四分位距		145. 72	
	偏度		13. 413	0. 075
	峰度		215. 522	0. 149

表 5 - 11   样本增值率正态分布检验

	Kolmogorov – Smirnov[a]			Shapiro – Wilk		
	统计量	df	Sig.	统计量	df	Sig.
增值率	0. 401	1077	0. 000	0. 167	1077	0. 000

a. Lilliefors 显著水平修正

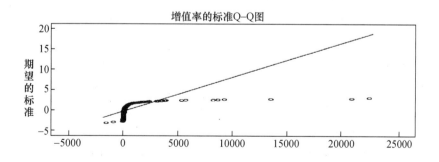

图 5 - 1   样本增值率的标准 Q - Q 图

图 5 - 1 为 δ 标准 Q - Q 图，其中的直线是正态分布的标准线，围绕直线的各点为观测值，如果观测数据分布是正态分布，这些点形成的线应

与直线重合。从图中可以看出，大量的点偏离了直线，因此数据分布不呈正态分布。图 5 - 2 是增值率的趋势标准 Q - Q 图，也可得出拒绝正态分布的结论。

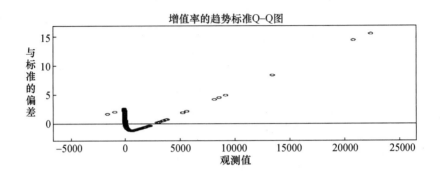

图 5 - 2　样本增值率的趋势标准 Q - Q 图

从 SPSS 探索分析的检验结果可以看出，样本增值率严重不服从正态分布，因此本章将采用非参数检验对有关变量增值率均值差异进行分析。

2. 两个独立样本的非参数检验方法。

根据正态分布假设检验的结果，本章采用两个独立样本的非参数检验来判断上市公司大股东侵害动机以及盈余管理动机对资产评估结果的影响。两个独立样本的非参数检验是在对总体分布不很了解的情况下，通过分析样本数据，推断样本来自的两个独立总体分布是否存在显著差异。[①]一般用来对两个独立样本的均数、中值、离散趋势、偏度等进行差异比较检验。

SPSS 提供了四种两个独立样本的非参数检验方法：Mann - Whitney U 检验、Kolmogorov - Smirnov（K - S）检验、游程检验（Wald - Wolfowitz，W - W）和极端反应检验（Moses Extreme Reactions）。其中最为常用的是 Mann - Whitney U 检验，本章亦将在 SPSS 中使用此检验方法。

Mann - Whitney U 检验是由 H. B. 曼尼（Mann）和 D. R. 雷特尼（Whitney）于 1947 年提出的，其原假设实样本来自的两个独立总体均值

---

① 两个样本是否独立，主要看在一个总体中抽取样本对另外一个总体中抽取样本有无影响。如果没有影响，则可以认为两个总体是独立的。

没有显著差异。Mann – Whitney U 检验主要通过对平均秩的研究来实现推断。"秩"又称等级，若将数据按照升序进行排序，这时每一个具体数据都会有一个在整个数据中的位置或名次，这就是该数据的秩。数据有多少个，秩便有多少个。秩也是一个统计量，它测度的是数据观测值的相对大小，大多数非参数检验方法正是利用秩的这一性质来排除总体分布未知的障碍的。若经检验的各组平均秩不相等，则可推论数据分布的不同。

Mann – Whitney U 检验的基本假设是：设 x、y 是两个连续的总体，其累积分布函数为 $F(x)$ 和 $F(y)$，从两个总体中分别抽取两个独立样本：$(x_1, x_2, \cdots, x_m)$ 和 $(y_1, y_2, \cdots, y_n)$，若要检验两个总体是否相同，则提出如下假设：

H0：两个总体相同；

H1：两个总体不相同。

Mann – Whitney U 检验的步骤为：

（1）把两组数据 $(x_1, x_2, \cdots, x_m)$ 和 $(y_1, y_2, \cdots, y_n)$ 按从小到大的顺序混合在一起，得到 $m + n = N$ 个数据，并找出 N 个数据的秩（最小数据的秩为 1，第二小数据的秩为 2，以此类推，若有数据相等的情形，则取这几个数据排序的平均值作为其秩）。

（2）取较小样本秩的和，记为统计量 W。即若 $m < n$，统计量 W 等于 $(x_1, x_2, \cdots, x_m)$ 秩的和；若 $m > n$，统计量 W 等于 $(y_1, y_2, \cdots, y_n)$ 秩的和；若 $m = n$，统计量 W 为第一个变量值所在样本组秩的和。

（3）在大样本的情况下（$m > 10$ 或 $n > 10$），统计量 W 趋近于正态分布，即：

$$W: N\left(\frac{m(m+n+1)}{2}, \frac{mn(m+n+1)}{2}\right) \tag{5.1}$$

因此可以采用 Z 统计量进行检验：

$$Z = \frac{W - \dfrac{m(m+n+1)}{2}}{\sqrt{\dfrac{mn(m+n+1)}{12}}} \sim N(0, 1) \tag{5.2}$$

（4）根据 Z 统计量与临界值的对比或 P 值判断两总体的差异是否显著。

三　实证检验及结果解释

（一）关联方、资产流向与 δ 的非参数检验

表 5 – 12 是上市公司与关联方（包括大股东与一般关联方）进行交

易时的 δ Mann – Whitney U 检验结果。

表 5 – 12　　　　　　关联方与 δ Mann – Whitney U 检验结果

变量名	取值	样本数	平均秩	Z 值	P
Related	1	690	583.47	−3.514	0.000
	0	387	514.06		

从表 5 – 12 可以看出，上市公司与关联方交易的样本数量明显多于与非关联方交易的样本数，且实证结果表明 P 值为 0.000，说明上市公司与关联方交易的 δ 和与非关联方交易的 δ 显著不同，这符合研究假设 1a。说明关联交易中的 δ 确实很可能受到操纵，为某种目的留下操纵空间。至于是为大股东侵害提供方便还是为达到盈余管理的目的，还需进一步的检验。

表 5 – 13 是资产流向与 δ Mann – Whitney U 检验结果，可以发现上市公司置入资产与置出资产的 δ 显著不同，这与假设 1b 相符。但从平均秩的对比可以发现，上市公司置入资产的 δ 显著高于置出资产的 δ，这表明上市公司存在低卖高买的现象。

表 5 – 13　　　　　　资产流向与 δ Mann – Whitney U 检验结果

	样本数	平均秩	Z 值	P
上市公司置入资产	744	566.11	−4.275	0.000
上市公司置出资产	333	478.43		

（二）大股东侵害与 δ 的非参数检验

表 5 – 14 是上市公司分别与大股东交易、关联方（包括大股东与一般关联方）交易时的 δ Mann – Whitney U 检验结果。

表 5 – 14　　　　　　大股东侵害与 δ Mann – Whitney U 检验结果

变量名	取值	上市公司置入资产				上市公司置出资产			
		样本数	平均秩	Z 值	P	样本数	平均秩	Z 值	P
BigH	1	384	354.00	−2.425	0.015	100	164.71	−0.284	0.776
	0	360	392.23			233	167.98		

续表

变量名	取值	上市公司置入资产				上市公司置出资产			
		样本数	平均秩	Z 值	P	样本数	平均秩	Z 值	P
Related	1	508	348.11	-4.541	0.000	182	163.25	-0.759	0.448
	0	236	425.00			151	171.39		

　　从表 5 - 14 可以看出，在上市公司置入资产情形中，置入大股东资产的 δ 低于置入非大股东资产的 δ，且在 0.05 水平上统计显著；置入包括大股东在内的关联方资产的 δ 低于置入非关联方资产的 δ，且在 0.01 的水平上统计显著，这与本章的假设 2 相符，但与之前周勤业的实证结果有所不同①。结合前文的理论分析，本章认为这可能是由于上市公司直接购买大股东或关联方资产的行为的确已经变得十分敏感，已经倾向于一个较低的定价，甚至可能有所"优惠"，从而说明大股东通过直接向上市公司注入高定价的资产可能已经不是其侵害中小股东利益的主要手段。而在上市公司置出资产的情形中，交易对象是大股东的 δ 低于其他类型的 δ，交易对象是关联方的 δ 低于非关联方交易的 δ，这与假设 3 相反，但这种关系在统计上并没有通过显著性检验，即上市公司置出资产时，δ 在不同交易对象间并无显著差异，这与之前周勤业的实证结果是相同的，说明低估上市公司置出的资产不是大股东或关联方侵害中小股东的主要手段。

　　另外，还需将上市公司是否具有盈余管理动机而将上市公司分为两组，以避免盈余管理动机的干扰，具体检验结果分别见表 5 - 15 和表 5 - 16。

表 5 - 15　具有盈余管理动机的上市公司 δ Mann - Whitney U 检验结果

变量名	取值	有盈余管理动机的置入资产				有盈余管理动机的置出资产			
		样本数	平均秩	Z 值	P	样本数	平均秩	Z 值	P
BigH	1	185	141.61	-1.176	0.240	66	93.11	-0.438	0.662
	0	106	153.66			124	96.77		

　　① 周勤业等（2003）的实证结果为在上市公司接受资产情形中，与大股东交易的资产评估增值率显著高于其他交易类型的资产评估增值率，从而说明在上市公司资产评估中，存在着通过高估上市公司接受自大股东的资产来侵害中小股东利益的情况。详见周勤业、夏立军、李莫愁《大股东侵害与上市公司资产评估偏差》，《统计研究》2003 年第 10 期。

变量名	取值	有盈余管理动机的置入资产				有盈余管理动机的置出资产			
		样本数	平均秩	Z值	P	样本数	平均秩	Z值	P
Related	1	230	140.40	-2.206	0.027	104	86	-0.368	0.713
	0	61	167.13			94.16	97.12		

从表 5 - 15 可以看出当上市公司具有盈余管理动机时，置入大股东资产的 δ 低于置入其他方资产的 δ，置入关联方资产的 δ 低于置入非关联方资产的 δ，这符合本章研究假设 2a，但前者在统计上没有通过显著性检验，而后者则在 0.05 水平上显著。这表明当上市公司需利用资产重组活动达到防亏、扭亏和保牌等目的时，大股东并没有通过低价出售自己的资产对上市公司起到直接的帮助作用。而在上市公司置出资产的情形中，有盈余管理动机的上市公司与大股东交易时的 δ 低于与其他方交易的 δ，与关联方交易时的 δ 也低于与其他方交易的 δ，这与假设 3a 相反。可能的原因是本章对盈余管理动机的判断主要是基于上市公司的防亏、扭亏和保牌动机，这些公司往往经营状况较差，而上市公司大股东十分清楚公司情况，不愿意高价接受上市公司的不良资产。

表 5 - 16　无盈余管理动机的上市公司 δ Mann - Whitney U 检验结果

变量名	取值	无盈余管理动机的置入资产				无盈余管理动机的置出资产			
		样本数	平均秩	Z值	P	样本数	平均秩	Z值	P
BigH	1	199	215.04	-1.721	0.085	34	74.12	-0.341	0.773
	0	254	236.37			109	71.34		
Related	1	278	209.43	-3.601	0.000	78	69.15	-0.900	0.368
	0	175	254.91			65	75.42		

表 5 - 16 显示，无盈余管理动机的上市公司置入资产时，与大股东交易时的 δ 也低于与其他方交易时的 δ，且在 0.1 水平上显著；与关联方交易时的 δ 也低于与非关联方交易时的 δ，且在 0.01 的水平上显著，结果都符合本章的研究假设 2b。这表明经营状况良好的上市公司也同样倾向于低估大股东或关联方注入的资产，说明大股东或关联方通过直接向上市公司直接注入资产的行为确实十分敏感，交易定价会更显公允，可能已经不

是侵害中小股东利益的主要手段。而无盈余管理动机的上市公司置出资产时，与大股东交易的δ也高于与其他方交易时的δ，符合研究假设3b，与关联方交易的δ却低于与非关联方交易时的δ，与假设3b不符，但这两者都没有通过统计上的显著性检验。这说明低估上市公司置出的资产并不是大股东或关联方侵害其他股东利益的主要手段。

从此部分检验可以看出，从整体上说，资产评估并不是大股东侵害的主要工具，那么是否与盈余管理有关，还需进一步的检验。

（三）盈余管理与δ的非参数检验

表5-17是上市公司是否具有盈余管理动机的δ Mann – Whitney U检验结果。

表5-17   盈余管理与δ Mann – Whitney U 检验结果

变量名	取值	上市公司置入资产				上市公司置出资产			
		样本数	平均秩	Z 值	P	样本数	平均秩	Z 值	P
EM	1	291	350.43	-2.245	0.025	190	159.57	-1.623	0.105
	0	453	386.68			143	176.87		

从表5-17可以看出，在上市公司置入资产情形中，具有盈余管理动机的上市公司的δ低于不具盈余管理动机上市公司的δ，并且在0.05的水平上统计显著，符合本章的假设4。该结果说明了低估置入公司的资产确实是上市公司防亏、扭亏和保牌的手段之一。而在上市公司置出资产的情形中，具有盈余管理动机的上市公司的δ也低于不具盈余管理动机上市公司的δ，这与本章的假设5相反。原因可能是具有盈余动机的都是微利、亏损等经营状况不佳的上市公司，资产质量往往不高，且上市公司往往急于剥离这些劣质资产，因此并不能得到一个较高的增值率。但是这种关系并没有在统计上通过显著性检验。换句话说，无论是否具有盈余管理动机，上市公司出售资产时的δ在统计上并无显著差异，表明影响置出资产的δ并不是上市公司达到盈余管理目的的主要手段。

为了避免不同交易对象的干扰，本章还对是否与大股东或关联方交易进行了分组，以考察盈余管理动机对δ的具体影响，具体情况见表5-18。

表 5 – 18
不同交易对象和交易方式的盈余管理与
δ Mann – Whitney U 检验结果

	EM	样本数	平均秩	Z 值	P
置入大股东资产	1	185	185.05	– 1.268	0.205
	0	199	199.43		
置入非大股东资产	1	106	168.88	– 1.369	0.171
	0	254	185.35		
置入关联方资产	1	230	261.05	– 1.106	0.269
	0	278	246.58		
置入非关联方资产	1	61	121.00	– 0.953	0.341
	0	175	111.33		
置出资产给大股东	1	66	47.09	– 1.637	0.102
	0	34	57.12		
置出资产给非大股东	1	123	113.24	– 0.786	0.432
	0	109	120.18		
置出资产给关联方	1	104	87.73	– 1.115	0.265
	0	78	96.53		
置出资产给非关联方	1	86	72.63	– 1.090	0.276
	0	65	80.46		

从表 5 – 18 中可以发现，上市公司置入资产时，无论其交易对象性质如何，当上市公司具有盈余管理动机时的 δ 都会低于无盈余管理动机时的 δ，符合假设 4a 和 5a，但在统计上都不显著。而在上市公司置出资产时，无论交易对象为何种性质，具有盈余管理动机时的 δ 也低于无盈余管理动机时的 δ，与假设 4b 和 5b 都相反，在统计上也不显著。表 5 – 10 的实证检验结果与表 5 – 9 的结果是基本一致的，也从一个侧面说明了交易对象的差异并没有对 δ 造成实质性影响。

从此部分检验可以发现，资产评估是上市公司盈余管理的手段之一，且主要发生在上市公司置入资产。可能的原因是上市公司置出资产主要影响的是当期非经常性损益，而上市公司更为关注的是置入的资产今后能带来的正常经营收益。

四 稳健性检验

为了验证上述检验的可靠性，本章还将采用（K – S）检验来考察大股东侵害动机和盈余管理动机对 δ 的影响。

K-S 检验能够对两个独立样本总体分布情况进行比较，其零假设是 $H0$ 为样本来自的两独立总体分布没有显著差异。它的实现方法是：首先将两组样本数据 $(x_1, x_2, \cdots, x_m)$ 和 $(y_1, y_2, \cdots, y_n)$ 混合并按升序排列，分别计算两组样本秩的累计频数和累计频率；最后将两个累计频率相减，得到差值序列数据。

两个独立样本的 K-S 检验将关注差值序列。SPSS 将自动计算 K-S 检验的 Z 统计量，并依据正态分布表给出对应 P 值。如果 P 值小于或等于用户的显著性水平，则应拒绝零假设 H0，认为两个样本来自的总体分布有显著差异；如果 P 值大于显著性水平，则不能拒绝零假设 H0，认为两个样本来自的总体分布无显著差异。具体检验情况见表5-19。

表5-19 2个独立样本的 K-S 检验结果

	样本数	均值（%）	中值（%）	Z 值	P
与关联方交易组 VS	690	159.20	36.96	2.068	0.000
与非关联方交易组	387	392.75	63.43		
置入资产组 VS	744	239.92	250.29	2.143	0.000
置出资产组	333	54.81	28.10		
置入大股东资产组 VS	384	149.16	46.32	1.233	0.096
置入其他方资产组	360	336.73	63.30		
置入关联方资产组 VS	508	150.21	81.03	2.217	0.000
置入非关联方资产组	236	433.02	43.10		
置出资产给大股东组 VS	100	104.30	29.30	0.687	0.717
置出资产给其他方组	233	312.94	24.32		
置出资产给关联方组 VS	182	184.31	25.28	0.974	0.289
置出资产给其他方组	151	329.81	30.66		
有盈余管理动机置入资产组 VS	291	223.77	42.42	1.550	0.016
无盈余管理动机置入资产组	453	250.29	62.55		
有盈余管理动机置出资产组 VS	190	189.89	19.36	1.470	0.027
无盈余管理动机置出资产组	143	342.49	34.74		

从表5-19可以看出，K-S 检验结果和 Mann-Whitney U 检验结果基本一致。上市公司与关联方交易和与非关联方交易的 δ 显著不同，与

Mann – Whitney U 检验的结果相同，都符合假设 1a。上市公司置入资产和置出资产的 δ 显著不同，与 Mann – Whitney U 检验的结果相同，都符合假设 1b。上市公司置入资产时，交易对象为大股东和交易对象为其他方的 δ 显著不同，交易对象为关联方和交易对象为非关联方的 δ 显著不同，与 Mann – Whitney U 检验的结果都相同，符合假设 2；上市公司置出资产时，不同交易对象的 δ 并无显著差异，与 Mann – Whitney U 检验的结果相同，都与假设 3 相反；有盈余管理动机的上市公司置入资产和无盈余管理动机的上市公司置入资产的 δ 显著不同，与 Mann – Whitney U 检验的结果相同，都符合假设 4；有盈余管理动机的上市公司置出资产和无盈余管理动机的上市公司置出资产的 δ 显著不同，该结果与之前的 Mann – Whitney U 检验结果略有不同①，表明影响置出资产的 δ 可能也是上市公司达到盈余管理目的的手段之一。因此 K – S 检验的结果也同样证明了，从整体上来说，2009—2011 这三年的 δ 与上市公司的盈余管理行为更为相关。

第四节　研究结论及政策建议

一　研究结论

本章深入考察了上市公司大股东侵害动机和盈余管理动机与 δ 之间的关系。本章以上市公司披露的资产评估报告为研究对象，根据被评估资产流进公司还是流出公司划分为上市公司置入资产和置出资产，又根据被评估资产的交易对象划分为与大股东交易、与一般关联方交易和与非关联方交易，还根据上市公司是否出现微利、亏损或被特别处理情形划分为有盈余管理动机的上市公司和无盈余管理动机的上市公司，运用非参数检验的方法（具体为 Mann – Whitney U 检验）判断各组数据间有无显著性差异，本章做出以下结论：

（1）上市公司盈余管理动机和大股东侵害动机对资产评估结论的影响完全不同，在对 δ 的影响中，盈余管理动机和大股东侵害动机是互斥的，即上市公司对同一资产评估结论的影响不可能既出于盈余管理动机又

---

① Mann – Whitney U 检验的结果表明这两者的差异在统计上并不显著，因此认为，影响置出资产的 δ 并不是上市公司达到盈余管理目的的主要手段。

出于大股东侵害动机。上市公司与关联方交易和与非关联方交易的 δ 显著不同，表明关联交易的重组定价有被操纵之嫌，为达到某种特定目的的资产重组活动很可能发生在关联交易之中；上市公司置入资产 δ 显著高于置出资产的 δ，表明上市公司存在低卖高买资产现象。

（2）上市公司直接购买大股东或关联方资产的行为确实十分敏感，已经倾向于一个较低的定价，大股东通过直接向上市公司注入高定价资产可能已不再是其侵害中小股东利益的主要手段。而在上市公司置出资产情形中，交易对象是大股东和非大股东的 δ 无显著差异，交易对象是关联方和非关联方的 δ 也无显著差异，表明置出资产并不是大股东侵害的主要手段。从整体上来说，2009—2011 年上市公司并没有借助资产评估向大股东直接输送利益。

（3）考察上市公司盈余管理动机对 δ 的影响后发现，低估置入公司资产确实是上市公司防亏、扭亏和保牌的手段之一，而影响置出资产 δ 并不是上市公司达到盈余管理目标的主要手段。为避免交易对象的干扰，根据被评估资产的交易对象进行的分组也表明了相同结论。从整体上说，2009—2011 年上市公司主要出于盈余管理动机影响 δ，主要方式为低估置入的资产价值。

二　政策建议

（1）加强上市公司资产评估信息披露监管，完善资产评估准则。若被评估资产已有明确交易对象，应清晰披露交易双方关系，并对 δ 的变化做出详细解释。研究结果揭示，交易对象不同会对评估结果造成显著影响，因此应当要求上市公司在资产评估报告中清晰地披露各方的关系、资产评估是否涉及关联交易尤其是与大股东交易等情况。

（2）对涉及微利、亏损或被特别处理上市公司的资产评估应实行更严格的监管。研究结果表明，这些公司具有强烈的盈余管理动机来操纵资产评估结果，因此应当提高这类上市公司披露资产评估信息的要求，如要求这些上市公司和涉及的评估机构对评估结果做出进一步的解释或说明，以利于资本市场对资产评估结果的合理性进行判断。

（3）建立 δ 异常波动监控机制。建立分行业 δ 合理的变化区间，对超出区间或者可能存在异常现象的 δ，应从评估基准日选择是否合理、资产评估的假设是否允当、评估方法选择与运用是否恰当、计价标准和有关参数的变化、外部环境与资产评估值匹配性（一致性）等对评估结果增减有重大影响的因素加以甄别，以抑制上市公司的盈余管理、利益输送动机及行为。

（4）加快资产评估法规和评估质量评价体系建设。资产评估法、注册资产评估师法等法规的尽快出台将使资产评估有法可依、消弭评估执业的"割据"局面，维护社会公共利益和资产评估各方当事人的合法权益，杜绝评估委托方与评估机构"合谋"或"购买评估结论"现象。

（5）推行上市公司企业价值定期评估制度。根据现行制度安排，资产评估业务通常是随着资产转让、置换、合并、分立、破产、解散等经济行为的发生而引起的，即伴生性的。建立类似于注册会计师审计的年报审计方式，施行上市公司定期整体资产价值评估制度，更有利于动态、准确地反映企业真实资产增减值状况，进一步完善上市公司信息披露，进而制衡上市公司通过操纵置入或置出资产评估结果进行盈余管理、利益输送现象，助力资本市场规范、健康发展。

（6）完善上市公司治理结构。我国"一股独大"的股权结构往往不利于股东之间的制约和公司利益分配，可从上市公司股权结构着手来减少公司对资产评估结果的影响。同时应完善上市公司内部控制机制，如健全审计委员会并充分发挥其作用。

（7）加快资产评估准则建设并建立评估质量评价体系。评估准则的进一步发展有利于规范各类资产评估行为，维护社会公共利益和资产评估各方当事人的合法权益。国际评估准则理事会（International Valuation Standards Council，IVSC）已在 2011 年 7 月 19 日发布了第九版的《国际评估准则》（International Valuation Standards，IVS），新版准则与之前版本相比发生了较大变化，这对我国资产评估准则体系的进一步发展有较大借鉴意义，可结合我国的实际情况借鉴其可取之处。另外，我国应尽快建立资产评估质量的评价体系，帮助监管方以及评估报告的使用者判断评估质量的高低，优胜劣汰，最终使评估机构提供较高质量的评估报告。

（8）完善 IPO 定价机制，参与上市公司发行定价环节。目前，上市公司发行定价主要采用券商询价方式确定，基本依据是发行主体过去几年实现的市盈率。资产评估师擅长对发行主体企业价值的评估，其估值不仅考虑市盈率，同时也充分考量账面、历史情况、未来盈利能力等因素。资产评估参与发行定价环节，有利于更准确地对发行主体资本结构、未来获利能力等做出判断和估值，更好地维护广大投资者利益和促进资本市场健康有序发展。

（9）建立公共的价格信息系统。在澳大利亚，资产评估机构可以随时从市场上获取相关的信息，为评估提供可行依据。而我国，目前市场交易信息很多都为主管部门所有，对外不公开。因此在信息收集过程不仅造成大量的重复劳动，而且信息利用率极低，造成信息资源的浪费。作为市场经济，要保证正常的秩序，必须增加市场交易活动的透明度，使各类交易信息公开化，只有这样，才能使资产评估中介服务有一个可靠的基础。

第六章　资产评估监管相关方博弈分析

　　资产评估行业是依法治国的参与者、维护者和受益者，对于规范经济秩序、降低运营成本、提高运营效率，优化资源配置，为各类所有制企业提供公平的竞争环境具有重要作用。建立监管部门、评估机构、委托方的三方动态博弈模型及其关系，可以为规避资产评估执业违规行为提供可操作的途径和方法。

第一节　资产评估监管相关方及最佳监管理论模型

　　资产评估活动通常是由委托方（客户、资产所有者，我）、经营者（被评估资产占有方，你）、评估机构及评估师（他）三个方面构成的等腰直角三角形，鉴于资产所有者与经管者位置的"错位"或者"重叠"，资产评估监管相关的博弈方一般涉及委托方、评估机构及评估师和监管者（财政部、中国证监会、中国资产评估协会）三个方面（见图6-1），评估委托方和监管方将评估机构及评估师夹在中间，呈现典型性的"三明治"或"馍夹肉"结构。

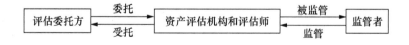

图6-1　资产评估主要利益相关者关系

一　委托方（客户）及其义务和责任

（一）委托及其评估目的

资产评估是一种基于委托合同基础上的专业服务，资产评估的委托方（客户）是指委托评估机构进行资产评估活动的企事业单位，亦即资产评估业务约定书中的甲方，或者资产评估的客体。① 根据《资产评估机构审批和监督管理办法》（财政部令第64号）相关规定，评估机构应当在决定承接评估业务后与委托方签订业务约定书。

资产评估目的有资产评估一般目的和特定目的之分。资产评估一般目的包含着特定目的，而资产评估特定目的则是一般目的的具体化。资产评估所要实现的一般目的为资产在评估时点的公允价值。资产评估作为一种资产价值判断活动，总是为满足特定资产业务的需要而进行的，在这里资产业务是指引起资产评估的经济行为。通常把资产业务对评估结果用途的具体要求称为资产评估的特定目的。我国资产评估实践表明，资产业务主要有：（1）资产转让。是指资产拥有单位有偿转让其拥有的资产，通常是指转让非整体性资产的经济行为。（2）企业兼并。是指一个企业以承担债务、购买、股份化和控股等形式有偿接收其他企业的产权，使被兼并方丧失法人资格或改变法人实体的经济行为。（3）企业出售。是指独立核算的企业或企业内部的分厂、车间及其他整体资产产权出售的行为。（4）企业联营。是指国内企业、单位之间以固定资产、流动资产、无形资产及其他资产投入组成各种形式的联合经营实体行为。（5）股份经营。是指资产占有单位实行股份制经营方式行为，包括法人持股、内部职工持股、向社会发行不上市股票和上市股票。（6）中外合资、合作。是指我国的企业和其他经济组织与外国企业和其他经济组织或个人在我国境内举办合资或合作经营企业的行为。（7）企业清算。包括破产清算、终止清算和结业清算。（8）担保。是指资产占有单位，以本企业的资产为其他

---

① 破产企业的资产评估程序与其他情况下的资产评估程序有所不同。企业破产一般是因企业严重亏损，不能清偿到期债务，从而由法院依法将其全部财产抵偿所欠的各种债务，并依法免除无法偿还债务的一项法律裁决。企业破产是由债权人或债务人提出申请，在法院下达破产裁决后，按时组成破产清算组，对破产企业的债权、债务、资产进行全面清查核实，然后进行资产处置。因此，破产企业的资产评估委托方一般应为法院或清算组。由于企业的破产程序是法律程序，因此，由法院作为评估委托方有利于破产的一切程序都在法院的监督指导下进行；而破产清算组作为评估委托方，有利于破产程序与资产评估业务的衔接。因为资产评估数据资料一般是由破产清算组清查核实后提供的。并且在资产评估过程中，资产评估机构需要经常与清算组沟通。

单位的经济行为担保，并承担连带责任的行为。担保通常包括抵押、质押、保证等。（9）企业租赁。是指资产占有单位在一定期限内，以收取租金的形式，将企业全部或部分资产的经营使用权转让给其他经营使用者的行为。（10）债务重组。是指债权人按照其与债务人达成的协议或法院裁决同意债务人修改债务条件的事项。（11）引起资产评估的其他合法经济行为。

（二）委托方（客户）的义务与责任

《资产评估准则——基本准则》第二十三条指出："提供必要的资料并保证所提供资料的真实性、合法性、完整性，恰当使用评估报告是委托方和相关当事方的责任。"委托方的评估准备工作主要有两个方面，一是准备好有关的法律文件和经济技术文件及相关资料，一般包括：（1）资产评估立项批文（非国有企业资产评估原则上可由其产权主体直接委托中介机构进行资产评估）；（2）有关资产评估行为的主要依据，如合资协议、股份制改制批文等；（3）被评估对象的产权证明文件及原始凭证；（4）被评估对象原始价值证明材料，如主要建筑物和在建工作的单位工程竣工决算书或预算书、主要进口设备进口合同等；（5）委托单位现状及发展概要介绍；（6）委托单位组织机构图和生产工艺流程图；（7）评估基准日企业的财务报表；（8）委托方厂区总平面图和地下管线图等。二是委托方应组织力量搞好委托评估范围的资产自查，清查的结果应该是账账相符、账表相符和账实相符，对资产清查中出现的盘盈盘亏应按权限做妥善的处理，在清查处理后，按评估机构的要求填好资产清查评估登记表。同时，委托方应按约定的评估服务费总额、时间和支付方式支付评估服务费。

二　评估机构及评估师

（一）评估机构及其收费标准

资产评估机构是一种提供资产评估业务的社会中介服务组织，评估机构自主经营、自负盈亏、独立承担法律责任。《资产评估机构审批管理办法》第二条指出："资产评估机构是指依法设立，取得资产评估资格，从事资产评估业务活动的社会中介机构。"第三条规定："财政部为全国资产评估主管部门，依法负责审批管理、监督全国资产评估机构，统一制定资产评估机构管理制度。各省、自治区、直辖市财政厅（局）（以下简称省级财政部门）负责对本地区资产评估机构进行审批管理和监督。资产评估协会负责对资产评估行业进行自律性管理，协助资产评估主管部门对资产评估机构进行管理与监督检查。"规定了对资产评估机构的管理和监督方式。第五条规定："资产评估机构应当依法取得资产评估资格，遵守有关法律、法规、执业准则和执业规范。"第七条规定："资产评估机构应当加入中国资产评估协会，成为中国资产评估协会团体会员。"

中国资产评估协会为了给各地制定具体的评估收费标准提供参考依据，通过对全国资产评估行业收费情况两次调查分析，并查阅国家统计局公布的1992—2008年各年通货膨胀率，结合今后几年经济增长、物价指数继续上涨，并参照注册会计师、律师等中介行业的收费标准等因素，提出了资产评估收费水平测算标准。[①] 收费方式分计件和计时两种。其中，计件收费平均标准分为六档，各档差额计费率如表6－1所示。计时收费平均标准分为四档，各档计时收费标准如下：法人代表（首席合伙人）、首席评估师（总评估师）：300—3000元/人/小时；合伙人、部门经理：260—2600元/人/小时；注册评估师：200—2000元/人/小时；助理人员：100—1000元/人/小时。

表6－1　　　　　　　　　　　差额定率累进收费

档次	计费额度（万元）	差额计费率（‰）
1	100 以下	9—15
2	101—1000	3.75—6.25
3	1001—5000	1.2—2
4	5001—10000	0.75—1.25
5	10001—100000	0.15—0.25
6	100000 以上	0.1—0.2

（二）评估机构和评估师责任

评估机构及评估师是资产评估的主体或执行人，是资产评估工作中的主导者。评估师包括六种：注册资产评估师、注册房地产估价师、土地价师、矿业权评估师、保险评估师、旧机动车评估师。《资产评估准则—

---

① 中评协〔2009〕199号《关于贯彻实施〈资产评估收费管理办法〉尽快做好资产评估收费管理工作的通知》。

基本准则》第二条指出："本准则所称注册资产评估师，是指经过国家统一考试或认定，取得执业资格，并依法注册的资产评估专业人员。"第二十二条指出："注册资产评估师执行资产评估业务，应当对评估结论的合理性承担责任。"第二十三条强调："遵守相关法律、法规和资产评估准则，对评估对象在评估基准日特定目的下的价值进行分析、估算并发表专业意见，是注册资产评估师的责任；提供必要的资料并保证所提供资料的真实性、合法性、完整性，恰当使用评估报告是委托方和相关当事方的责任。"

三　监管部门及其目标

（一）监管部门

资产评估监管主体包括政府有关部门和资产评估行业协会，即行政干预和行业自律。前者的监管称为政府监管，后者的监管称为行业监管。它表明控制主体（施控者）与控制对象（受控者）之间、不同控制主体之间、控制主体与其他有关组织、控制对象与其他有关组织之间的关系。

就政府管理而言，我国目前的评估市场有资产评估、房地产估价、土地估价、矿业权评估、旧机动车鉴定估价和保险公估六大类评估专业，分别隶属于财政部、住房和城乡建设部、国土资源部、商务部和保监会五个部门管理；就行业自律来讲，有中国资产评估协会、中国房地产估价师协会、中国土地估价师协会三个评估行业的自律组织。

不过，本书主要研究资本市场的资产评估监管问题，根据相关文件，其监管机构主要涉及财政部、证监会和中评协。

（二）监管目标

《资产评估准则—基本准则》第一条指出："为规范注册资产评估师执业行为，保证执业质量，明确执业责任，维护社会公共利益和资产评估各方当事人合法权益，制定本准则。"

（1）社会公众。资产评估行业一个显著标志是对社会公众承担责任。社会公众利益是指注册资产评估师为之服务的人士和机构组成整体的共同利益。资产评估行业作为一个肩负重大社会责任的行业，应以维护社会公众利益为根本目标。具体而言，资产评估涉及单项资产价值、企业价值、抵押担保、知识产权转化、森林资源市场化、拍卖、诉讼等多个领域，通过独立和客观的专业服务，提供不可替代的"价值尺度"，对侵权责任的承担、宪法规定的私人合法财产的保护，从财产价值角度维护社会公平正义。如在不良资产处置、诉讼资产处置、企业工商注册登记、企业改制发行上市、上市公司并购重组等重大经济行为中，为确定资产价值发挥了举足轻重作用，充分地发挥了其社会价值。

（2）其他各方当事人。资产评估行为的利益主体有很多，如报告使用人、委托人、评估机构、评估师等。财政部、证监会和中评协等并不是直接利益主体，其主要作为第三方管理行业发展。

四　资产评估报告使用方及其恰当使用

恰当使用评估报告，应根据使用方及其目的的不同，分为以下三个方面。

（一）委托方对资产评估报告的使用

委托方在收到受托评估机构送交的正式评估报告及有关资料后，可以依据评估报告揭示的评估目的和评估结论，合理使用资产评估结果。根据有关规定，委托方依据评估报告揭示的评估目的及评估结论，可以作为以下几种具体的用途进行使用：

（1）根据评估目的。作为资产的作价基础，包括：整体或部分改建为有限责任公司或股份有限公司；以非货币资产对外投资；合并、分立、清算；除上市公司以外的原股东股权比例变动；除上市公司以外的整体或部分产权（股权）转让；资产转让、置换、拍卖；整体资产或者部分资产租赁给非国有单位；确定涉讼资产价值；国有资产占有单位收购非国有资产；国有资产占有单位与非国有资产单位置换资产；国有资产占有单位接受非国有资产单位以实物资产偿还债务；法律、行政法规规定的其他需要进行评估的事项。

（2）作为企业进行会计记录或调整账项依据。委托方在根据评估报告所揭示的资产评估目的使用资产评估报告资料的同时，还可依照有关规定，根据资产评估报告资料进行会计记录或调整有关财务账项。

（3）作为履行委托协议和支付评估费用的主要依据。当委托方收到评估机构的正式评估报告及有关资料后，在没有异议的情况下，应根据委托协议，履行支付评估费用的承诺及其他有关承诺。

委托方在使用资产评估报告及有关资料时也必须注意以下几个方面：第一，只能按报告所揭示的评估目的使用报告，一份评估报告只允许按一个用途使用。第二，只能在报告的有效期内使用报告，超过报告的有效期，原资产评估结果无效。第三，在报告有效期内，资产评估数量发生较大变化时，应由原评估机构或者资产占有单位按原评估方法做相应调整后才能使用。第四，涉及国有资产产权变动的评估报告及有关资料必须经国有资产管理部门或授权部门核准或备案后方可使用。第五，作为企业会计记录和调整企业账项使用的资产评估报告及有关资料，必须根据国家相关法规执行。

（二）资产评估管理机构对资产评估报告的使用

资产评估管理机构主要是指对资产评估进行行政管理的主管机关和对资产评估行业进行自律管理的行业协会。对资产评估报告的使用是资产评估管理机构实现对评估机构的行政管理和行业自律管理的重要过程。

资产评估管理机构通过对评估机构出具的资产评估报告有关资料的使用，有助于了解评估机构从事评估工作的业务能力和组织管理水平。由于资产评估报告是反映资产评估工作过程的工作报告，因此，一方面，通过对资产评估报告资料的检查与分析，评估管理机构能大致判断该机构的业务能力和组织管理水平；另一方面，也是对资产评估结果质量进行评价的依据。

资产评估管理机构通过资产评估报告能够对评估机构评估结果质量做出客观评价，从而能够有效实现对评估机构和评估人员的管理。另外，它能为国有资产管理提供重要的数据资料。通过对资产评估报告的统计与分析，可以及时了解国有资产占有和使用状况以及增减值变动情况，为进一步加强和改善国有资产管理服务。

（三）其他有关部门对资产评估报告的使用

除了资产评估管理机构可运用资产评估报告资料外，还有些政府管理部门也需要使用资产评估报告，它们主要包括国有资产监督管理部门、证券监督管理部门、保险监督管理部门、工商行政管理、税务、金融和法院等有关部门。

国有资产监督管理部门对资产评估报告的使用，主要表现在对国有产权进行管理的各个方面，通过对国有资产评估项目的核准或备案，可以加强国有产权的有效管理，规范国有产权转让行为。

证券监督管理部门对资产评估报告的使用，主要表现在对申请上市的公司有关申报材料及招股说明书的审核，对上市公司定向发行股票、公司并购、公司合并、资产收购、资产置换、以资抵债等重大资产重组行为时的评估定价行为的审核。当然，证券监督管理部门还可运用资产评估报告和有关资料加强对取得证券业务评估资格的评估机构及有关人员的业务管理。

工商行政管理部门对资产评估报告的使用，主要表现在对公司设立、公司重组、增资扩股等经济行为时，对资产定价进行依法审核。

商务管理部门、保险监督管理部门、税务部门、金融部门和人民法院等也能通过对资产评估报告的使用来达到实现其管理职能的目的。

五　资产评估最佳监管理论模型

（一）直接成本与间接成本

王震、唐欣、李宇鹏（2007）认为，资产评估监管作为一种制度安排，必须遵循成本收益原则。[①] 根据监管成本的性质和用途，监管成本的分类及构成如图6-2所示。

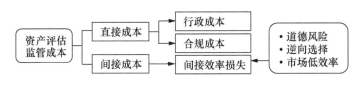

图6-2　监管成本的基本构成

其中，直接成本为监管机构执行监管过程中所耗费的成本与被监管者因遵守监管条例而耗费的成本，按其负担主体可以分为两部分，一是由政府和行业协会负担的部分，称为行政成本，主要包括建立监管制度而发生的组织成本、实施监管制度而发生的监管成本（即监管机构收集、分析、反馈相关评估信息付出的成本）、完善监管制度而发生的后续支出等，通常表现在政府和行业协会的预算之中。二是由评估机构负担的部分，称为合规成本，即评估机构为了遵守或者符合有关监管规定而额外承担的成本。合规成本与行政成本的性质不同，被监管者有可能通过提高其服务的价格或者降低其成本而将自己负担的部分转嫁给他们的客户（见图6-3）。间接成本是指监管的间接效率损失，即因被监管者改变了原来的行为方式而造成的社会经济福利损失。间接成本既不表现为政府和行业协会预算支出的增加，也不表现为个人直接负担的成本的加大，但整个社会的

---

① 王震、唐欣、李宇鹏：《资产评估监管的成本收益》，《河北理工大学学报》（社会科学版）2007年第3期。

福利水平却由于监管导致的道德风险、逆向选择和市场低效率的产生而降低了。

道德风险是指监管导致被监管者有意或无意地去冒更大的风险。假设在一个没有监管而完全自由的评估市场上，评估报告使用者需要认真评价评估机构的安全性和评估结果的真实性；相反，在一个监管比较充分的资产评估市场，人们认为监管部门会确保评估机构的安全性，并对其出具的评估报告不加质疑，评估机构也就有机会进一步降低其执业质量。逆向选择指由于资产评估监管的存在而使得评估机构放松其内部控制，并获得成本优势来吸引客户，导致"劣质机构驱逐优质机构"的市场逆向选择。市场低效率是指对评估机构从市场准入到进入以后的业务范围和收费标准的管制，但过度监管有可能人为抑制评估机构之间的充分竞争并加大监管成本。

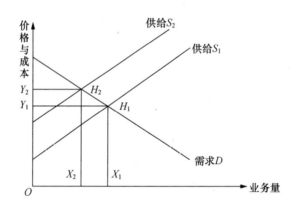

图 6-3 资产评估监管合规成本

图 6-3 显示，假设资产评估行业在接受监管之前的均衡点是 H_1，引入监管以后，由于监管的直接成本只有合规成本影响资产评估的供给行为，因此，新的有效供给曲线 S_2 则等于原来的边际成本曲线加上合规成本，它与需求曲线 D 形成了一个新的均衡交叉点 y。

（二）资产评估最佳监管的理论点

资产评估监管是一种宏观监督的制度安排，并应当遵循成本收益原则，有效的监管能够优化社会资源配置，达到"帕累托最优效应"。监管成本与监管收益为两条 U 形曲线（见图 6-4），一项资产评估监管政策，如果实施后的收益大于成本，则监管的存在是有意义的；反之，就有必要取消或改良该监管政策。同时，资产评估的监管力度对监管成本和监管收益具有重要影响，适度的监管能够使监管收益和监管成本之差达到极大值并最大限度地促进市场的效率（A）。而在 B 点之后，现有的资产评估监管政策将出现失灵，监管部门应当放松监管或改进监管措施。①

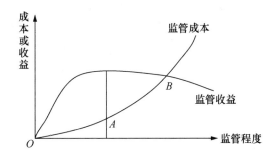

图 6 - 4　资产评估最佳监管模型

第二节　客户与评估机构之间的博弈分析

一　客户与资产评估机构的关系

Kinna 等（1997）通过对英国的资产评估行业中客户对评估人员影响作用进行研究后发现：英国有 40% 的评估人员有屈从于客户要求的倾向，这些评估人员在面临客户要求时会修改所评估出的资产价值来迎合客户的要求，而且他们并不在乎是否有正式的、合理的证据来支持自己的修改。通过分析研究，Kinna 等还得出一个结论，即客户的规模越大，评估人员屈从于客户要求这一现象发生的概率也越大。有关机构对新西兰奥克兰的六位精明客户进行了调查，调查表明，客户存在很多动机对评估结果施加影响，评估人员迫于激烈的竞争就可能产生讨好客户的倾向，如果客户对评估费用讨价还价，评估人员立场就会受到挑战，客户可能会通过评估方法及其他客户所关心的问题对评估人员施加影响，从而使资产评估的质量

---

① 此处的放松监管是指在某些领域引进竞争机制。

受到影响。① 客户与资产评估机构（包含资产评估师）之间是委托与受托的责任关系（见图 6-5）。在具体资产评估活动中，客户与资产评估机构各自关注的重心是有差别的。

图 6-5　客户与资产评估机构关注点差异

客户关注点主要有两个，一是资产评估机构所提供的评估结果是否满足自身的需要，而这种需要往往取决于进行资产评估的特定目的，即客户希望评估机构能够按照自己的意愿来高估或低估资产的价值，即评估机构所评估出的资产的价值是否与自己期望的预期评估值一致；二是尽可能少地向评估机构支付服务费用，以取得其收益的最大化。

反观评估机构，其关注的重心也有两个方面：一是在尽量满足客户要求的基础上，尽可能多地收取服务费用或增加业务收入，并和客户维系良好的雇佣关系，为今后继续合作奠定基础；二是在尽量不违反法规、准则以及最大限度地减小自己面临的各种风险的情况下，使用最短的时间、最小的人力及物力投入完成评估项目，实现评估机构的收益最大化。

由此可见，客户和评估机构之间存在一种博弈行为，客户为达到自身目的，会对评估机构施加影响以达到获取高估或低估的评估结论，如果评估机构不能满足自己的预期评估值，客户则会考虑更换评估机构谋求利于自己的评估结果；评估机构则会在客户施加压力的背景下，权衡利弊得失，即在违规操作情况下取得的超额收益与由此可能被查处时受到的罚款或声誉受损之间进行得失权衡，并进而作出于己有利的决策。从一定程度上讲，客户与评估机构之间博弈的结果决定了资产评估值的客观性、恰当性和合理性。

二　博弈分析的基本假设

客户与评估机构之间博弈的基本假设有两点：

---

① Paul Gallimore, Valuer - Client Relationships: A UK Case Study of Professional Self - Regulation [EB/OL] . www. civyt. upv. es/progprel. hun.

（1）局中人理性假设。即博弈的双方在进行决策时，都必须充分考虑到双方之间的相互作用及影响，能够做出理性的选择。且每个参与人都希望在一定的条件下实现自己利益最大化的目标。

（2）完全信息假设。在博弈中，每个参与人都可以准确知晓其他参与人的收益，那么这是一个完全信息博弈。在评估实际情况中，委托方和评估机构均有能力预测对方收益，因此可以认为是完全信息博弈。

（3）进一步假设。为了更好地分析博弈模型并且与实际情况符合，进一步假设：

①如果客户选择对评估机构施加影响，则其可获取超额收益 $e(e > 0)$。因为在目前资产评估市场有效需求不足的状态下，无论评估机构如何选择，客户总是能够达到自身的目的，即便评估机构坚持原则不违规操作，客户依然可以选择更换评估机构以达到获取超额收益 e 的目的，且不会多支付评估费用。

此时，如果评估机构选择违规执业，则可能获取的超额收益可分为三部分：因违规执业而节省的评估费用 $h_1(h_1 > 0)$，因违规执业造成的声誉受损导致未来可能的损失 $h_2(h_2 > 0)$，以及因违规执业使得评估机构获取的来自客户的额外收益 $h_3(h_3 > 0)$，即总超额收益为 $h_1 - h_2 + h_3$。如果评估机构选择坚持原则不违规执业，则会丧失客户，从而获取的总超额收益为0。

②如果客户选择不对评估机构施加影响，则只能获取正常收益 $k(k > 0)$，即总超额收益为0。如果评估机构选择违规执业，则可能获取的超额收益可分为两部分：因违规执业而节省的评估费用 $m_1(m_1 > 0)$，因违规执业造成的声誉受损导致未来可能的损失 $m_2(m_2 > 0)$，即总超额收益为 $m_1 - m_2$。如果评估机构选择不违规执业，则除可获取正常收益 $s_1(s_1 > 0)$ 外，还可以得到因良好的声誉而可能增加的收益 $s_2(s_2 > 0)$，总收益为 $s_1 + s_2$。

三　基本要素

博弈论是研究决策主体的行为发生直接相互作用时的决策以及这种决策的均衡问题，资产评估监管涉及的基本要素包括：

（1）局中人。局中人即博弈的参加者，是参与博弈的决策主体，具体指在博弈过程中能够独立进行决策和行动，并独立承担决策结果的个人或组织。同时，局中人在博弈中存在着利害关系。这里的局中人假设只有客户和资产评估机构，且双方都理性地知晓其在评估市场中所处的形势和对方的策略对其策略选择和利益的影响。

（2）策略组合。策略是博弈中参与人的一组完整的相机行动计划，一个参与人的策略描述的是在他的每个信息集中他所做出的行动。策略组合是指局中人在博弈过程中可以选择采用的各种行动和策略的一个集合。客户的策略组合为：对评估机构施加影响和不对评估机构施加影响。评估机构的策略组合为：迎合客户的要求违规执业和坚持原则不违规执业。

（3）支付函数。支付函数是所有局中人策略的函数。一旦所有局中人所采取的策略被确定，他们各自就得到相应收益，参与人从博弈中获得的收益和效用水平用支付函数表示。

四 博弈模型与分析

尽管在评估活动中，通常是由客户寻找并委托评估机构提供服务，亦即客户首先做出对评估机构施加影响还是不施加影响的策略选择，评估机构在客户策略选择的基础上衡量利弊，再做出符合自己利益最大化的策略选择。但由于双方均只有一次决策机会，不存在重复博弈，双方在选择之前都不知道对方的选择，对博弈均衡没有影响，因此可以认为是同时博弈。

根据前文提及的基本假设及基本要素，可以构建客户与评估机构二者之间的博弈模型，如表 6 - 2 所示，每个策略组合中前项为评估机构收益情况，后项为客户收益情况。

表 6 - 2　　　　　　　　　客户与评估机构间的博弈模型

		客户（委托方）	
		施加影响	不施加影响
资产评估机构	违规执业	$(h_1 - h_2 + h_3, e + k)$	$(m_1 - m_2 + s_2, k)$
（受托方）	不违规执业	$(0, e + k)$	(s_2, k)

从客户与评估机构之间博弈模型可以看出，在客户选择是否对评估机构施加影响，以及评估机构选择是否违规执业决策中，共有四种可供选择的方案。同时，基于双方均为理性人的考量，客户和评估机构都会选择对自己有利的方案。具体来说，对于客户而言，无论评估机构是否违规执业，他都会选择对评估机构施加影响的策略，因为客户由此获得的收益

$(e+k)$ 绝对大于选择对评估机构不施加影响的策略所获得的收益 k。即对评估机构施加影响要优于不施加影响，施加影响是客户一方的占有策略，从而得到收益 e。

对于评估机构而言，在客户施加影响的情况下，评估机构收益情况为 $(h_1-h_2+h_3,0)$，只有在 $h_1-h_2+h_3<0$，即 $h_1+h_3<h_2$，因违规执业而节省的评估费用与由此获取的额外收益之和小于因违规执业造成的声誉受损所导致的未来损失时，评估机构才会选择不违规执业。反之，如果前者大于后者，则评估机构选择违规执业的可能性增加。在客户不施加影响情况下，评估机构的收益情况为 $(m_1-m_2+s_2)$，只有在 $m_1-m_2<s_2$，即因违规执业而节省的评估费用与由此造成的评估机构声誉受损所导致的未来损失之差小于评估机构因不违规操作而取得了良好信誉所增加的收益时，评估机构才会选择不违规执业。因此，对于评估机构来说，无论客户是否对评估机构施加影响，评估机构的最优选择都是违规执业，由此获得的收益都要大于选择不进行违规执业的策略所获得的收益。

由此可见，在我国目前资产评估市场呈现业务割据、评估机构规模小、评估师执业良莠不齐、评估业务有效需求不足状况下，客户与评估机构之间处于不均等或不对称的竞争地位，而政治关联、大客户以及激烈的市场竞争又进一步加剧了这种状态，迫使评估机构对客户的影响作出妥协的决策，以牺牲评估质量来换取其生存和发展。换句话说，评估机构对客户施加压力影响的承受能力十分脆弱，在资产评估过程中处于弱势的地位。这样，客户与评估机构之间的博弈最终就会形成这样一种均衡状态，即客户对评估机构施加影响，评估机构在客户的影响下进行违规操作。

五　基本结论和政策建议

（一）基本结论

综上博弈分析结果，可得到如下结论：

（1）在客户与评估机构之间的博弈中，客户出于自身利益考虑，总会选择对评估机构施加影响，并因此而获得超额收益。

（2）在评估市场竞争激烈、法规不健全背景下，评估机构在与客户的博弈中通常处于下风或不利的境地，这往往致使其会向客户妥协乃至迎合客户的需求，导致评估质量下降。尤其是在面对大客户或者关系客户时，这种现象会更加凸显。

（二）政策建议

博弈论原理揭示，如果改变影响博弈各方策略选择的条件，原有的博弈均衡就会被打破并有可能形成我们所期望的均衡状态，这也正是我们探求破解客户对评估机构施加影响问题的基本思路。具体来说，从客户与评估机构之间的博弈，可以至少提出以下几点建议措施：

（1）对评估机构和客户实施双向惩罚措施。既然对评估结论干预的主要力量来自客户，如果监管部门放任自流，受益方主要是客户，而受损方则为资本市场的小股东或者国家。因此，在加大对评估机构违规行为处罚力度的同时，应当连带严惩客户，以改变评估机构进行违规操作与不进行违规操作的利害关系对比，以及改变客户对评估机构施加压力影响与不对评估机构施加压力影响的利害关系对比，进而抑制或减弱客户影响评估机构现象的存在。

（2）建立评估项目持续跟踪制度。一项资产评估业务委托通常都是一个阶段性行为，评估报告提交给委托方后，委托方如何使用、使用后果如何，作为评估前提的假设条件是否实现，评估机构一般不会继续跟踪。评估的本质是预测和估计，而该预测和估计能否真正实现，需要时间检验。一般而言，并购价值或者企业价值评估的经济后果往往需要经历几年、十几年甚至更长时间才能反映出来。因此，有必要建立评估项目的后续跟踪制度，在以现金流量（NCF）作为未来收益现值计算的评估项目中尤其应重点关注。评估项目持续跟踪制度可以作为考察评估质量的有效手段，也可以作为对评估机构进行资质考评、资格审查，甚至法律追究的依据。

（3）以品牌建设为导向，推动评估机构规模化，拓展评估业务范围，增强评估机构承受客户压力的能力。从源头上适当提高资本市场资产评估机构的准入门槛，不仅在评估师的数量上做出要求，还应当对评估师的执业质量、执业年限、职业道德等方面做出要求。

（4）加强评估行业的诚信建设。应当建立诚信档案，对讲究诚信、不受客户左右、评估质量较高的机构给予表扬和奖励，使维护行业形象的评估机构获得超额收益；同时，应当严惩失信行为，评估监管部门和社会公众应对评估机构和人员的失信行为进行公开谴责，对于严重的失信行为，应按情节追究刑事责任、民事责任和行政责任，加大评估机构失信成本，迫使评估机构和人员不得不讲诚信。

第三节　监管部门与评估机构间的博弈分析

一　政府、行业协会与评估机构的关系

政府、行业协会与评估机构之间是监管与被监管关系。由于我国资本市场资产评估相关的法规不完善，监管部门的作用就显得十分重要。它们主要规范评估市场，监督评估机构的评估活动，对不遵守评估规范的评估机构和评估人员进行处罚等，以保证资产评估的客观公允性；评估机构接受监管部门监管，在其管理下进行相关评估活动。一般来讲，监管力度越大，评估机构违规操作的可能性越小，而缺乏有效的监管，评估人员可能出现机会主义行为的概率就越大。

二　基本假设

监管部门与评估机构间博弈的基本假设有两点：

（1）局中人理性假设。博弈参加者只有监管部门和评估机构，博弈的双方都清晰地知晓自己在博弈中所处的形势和对方行为策略对自己的影响，各自都希望在一定的条件下实现利益最大化。

（2）完全信息假设。在博弈中，每个参与人都可以准确知晓其他参与人的收益，那么这是一个完全信息博弈。在评估的实际情况中，监管方和评估机构均有能力预测对方的收益，因此可以认为是完全信息博弈。

（3）进一步假设。为了更好地分析博弈模型并且使博弈模型和实际情况相符，进一步假设：

①不论监管部门是否监管，监管部门都有一个基本收益保障 $b(b>0)$，如果实施监管活动，则要发生监管费用支出 $c(c>0)$。同时，从监管力度来看，监管成本支出呈现两种状态：一是如果监管部门认真监管，能够发现评估机构违规执业行为，此时的监管成本为 $c_1(c_1>0)$；二是如果监管部门不认真监管，则无法发现评估机构的违规执业行为，相对应的监管成本为 $c_2(c_2>0)$，并且认真监管的成本大于不认真监管的成本，即 $c_1>c_2$。

②如果评估机构不进行违规执业，则不能获取超额收益，仅能得到 r（$r>0$）的正常收益，即总超额收益为 0。如果评估机构选择违规执业，则可获取因违规操作而带来的超额收益 $e(e>0)$，此时，如被查发现，将

会被处以 $f(f>0)$ 罚款，评估机构的总收益为 $(r+e-f)$，总超额收益为 $e-f$；如未被查处，则不需付出罚款 f，即评估机构获取的总超额收益为 e。

③如果资产评估机构进行违规操作，而监管部门不对其进行监督，有两种情况：一是被他人举报或受其他案件牵连而案发，这时监管部门会因此而被追究责任，被处以 $m(m>0)$ 罚款，但会取得监管成本节约 c，以及取得罚款收入 f，此时监管部门的收益为 $b+f+m-c$（假定此时监管部门已经对资产评估机构进行了处罚）；二是无人举报也无其他案发牵连，此时监管部门的收益为 c（即监管部门不进行监管而节约的成本）。

④如果资产评估机构有违法操作行为而监管机构查不出来，会极大损害信息使用者的利益，因此对监管机构的惩罚力度要足够大，因此假定 $m-f>0$。

⑤资产评估监管部门具有较高的监管水平和职业道德水平，在监管部门实施检查的情况下发现问题的概率（用 u 表示）要比不实施检查的情况下通过举报或案发而发现问题的概率（用 w 表示）大得多，即 $u-w>0$。

三　基本要素

（1）局中人。人分别是资产评估监管部门和资产评估机构，双方都明确自己在博弈中所处的形式和收益。

（2）策略组合。策略是局中人进行博弈的手段和工具，每个局中人在进行决策时最少应该有两种不同的策略。这里监管部门的策略组合为：对评估机构实施认真监管和对评估机构未实施认真监管。评估机构的策略组合为：迎合客户的要求违规执业和坚持原则不违规执业。

（3）支付函数。一旦所有的局中人所采取的策略被确定，他们各自就得到相应的收益，局中人从博弈中获得的收益和效用水平用支付函数表示。

四　博弈模型与均衡分析

（一）博弈模型

类似于客户和评估机构的博弈，尽管双方在实际选择中有先后之分，但由于双方均只有一次决策机会，不存在重复博弈，双方在选择之前都不知道对方的选择，对博弈均衡没有影响，因此可以认为是同时博弈。

根据前文提及的基本假设以及基本要素，可以构建监管部门与评估机构间的博弈模型，如表 6-3 所示，其中每个策略组合中前项为评估机构收益情况，后项为监管部门收益情况。

表 6-3　　　　　　　　　　监管部门与评估机构间的博弈模型

		监管部门			
		监督		不监督	
		发现违规	未发现违规	有举报案发	无举报
评估	违规	$(r+e-f,\ b+f+m-c)$	$(r+e,\ b-c)$	$(r+e-f,\ b+f-m)$	$(r+e,\ b)$
机构	不违规	$(r,\ b-c)$	$(r,\ b-c)$	$(r,\ b)$	$(r,\ b)$

　　鉴于评估机构是否违规执业、监管部门是否进行监督、监督部门进行监督时是否会发现问题、是否有人会举报等都是不确定的，所以该博弈并不存在占有策略均衡以及纯策略的纳什均衡。在一个有限博弈者的博弈中，如果每个博弈者可选的纯策略个数有限，那么该博弈中总存在着一个混合策略纳什均衡①。假设评估机构进行违规执业的概率为 p，则其不违规执业的概率为 $(1-p)$；监管部门认真监管的概率为 q，不认真监管的概率为 $(1-q)$；监管部门监管时发现违规的概率为 u，没有发现违规的概率为 $(1-u)$；监管部门不监管时有人举报的概率为 w，没人举报的概率为 $(1-w)$。此时，监管部门的预期收益函数为：

$$R = q\{u[p(b+f+m-c)+(1-p)(b-c)]+(1-u)[p(b-c)+(1-p)(b-c)]\}+(1-q)\{w[p(b+f-c)+(1-p)b]+(1-w)[pb+(1-p)b]\}$$

　　评估机构的预期收益函数为：

$$T = p\{q[u(r+e-f)+(1-u)(r+e)]+(1-q)[w(r+e)+(1-w)(r+e)]\}+(1-p)\{q[ur+(1-u)r]+(1-q)[wr+(1-w)r]\}$$

　　监管部门和评估机构预期收益最大化的一阶条件是：

$$\partial R/\partial q = 0 \text{ 和 } \partial T/\partial p = 0$$

　　则该监管博弈的混合策略纳什均衡为：

$$p^* = c/(uf+wm-wf) \text{ 和 } q^* = (wf-e)/(uf-wf)$$

　　由此可见，在一定制度安排下，评估机构将以 p^* 的概率选择违规执业，而监管部门则以 q^* 的概率选择监管。对监管部门来说，对资产评估

---

①　涂志勇：《博弈论》，北京大学出版社 2009 年版。

机构进行认真监管的概率为 $q^* = e/f$ 时，所获得的期望收益最大。其中，e 代表评估机构违规执业时所获取的超额收益，f 代表评估机构违规操作被发现时所需缴纳的罚款。由于 e 处于分子位置，而 f 处于分母的位置，所以使得监管部门选择认真监管的概率提高的情形有如下几种：第一，e 不变时，f 减小；第二，f 不变时，e 增大；第三，e 增大且 f 减小。总的来说，评估机构在违规执业时所获得的超额收益越大、而被发现时所付出的代价（罚款）越小时，监管部门选择进行认真监管的概率越大。在现实情况下，由于 f 是由监管部门决定的，姑且将其视为定值，也即监管部门认真监管的概率 q^* 只取决于 e 的大小。因而，当评估机构违规执业时所获取的超额收益越大，监管部门认真监管的概率越大。

但对评估机构而言，它会按照 $p^* = (c_1 - c_2)/f$ 的概率选择违规执业。其中，$c_1 - c_2$ 是监管部门在认真监管时与不认真监管时的成本差额，f 为评估机构违规操作被发现时所需缴纳的罚款。由于 $c_1 - c_2$ 处于分子的位置，而 f 处于分母的位置，所以使得评估机构选择违规执业的概率降低的情形有如下几种：第一，$c_1 - c_2$ 不变时，f 增大；第二，f 不变时，$c_1 - c_2$ 减小；第三，$c_1 - c_2$ 减小且 f 增大。总的来说，即在监管部门认真监管与不认真监管时的成本差额越小、评估机构在违规执业后被查处的代价（罚款）越大时，评估机构选择违规执业的概率越低。在现实情况下，由于 $c_1 - c_2$ 这一数值是评估机构不可控的，与评估机构是否进行违规选择的关系不大，姑且将其视为定值，也即评估机构选择违规执业的概率 p^* 只取决于 f 的大小。因而，当评估机构违规执业被发现时所付出的代价越大，评估机构选择违规执业的概率越小。

（二）博弈分析

监管部门与评估机构间博弈的混合策略是一个相对的纳什均衡，借助于改变影响博弈双方利害关系的条件，可以引导监管博弈最终形成期望的均衡状态，这也是提高资产评估监管效率和效果问题的基本方法和策略。

（1）加大对评估机构违规操作惩罚力度 f，因 $(u - w) > 0$，评估机构进行违规操作的概率 p^* 将下降；反之，则 p^* 会增大。所以说，加大惩罚力度将是一种有效的监管措施。

（2）当监管部门的监管费用支出 c 增大时，监管部门监督检查的积极性会大大降低（除非其经费来源能够得到保障）。此消彼长，资产评估机构进行违规操作的概率 p^* 则会上升。

（3）提高监管部门人员、设施的素质、水平和完善程度，监管部门发现评估机构违规操作的概率 u 将增大，评估机构进行违规操作的概率 p^* 会下降。

（4）加大对监管部门渎职行为（未能及时发现资产评估机构的违规行为）的惩罚力度 m，会促使监管机构更加严肃认真地执行监督，进而降低评估机构进行违规操作的概率 p^*。

（5）当 $m-f>0$、w 值变大时，p^* 值会下降，即提高评估结果透明度，增加对违规操作评估机构曝光的概率 w，将降低评估机构进行违规操作的概率 p^*。

五　基本结论与政策建议

（一）基本结论

博弈分析结果，可得到如下结论：

（1）在监管部门与评估机构之间的博弈中，监管部门出于自身利益考虑，会按照 $q^*=e/f$ 的概率对评估机构进行监管，评估机构违规执业时所获取的超额收益越大，监管部门认真监管的概率越大。

（2）评估机构出于自身利益的考虑，会按照 $p^*=(c_1-c_2)/f$ 的概率选择违规执业，加大对评估机构违规操作的处罚力度将减小其违规行为发生的概率。

（二）政策建议

（1）制定以《资产评估法》和《注册资产评估师法》为中心的基本法律法规，同时辅以其他法律法规，使我国目前资产评估法律体系由分散型向独立型转变。法律法规应当明确资产评估机构的权利义务，加大对违规操作评估机构的惩罚力度，使资产评估机构对经济发展的作用得以发挥，有效维护资本市场中资产评估机构间的公平竞争，使得评估机构因违规执业而获取的超额收益尽可能降低甚至为负数。

（2）保证监管部门经费，提高监管人员业务素质和条件设施，加大相关监管部门的监管力度。要培养一支高素质的监管队伍，从技术上防止资产评估机构违规操作，提高对资产评估机构违规操作的识别能力，并采取同业互查、不定期检查等方式加强对资产评估机构的检查力度，建立有效的违规执业信息反馈机制，使资产评估机构始终处于被监控的状态。同时，应当扩大每年资产评估检查抽查范围、比例，增大发现评估机构违规操作的概率。

（3）构筑文化、职业道德、内部控制、惩戒、法律"五道防线"（见图 6-6）。第一道防线旨在使评估机构或评估师形成恰当的契约精神、价值观和伦理观；职业道德准则通过道德教化矫正人们选择的误差，使多数人"绝恶于未萌"；第三道防线通过建立质量控制体系，保证评估业务质量，防范执业风险；第四道防线是利用定期和随机质量检查、谈话提醒、吊销职业资格等形式，惩戒不当执业行为①；五是将相关法律作为最后底线。这样就会大大减少评估从业者触及"底线"的概率，维护行业乃至公共利益。

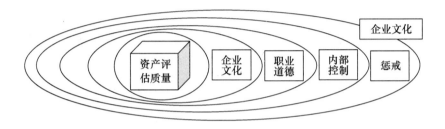

图 6-6　评估质量控制"五道防线"

（4）建立诚信执业和违规执业奖惩机制。监管部门可以建立与评估机构相应的诚信档案及公开信息平台，增加评估机构因良好的信誉而可能增加的收益或因违规执业造成的声誉受损所导致的未来可能的损失，降低其违规执业的概率。

（5）发挥社会监督的作用，积极提倡、鼓励社会公众参与监督。如广大投资者、新闻媒体、资产评估机构内部人员、纪检监察部门等。

（6）加强评估机构内部管理，强化执业质量控制长效机制。

---

①　《资产评估执业行为自律惩戒办法》（中评协 [2005] 183 号）、《资产评估执业质量自律检查办法》（中评协 [2006] 98 号）、《资产评估行业谈话提醒办法》（中评协 [2006] 97 号）、《会员诚信档案管理办法》（中评协 [2006] 96 号），标志着中国资产评估协会初步建立了资产评估执业行为自律监管体系，对加强行业自律、监督、指导和规范注册资产评估师和资产评估机构的执业行为，维护社会公众利益和资产评估各方当事人的合法权益具有重要意义。以上四个行业自律监管办法，是行业自律监管链条的四个关键环节。《资产评估执业质量自律检查办法》建立了资产评估执业质量自律检查长效管理机制；《资产评估执业行为自律惩戒办法》完善了行业自律惩戒机制；《资产评估行业谈话提醒办法》是行业自律惩戒机制的有效补充；《会员诚信档案管理办法》建立了会员诚信信息的记录和查询制度。

（7）建立同业互查机制。防止资产评估委托人和评估机构合谋的最有效的手段是实行外部监督，使其不敢造假。目前，国际流行的外部监督形式是同业互查。当评估师意识到其工作将由第三方检查，并且虚假评估报告将受到严厉惩罚时，就会自发地提高评估质量。评估机构之间的互查工作应在各地评估师协会统一部署下开展。参与互查工作的检查人员由评估师协会临时选调的评估师担任。必要时还可聘请其他相关专家，这样能最大限度保证互查人员的独立性。

（8）加大惩戒力度，增加评估机构违规执业的成本和风险。对于那些违反资产评估执业规范和职业道德约束的评估机构和人员，必须给予严厉处罚。只有使评估机构因违规所得收益无法弥补由此受到的惩罚，评估机构进行违规操作无利可图，才能有效制止违规现象的发生。

（9）建立客户黑名单。除建立评估机构诚信档案外，监管部门可以对在评估活动中对评估机构施加影响的客户进行披露和重点监管，今后凡是其涉及资产评估，都规定将其评估报告纳入检查范围，以净化我国资产评估环境。

（10）建立完善的信息披露制度，对国有资产评估报告实施公示制度。信息披露能够帮助资产评估工作更加严密开展，降低不确定因素对评估结果的影响。从理论上讲，国有资产评估是关系全民利益的事项，全民都有参与评判、监督的权利，因此应予公告，广泛征求全民意见，使所有者确认自有资产的价值。但是，并非所有人都了解该资产的价值，出于降低运行成本和提高效率的考虑，资产评估报告及其经济事项批复文件等资料至少应在资产占有单位公示，征求广大职工的意见，职工无异议后，由职工代表签字确认。特别是国有资本退出控股地位的经济事项所涉及的资产评估报告，应要求必须履行公示程序，把资产评估监管风险降到最低。

（11）制定统一的评估执业准则。客观地讲，以某一个部委统一我国当前评估市场条块分割管理的现状有一定的难度或阻力，这从资产评估法的制定过程就可见一斑。同样，要将中国资产评估协会、中国地产估价师和房地产经纪人学会以及中国土地估价协会合并在一起也具有相当大的难度。对此，应当"避虚就实"，借鉴英美等资产评估发达国家或地区长达一百多年的经验教训，即由不同的协会发起制定共同认可的评估准则及管理体系，用评估准则来管理整个市场的资产评估执业，使不同协会评估师执行统一的评估准则，进而保证评估结果的一致性和权威性。

第七章　中国资本市场资产评估典型事件研究

迄今为止，我国资本市场曝光与资产评估相关的事件主要有"麦科特事件"、"红光实业"、"长岭集团"、"泰港集团"等，基于"塔西托效应"，这些虚假评估事件不仅对资产评估行业造成巨大的不利影响，也对监管方式方法等提出了思考和挑战。因此，梳理上述事件的特征、手段、多发领域、时间以及相关评估师的性别、职位、年龄、执业时间等，进而提出强化资产评估监管工作针对性措施，对遏制"购买资产评估结论"现象具有一定理论和实践价值。

第一节　中国资本市场典型性虚假评估事件

一　中国资本市场资产评估"老五案"

1998 年的"红光实业事件"，系中国证券监督管理委员会（以下简称"证监会"）对评估机构开出了第一份罚单，其后又出现了"麦科特"、"长岭集团"、"泰港集团"、"ST 圣方"等虚假评估事件。

（一）红光实业事件

红光实业是成都红光实业股份有限公司的简称。1992 年经成都市体改委批准，由原国营红光电子管厂和其他三家机构共同组建而成。1997年 6 月经中国证监会批准，在上海证券交易所上市，并以每股 6.05 元的价格向社会公众发行 7000 万股社会公众股，实际筹得 4.1 亿元资金。但当年年报披露亏损 1.98 亿元、每股收益为 −0.86 元，开创了中国股票市场"当年上市、当年亏损"之先河。与资产评估相关的主要问题是：1997 年 3 月，在规范"红光公司"1992 年资产评估报告时，补入部分土地价值，从而使总资产增加了 16%。但规范后的报告书中没有对这一情况给予披露，仍用原报告书的文号和时间，忽视了评估基准日对资产价值的影响，同时也违反了中国证监会监〔1996〕12 号文"股份有限公司在筹建时，已依法进行过资产评估的，在公开发行股票时，一般不再需要进行资产评估"的规定。

1998 年 10 月，中国证监会对成都资产评估事务所的处罚是：没收非法所得 10 万元，并处罚款 20 万元、暂停证券类业务资格的处罚。

（二）麦科特事件

"麦科特事件"为 2001 年十大经济案件之一，也是资产评估行业十年影响最大的案件。

1993 年 2 月成立的麦科特集团机电开发总公司为一家联营公司，四家出资者为麦科特集团公司、中国对外贸易开发总公司、香港新标志有限公司和甘肃光学仪器工业公司。1994 年更名为麦科特集团光学工业总公司；1996 年，中国对外贸易开发总公司将其持有的 30% 股权转让给麦科特集团。麦科特集团光学工业总公司占有麦科特（惠州）光学机电有限公司 75% 的股份。2000 年 7 月在深圳交易所上市，11 月证监会立案调查，2001 年 5 月移交公安部门，广东公安厅 7 月 15 日立案侦察。与资产评估相关的主要问题是：（1）提高进口设备报关价格 9463 万元：将麦科特（惠州）光学机电有限公司在 1993 年 11 月 8 日至 1998 年 12 月 18 日期间已进口的机器设备由原进口报关价格 1345 万元提高到 10808 万元，价格虚增 9463 万元。在企业无法提供近 10.8 亿元的进口设备报关单的情况下，评估机构只按企业补充的一份内容虚假的《中华人民共和国海关对外商投资企业减免进口货物解除监管证明》界定产权，没有尽到应有的注意义务。（2）评估师没有对重要的机器设备重置成本进行询价，只按企业提供的虚构的设备清单价格核算评估值。（3）在评估过程中，郑炳南授意评估人员陈志红在无依据情况下两次调整成新率，第一次是将原来的模具、清洗机、研磨机的成新率各增加 1%、3%、1%；第二次是普提了进口机器设备一个百分点的成新率，导致评估值虚增，以迎合企业增大评估值的要求。

综上所述，在麦科特发行上市过程中，广东大正联合资产评估有限责任公司为其出具了严重失实的《资产评估报告》。2001 年 7 月 16 日，广东大正联合资产评估有限责任公司法定代表人、副总经理因涉嫌提供虚假证明文件罪被监视，同年 11 月 6 日被逮捕。

（三）长岭评估案引发的问题

长岭集团以家用电器和纺织机电及军工为主业，曾是中国 500 家大型企业集团之一。由于体制等原因，其旗下的控股上市公司——长岭（集团）股份有限公司因业绩亏损，早已沦为 ST 的行列，如果 ST 长岭在 2004 年上半年仍旧不能实现盈利，则将被退市。中宇资产评估有限责任公司陕西同盛分公司（以下简称同盛）接受委托，对该公司资产进行评估。2004 年 4 月 21 日，陕西省召开第五次省长办公会议，在同盛的报告还未最后形成上报情况下，决定由陕西省财政厅另行聘请一家权威中介机构（西安正衡资产评估有限责任公司）对同盛的评估报告进行复核。5 月 25 日，正衡出具了对陕西长岭集团资产评估报告书的复核意见，对评估报告中存在的问题提出了异议。

与资产评估相关的主要问题是：（1）将长岭集团的资产和与所属子（孙）公司的资产和负债简单地进行了"合并汇总"。（2）评估过程中，对大量应收账款、其他应收款等往来挂账直接评估为零的依据不充分。（3）资产评估资质问题。由于长岭集团控股的长岭股份属上市公司，按省政府要求，评估公司应具证券业从业资质。虽然同盛所属的中宇资产评估公司拥有从事证券业务资产评估资质，但作为分公司的同盛，并不能被视作拥有该资质，且其本身也不能成为独立承担法律责任的主体。

（四）泰港案引发的评估问题

泰港集团成立于 1999 年，是一个不具有法人资格的单位，自称总资产 48.5 亿元。四川长江包装纸业股份有限公司的"长江包装"股票 1998 年 4 月在上海证券交易所上市后，2000 年 4 月被作"ST"处理。相关部门随即拟找有实力的公司与"长江包装"重组。

与资产评估相关的主要问题是：2000 年 11 月至 2001 年 6 月，四川东方资产评估事务所有限公司受泰港实业公司法人代表刘邦成委托，对其控股的中岩公司和大香格里拉公司的资产进行评估。评估师许茂全、王宗芝在未取得两评估单位土地的全部合法手续，又未到当地有关部门调查核实土地权属、征地费用、土地等级等一系列涉及资产评估的重要依据的情况下，接受东方评估所总经理段志坚（当时尚未取得注册资产评估师资格）的指令，将中岩公司的资产虚高评估为人民币 1.96 亿元，将大香格里拉公司的资产虚高评估为人民币 2.97 亿元，造成国家贷款被骗 1.66 亿元最终无力偿还的严重后果。

2003 年 10 月 24 日，成都法院对泰港公司骗贷案做出宣判，刘邦成被以合同诈骗罪、内幕交易罪数罪并罚执行有期徒刑十五年，罚金 10 万元；泰港公司被以合同诈骗罪、内幕交易罪数罪并罚执行罚金 1970 万元，泰港实业副总裁汤建海被以合同诈骗罪判处有期徒刑 13 年。

2004 年 1 月，三名涉嫌"出具证明文件重大失实罪"的评估师被成都市武侯区检察院起诉到法院。3 月 12 日，武侯区法院开庭审理此案。经过庭审，法院以出具证明文件重大失实罪判处东方评估所罚金 100 万元；段志坚有期徒刑 2 年，缓刑 3 年，罚金 1.5 万元；许茂全和王宗芝有期徒刑一年零六个月，缓刑 2 年，罚金 1 万元。[①]

（五）ST 圣方事件

乔某是一家知名评估机构总经理助理、部门经理，1999—2000 年，乔某曾在 ST 圣方（000620）重组时为入主方西安圣方出具资产评估报告。ST 圣方的实际控制人刘某与乔某相识 6 年。当评估进入操作阶段，刘某就为乔某定了调子。"西安圣方转让的资产必须要评到 1.9 亿元，这样才能满足资产重组的需要。西安圣方转让的资产分两部分，上海部分的资产必须评估到 1.2 亿元；西安部分的资产必须评估到 7000 万元。"刘某表示，这是双方第一个合作项目，一定要做好今后才会有更多的合作。就这样，乔某按照刘某意图出具了虚假的评估报告。有了第一个样本，接下来的几个资产评估报告也都按惯例进行。即刘某定好调子，乔某再按刘某定的调子做评估、出结果。事发后，刘某、乔某分别受到了法律制裁。

二　中国资本市场资产评估"新三案"

近年来，随着我国资产评估准则建设取得了长足的发展及行业水平的整体提高，曝光的资本市场资产评估恶性事件较 2005 年之前有了减少，但从个案及证监会每年抽查发现问题看，加强对具有证券从业资格资产评估机构的监管，仍然是一个不容忽视的问题。限于篇幅，本书仅简要介绍近三年发生的个别虚假评估事件。

---

① 《刑法》第二百二十九条规定：承担资产评估、验资、验证、会计、审计、法律服务等职责的中介组织的人员故意提供虚假证明文件，情节严重的，处五年以下有期徒刑或者拘役，并处罚金。前款规定的人员，索取他人财物或者非法收受他人财物，犯前罪的，处五年以上十年以下有期徒刑，并处罚金。第一款规定的人员，严重不负责任，出具的证明文件有重大失实，造成严重后果的，处三年以下有期徒刑或者拘役，并处或者单处罚金。

（一）珠海中富收购评估事件

1. 背景资料

2013 年 8 月 2 日，证监会一纸调查通知书，翻出了珠海中富实业股份有限公司（珠海中富，000659）2012 年一笔 5.9 亿元的收购旧账。珠海中富为广东省高新技术企业，为美国"可口可乐"、"百事可乐"两大国际饮料公司在中国的罐装厂，并为国内名牌饮料厂家提供食品饮料容器包装，是目前中国生产设备最齐全、技术最先进、规模最大的 PET 瓶专业生产企业。同时被立案调查的，还有长期为珠海中富提供资产评估服务的北京恒信德律资产评估有限公司（以下简称"恒信德律"）。[①]

整个事件始于 2012 年 8 月。当时，珠海中富召开董事会会议，并于当年 8 月 13 日通过了《关于收购 48 家控股子（孙）公司少数股东权益暨关联交易的议案》，拟收购 Beverage Packaging Investment Limited（以下简称"BPI"）所持有的珠海中富 46 家控股子公司及 2 家间接控股的孙公司的少数股东权益，相关公司包括珠海中富瓶胚公司、昆山承远容器公司等。BPI 中文译名为饮料包装投资有限公司，注册地在香港。

需要说明的是，出让方 BPI 与珠海中富为同一实际控制人，均被 CVC 资本控制。根据 CVC 官网信息，CVC 创建于 1981 年，代表全球 300 多家企业、政府机构和私人投资者进行资本投资，业务遍布欧洲、亚洲和美国。1996 年至今，CVC 从投资者处募集了 500 多亿美元承诺资金，总投资额达 280 亿美元。BPI 主要业务为股权投资、投资管理。资料显示，在此交易之前，珠海中富已实际控制了这 48 家公司，此次收购只不过是收购剩余股权，使自身持股比例达到 100%。由此可见，此次评估涉及关联交易。

涉嫌"高价收购大股东烂资产、利益输送"等质疑纷至沓来的原因是，对于这些业绩很差的公司，恒信德律竟给出了 8.85 亿元的高价，相对于 48 家公司账面净资产总额 5.9 亿元，溢价 50% 左右，大大超出了投资者预期，并迅速引起了深交所的强烈关注。

然而监管层和投资者的质疑都没有终止珠海中富收购的步伐。在其 9 月 8 日对深交所的收购公告中，珠海中富宣称，上述交易能够增加归属上

---

① 《证监会调查珠海中富收购旧案 北京恒信德律涉案或遭惩》，http：//finance. huanqiu. com/data/2013 - 08/4226479. html。

市公司股东的净利润；不需考虑少数股东需求，以上市公司利益最大化规划管理；有效降低上市公司整体税负；实现资源优化配置——协同效益，降低整体成本。但是迫于压力，珠海中富和BPI还是将收购价格由此前的8.85亿元下调至5.9亿元。这实际上意味着，恒信德律出具的评估报告变成了一纸空文。

尽管交易价格已下调了1/3，但标的资产的业绩反差仍令投资者难以接受。一年未到，在所购资产业绩"跳水"拖累之下，珠海中富2012年创下上市以来首亏1.81亿元的尴尬业绩，2013年第一季度继续亏损6047.2万元，珠海中富的股价下跌36%。

2. 评估方法偏爱收益法

此次珠海中富收购的48家公司业绩并不突出，截至2011年12月31日，依据BPI持有的目标公司股权比例对应的经审计账面净资产总额为59003.48万元。2011年业绩亏损的有13家，2012年第一季度业绩亏损的有25家，第一季度48家公司总体业绩亏损634万元。但恒信德律的评估值合计为88510.07万元，评估值比原账面值增加29506.59万元，总体评估增值率为50.01%。对于一些亏损公司，恒信德律同样给出了较高的估值。

这48家公司里，有46家同时采用了成本法和收益法进行评估，2家只用了成本法。而在这46家里，最终选取收益法作为评估标准的有43家，评估值比成本法高的达到34家。对此，恒信德律解释称，收益法的评估结果更具完整性。其余3家则以成本法的估值作为最终评估结果。根据公告，如果采用收益法，这3家公司将会被评估为负资产。也就是说，在恒信德律出具的这份报告中，一方面，多数公司采用了能评估出更高价值的收益法作为评估标准；另一方面，当用收益法评估出负资产时，又切换为成本法。最终，在这48家公司中，被评估增值的有39家，评估减值的只有9家。而在增值的39家公司里，评估值高出账面净资产超过50%的就有22家，乌鲁木齐富田食品公司的增幅最大，为222.07%。"只选高的，不选对的"，是一位业内人士对其评估方法的总结。

3. 引发的资产评估问题

（1）"御用"评估机构及其监管问题。恒信德律承接了珠海中富此次收购的48家公司的资产评估工作，这48家被收购公司分布地华南、华北、华中、西北25个省份和城市。恒信德律的调研时间在3月初至4月底，资产评估师只有徐沛、石松、陈志勇三名注册资产评估师。① 也就是说，三位评估师在不到 50 天的工作日里，平均两天跑一个省份，完成评估准备、现场调查及收集评估资料、估算评估，且几乎一天出具一份几十页的评估报告。一般而言，调研一家公司资产，至少需要三四个工作日。恒信德律与珠海中富早有渊源，是珠海中富的"御用"评估机构，多次参与珠海中富的资产收购评估工作。2009 年 7 月，徐沛和另一位评估师一周内调研了珠海、江苏、成都、天津、北京、沈阳 6 个城市，完成了 6 份都是 19 页的资产评估报告书。

（2）关联交易及利益输送。相比 BPI 和珠海中富的关系，BP（HK）是 CVC 在珠海中富埋下的一条"暗道"。BP（HK）与珠海中富控股股东都是亚洲瓶业（香港），由亚洲瓶业实际控制，两者交易形成关联关系。2007 年，亚洲瓶业（香港）入主后，BP（HK）便开始代替中富集团成为珠海中富采购和销售的主要关联方。此次收购 48 家公司的少数股东权益正是和珠海中富受同一实际控制人控制的。另外，48 家公司法定代表人均为 James Chen（陈志俊），而陈志俊正是珠海中富的现任董事长。因此，提高 48 家子公司的评估值，有向大股东 CVC 资本输送利益之嫌。有人形容，珠海中富身上插着从香港伸过来的三根大吸管，真正摆弄吸管的是国际私募大股东——英国 CVC 亚太基金 II（以下简称 CVC）。这次动用的吸管为 BPI，专门用来输送与投资有关的资金。8.85 亿元收购资产的转移都在大股东 CVC 手中进行左手倒右手的"内循环"游戏。

（3）协同效益。珠海中富已经直接或间接持有这 48 家被收购公司70% 以上股权，收购完成后，珠海中富持股 100%。从比例上看，珠海中富在收购之前就已经拥有 48 家被收购公司的控制权，并由此而获得协同效益及控制权溢价，收购少数股东权益应该不会提高其市场份额。换句话说，珠海中富已经是控股股东了，资源优化配置的空间相当有限，相关项目评估过程不应当重复考虑协同效益问题。否则，将会虚增评估值。

（二）中天华内部控制失灵

1. 背景资料

2014 年 1 月 20 日，*ST 天一公告称，"根据证监会的要求，在对重组方案中作价公允等问题进行修订完善后，重新提交证监会审核"。2013 年

---

① 石松、陈志勇为注册不到两年的年轻评估师。

12 月 25 日，证监会并购重组委否决*ST 天一（000908. SZ）的重组方案。重组委审核意见认为，不符合《上市公司重大资产重组管理办法》第十条第（三）项重大资产重组所涉及的资产定价公允的规定。

据统计，2013 年，证监会并购重组委共举行 46 次审核会议，审核 92 家上市公司的并购重组事项，其中仅 7 家未通过，45 家有条件通过，其余均无条件通过。*ST 天一是 2013 年 7 家被否重组上市公司之一，也是当年唯一因"不符合重大资产重组所涉及的资产定价公允"而被否的。被否的原因引起评估业同行注意，一些评估师专门研究了*ST 天一披露的评估报告，发现一份名为《贵州景峰注射剂有限公司股东全部权益价值评估说明》（以下简称景峰注射剂评估说明）出现了 10 处不合理之处，部分"疑点"推高了评估价格①。出具评估说明的是北京中天华资产评估公司（以下简称中天华），委托评估方为*ST 天一和上海景峰制药股份公司（以下简称景峰制药），后者是*ST 天一发行股份购买的标的，而景峰注射剂是景峰制药全资子公司。*ST 天一重组因有违资产定价公允被否的"失策"之处是在子公司上做了大手脚，而不是母公司。

2. 存在主要问题

2013 年 9 月 30 日，*ST 天一披露《详式权益变动报告书》，称拟以非公开发行股份的方式购买叶湘武等持有的景峰制药 100% 股权，并同时披露相关评估报告和独立财务顾问核查报告。经中天华评估，景峰制药 100% 股权账面净资产值为 6 亿元，收益法对应的净资产评估值为 35 亿元，增值率为 474.16%。截至评估报告出具日，景峰制药有景峰注射剂和景峰医药两家全资子公司，并控股安泰药业 70% 以及参股上海新科生物医药技术公司（以下简称上海新科）50% 和海门慧聚药业有限公司 10%（以下简称海门慧聚）。中天华出具的评估报告显示，景峰注射剂、景峰医药账面价值分别为 2361 万元和 200 万元，长期投资评估价值分别为 18.45 亿元和 6412.73 万元，增值率分别高达 7716% 和 3106%；两家子公司的账面净资产分别为 8020 万元和 1610 万元，评估价值分别为 18.45 亿元和 6412.73 万元，增值率分别为 2200.96% 和 298.4%。存在的主要问题有：

（1）药品售价预测南辕北辙，与外部环境变化不吻合。随着药改深

① 安丽芬，http：//finance. ifeng. com/a/20140217/11667389_ 0. shtml。

入和两票制度推行，药品价格将持续下降。但评估报告预测大部分产品价格没变，甚至出现暴涨。例如，乐脉丸 9 袋装、18 袋装、30 袋装 2013 年上半年的单价分别是 5.51 元、8.67 元和 12.65 元，其预测价 2014 年至 2018 年分别高达 23 元、45 元和 69.5 元。

（2）葡萄糖价格维持不变，虚增营业利润。葡萄糖是景峰注射剂主要原材料之一，2010—2013 年 1—6 月，价格分别为 3.32 元/千克、4 元/千克、4.55 元/千克和 4.64 元/千克，呈现逐年上涨趋势，且三年半涨 40%。但中天华评估报告显示，原辅材料中的化学原料和包装材料，近年来的价格较为稳定，预测中保持 2013 年 1—6 月的采购单价不变。

（3）营业费用预测与行业发展相悖。据同花顺 Ifind 统计，按证监会最新分类，2013 年上半年 137 家医药企业营业费用共计 248 亿元，同比增长 30%，营业收入总额 1600 亿元，同比增长 17.8%。2012 年和 2011 年，医药行业营业收入同比增长 15.7% 和 17.9%，营业费用同比增长 27.6% 和 15.5%。景峰注射剂的营业费用在 2011 年和 2012 年同比暴增 59.5% 和 52.15%，但在预测中，2015—2017 年的营业费用同比增速骤降，分别为 14.7%、13.5% 和 10.5%，到了 2018 年营业费用同比增长更低至 3.7%。

（4）评估假设设置不合理。中天华评估报告共列举了 11 项收益预测假设条件，第 8 项假设为"假设收入的取得和成本的付出均在年末发生"。这与医药企业的真实情况不符，也与通行的现金流均匀流入假设不相符。第 9 项假设是"未来被评估单位仍为高新技术企业，享有上述优惠政策，未来所得税税率保持为 15%"。这是根据《高新技术企业认定管理办法》以及景峰注射剂 2008 年、2011 年经贵州省科技厅、财政厅等批准提出的。但根据《会计监管风险提示第 5 号——上市公司股权交易资产评估》规定，对享有税收优惠政策的企业，预测企业未来收益时应分析优惠政策到期后企业持续享有该政策的可能性，应当谨慎考虑长期税负水平。

（5）专业胜任能力不足。景峰注射剂评估说明存在诸多计算瑕疵或概念混淆的问题。一是前后口径不一致。在景峰注射剂评估说明中，中天华评估师称，经查阅 Wind 资讯网，医药制造业证券数量为 84 只。但计算企业的资本结构时，选取近 5 年沪深 A 股医药制造业上市公司的资本结构作为企业稳定期的资本结构，所披露的证券名单仅有 78 只，相差 6

只。二是 Beta 系数计算时没有剔除 B 股和重组股。一般来说，计算风险
系数 Beta 时应剔除 B 股和正在资产重组的股票。但景峰注射剂评估说明
中计算企业资本结构时，披露的 78 只证券名单包括丽珠 B（200513.SZ）
和永生 B（900904.SH）等 B 股和已重组为远东电缆（600869.SH）的三
普药业。这导致其计算出的无杠杆 Beta 系数高于评估报告披露数据，按
照 WIND 的 Beta 计算器计算出的数据也高于评估报告披露的系数。经过
计算，采用按总市值加权方式计算有利于降低 Beta 值，评估报告运用的
便是"按总市值加权"。把 Beta 系数做低的目的在于降低折现率，进而虚
增评估值。

3. 引发的资产评估问题

（1）三级复核制度及质量控制流于形式。一般而言，评估报告从撰
写到出具，需要经过评估项目负责人、审核部、首席评估师或合伙人等三
级复核甚至四级复核，该评估项目存在诸多预测瑕疵而未被发现并纠正，
说明评估项目负责人及其他复核人员没有尽到履行复核的义务。

（2）滥用资产评估假设。资产评估假设是指对资产评估过程中某些
未被确切认识的事物，根据客观的正常情况或发展趋势所作的合乎情理的
推断。资产评估假设也是资产评估结论成立的前提条件。资产评估所使用
评估假设的设定与使用应该建立在科学合理基础之上，否则将会严重影响
资产评估结果。《资产评估准则——基本准则》第十七条指出："CPV 执行
资产评估业务，应当科学合理使用评估假设，并在评估报告中披露评估假
设及其对评估结论的影响。"本评估项目的部分假设有悖于所评估行业的
实际情况，进而导致预期收益增加并虚增评估值。

（三）×××评估机构不当引用其他专业报告

1. 背景资料与存在问题

2012 年 12 月，北京利尔披露的增发报告书显示，公司拟以"增发新
股 + 承担债务"的方式购买金宏矿业、辽宁中兴各 100% 股权，其中金宏
矿业 100% 股权账面价值仅为 2893.68 万元，评估值却高达 41503.08 万
元，增值率为 1334.26%。为其提供资产评估服务的是×××评估机构，
采用的评估方法为资产基础法。

从资产评估明细表看，金宏矿业旗下资产增幅最大的为"无形资
产——矿业权"，该部分资产账面价值为 2437.46 万元，评估值高达 4.1
亿元，占整体评估价值的 99%。不过，作为金宏矿业估值中占比最大的

资产，×××评估机构并未对该项矿业权资产进行评估，而是由北京利尔另委托北京经纬资产评估有限公司进行评估。XXX评估机构宣称："其本次（针对金宏矿业的）评估报告直接引用了（经纬资产评估所作的）《辽宁金宏矿业有限公司菱镁矿采矿权评估报告书》中采矿权的评估值，引用时未作调整。"

2. 引发的资产评估问题

（1）引用其他评估结果及其责任问题。《评估机构业务质量控制指南》第三十九条指出："评估机构制定的引用其他专业报告结论环节的控制政策和程序，通常包括下列内容：（一）对出具专业报告的机构和人员资质的关注；（二）对拟引用专业报告进行必要的关注；（三）引用的情形、方式及其在评估报告中的披露。"《会计监管风险提示第5号——上市公司股权交易资产评估》则明确要求，资产评估机构在引用矿业权、土地使用权等其他专业报告时，应对专业机构的独立性与专业报告的可靠性进行必要判断，对其使用前提、假设条件和特别关注事项等进行必要分析，恰当引用专业报告的评估结果。例如，引用其他资产评估结果时，应确信股权评估范围不重不漏，评估报告与其他专业报告所依据的基础数据没有重大差异等。

（2）增值率合理性分析。本项目评估增值率高达1334.26%，为账面价值的13.34倍。不过，这并不是资产评估报告中最高的。2012年，掌趣科技对动网先锋的收购重组，动网先锋净资产5115.68万元，采用收益法评估的净资产高达8.38亿元，增值率高达1537.55%。2011年披露的371份评估报告中有20份增值率在1000%以上，其中2份更是达到20000%以上。从当前资产评估制度看，并没有对资产评估增值率作出合理区间的界定，但增值率偏高的资产多为无形资产或企业价值评估。因此，加强评估增值率及其成因的合理性分析，并制定相关规章制度是亟待解决的问题。

第二节　虚假评估的基本特征及主要手法

评估机构作为一种中介服务性的营利组织形式，出于自身利益考量以及对监管措施、违规成本等方面的权衡，往往会做出对自己更加有利的选择。因此，梳理虚假评估事件的特征、手段、多发领域、时间以及相关评估师的性别、职位、年龄、执业时间等，探究其形成的内在机理，对明确监管重点及提出针对性监管措施具有重要意义。

一　基本特征

梳理并总结曝光的资本市场虚假资产评估事件，至少可得出以下基本特征。

特征1：在曝光的事件中，多数评估机构高级管理人员参与了虚假评估。如麦科特事件等。

特征2：少数评估师专业胜任能力缺失，或缺乏评估工作经验和评估师资格。众所周知，资产评估的对象十分庞杂，不同的评估对象对评估师的职业能力有着不同胜任要求，因此，如果评估师缺乏专业胜任能力将会严重影响评估结果的允当性。英国皇家特许测量师学会（RICS）制定有各专业领域职业能力评估要求（21种）、各专业领域技术能力评估要求（19种）及其获得途径，对评估师职业领域和能力方面有具体的要求。我国并未制定注册资产评估师职业能力框架，通过《资产评估》、《经济法》、《财务会计》、《机电设备评估基础》、《建筑工程评估基础》5个科目考试并经注册登记，即可执业除房地产、矿业、珠宝首饰等外所有资产评估业务，致使评估师在个别评估项目中专业胜任能力缺失。再如，珠海中富收购评估事件中的石松、陈志勇，均为注册不到两年的年轻评估师。

特征3：随意删减评估程序，尤其是风险评估环节和现场勘查环节。《资产评估准则——基本准则》和《资产评估准则——评估程序》明确规定，评估程序通常包括：明确评估业务基本事项、签订业务约定书、编制评估计划、现场调查、收集评估资料、评定估算、编制和提交评估报告、工作底稿归档八个环节，每个环节又由具体程序组成，评估师不得随意删减评估程序。不过，在实务中，囿于资产评估时间、成本、地点、客户要求等因素的制约，评估师往往略去部分程序并致使评估结果失当。如珠海中富收购评估事件中，恒信德律徐沛、石松、陈志勇三名注册资产评估师在不到50个工作日里，完成了分布华南、华北、华中、西北25个省份或城市48家被收购公司的评估。

特征4：长期雇佣、政治关联及内在关联关系——"御用"评估机构。基于我国资产评估产生及发展历史背景，多数具有证券评估资质的评估机构与其客户都有显著的历史渊源或保持着长期的业务合作，这使得评估机构的独立性受到影响或者质疑，进而对评估结果产生负面影响。如珠海中富收购评估事件等。

特征5：男性，年龄介于36—55岁之间。根据毕马威研究，85%的舞弊者往往是那些被充分信任的男性管理者，年龄介于36岁至55岁之间。在一个公司工作超过6年后，舞弊者开始通过舞弊行为获取不正当利益。

特征6：客户至上。一般而言，贪婪和有机可乘是舞弊者进行舞弊行为的最大诱因。在我国资产评估法规不健全、市场竞争激烈背景下，评估师与委托方在评估业务的处理中处于劣势地位，尽管基本准则第七条规定："CPV执行资产评估业务，应当勤勉尽责，恪守独立、客观、公正的原则。"不过，在实际工作中，评估师大多会迎合委托方的需求，缺乏法律和风险防范意识，丧失精神独立及忽视社会公众利益而"竭诚"为委托方服务。

特征7：预设评估结果。委托方与评估师事先预设了评估结论，再倒推评估过程及相关参数，这种做法违背了资产评估准则。《资产评估职业道德准则—基本准则》第八条指出："CPV执行资产评估业务，应当独立进行分析、估算并形成专业意见，不受委托方或相关当事方的影响，不得以预先设定的价值作为评估结论。"

特征8：无形资产评估。无形资产评估是资产评估的高风险领域，尤其在涉及企业注册资本、融资计划或寻找战略投资人、上市公司关联方转让等方面评估委托中，无形资产评估常常是虚假评估中"水最深"的领域。从曝光事件看，无形资产评估出现的问题主要有：（1）未对权属进行必要的调查和披露；（2）未对无形资产范围和性质进行必要描述；（3）使用无限年期或脱离实际的收益期间；（4）预测收益远高于历史情况但理由不充分；（5）任意调控折现率，等等。

特征9：国有资产评估。国有资产低价转让、出售曾是我国"国退民进"、管理层收购（MBO）早期常见的现象，近年来则呈现国有资产低价置出、高价置入等向利益攸关方进行利益输送景象，而评估师则沦为利益输送的"工具"。

二 典型的虚假评估手法

从曝光的虚假评估事件看，虚假评估的典型手法（包括但不限于）如表7-1所示。

表 7 - 1   虚假评估的典型手法

序号	典型手法	高估值的方法	低估值的方法
1	市场法	选择高参数的评估基准日	选择低参数的评估基准日
		选择高参数的参照物	选择低参数的参照物
		人为向高修正相关指标	人为向低修正相关指标
2	成本法	复原重置成本	更新重置成本
		调低成新率	调高成新率
		忽视或低估功能性贬值	高估功能性贬值
		忽视或低估经济性贬值	高估经济性贬值
3	收益法	未来收益预测偏高（收益预测是两大主要操作指标之一，实现形式便是做低成本、做高收入，进而抬高评估价）	未来收益预测偏低
		延长折现期	缩短折现期
		折现率或资本化率与评估值呈反方向变化，人为选择偏低的无风险报酬率及有风险报酬率	人为选择偏高的无风险报酬率及有风险报酬率
4	评估基准日选择	选择高参数的评估基准日	选择低参数的评估基准日
5	评估假设	采用乐观的评估假设	采用悲观的评估假设
6	评估方法选择	收益法	
7	无形资产评估		
8	特殊产业政策		

三 "红色信号"的客户（委托方）

一般而言，具有以下"红色信号"特征的客户（值得重点监管的评估委托方），容易出现虚假评估现象：

（1）IPO、增资扩股公司发生虚假评估的可能性较高。

（2）资本运作和关联交易频繁的上市公司，尤其是具有关联关系公司之间资产置出或置入发生虚假评估的可能性较高。实证研究结果显示，管理当局往往通过低估置出资产或者高估置入资产等手段，以达到利益输送、盈余管理等目的。

（3）涉及国有资产出售、转让、合并、MBO 等的评估项目。

（4）涉及无形资产评估、土地价值评估、资源性资产评估的项目。

（5）被 ST 的公司。

（6）发展中或竞争产业对新资金的大量需求。

（7）委托方管理层有不法前科记录。

（8）高新技术企业。

四 "红色信号"的评估机构

监管中值得重点关注的评估机构特征主要有：

（1）规模偏小且陷入财务困境的评估机构。

（2）有业务长期合作关系的评估机构。

（3）咨询、评估不分的评估机构。

（4）收入较大的单项评估业务。

（5）合并不久或者频繁发生合并的评估机构。

第三节 上市公司股权交易资产评估监管重点

为进一步提高上市公司股权交易财务信息披露质量，促进资产评估机构在执业过程中勤勉尽责，增强资产评估监管工作的针对性，按照《会计监管风险提示第 5 号——上市公司股权交易资产评估》（以下简称《评估监管风险提示》）、《上市公司重大资产重组管理办法》（证监会令第 73 号）及《资产评估准则——企业价值》（中评协〔2011〕227号）、《评估机构业务质量控制指南》（中评协〔2010〕214 号）等规定，上市公司股权交易评估过程中的盲区、问题与弊病及其监管重点有八个方面（见图 7 – 1）。

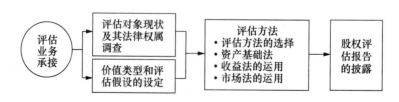

图 7 – 1 上市公司股权交易资产评估监管重点

一　评估业务的承接

《评估监管风险提示》首先明确规定，资产评估机构承接上市公司股权交易资产评估业务，应当具备证券相关业务评估资格（资质），并配备具有职业操守和专业胜任能力的注册资产评估师（以下简称评估师）。常见问题及其监管关注事项如表 7 - 2 所示。评估机构应当严格履行《评估机构业务质量控制指南》（中评协［2010］214 号），加强内部控制度建设，不得将业务转交其他机构承办。

表 7 - 2　　　　　　　评估业务承接常见问题及其监管关注事项

常见问题与弊病	监管关注事项
（1）未针对业务承接环节制定切实可行的风险控制政策和程序。（2）评估机构及相关人员没有履行独立性申报和核查程序，与委托方或相关当事方之间存在违背独立性原则情况，不能遵循独立、客观、公正原则。（3）内幕信息管理制度不健全或者执行不到位。（4）内幕交易防控力度不够，未能有效防范评估机构及相关人员利用内幕信息买卖上市公司股票的行为。（5）业务洽谈人员不具备应有的风险识别和评价能力及经验，对可能存在重大风险的领域缺乏必要的职业谨慎，未恰当地分析和评价资产评估机构是否具备承接相关业务的能力。（6）评估机构不具备执行相关业务的能力和条件，在缺乏具有专业胜任能力的人员或其他资源不足的情况下，盲目承接业务，或在签订业务约定书后将业务转交给其他中介机构承办。（7）在委托方或其他相关当事方的授意或要求下，同意以预先设定的价值作为评估结论	应当关注并督促资产评估机构：（1）结合股权交易业务特点，建立健全风险评价等业务承接环节的控制政策和程序。（2）加强独立性申报与核查工作，并形成记录，防止评估机构及相关人员与委托方或其他相关当事方违背独立性原则。（3）建立和完善内幕信息登记管理制度，包括但不限于制定涉及上市公司内幕信息的保密制度、内幕信息知情人登记制度和内幕交易防控考核评价制度。（4）切实做好内幕信息登记管理工作，防止内幕信息知情人员泄露内幕信息和利用内幕信息买卖上市公司股票，有效防控内幕交易行为。（5）加强对业务洽谈人员和评估人员风险识别和评价能力的培训与考核。（6）针对每一项业务履行必要的风险评价与管理程序，恰当分析和评价评估机构及相关人员执业能力，并形成记录；同时，应收集并分析拟交易股权以往的评估及交易资料，关注股权交易各方的交易动机、管理层诚信记录以及委托方或其他相关当事方操纵评估结果的可能性，识别股权交易过程中可能存在重大风险的领域。（7）做好业务洽谈阶段的调查工作，在与委托方正式签订业务约定书之前，对拟委托事项进行必要了解，确信有能力满足委托方的合理要求，并能有效控制风险，不以股权交易过程中预先设定的价格作为评估结论。（8）在决定承接业务后，应及时与委托方签订业务约定书，明确委托事项，并按照业务约定书的规定履行相关义务，不得将业务转交给其他机构承办

二　评估对象的调查分析

评估师应对评估对象现状及其法律权属进行认真调查。对评估对象的勘查工作，是指对资产的数量、质量、分布情况、运行和利用（经营情况）等所做的抽查盘点，技术检测结果的收集、观察，获取运行记录和定期专业检测报告、行业调查等工作；对特殊资产实施勘查，可以聘请专家协助工作，但应当采取必要措施确信专家工作的合理性。评估师应当知晓采用不同的评估方法对同一资产勘查的方法和要求可能不一致。（1）在采用成本法评估时，资产勘查应当重点关注资产物理属性和技术属性，同时对资产的运行和使用进行适当关注；（2）在采用收益法时，资产的勘查应当重点关注资产的运行和使用情况、经营财务状况、行业发展状况等，同时对资产的物理属性和技术属性进行适当关注；（3）在采用市场法时，资产的勘查应当包括关注资产的物理属性和技术属性及资产的运行和使用情况，同时对参照物进行适当的现场调查。评估师实施资产勘查，应该由勘查人员做勘查记录，勘查记录的形式可以根据资产的类型和特性制定，包括但不限于表格记录形式、影像形式、符号标记形式等。

对委托方和相关当事方提供的评估对象法律权属资料和资料来源进行的查阅工作，是指对有关当事方提供的合同、发票、结算单、报关单、商检报告、房屋所有权证、国有土地使用权证、竣工验收报告、建设规划许可证、车辆行驶证及资产的抵押、质押等他项权利情况等权属资料进行查阅，如有必要可以核对原件，向有关管理登记机构查阅登记记录、函证等。评估师应当对委托方和相关当事方提供的评估对象法律权属资料和资料来源进行必要查阅及核实。

三　价值类型和评估假设的设定

评估师应恰当选择价值类型，并合理使用评估假设。一般来说，只有当资产投资者十分明确，投资者存在特殊投资意图，评估师才选择投资价值作为评估的价值类型。

资产评估假设一般包括前提、基本假设、具体假设、特别假设和非真实性假设等，评估师应当在评估报告中披露影响评估分析、判断和结论的前提、基本假设和具体假设，并说明其对评估结论的影响。前提通常包含：是否持续经营等；是否原地续用或异地续用等。基本假设通常包含对以下事项的假设：相关政治、法律、财政、经济等宏观情况；与评估对象经营活动相关的税收及企业法规；利率、汇率变化等。具体假设指的是在

表7-3　　　　　　　　　　　评估对象调查常见问题与监管关注事项

常见问题与弊病	监管关注事项
通常存在以下问题:(1)将企业看成是资产与负债的简单组合,将股权评估对象错误界定为资产负债表上各项资产和负债。(2)只调查股东结构及持股比例,没有关注与股权资产相对应的特殊权益与义务。(3)只调查公司设立时的章程和投资协议,没有关注补充协议或最新的公司章程。(4)采用收益法或市场法评估股权价值时,对企业的重要资产没有履行必要的现场调查。(5)没有关注和考虑评估对象存在的可能影响评估结论的重要事项,例如未缴纳或未足额缴纳土地使用权出让金、未缴纳或未足额缴纳矿业权价款所产生的权属瑕疵等事项	应当关注并督促资产评估机构:(1)股权评估对象是股东全部权益或股东部分权益,评估股权价值时应当把企业作为一个有机整体,不仅要考虑企业财务账内的资产和负债,也要考虑重要的可识别和评估的账外资产和负债,例如无形资产和或有负债等。(2)仔细阅读公司章程或投资协议,了解股东在利益分配、股权转让等方面的权利和义务是否存在特殊的约定,例如分红限制、清算约定和存在限售期等,并考虑其对股权价值的影响。(3)关注公司最新的工商登记情况和近期的董事会决议等材料,取得最新的公司章程,确信评估报告准确地反映了股东持股比例及各项权益。(4)采用收益法或市场法评估股权价值时,应当对评估范围内的重要资产和负债,通过询问、函证、核对、监盘、勘查、检查等方式进行必要的调查,了解其经济、技术和法律权属状况,及其对股权价值的影响。(5)如果存在影响评估结论的重要事项,应当要求委托方或被评估企业就该事项提供专项承诺等内部证明材料和律师函等外部证明材料,作为支持评估结论的依据;同时就该事项对评估结果的影响,采取如暂估负债、在盈利预测时考虑相关费用或在特别事项中进行披露等方式进行处理

评估中所采用的具体的评估假设,通常包含对以下事项的假设:对评估对象的物理、法律、经济状况的假设;对评估对象外部状况的假设,如市场状况或趋势、单项资产的情况;对评估分析中运用数据的完整性的假设;评估对象未来管理和业务运作战略/方向;企业未来财务预测中涉及的收入、成本、费用、资产、负债、现金流等;关联交易是不是以公平交易为基础等。如果假设会对评估结果有重大影响,该假设为特别假设,评估师应当单独考虑,并在报告中特别标明。如果假设(包括基本假设或具体假设)是为了特定的评估项目而做出的与真实情况相反的假设,该假设为非真实性假设,评估师应当单独考虑,并在报告中特别标明。特别假设和非真实性假设主要用于:该假设是分析并得出可靠评估结论所必需的;

评估师对该假设有合理的依据；该假设的使用使评估师得以进行可靠的分析；对该假设的披露满足本准则的要求。评估师应当在评估报告中说明如果基本假设、具体假设、特别假设和非真实性假设不成立，将对评估结论产生重大影响。总之，资产评估所使用评估假设的设定与使用应该建立在科学合理基础之上，包括评估前提假设、评估环境假设、资产利用程度假设、资产使用范围假设、资产利用效果假设等。价值类型和评估假设的设定常见问题及其监管关注事项如表 7 - 4 所示。

表 7 - 4   价值类型和评估假设的设定常见问题及其监管关注事项

常见问题与弊病	监管关注事项
通常存在以下问题：（1）混淆市场价值和投资价值的概念，在评估股权市场价值时，考虑了股权交易行为实施后的协同效应。（2）使用与企业所处政治、经济和法律环境，技术发展，市场前景，资产状况，经营能力，商业化程度等不匹配的假设条件。（3）在评估假设中设置免责条款以规避责任	应当关注并督促资产评估机构：（1）为上市公司股权交易进行评估，并以市场价值作为定价参考依据的，评估过程及结果不应当体现收购行为完成后的协同效应。（2）充分考虑企业所处政治、经济和法律环境，技术发展，市场前景，资产状况，经营能力，商业化程度等，合理设定与之相适应的假设条件。（3）合理确定评估假设，确信相关假设有可靠证据表明其很有可能在未来发生，或者虽然缺乏可靠证据，但没有理由认为这些假设明显不切合实际。对于重要的评估假设，应当说明其使用理由

四 评估方法的选择

在对股权进行评估时，评估师应逐一分析资产基础法、收益法和市场法三种基本评估方法的适用性，恰当选择评估方法，形成合理评估结论。在持续经营前提下，原则应当采用两种以上方法进行评估。如果只采用了一种评估方法，应当有充分依据并详细论证不能采用其他方法进行评估的理由。该条款对以往在股权评估中"一刀切"的做法进行了纠正，这样既防止了必需两种方法，又防止了只做一种方法。评估师根据评估目的、评估对象、价值类型、资料收集情况等相关条件，谨慎分析收益法、市场法和成本法（资产基础法）三种资产评估基本方法的适用性后方能确定评估的方法。这样也能有效避免以预先设定的交易价格的进行评估方法选择。评估方法的选择常见问题及其监管关注事项如表 7 - 5 所示。

表7－5　　　　　评估方法的选择常见问题及其监管关注事项

常见问题与弊病	监管关注事项
通常存在以下问题：（1）选择评估方法时，未考虑企业是否具备持续经营能力及其对评估方法的影响。（2）以持续经营为前提对股权进行评估时，未充分分析各种基本评估方法的适用性，在可以采用两种或两种以上方法进行评估的情况下，只采用一种评估方法。（3）评估方法的选择理由不充分，或者没有结合评估项目的具体情况分析选择依据。（4）对同一股权采用多种评估方法进行评估时，没有认真分析不同方法得到的评估结果存在差异的原因，对于各种方法在运用过程中出现的偏差没有进行复核并做出必要的调整。（5）对同一股权采用多种评估方法进行评估时，根据初步评估结果的高低进行取舍，形成不合理的最终评估结论；或者在形成最终评估结论时，选择初步评估结果的理由不充分，缺乏针对性	应当关注并督促资产评估机构：（1）对股权进行评估时，应逐一分析资产基础法、收益法和市场法3种基本评估方法的适用性。在持续经营前提下，原则上应当采用两种以上方法进行评估。除被评估企业不满足其中某两种方法的适用条件外，应合理采用两种或两种以上方法进行评估。如果只采用了一种评估方法，应当有充分依据并详细论证不能采用其他方法进行评估的理由。（2）评估方法的选择应有充分依据，不得只采用更接近预先设定的交易价格的评估方法进行评估。（3）对同一股权采用多种评估方法时，应当对使用各种评估方法产生的结果之间的差异进行分析，复核各种方法的适用条件、重要参数的选取依据、评估方法的运用过程等，结合差异原因判断评估结果的差异程度是否属于合理范围。例如，当收益法评估结果低于资产基础法评估结果时，应当关注相关资产是否存在如经济性贬值等情况；反之，则应当分析在运用资产基础法评估时，是否存在评估范围不完整等情况。（4）对同一股权采用多种评估方法时，应根据股权交易目的、不同评估方法使用数据的质量和数量，结合市场相关信息进行论证，综合判断并形成最终评估结论

五　资产基础法的运用

评估师如果采用资产基础法评估股权，应在合理评估企业各项资产和负债价值的基础上，确定评估对象的价值。[①] 资产基础法中的表外资产、负债项目需要资产评估师运用相关企业财务和非财务信息，判断表外是否存在企业权益形成的资产，或企业义务构成的负债。常见的表外资产项目可能存在方式有：（1）有获得专利管理机关颁发证书的专利或专利申请；（2）自创无形资产，该无形资产投入账面没有反映；（3）企业毛利率明

---

① 美国评估师协会（American Society of Appraisers）定义的资产基础法为：采用一种方法或多种评估方法，根据企业资产扣除负债后的价值确定经营组合、企业所有者权益或企业股票价值的常用评估方式。

显高于同行业平均水平；（4）存在某种形式的特许经营权（有特许权利法规可能不允许单独转让，但可以随企业权益一同转让）；（5）企业持有较知名商标（可能被冠以驰名商标等）；（6）存在著作权；（7）具有独特经营模式；（8）协议约定的企业获益形式，如优惠借款利率、优厚供应条件等。常见表外负债：（1）法律明确规定的未来义务，如土地恢复、环保要求等；（2）和其他经济体以协议形式明确约定的义务。资产基础法的运用常见问题及其监管关注事项如表7-6所示。

表7-6　　　　　资产基础法的运用常见问题及其监管关注事项

常见问题与弊病	监管关注事项
通常存在以下问题：（1）未对重要的可识别和评估的账外无形资产进行评估。（2）考虑资产贬值因素时没有充分关注和合理反映经济性贬值。（3）不恰当引用矿业权、土地使用权等其他专业报告结论。（4）在对应收账款的回收率、金融资产的市场价格水平、固定资产剩余经济寿命年限等事项进行判断时，没有关注与其他中介机构存在的重大分歧，没有对产生重大分歧的原因进行必要的调查分析	应当关注并督促资产评估机构：（1）充分分析资产基础法的适用条件，对存在大量不可识别和评估的账外资产或负债的企业，应谨慎使用资产基础法。（2）评估师应当根据企业会计政策、生产经营情况等情况，识别企业资产负债表表内及表外的各项资产、负债，并根据具体情况分别选用适当的方法进行评估。（3）对于重要的可识别的账外无形资产，应从资产取得、使用、维护等角度，分析其对股权价值的影响，并对其进行评估。（4）评估师应当考虑经济性贬值对资产基础法评估结果的影响，结合企业的收益和资产使用状况，关注持续经营前提下单项资产存在经济性贬值的可能性。（5）引用矿业权、土地使用权等其他专业报告时，应对专业机构的独立性与专业报告的可靠性进行必要判断，对其使用前提、假设条件和特别关注事项等进行必要分析，恰当引用专业报告的评估结果。例如，引用其他资产评估结果时，应确信股权评估范围不重不漏，评估报告与其他专业报告所依据的基础数据没有重大差异等。（6）关注其他中介机构对同一事项的专业判断结果，对双方存在的重大差异进行调查分析。除非有充分依据证明双方判断都符合相关专业技术规范，否则应当消除重大分歧或说明差异原因。例如，对于有确凿证据证明其可回收性的应收款项，应根据实际情况逐项确定评估值；对于没有确凿证据的，应按账龄分析法等方法估计款项回收风险

　　需要指出的是，《评估监管风险提示》关注了引用矿业权、土地使用权等其他专业报告的监管。引用报告所导致的问题系评估行业管理体制使然，矿业权、土地使用权评估隶属不同部委管理。当对一个整体企业进行评估时（特别是企业改制评估项目），受评估行业管理体制的限制，企业同时委托不同评估专业机构（如我国土地使用权和矿业权的评估）对企业资产分解评估，分解备案审批，资产评估机构将不同评估专业的评估结果合计汇总，得出企业整体价值。即使资产评估机构及其从业人员具备土地使用权或矿业权评估的执业能力，也不能进行土地和矿业权评估，或者不能出具单独的土地和矿业权评估报告，这时，就不得不在资产评估报告评估结果中汇总土地和矿业权评估报告的评估结果，从而形成了我国独有的评估引用模式，并被各界所默认。但这并不意味着资产评估机构没有任何责任，在现行体制下资产评估机构应当做好以下几个方面的工作。首先，核实所引用资产的状况。在土地使用权现场勘察资产时，对土地的账面记录、数量、面积、权属等进行核查，并与现场的土地估价师进行沟通；而涉及矿业权现场勘察时，对矿业权的账面记录、核算（摊销）、价款缴纳情况、产能、权属等进行核查，并与现场的矿业权评估师进行沟通。自行勘查形成的矿产地，其矿业权账面无记录，会计师也不会确认资产时，矿业权资产实际是评估师"确认"的。其次，特别关注所引用报告的特别事项。诸如土地使用权估价报告设定的用途、完善权属、抵押担保、地价定义等。矿业权资源储量评审备案、证载生产能力和实际产能的差异、价款的缴纳、权证有效期等。再次，关注所引用报告的审批制度等情况。根据现行制度，土地使用权和矿业权评估领域，存在对评估项目的备案（审批、核准等）的制度，应掌握这些制度，引用时，应关注所引用报告的有效、合法性等效力。根据现行有关规定，土地使用权估价、矿业权评估均需要相应行政主管部门备案。引用的专业报告，如应当经相应主管部门批准（备案）的，应当将相应主管部门的相关批准（备案）文件作为评估报告的附件。① 最后，重视引用土地使用权或矿业权结果的增减值分析，尤其是对账面原始入账价值、原始入账价值与评估价值内涵外

---

　　① 国土资源部：《关于印发〈企业改制土地资产处置审批意见（试行）〉和〈〈土地估价报告备案办法（试行）〉的通知》，2011 年 5 月 29 日国土资源部办公厅国土资厅发〔2001〕42 号。《国土资源部关于规范矿业权评估报告备案有关事项的通知》，2008 年 9 月 4 日国土资源部国土资发〔2008〕182 号。

延的一致性（或差异）、摊销政策、账面值等的关注和分析。

六　收益法的运用

评估师如果采用收益法评估股权，应当从企业盈利能力角度，合理衡量评估对象的价值。在以往操作中，有人往往认为采用收益法或市场法评估时只需要被评估单位提供相关财务报表就可以轻松通过所谓的数学模型估算出委估对象的市场价值。这个理解是错误的，也是片面的，首先，从收益法和市场法的操作规范上，评估师须识别溢余资产和非经营性资产。简单的几张报表是无法实施识别溢余资产和非经营性资产该程序的。其次，通过走访车间以及仓库，能对企业的生产能力有所了解，避免出现预测产能大幅超过企业产能。再次，通过对固定资产的勘察，对企业的未来的资本性支出有所了解。最后，通过对往来款的函证分析，能够有效帮助收益法预测中营运资金测算。总之，只有通过广泛深入的尽职调查，在能对企业有所深入的了解，为做好收益法和市场法做好相应的准备。收益法运用常见问题及监管关注事项如表7-7所示。

表7-7　　　　　　　　　　收益法运用常见问题及监管关注事项

常见问题与弊病	监管关注事项
通常存在以下问题：（1）在被评估对象不具备收益法使用条件的情况下，滥用收益法评估股权价值。（2）盈利预测依据不足，或者对企业管理层提供的盈利预测没有进行合理分析、判断和必要调整。（3）未经必要的调查和分析，直接假设管理层预测的营业收入、成本等能如期实现。（4）对历史经营数据没有进行认真分析，如没有区分并考虑非经常性损益和非经营性资产、负债对经营趋势判断的影响。（5）识别溢余资产和非经营性资产时不够谨慎，对溢余资产和非经营性资产判断依据不足。（6）未来收益预测中主营业务收入、毛利率、营运资金、资本性支出等主要参数与基于评估假设推断出的情形不一致，预测的生产能力与投资规模不匹配，筹资规模不能满足投资需要。（7）未充分了解企	应当关注并督促资产评估机构：（1）结合企业的历史经营情况、未来收益可预测情况和所获取评估资料的充分程度，恰当考虑收益法的适用性。对于产品或服务尚未投入市场、无盈利历史记录、持续经营存在不确定性的企业，应谨慎使用收益法。（2）分析委托方或被评估企业提供的盈利预测数据时，应尽量搜集企业战略发展规划、经营计划和财务计划等预测依据，获得未来盈利数据的支持，有效防范或降低预测风险。（3）审慎使用委托方或被评估企业提供的盈利预测资料，应充分分析被评估企业的资本结构、经营状况、历史业绩、发展前景，考虑宏观和区域经济因素、所在行业现状与发展前景对股权价值的影响，在考虑未来存在的各种可能性及其影响基础上合理确定评估假设，形成未来收益预测。（4）对盈利预测基础历史数据进行认真核实，必要时可聘请注册会计师对相关历史财务数据进行审计，或要求被评估企业提供经审计财务数据。对委托方和相关当事方提供的盈利预测，应进行必要的分析、判断和调整，不能简单假设

常见问题与弊病	监管关注事项
业所在行业或地区的特殊产业政策，收益预测和风险估算与可预见的企业未来发展情况存在重大偏差。（8）预测未来收益时对市场需求的了解和分析不充分。（9）对存在明显周期性波动的企业，采用波峰或波谷价格和销量等不具有代表性的指标来预测长期收入水平。（10）对历史上采用关联方销售定价的企业，在预测企业未来收益时没有分析定价的公允性及可持续性，直接选择关联交易所采用的价格作为预测价格。（11）对享有税收优惠政策的企业，在预测企业未来收益时没有分析优惠政策到期后企业持续享有该政策的可能性，直接按优惠税率预测长期税负水平。（12）确定收益期时，没有考虑国家有关法律法规、企业所在行业现状与发展前景、协议与章程约定、企业经营状况、资产特点和资源条件等因素的影响。（13）折现率的估算依据不足，主观随意性强，或与收益的风险程度不匹配	盈利预测能够如期实现。当盈利预测趋势和企业历史业绩与现实经营状况存在重大差异时，应当对差异原因及其合理性进行分析。（5）与委托方和相关当事方进行沟通，了解企业资产配置和使用的情况，重点关注不同时点企业的资产构成和规模变化，并结合行业特点和行业资产配置的平均水平，谨慎识别非经营性资产和溢余资产。（6）未来收益预测中主营业务收入、毛利率、营运资金、资本性支出等主要参数应与评估假设及各相关参数相匹配。（7）充分了解企业所在行业或地区的特殊产业政策，在预测收益和风险时恰当考虑上述产业政策影响。（8）预测未来收益时，不仅要考虑企业的生产能力，还应对市场需求进行充分了解和分析，合理预测未来年度的销售规模。（9）对存在明显周期性波动的企业，在预测企业未来收益时应充分考虑市场需求和价格的变动趋势，特别是对预测期后长期销售价格和数量的预测，应避免采用波峰或波谷价格和销量等不具有代表性的指标来预测收入水平。（10）对历史上采用关联方销售定价的企业，在预测企业未来收益时应分析定价的公允性及可持续性，恰当选择预测价格。（11）对享有税收优惠政策的企业，在预测企业未来收益时应分析优惠政策到期后企业持续享有该政策的可能性，谨慎考虑长期税负水平。（12）根据国家有关法律法规、企业所在行业现状与发展前景、协议与章程约定、企业经营状况、资产特点和资源条件等，恰当确定收益期。（13）综合考虑评估基准日的利率水平、市场投资收益率等资本市场相关信息，以及企业所在行业和企业本身的特定风险等相关因素，合理确定折现率。（14）采取收益法对上市公司重大资产重组中拟购买股权进行评估并作为定价参考依据的，应遵照《上市公司重大资产重组管理办法》的相关规定。（15）对于重要的敏感性较强的评估参数，如评估假设、价格水平、收益期限、折现率等，应当进行敏感性分析，分析其变动对评估结果的影响；资产评估机构应当制定敏感性分析的具体标准，增强敏感性分析的恰当性

七　市场法的运用

评估师如果采用市场法评估股权，应当从市场交易角度，合理衡量评估对象价值。同时，应当关注流动性和控制权对股权价值的影响。市场法的运用常见问题及其监管关注事项如表 7 - 8 所示。如果对由此产生的溢价或者折价进行评估，应当有充分合理依据支持评估结论。评估师应当在评估报告中披露评估结论是否考虑了流动性对评估对象价值的影响。影响流动性程度的主要因素有：（1）卖出权利；（2）股利分配；（3）潜在的买家；（4）交易股权的规模①；（5）上市预期及出售前景；（6）股权转让限制；（7）公司规模、绩效和风险。②

评估师评估股东部分权益价值，应当在适当及切实可行的情况下考虑由于具有或缺乏控制权可能产生的溢价或者折价，并在评估报告中披露评估结论是否考虑了控制权对评估对象价值的影响。一般可通过股权市场上控股权收购与一般非控股权交易价格的差异来估算控股权应该存在的溢价。

八　股权评估报告的披露

资产评估是专业人士向非专业人士及社会提供专业服务的活动，评估报告和评估结论是资产评估的基本产品。任何可能引起评估报告使用者及社会公众误解的评估报告及其结论都是资产评估不能容忍的。在评估报告中充分披露资产评估所依据和使用的评估假设，披露评估结论成立的前提条件、必要条件和限制条件，对于评估报告使用者正确理解和使用评估结论至关重要。评估师出具评估报告，应当在履行必要的评估程序后，恰当披露相关信息。股权评估报告的披露常见问题及其监管关注事项如表 7 - 9 所示。

---

①　经验证表明，在排除控制权影响的条件下，大规模的股权交易要比小规模的股权交易流动性折价多。100 万股以上需进大宗交易市场，统计数据表明为 9 折。

②　经验证据表明，公司的财务状况和缺乏流动性折扣密切相关。历史年度经营不佳、财务杠杆较高，主营业务不突出的公司流动性折价一般高于经营稳健的公司。

表7-8	市场法的运用常见问题及其监管关注事项
常见问题与弊病	监管关注事项
通常存在以下问题：（1）未充分考虑市场法的适用性，选取的可比企业与被评估企业不具有可比性，或者未选取足够的可比企业或交易案例。（2）对交易案例的背景情况了解不充分，或者没有充分考虑交易案例特殊的交易背景对交易价格的影响。（3）选取的价值比率不恰当，计算价值比率时所采用的统计数据不合理。（4）对可比企业的经营和财务数据了解不充分，没有发现被评估企业与可比企业之间存在的重大差异，并对被评估企业与可比企业之间的差异分析不充分，没有考虑相关差异，如流动性和控制权等因素对股权价值的影响，或者价值调整幅度不合理	应当关注并督促资产评估机构：（1）根据收集到的可比企业数量及其经营和财务数据的充分性和可靠性，恰当考虑市场法的适用性。不存在可比企业或交易案例的情况下，不应使用市场法。对被评估企业和参考企业所属的行业、业务结构、经营模式、企业规模、资产配置和使用情况、企业所处经营阶段、成长性、经营风险、财务风险等因素进行分析、比较，合理选择可比企业或交易案例。（2）对股权交易的对象、交易背景、交易条件和交易时间等进行调查，恰当选择交易案例或对交易价格进行相应的修正。（3）对被评估企业所在行业的价值驱动因素进行分析，结合证券市场、产权交易市场股权定价规律，选择有利于合理确定评估对象价值的价值比率和差异调整方法。（4）对各项数据的真实性、准确性和完整性进行必要的分析和判断，计算价值比率时恰当选择相关数据，合理确定数据的时间分布和统计方法，确信被评估企业和可比企业在价值比率的计算方法和数据口径上的一致性。（5）关注流动性和控制权对股权价值的影响。如果对由此产生的溢价或者折价进行评估，应当有充分合理的依据支持评估结论。（6）对于重要的敏感性较强的评估参数，如股票价格区间、价值比率种类等因素，应分析其变动对评估结果的影响；资产评估机构应当制定敏感性分析的具体标准，增强敏感性分析的恰当性

表7－9　　　　　股权评估报告的披露常见问题及其监管关注事项

常见问题与弊病	监管关注事项
通常存在以下问题：（1）评估报告披露的信息过于简单，或者没有突出评估项目的特点，不利于报告阅读者了解评估过程和理解评估结论。（2）对重大事件作出违背事实真相的虚假记载、误导性陈述，或者存在重大事实遗漏或不恰当披露。（3）对应由评估师进行必要分析和判断的事项，没有履行必要的调查分析或核实程序，直接提出免责条款	应当关注并督促资产评估机构：（1）评估报告应当结合评估项目的特点，充分披露必要信息，使评估报告使用者能够合理理解评估结论。（2）评估报告应当披露下列事项对评估结论的影响及影响程度：①产权瑕疵事项，包括但不限于产权证明文件中记载的事项（名称、规格、用途、他项权利等）与实际情况不符、未取得产权证明文件或相关律师意见等。②被评估股权和对应资产的抵押、质押事项（数量、期限）与涉及的未决诉讼、未执行判决事项。③评估基准日后、报告日前已获知的可能影响评估结论的重大事项。④与其他中介机构或所引用的土地估价报告、房地产估价报告、矿业权评估报告等判断或处理原则不同的事项。（3）评估报告应当披露评估范围与已经审计财务报表之间的对应关系，以及相关审计报告类型。（4）评估报告应当对履行现场调查的情况予以说明，如果未实施必要的现场调查，应说明具体原因及其对评估结论可能产生的影响。（5）评估报告应当披露被评估企业近三年是否有涉及本次评估对象的交易或评估行为，并在适当及切实可行的情况下披露其主要信息。（6）评估报告应当充分披露对评估结论有重大影响的评估假设，特别是针对行业特点的特殊假设或非持续经营前提等，并说明上述假设不成立时对评估结论的影响。（7）评估报告应当披露评估结论是否考虑了流动性和控制权对股权价值的影响。（8）对于重要的敏感性较强的评估参数，在评估报告中应当将分析结果予以披露。（9）采取收益法对上市公司重大资产重组中拟购买股权进行评估并作为定价参考依据的，评估报告应当披露预测年度的利润表或所预测收益与利润表之间的对应关系。（10）正确使用免责声明。对于应当由评估师进行必要分析和判断的事项，不能简单地作免责声明处理，应履行必要的调查、分析和核实等评估程序，并对评估结论的合理性承担责任

第八章 资产评估结果的准确性评价

国外通常将评估准确性或可靠性表述为 valuation accuracy，也称为 valuation reliability。准确而公允的评估结论既是资产评估的基本要求，也是资本市场资产评估监管的基本目标以及社会公众对资产评估的期望。

第一节 评估结果准确性含义及评价指标

一 评估结果准确性含义

评估准确性问题源于英国的 Singer & Friedlander 有限公司案例（1977），英国 20 世纪 80 年代前后发生了一系列公司私有化或接管活动。不同的资产评估鉴证公司对同一项资产的估价存在巨大差异，同时还存在私有化公司资产的销售价格远远超出评估值现象，并导致大量过失评估诉讼案件的产生。资产评估准确性研究可以划分为定性与定量两方面内容①，具体形式如图 8-1 所示。

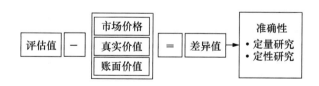

图 8-1 资产评估结果差异

---

① 马小琪、李汉铃：《国外资产评估准确性研究综述》，《哈尔滨工业大学学报》（社会科学版）2004 年第 2 期。

（一）资产评估准确性的定性研究

评估首要作用是价格的预测器（Harvard），估价准确性是估价与市场价格的贴切程度（Waldy）。估价差异是由不同估价师在同一时间、对同一资产出具的估价之间的差异。评估准确性是赢得客户信任的关键，是职业立业的根本（Baum）。不过，米林顿（Millington，1985）认为，评估准确性不可能存在，因为估价本身在反映波动的市场价格时就是异常的结果。Nickrench（2001）也指出，市场价值是一种估计值，评估师不能证明或测量评估值的精确性，虽然在法庭上或法官通常谈及"正确评估值"，而这一评估值也不能被证明是否正确或精确。

戴维·R.R. 帕克（David R.R. Parker）则认为，不准确性应与不一致性、不胜任概念相区别。不一致性是指估价师双方虽然有不同的信息侧重，但估价结果仍是与市场价格相符的情况。不准确性是指各方不能取得一致的估价，或结果与市场价格不相符的情况。不胜任是指各方不能取得一致的估价，或结果与市场价格不相符，而且其错误边际已经超出职业谨慎的责任范围。不一致性不能说明不准确性的程度。反之，不胜任不仅会引起上述问题，还会有涉嫌职业过失罪投诉的潜在问题。

（二）资产评估准确性的定量研究

英国最早将"错误边际"① 及"错误边际可接受水平"等概念用于司法解释中的估价不准确性及其水平范围。在司法中，一般情况下，可允许有10%的差异，在特殊情况下，可允许的边际是15%，即"错误边际可接受水平"为10%—15%。

估价定量准确性研究主要围绕"方差"和"价格预测的准确性"两个主题展开。方差是用来代表评估可靠性的一个基本理论方法，一般是通过对比不同估价师估价结果，进行估价差异（或方差）研究。方差表示评估值偏离平均值（由大量评估师同时对同一资产进行评估时产生）的程度。尽管在实务操作中很少发生对同一资产进行评估的情况（组合投资除外），方差仍然是表示评估值精确强度与潜力的良好标志。如果呈现高水平的方差，则意味着评估师之间的评估值彼此相异，且不能推定单一的评估师得出的评估值是可靠的。黑格和洛德（Hager and Lord，1985）

---

① 指在职业过失行为中产生的，它涉及估价师是否在执行估价过程中采取了合理的谨慎态度和技术。

邀请了 10 位测量师（评估师）分别对两种资产进行估价，结果彼此的估价有很大差异。黑格、洛德（1985）给出了"大约 5%"的接受范围。布朗（Brown，1991）选用 26 项属于同一基金的资产由两个评估师进行估价，发现两组结果有很高的相关性（98%），意味着估价准确性水平高。但这一结果不意味着单项资产估价相同，它们之间的差异仍然存在，只是由于资产的分散化使这种差异合理化了。[①] 哈钦森（Hutchinson，1995）研究了 10 名估价师对 14 种资产进行评估时产生的估价方差，80% 的估价偏离均值程度小于 20%。哈钦森等认为，从职业可信度角度，估价的"错误边际"范围应较为狭窄，并提出 5%—10% 的幅度范围。

　　"价格预测的准确性"则通过估价结果与销售价格的对比来确定估价准确性研究。布朗（1985）用 29 个资产样本将 1975—1980 年之间的交易价格与评估价格（均符合 RICS 的公开市场等要求）进行对比，得出一个高水平估价精确性研究结果（99%）。美国科尔、吉尔基和迈尔斯（Cole，Guilkey and Miles，1986）的研究显示了销售价格与评估值之间有 9.5% 的不准确性。鲍姆和克罗斯比（Baum and Crosby，1988）认为，可以达到 15%。Matysiak、Wang（1995）运用 1973—1991 年间 317 组评估值与交易值，用统计方法研究了准确性问题。其结果显示，销售价在 ±10% 估价内的概率为 30%，销售价在 ±15% 估价的概率为 55%，当提升至 ±20% 水平时，概率为 70%。他们还发现，市场在牛市时估价师有低估趋向，在熊市时有高估趋向，从而提供了牛/熊市环境对评估数字有重大影响的证据。[②] Matysiak、Shepherd（1996）总结了在英国大多数人所认可的观念，指出超出"正确估价"10% 的幅度将使估价师陷于被判过失罪的风险。由此可见，从文献角度，这一范围在 5%—15% 之间，而在法庭案例中，这一数字往往是 10%—15%。Nicole Lux、Gianluca Marcato（2001）选择欧盟中的法、德、新西兰、英国四国来研究组合资产评估准确性问题，结果显示，每一个国家的混合部门资产组合中，不管组合资产规模如何，实际值与评估值之间的平均差异为 −17.4% 和 11.5%，在资产组合超过 250 种资产后，标准偏差大幅度下降，但各国显现不同的下降

---

　　① ［UK］Brown，G. R.，Matysiak，G.，Sticky Valuations，Aggregation Effects and Property Indices. *Journal of Real Estate Finance and Economics*，2000（1）.

　　② Matysiak，G. and Wang，P.，Commercial property market prices and valuations：Analysing the correspon‑dence ［J］. *Journal of Property Research*，1995（12）.

幅度。澳大利亚 David R. R. Parker 博士采用问卷调查与个案调查的方法，发现澳大利亚在估价准确性方面的精度要大于其他国家的实证研究结果，即在澳大利亚要求的评估准确性的可接受水平范围较低（5%—10%）。[①]

关于不确定性产生的原因，蒂姆·哈佛（Tim Harvard，1999）调查了来自不同规模，不同业务领域、具有不同执业经验的40位评估师，总结出知识和经验、对信息的理解、信息的可用性、程序、评估固有特性、资产或市场环境、方法、一般错误、其他原因九个方面是方差形成的原因，并总结出质量检查程序、谈判程序、人员培训、信息捕捉及其适用性、其他五种降低差异的办法。[②] 尼尔·克罗斯比（Neil Crosby，2003）以资产评估活动会比照资产销售日期进行时间安排与调整为研究视角，来研究评估的准确性问题。他们认为，由于时间迟滞以及估价中公开市场假设条件的不现实，人们将很难判断估价结果是否正确。[③]

二　资产评估期望差

（一）资产评估期望差的成因

"资产评估期望差"是由评估报告使用者、社会公众所期望资产评估与资产评估职业界所宣称的资产评估存在的差异。此外，没有遵循资产评估准则也会导致期望差。也有人将期望差归结于使用者的混淆、广泛的误解、无知或者缺少教育。波特（Porter）分析将注册会计师审计期望差大致分为三个独立的部分：未达标准行为（16%）、缺乏标准（50%）、不合理的预期（34%）。由于缺乏标准的事实可以很容易进行修改，因此更加容易降低期望差距的这个组成部分，缺乏标准的部分被认为是最客观的，而不合理的预期和未达标准的行为是更为主观的部分。即使不合理的预期是主观的，它仍然是构成期望差显著比例的部分，是不可以被忽视的。期望差组成部分的性质使得期望差距难以消除。Pierce 和 Kilcommins 对审计报告使用者误解的差距要素进行研究包括：（1）职责；（2）道德和法律的框架；（3）责任；（4）审计报告。职责的组成包括舞弊和错误，许多评论家

---

① Graeme, N., Rohit, K., The Accuracy of Commercial Property Valuation, Working Paper School of Land Economy University of Western Sydney 1998.

② Tim, H., Why do valuers get it wrong? A survey of senior commercial valuation practices, RICS Research Conference, The Cutting edge. 1999.

③ Neil, C., Steven, D., Tony, K., George, M., Valuation accuracy：Reconciling the timing of the valuation and sale European Real Estate Society, 2003 (6).

发现相关检查和报告舞弊时期望差距将达到最大。第二个要素道德和法律的框架包括审计师的独立性，审计师任命和监管。

（二）缩小或降低资产评估期望差方法

缩小资产评估差距的手段包括：（1）一份提供给使用者告知其资产评估人员实际做了什么工作的范围；（2）加强资产评估人员的独立性意识的补充性报告；（3）加强资产评估教育；（4）扩大资产评估人员的责任，从而解决资产评估期望差。

具体而言，对于未达标准的行为的组成部分，财政部、中评协、证监会等的定期和不定期检查，并处以相应的惩罚有助于减少未达标准的行为组成部分；对于缺乏标准的组成部分，应当强化准则中的规则导向成分，并提供一致性的准则解释。对于不合理的预期，应当通过对资产评估原理及资产评估准则的宣传、教育等，使公众合理理解资产评估的结果。

三　评估准确性理论分析

《资产评估准则—基本准则》第二条指出："本准则所称资产评估，是指 CPV 依据相关法律、法规和资产评估准则，对评估对象在评估基准日特定目的下的价值进行分析、估算并发表专业意见的行为和过程。"美国估价师协会企业价值评估准则强调："评估方法和程序的选择和重要性取决于评估师的职业判断，而不以任何预定的公式为基础。一种或多种方法也许和某一特定环境无关，但一种评估法下的多种方法都有可能与这种环境有关。"上述准则或观点至少揭示了以下两点：

（1）资产评估结果应当与评估基准日的特定环境相匹配（见图 8 - 2）。鉴于某一资产的评估值是基于一定时期和相关的法律、法规和资产评估准则做出的，该资产评估值必然与该时期的重置成本、价格、收益等市场参数水平相匹配，否则将会违背替代、预期收益、供求、评估时点等资产评估基本原则。此外，从系统论、战略管理理论视角看，某一资产的评估值应当是特定环境下相关参数相互作用和计算的结果，不同时点和不同环境，相关参数将会发生变化。同时，被评估资产所处的竞争环境、产业环境、宏观环境等呈现相互影响、传导的关系。

（2）评估目的、评估假设及职业判断。评估目的不同，同一资产具有不同的评估值。同时，鉴于所有评估都是在评估基准日基于声明的假设或特殊假设获得的资产价值意见。与所有意见相似，所伴随的主观程度将千差万别，这些不同的出现可能源于参数的固有特征、市场或评估师可获得的信息。例如，不可预见的宏观经济或政治危机可能对市场造成突然的和显著的影响，这可能表现为惊慌仓促地买入或卖出，或简单地不愿意交易，直到看清对市场价格的长期影响。如果评估基准日与这样事件的直接后果巧合，则任何估价所基于的数据可能是令人混淆、不完整或不一致的，对其所附带的确定性有不可避免的影响。

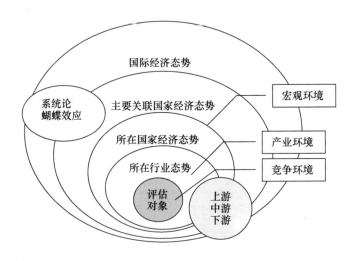

图 8 - 2　评估对象价值与环境的关系

四　评估准确性或一致性评价指标

（一）准确性评价的含义及其注意事项

准确性为评估值与实际价格的接近程度。澳大利亚评估准则规定，为了显示公平并获得法庭或法院支持，评估结果应当保持准确性和一致性。准确性（精度）评价应当有明确的既定标准，并能被独立审计或评价。一般而言，准确性是评价评估基准日所得出的评估值与市场上证据一致性的重要指标。目前，一些国家或地区的做法是在评估基准日后，以两个月的时间为检测期，测试相关证据对评估值的影响。原因在于，除个别及偶然因素外，在相对较短时间内，资产价值的影响因素是不可能发生较大改变的。倘若相关市场参数上升或下降幅度过大，则检测期限及参数的选择也应相应调整，可接受参数的变化程度反映了市场证据的可比性。可用的评估值与实际价格被假定为 n 个资产，表 8 - 1 中的定义是相关计算的基础。

表8-1   准确性评价指标

资产	1	2	……	n
评估值	V_1	V_2	……	V_n
实际价格	a_1	a_2	……	a_n
比例	$r_1 = V_1/a_1$	$r_2 = V_2/a_2$	……	$r_n = V_n/a_n$
错误百分比	$P_1 = (a_1 - V_1)/a_1$	$P_2 = (a_2 - V_2)/a_2$	……	$P_n = (a_n - V_n)/a_n$

需要注意的是，错误百分比在数学术语中被称为"取绝对值"，例如，$|(a_1 - V_1)|$，即表示表达应被视为正数。准确性很容易被理解为误差百分比，它可以指实际价格与评估值的偏差。其中评估值低于实际价格的百分比误差的计算方法为（实际价格－评估值）／（实际价格），如果估值高于实际价格的百分比误差的计算方法为（评估值－实际价格）／（实际价格）。最理想的误差为0，而15%以内的误差通常被认为是可以接受的。

评估值与实际价格比率具有评价准确性的等价效果，如果估值小于实际价格，它等于100减去误差百分比；如果估值大于实际价格，则等于100加上误差百分比。因此，如果估值小于实际价格，10%的误差百分比等于90%的比例；如果该估值大于实际价格，则为110%。

准确性评价应注意以下事项：①应当对市场销售或租赁等数据进行调查，并在相关时间长度范围内。②相关数据应当来自同一市场，并为销售或租赁的一般水平。③用于评价的评估方法应当一致，并能审核。④使用条件和准则应当一致。⑤准确性一般反对0的理想误差百分比或1的理想比例。⑥不同国家对评价评估值准确性的时期可能存在差异。如澳大利亚使用评估基准日前两个月或后两个月的市场数据。

（二）准确性评价指标及其计算

评估值允许误差范围检验问题一直是资产评估理论研究难题，我们设置了4个评价指标（见表8-2），并对各指标的具体计算及应用条件进行了讨论。

表8-2   准确性评价指标及其应用概况

指标	公式	适用范围
分散系数（COD）	基于个体比率之间的差异估值对于实际价格和总样本中所有比值的平均数	大样本下实际价格变化收集相同个体比率的90%会产生COD

指标	公式	适用范围
平均百分比误差（*MPE*）	作为平均百分比误差形成，意味着所有估值与相应的实际价格是一致的	在总样本下实际价格有一个很大的变化时可应用 *MPE*
平均差异（*MD*）	*MPE* 乘选择的实际价格得到 *MD*	在总样本下实际价格有一个很大的变化时可应用 *MD*
高估值百分比（*PHV*）	通过计算评估价值的数量，这个数的总数除以估值是低于或高于相应的实际价格乘以 100 就是高估值百分比（*PHV*）	样本大小至少 40 以上。*PHV* 能够应用于在总样本下的实际价格有一个很大的变化

（1）分散系数（*COD*）。这是一个被广泛接受和使用的评价指标，它是基于根据估值比上实际价格计算出来的个体比率与比值中位数之间差异的平均数得到的。平均差异（忽略差异的标志）用平均比率和百分比表示。*COD* 的评估价值低于 15% 的预期。*COD* 是有关评估值一致性的首要方法，由于其形成于个体比率和中值比率之间的差别，因此，收集相同的个体比率的 90% 会产生 *COD*，即使估值不准确。然而在实践中，不是所有的比例都是相同的，作为一个因子的平均比的确提供了一种调整误差的形式。因此，*COD* 是一种结合精确性和一致性的方法。在大样本下的实际价格的变化能够应用 *COD*，通过多种收集对于精确性的比较提供了有意义的方法。具体计算公式如下：

首先，计算比值的中位数 $\tilde{r}$。然后，再计算分散系数（*COD*）。

$$COD = 100[\,|(r_1 - \tilde{r})| + |(r_2 - \tilde{r})| + \cdots + |(r_n - \tilde{r})|\,]/[\,n\,\tilde{r}\,]$$

（2）平均百分比误差（*MPE*）。预期 *MPE* 值一般小于 10%。作为平均百分比误差，这是一个简单的和强大的精度测量，它意味着所有估值与相应的实际价格是一致的。*MPE* 增加暗示着精确性的降低。在总样本下实际价格有一个很大的变化时可应用 *MPE*。同时对于精确性的比较也提供了一个有意义的基础。

$$MPE = \{P_1, P_2, \cdots, P_n\} \text{ 的中间值}$$

（3）平均差异（*MD*）。在评估价值和实际价格之间做一个简单计算的差别，使用平均数百分比误差表现误差的大小是可用的。*MPE* 乘以任何选择的实际价格得到 MD。例如，如果 MPE 是 5% 和所选择的实际价格是 100000 美元，则 MD 是 5000 美元。

$$MD = a \times MPE$$

（4）高估值百分比（PHV）。精度不仅关注于评估价值如何接近实际价格而且存在于估值的偏差。理想情况下，估值应该关注实际的价格约等于对实际价格的估值。在总样本下计算与实际价格相比高估与低估资产数量是一个简单的措施。计算评估价值高估的资产数量，用这个数除以估值是低于和高于相应的实际价格资产数量之和，再乘以 100 就是高估值百分比（PHV）。若 PHV 是 50% 在总样本的估值是无偏估计。若更多证据表明 PHV 超过 50% 则为一贯高估发生；若更多证据表明 PHV 低于 50% 则为一致的低估发生；PHV 的范围 35%—65% 就会引起关注，这些标准只适用于样本大小至少在 40 以上的情况。PHV 能够应用于总样本的实际价格有很大变化的情况，通过多种收集 PHV 对于误差提供了理论基础。在大样本下 PHV 有一个额外的作用就是对于内部一致性的检查。如果实际价格按大小排序，计算 PHV 为两个或两个以上的计算子群和获得值提供了一种检查一致性的手段。设 n_+ 是估值高于实际价格的资产数量，n_- 是估值低于实际价格的资产数量，则，

$$PHV = 100 n_+ / (n_- + n_+)$$

第二节　资产价格实证研究理论分析

经济学是资产评估的基础，美国三位 2013 年诺贝尔经济学奖得主尤金·法玛（Eugene Fama）、彼得·汉森（Peter Hansen）、罗伯特·席勒（Robert Shiller）的学术贡献对资产评估的影响体现在两个方面：一是资产评估中公允价值、市场价值、公开市场假设、内在价值、价值与价格关系等基本理论研究；二是在资产评估实践中预期收益预测、无风险报酬率、风险报酬率、折现率、市盈率、β 系数、流动性折扣比例、控制权溢价等参数的取值及其检验。

一　资本市场趋势的可预期性

"可预期性"是 2013 年诺贝尔经济获奖成就的核心，20 世纪 60 年代初，法玛及其合作者通过研究发现：股票价格及其价格波动在短期内非常

难以预测，遵循"随机行走"的轨迹，新的信息总是以非常快的速度影响股价走势（法玛，1965）。但从长期视角看，资产价格并不是"随机游走"，而是可以预测的，即股票价格的长期走势可以预测（席勒）。换句话说，几乎没什么方法能准确预测未来几天或几周股市的走向，但通过研究可以对三年以上的价格进行预测。这一看起来自相矛盾、极富哲理和辩证法的理论，对股票资本市场的研究和实践产生了深远影响，并为合理解释与理解现实资本市场奠定了基础。三位学者的发现既改变了市场惯例，对后续研究产生了深远影响，也改变了市场交易和预测行为，并进一步推动资产定价朝着可预期性发展。

"可预期性"对资产评估收益法的收益预测期限划分具有奠基性作用，以企业价值评估为例，通常是采用分段法预测企业收益，根据被评估企业及其所在行业现状和发展前景，将年限分为明确的预测期（未来若干年）和明确的预测期后期间或永续期两个阶段（见图8-3），前者各年的收益一般不等，后者则采取年金、增长率等方式模型化企业的预期收益。

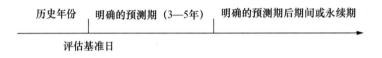

图8-3　收益预测期限划分

二　有效市场假说

法玛所谓的"有效市场假说"（Efficient Market Hypothesis，EMH），是指由于竞争和自由进入，金融市场上的资本市场价格已经包含了影响资产基本价值的所有信息。该假说认为，如果相关信息不被扭曲，并能够立即、无偏见地在证券价格中得到反映，那么市场就是有效的。有效市场假说最主要的推论或隐含的前提条件是，市场参与者的相互作用与信息传播阻止了个体投资者在充分竞争的资本市场上获得既定收益，任何战胜市场的企图都是徒劳的，因为股票的价格已经充分反映了包括所有公开的公共信息和未公开的私人信息，在股票价格对信息的迅速反应下，不可能存在任何高出正常收益的机会，除非"具有预测能力"。同时，根据市场的有效程度，法玛进一步将有效市场划分为弱式检验、半强式检验、强式检验三种形式。在弱式有效市场，任何投资者都不能依靠对历史价格数据或回报信息的分析获得额外报酬；在半强式有效市场，任何投资者都不能依靠对公开信息的分析获得额外报酬；在强式有效市场，任何投资者都不能依靠对任何渠道、任何形式信息的分析获得额外报酬，这些信息不管是公开的还是未知的。强式检验研究的对象是专业投资者或内幕人士的收益率。

众所周知，市场价值和公开市场假设是资产评估的核心概念，二者隐含着市场对该资产在当时条件下有效使用的社会认同。前者是资产评估最为常见的价值类型，它要求同时满足的要素有：市场应当是充分活跃的；买卖双方是自愿的，当事人双方应当各自精明、谨慎行事，不受任何强迫压制；有充分的展示期，评估基准日前进行了正常的市场营销；达成公平交易价值的估计数额。后者则是资产评估中的一个重要和使用频率较高的假设，是对资产拟进入的市场条件及其接受何种影响的一种假定，其他假设都是以公开市场假设为基本参照。公开市场假设条件包括：充分发达与完善；有自愿的买者和卖者；竞争性市场；买卖双方地位平等；有获取足够市场信息的机会和时间；交易行为是自愿的、理智的、不受条件限制的。凡是能在公开市场上交易、用途较为广泛或通用性较强的资产，都可以考虑按公开市场假设前提进行评估。

由此可见，有效市场假说不仅为资产价格实证分析提供了科学的研究框架和理论基础，也为资产评估市场价值和公开市场假设概念的厘定及其在资产评估实践中的合理运用奠定了基础。

三　资产价格的实证分析

资产价格行为是储蓄、购房和国家经济政策等多种决策的关键，对资产的错误定价可能导致金融危机。基于有效市场的前提和经济学中的资产概念，资产价格等于其预期未来现金流的贴现值。资产定价实证分析有两种解释：一是理性投资者对资产价格的不确定性，资产价格风险与回报率呈同方向变化；二是理性投资者行为的偏离（认知过程的情绪、感情、偏好、态度等心理特征对资产定价的影响）。上述两个方面含有四个因素，一是波动风险和风险态度，二是行为偏差和市场摩擦。波动风险是指由企业的商品市场价格变动导致的衍生工具价格变动或价值变动而引起的风险。风险态度指人对风险采取的态度，一般分为风险厌恶、风险中性和风险偏好三种。偏差行为是一定时期社会中社会成员不同程度地偏离或违反了既有的社会规范行为。市场摩擦是金融资产在交易中存在的难度，分真实摩擦和信息摩擦两部分。市场摩擦的具体测定指标有递要价差、有效价差、交易价差、Roll 价差、日价格影响、开盘价变动幅度等。

资产是一个具有多角度、多层面的概念。作为资产评估对象的资产，其内涵更接近于经济学中的资产，即特定权利主体拥有或控制的，能够给特定权利主体带来未来经济利益的经济资源。收益法是资产评估的三大方法之一，收益法的资产评估值即等于其预期未来现金流的贴现值，计算基本公式为：评估值 = 各期预期收益额 × $[1 + (无风险报酬率 + 风险报酬率)]^{-期数}$。评估师对风险的态度、情绪、感情或偏好都会对收益预测、风险报酬率计量等产生影响，进而影响资产的评估值。

四　FF 模型

FF 模型（Fama – French）是指由法玛（Fama）和弗伦奇（French）于 1993 年提出的三因素模型及其分析范式，并在实证中获得广泛支持和应用，目前仍然统治着金融学术界和实务投资界。在资产定价方面，夏普（Sharpe，1964）、林特纳（Lintner，1965）、布莱克等（Black et al.，1972）提出的资本资产定价模型（CAPM）具有开创性贡献，主张股票收益仅与整个股票市场的系统风险有线性关系，即将资产收益率仅归因于市场收益率单一风险因素，而忽略市场价值等因素。FF 模型在对美国1963—1991 年和其他国家的数据实证研究基础上，提炼和归纳出市场风险、市值风险、账面市值比风险三个关键因子，进而解决了 CAPM 模型 β 系数未能反映风险因素的补偿问题。FF 模型实证结果表明：企业规模与股票超额收益率呈反向变动关系，账面市值比与股票收益率呈更显著的正相关关系。β 系数对股票平均收益率横截面数据的解释能力很弱，而市值和账面市值比因子的解释能力很强。不过，FF 模型并不代表着资本定价模型的完结，其中还有短期反转、中期动量、波动、偏度、赌博等诸多未被解释的因素。

FF 模型对资产评估中折现率、企业资产重组效应、流动性折扣比例、控制权溢价、市场价值溢价等参数的确定及实证检验具有重要的理论与应用价值。

五　广义矩

拉尔斯·彼得·汉森的主要贡献在于发现了在经济和金融研究中极为重要的广义矩方法（1982，Generalized Method of Moments，GMM）。GMM是现代计量经济学中一种重要而又通行的经济模型统计方法，是基于在模型实际参数满足一定矩条件下，形成的一种参数估计方法，是矩估计方法的一般化。GMM 克服了普通最小二乘法、工具变量法和极大似然法等传统计量经济学估计方法自身的局限性，不需要知道随机误差项的准确分布信息，允许随机误差项存在异方差和序列相关，因而得到的参数估计量比其他参数估计方法更有效。GMM 提供了合理预期模型、面板数据模型、连续时间模型及半参数模型等解决许多设定形式估计问题的有效途径，适宜于解决金融市场上利用远期汇率预测未来即期汇率走势时所碰到的序列相关性问题，其中相关内容为估计和检测资产定价的合理性提供了检验依据，对解释资产定价大有帮助。

第三节　市盈率、总市值与 GDP：初步评价

一　上市公司行业分类及其市盈率、市净率、股息率

市盈率通常指的是静态市盈率（普通股每股市场价格/普通股每年每股盈利），它是最常用来评估股价水平是否合理的指标之一。一般认为，如果一家公司股票的市盈率过高，该股票的价格具有泡沫，价值被高估。但是市盈率高的股票有可能在另一侧面上反映了该企业良好的发展前景。市净率指的是市价与每股净资产之间的比值，又称为收入乘数，比值越低意味着风险越低。市销率适用于确定一个市场板块或整个股票市场中的相对估值。市销率越小（比如小于 1），通常被认为投资价值越高，这是因为投资者可以付出比单位营利收入更少的钱购买股票。股息率是股息与股票价格之间的比率。在投资实践中，股息率是衡量企业是否具有投资价值的重要标尺之一。

为规范上市公司行业分类工作，根据《中华人民共和国统计法》、《证券期货市场统计管理办法》、《国民经济行业分类》等法律法规和相关规定，制定《上市公司行业分类指引》（以下简称《指引》）。《指引》以在中国境内证券交易所挂牌交易的上市公司为基本分类对象，规定了上市公司分类原则、编码方法、框架及其运行，将上市公司划分为 19 个门类和 90 个大类，自 2012 年起施行。2012—2014 年证监会公布的行业平均市盈率、市净率、股息率以及板块平均市盈率、板块平均市净率、股息率如表 8 - 3、表 8 - 4、表 8 - 5 和表 8 - 6 所示。

表 8 – 3　　　　　　　　　　　　证监会行业平均市盈率

行业代码	行业名称	平均静态市盈率				平均滚动市盈率			
		2012 年	2013 年	2014 年	平均	2012 年	2013 年	2014 年	平均
A	农、林、牧、渔业	39.30	47.05	65.02	50.46	35.74	44.74	60.43	46.97
B	采掘业	12.76	11.76	11.44	11.99	12.9	12.43	11.71	12.35
C	制造业	22.18	24.25	28.37	24.93	20.91	23.67	26.36	23.65
D	电力、煤气及水的生产和供应业	22.32	19.34	14.41	18.69	21.42	15.58	12.15	16.38
E	建筑业	12.57	11.57	10.14	11.43	11.90	10.81	9.23	10.65
F	交通运输、仓储业	11.45	13.05	15.85	13.45	12.03	13.02	15.15	13.40
G	信息技术业	34.17	45.10	58.15	45.81	33.72	42.06	53.52	43.10
H	批发和零售贸易	21.65	21.60	26.27	23.17	20.34	21.92	24.21	22.16
I	金融、保险业	8.81	7.93	6.79	7.84	7.91	7.28	6.25	7.15
J	房地产业	16.08	14.35	12.83	14.42	15.31	13.36	12.05	13.57
K	社会服务业	30.68	36.15	34.14	33.66	28.14	30.54	30.67	29.78
L	传播与文化产业	33.70	39.37	42.43	38.50	29.91	34.98	37.61	34.17
M	综合类	22.59	29.58	33.97	28.71	21.45	30.18	32.28	27.97

表 8 – 4　　　　　　　　　证监会行业平均市净率、股息率

行业代码	行业名称	平均市净率				平均股息率			
		2012 年	2013 年	2014 年	平均	2012 年	2013 年	2014 年	平均
A	农、林、牧、渔业	3.29	3.24	3.57	3.37	1.19	0.87	0.36	0.81
B	采掘业	1.85	1.48	1.28	1.54	3.08	3.41	3.61	3.37
C	制造业	2.43	2.37	2.60	2.47	1.29	1.30	1.08	1.22
D	电力、煤气及水的生产和供应业	1.76	1.71	1.62	1.70	1.94	2.07	2.50	2.17
E	建筑业	1.48	1.39	1.24	1.37	1.29	1.44	2.02	1.58
F	交通运输、仓储业	1.35	1.26	1.43	1.35	2.50	2.92	2.34	2.59
G	信息技术业	2.47	3.26	4.50	3.41	1.08	0.74	0.49	0.77
H	批发和零售贸易	2.46	2.24	2.43	2.38	1.01	1.01	1.00	1.01
I	金融、保险业	1.40	1.25	1.07	1.24	3.31	3.88	4.39	3.86
J	房地产业	2.11	1.90	1.74	1.92	0.88	1.22	1.63	1.24
K	社会服务业	3.07	3.23	3.54	3.28	0.85	0.79	0.72	0.79
L	传播与文化产业	3.22	3.88	4.26	3.79	0.79	0.93	0.61	0.78
M	综合类	2.28	3.85	3.40	3.18	1.00	0.43	0.45	0.63

表 8 - 5　　　　　　　　　　　板块平均市盈率

板块名称	静态市盈率				滚动市盈率			
	2012 年	2013 年	2014 年	平均	2012 年	2013 年	2014 年	平均
上海 A 股	12.41	11.47	11.06	11.65	11.51	10.84	10.26	10.87
深圳 A 股	23.50	26.00	29.80	26.43	22.59	24.92	27.53	25.01
沪深 A 股	14.54	14.14	14.52	14.40	13.58	13.37	13.44	13.46
深市主板	19.32	19.81	20.18	19.77	18.46	18.66	18.29	18.47
中小板	27.50	30.66	36.84	31.67	26.55	29.85	34.64	30.35
创业板	34.55	45.46	60.96	46.99	33.15	44.6	58.07	45.27

表 8 - 6　　　　　　　　　　板块平均市净率、股息率

板块名称	平均市净率				平均股息率			
	2012 年	2013 年	2014 年	平均	2012 年	2013 年	2014 年	平均
上海 A 股	1.71	1.53	1.44	1.56	2.42	2.74	2.86	2.67
深圳 A 股	2.56	2.57	2.84	2.66	1.23	1.13	0.88	1.08
沪深 A 股	1.91	1.77	1.78	1.82	2.05	2.18	2.10	2.11
深市主板	2.24	2.1	2.06	2.13	1.12	1.19	1.19	1.17
中小板	2.95	2.96	3.36	3.09	1.33	1.17	0.80	1.10
创业板	2.81	3.61	4.91	3.78	1.27	0.91	0.44	0.87

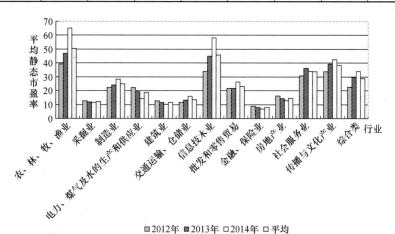

图 8 - 4　不同行业平均静态市盈率

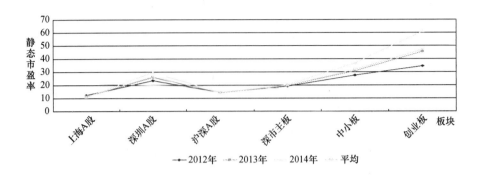

图8-5 不同板块平均静态市盈率

图8-4、图8-5表明，2012—2014年，我国资本市场不同行业、不同板块的平均静态市盈率存在显著差别。从行业数据看，行业平均市盈率介于7.84—50.46之间，农、林、牧、渔业，信息技术业以及传播与文化产业、社会服务业的行业平均市盈率依次排在前四位，市盈率最低的为金融、保险业（7.84）。从板块数据看，平均市盈率为11.65—46.99，上海A股最低，而创业板最高。

二 市盈率水平与企业价值的关系

（一）基于市盈率的判断

根据资产评估理论，企业价值评估值（V）等于委托评估企业净利润（P）与可比企业市盈率（M）乘积，即$V = P \times M$。作为衡量上市公司价格和价值关系的一个指标，市盈率高低并没有一个绝对的评判标准，它与该国货币的存款利率水平有着紧密联系。统计数据显示，上海证券综合指数平均市盈率的最低点是16倍（2005年6月6日），最高点是68倍（2007年10月16日）。美国股市的市盈率通常在21倍左右，而处于经济高速增长的中国则在31倍左右。市盈率与企业价值的一般关系如表8-7所示。

表8-7　　　　市盈率水平与企业价值的一般关系

市盈率	<0	0—13	14—20	21—28	>28
企业价值	负	被低估	正常水平	被高估	股市出现投机性泡沫

　　席勒从 20 世纪 80 年代初就对占据主导地位的有效市场假说提出挑战，认为资本市场的泡沫表现为和实体经济相关不大的预期收益率变动部分，股票市场的巨大波动性大大超出了投资者的理性预期，股票价格波动无法用红利波动性来解释。席勒运用数学模型深入研究资产的价格波动，发现股价波动幅度明显大于股息的波动水平，二者之间呈反比例关系，市盈率在到达高位时就会倾向于下调，而在低位时就会倾向于上涨。这种波动模式不仅仅适用于股票市场，也适用于债券或其他资产形式。同时，席勒比较了美国近 140 年来股票市场市盈率变化情况，指出在 20 世纪 90 年代末期，美国股票市场指数大幅上涨是脱离实际经济运行的反常现象，认为市场价值被明显高估，进而详细分析了导致这种非理性繁荣的原因，并因成功预测了 2000 年网络股泡沫崩溃而声名鹊起。

表 8-8　　　　　　　　不同行业市盈率水平与企业价值关系

行业代码	行业名称	2012 年	总市值	2013 年	总市值	2014 年	总市值
A	农、林、牧、渔业	39.30	投机性泡沫	47.05	投机性泡沫	65.02	投机性泡沫
B	采掘业	12.76	被低估	11.76	被低估	11.44	被低估
C	制造业	22.18	被高估	24.25	被高估	28.37	投机性泡沫
D	电力、煤气及水的生产和供应业	22.32	被高估	19.34	正常水平	14.41	正常水平
E	建筑业	12.57	被低估	11.57	被低估	10.14	被低估
F	交通运输、仓储业	11.45	被低估	13.05	被低估	15.85	正常水平
G	信息技术业	34.17	投机性泡沫	45.10	投机性泡沫	58.15	投机性泡沫
H	批发和零售贸易	21.65	被高估	21.60	被高估	26.27	被高估
I	金融、保险业	8.81	被低估	7.93	被低估	6.79	被低估
J	房地产业	16.08	正常水平	14.35	正常水平	12.83	被低估
K	社会服务业	30.68	投机性泡沫	36.15	投机性泡沫	34.14	投机性泡沫
L	传播与文化产业	33.70	投机性泡沫	39.37	投机性泡沫	42.43	投机性泡沫
M	综合类	22.59	被高估	29.58	投机性泡沫	33.97	投机性泡沫

表 8 - 9   **不同板块市盈率水平与企业价值的关系**

板块	2012 年	总市值	2013 年	总市值	2014 年	总市值
上海 A 股	12.41	被低估	11.47	被低估	11.06	被低估
深圳 A 股	23.50	被高估	26.00	被高估	29.80	投机性泡沫
沪深 A 股	14.54	正常水平	14.14	正常水平	14.52	正常水平
深市主板	19.32	正常水平	19.81	正常水平	20.18	正常水平
中小板	27.50	被高估	30.66	投机性泡沫	36.84	投机性泡沫
创业板	34.55	投机性泡沫	45.46	投机性泡沫	60.96	投机性泡沫

表8 -8、表8 -9 结果显示，根据市盈率数据判断，我国资本市场不同行业、不同板块分别存在投机性泡沫、被低估、正常水平、被高估等现象。

（二）基于证券化率的判断

席勒研究发现，股票市场总市值与该国 GDP 的比值（证券化率）是一个良好的市场估值指标：当比率低于 50%，市场显著低估；比率介于 50%—75%，市场温和低估；比率在 75%—90% 时市场估值合理，高于 90% 则高估。我国股票市场总市值与 GDP 比例如图 8 -6 所示，依据席勒的研究结果判断，我国 2005 年、2006 年、2008 年、2011 年、2012 年和 2013 年市场估值显著低估，2009 年、2010 年和 2014 年市场温和低估[①]，2007 年市场估值则显著高估。

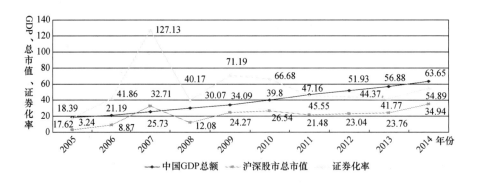

图 8 - 6 2005—2014 年我国股票市场总市值与 GDP 比例（证券化率）

---

① 2014 年 12 月 31 日沪深两市股票收盘价加权平均每股收益、市盈率、市净率、现价、总股本、总市值统计，http: //blog. sina. com. cn/s/blog_ 599a5ec10102v7d2. html。

值得说明的是，市盈率是一个非常粗略的指标，随着经济的周期性波动，上市公司每股收益会大起大落，这样算出的平均市盈率也大起大落。1932 年美国股市最低迷的时候，市盈率却高达 100 多倍，事实上，当年是美国历史上百年难遇的最佳入市时机。同时，受经济周期影响较大的行业考虑到盈利能力的波动性，市盈率较低，如钢铁行业在较发达的市场是 10—12 倍市盈率，而受周期影响较少的行业（饮料等）较高，通常是 15—20 倍。评估师应该从公司背景、行业周期、宏观经济环境、管理层素质、公司所处行业地位、国家政策导向、国际发展程度等方面多加分析，对市盈率水平进行合理判断，并进一步评判评估结果的合理性。

第九章 资本市场资产评估监管模式比较研究

资产评估监管模式是在长期的资产评估实践中逐渐形成的，它表明了控制主体（施控者）与控制对象（受控者）之间、不同控制主体之间、控制主体与其他有关组织之间、控制对象与其他有关组织之间的关系。基于政治体制、经济体制、法律文化传统、资本市场发育程度、资产评估和资本市场监管体制发展水平等诸多因素差异，国外资本市场的资产评估监管代表性模式主要有美国模式、英（国）澳（大利亚）马（来西亚）模式、德国模式。

第一节 资产评估监管的基本模式

资本市场资产评估监管属于资产评估监管中的一种具体形式，它与广义资产评估监管既有联系，又有区别。顾名思义，资本市场资产评估监管主要是针对与上市公司相关的评估业务，它既要遵守一般意义上的资产评估法规和评估准则，也要遵守上市公司相关的法律法规。综观不同国家或地区的资产评估监管模式，主要有行业自律、政府干预管理、混合监管和独立监管四种模式。

一 行业自律管理模式

（一）含义及具体模式

行业自律是指主要由民间职业团体对评估师（含评估机构，下同）进行管理的一种监管模式，也称之为内部监管。即政府除了进行必要的立法外，由民间协会制定评估的基本规范及职业道德规范，并实行自律管理。同时，政府一般不设立专门资产评估监管机构，即政府很少干预评估行业的执业及发展，完全由市场决定评估行业的走向。这种模式的形成与一个国家的政治经济体制背景是分不开的。在崇尚自由制度思想支配下，政府职能被限制在一个很小的范围内。但是，民间团体本身的无序性又要求拥有一定的规范力量对其进行外部调节，行业协会的作用因此凸显，并最终担当起领导重任。

行业自律管理模式适用于资产评估依市场经济需求自发形成的情况或者资产评估行业发展比较成熟的国家或地区。具体模式如图9-1所示。

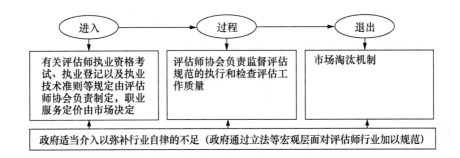

图9-1　行业自律模式

（二）理论依据

（1）专业胜任能力与职业判断（行业特点）。体现"主权在民"、"分权制衡"思想。评估师在评估技术规范之外还存在高度的职业判断，这与评估师个人的知识结构、个人禀赋有关，并因评估师个人经验、经济业务、环境而异，因此无法借助统一的模式对其进行规范。如果存在高度统一的外部监管模式，就会扼杀评估师应有的职业判断，评估行业也就失去了存在的必要。

（2）独立、客观和公正。一般认为，职业主义是贯穿资产评估行业的一条主线。评估师作为一个职业，其赖以存在的基础是其"诚信"的公众形象。为维系其职业的存在性，可以理性预期评估师在评估过程中必然会保持应有的职业审慎，保持应有的独立性，以保持其在公众心目中的诚信形象，从而取信于广大社会公众。既然评估师本身有强烈的动机去恰当履行职业道德、审慎地实施评估，那么高度的外部监管就是不必要的。

（3）连续监管。行业协会具有健全的自我监管机制，评估师和评估机构也具有较强的自我约束、自我管理愿景。借助评估师行业协会内部的机构完善、分工明确、资格考试、执业登记等制度，以及评估准则制定、评估质量监督检查等措施，可以连续对资产评估行业进行监管。

（4）专业监管。按照监督的方式划分，可以将监管分为一般监管和专业监管。由行业协会监管更能体现其专业性、知识性等特点，依照国家法律法规、评估准则和评估理论，运用专门方法，对资产评估过程的真实性、合理性、效益性进行监督。

（三）优点与缺陷

行业自律模式的优点：①独立性强。政府干预很少，由协会负责监督评估规范执行情况和检查评估质量，增强了评估行业的独立性。②环境适应性强。行业协会能够根据市场需要和评估师意愿，及时制定或者更新评估准则，以确保评估准则的指导性和评估行业对市场的适应性。③能动性强。评估师和评估机构从业人员可以不受部门垄断或地区封锁影响，开展自由、公平的竞争，有利于推动资产评估行业的整体发展。

行业自律模式的缺陷：①"行业自律"存在一个基本的"悖论"，即评估师既是职业规范的制定者，又是监管者。行业协会可能偏袒其会员而牺牲公众利益。换言之，这属于一种"自己监督自己"的模式，无法确保评估师的独立性。②专家专制。若无充分外部竞争，评估师职业组织可能利用执业服务质量的信息不对称优势地位形成"专家专制"。③约束力和惩处力差。评估师职业组织的权威性不如政府，有关监管制度只适用于其会员，惩戒措施有限，约束力不足。同时，行业协会对违规会员的最重处罚就是开除会籍，不能给予吊销评估师资格、勒令评估机构停业或解散等处罚。④"劣币驱除良币"。"行业自律"制定的共同规范往往不具有严格的权威性，并不能够确保所有的评估师都严格遵循，可能因个别的评估失败而损害评估行业整体形象，此谓典型的"劣币驱除良币"。

二　政府干预管理模式

（一）含义及具体模式

政府干预型管理体制是指对评估师行业的管理，采用在充分发挥行业协会自律基础上，由政府对其进行较大范围和较深程度干预的一种管理模式。具体模式：

（1）立法。国家制定和颁布专门的法律、法规，对评估师的地位、资格、评估机构设立等方面做出明确规定。如建立许可证制度、法院诉讼机制等，避免因评估师的违约、过失、欺诈等行为可能给公众造成的损失。处罚，包括根据有关法律法规的规定取消或暂停其执业资格、罚款、给予警告等。

（2）行业协会。由政府授权成立，是政府职能的延伸。

（3）政府。在评估规范的执行和评估质量的监督中起着重要作用。政府监管是强制性的，其目的是避免再度发生类似违规行为，同时促使执业人员达到行业规范的最低要求。

（4）政府与协会。二者密切配合，政府参与评估师执业规范的制定。

（二）理论依据

（1）弥补市场失灵。美国著名经济学家约瑟夫·斯蒂格利茨的政府干预理论主要分两个部分：市场失灵理论和政府的经济职能理论。市场失灵的普遍性必然要求政府干预的普遍性，政府干预的主要作用是弥补市场失灵。政府干预的相对优势包括4种：征税权、禁止权、处罚权、节省交易费用。不过，斯蒂格利茨也承认政府部门因缺乏竞争、没有破产威胁、不承担社会目标、过分追求公平和限制职权范围等原因而严重缺乏效率。

（2）权威性高。作为政府行政管理部门，政府干预管理模式具有禁止权、处罚权等行政权力，这是民间行业协会自律监管模式无法比拟的。

（3）兼顾政府管理部门和行业协会各自优势。政府干预管理模式并不是不要行业自律，而是在充分发挥行业自律基础上，由政府进行较大范围和较深程度干预的一种管理模式。

（三）优点与缺陷

主要优点：①通过政府与行业协会的相互协作，共同制定执业规范并监督其执行，可以较为全面地兼顾双方意愿，协调双方利益。②权威性和科学性。政府部门与行业协会的通力配合，兼顾了政府作为行政权力部门的权威性以及行业协会作为专业机构的科学性和指导性。③在资产评估法律法规、评估准则不健全的背景下，政府干预管理模式能够有效推动评估行业的发展，并弥补行业自律管理模式的缺陷。

主要缺陷：①政府失灵。现实生活中无论是政府官员，还是政府机构都有其自身的经济利益和行为目标，使政府监管的公正性和独立性并不成为必然。②权力寻租。易发生行政腐败。③官僚化程度高。高成本和低效率往往产生多头监督、重复检查，政府监管运行效率低下。④灵活性和适应性差。现代经济活动的复杂多变，政府要全面掌握和分析所有信息不但十分困难而且成本高昂，这种信息不对称使政府监管缺乏自律监管的灵活性和适应性，决策失误的可能性较大。⑤独立性差。政府过多的干预，使得行业及评估师的独立性受到较大程度的影响，甚至使行业与市场相脱节，不利于行业的健康发展。

三　混合监管模式

混合监管模式兼有政府干预管理模式和行业自律管理模式特色，通常是在政府监管下的行业自律，既突出政府管理又强调行业自律。

混合模式的特点是政府监管部门与资产评估行业协会在履行各自职责时相互协作、互为补充。其优点包括：①管理重点的相互补充。政府管理部门侧重于资产评估法律法规、政策的制定和监督，拥有对评估机构的准入审批、违规处罚及影响评估行业发展事件的最终调查权。行业协会是有效维护评估市场正常运作最直接的执行者，其主要职责侧重于制定评估准则、对会员实施后续教育等日常管理，以及监督行业的执业质量等。②管理职责的相关补充。行业协会作为介于政府宏观管理和资产评估市场微观活动之间的自律性民间组织，通过行使其管理、协调、纽带、桥梁作用，有机地将政府和市场评估机构联系在一起，在一定程度上弥补了政府监管"不接地气"的不足。③管理主体的相互协作。政府资产管理部门和行业协会在各自职责范围内各行其责、各司其职，形成监管合力。如对评估机构的评估质量检查一般是行业协会施行，并有义务向政府监管部门报告其发现的评估机构违法、违规行为，政府监管部门则根据情节严重程度提出处理意见。

四　独立管理模式：一个借鉴

2002 年，根据萨班斯法案（Sarbanes Oxley ACT）①，美国建立了一个独立机构——美国公众（上市）公司会计监督委员会（Public Company Accounting Oversight Board，PCAOB）来监管上市公司审计、注册会计师定期轮换、全面修订会计准则等活动。美国总统布什在签署"SOX 法案"的新闻发布会上称，"这是自罗斯福总统以来美国商业界影响最为深远的改革法案。"②

SOX 法案共分 11 章，第一章至第六章主要涉及对会计职业及公司行

---

① 又称《2002 年公众公司会计改革和投资者保护法案》（Investor Confidence in Public Accounting Act of 2002）。

② 引自布什总统在签署法案时的演讲。由于罗斯福总统签署了 1933 年的《证券法》和 1934 年的《证券交易法》，这句话的实际含义是："SOX 法案"是自《证券法》和《证券交易法》以来美国资本市场最大幅度的变革。

为的监管，包括：建立一个独立的 PCAOB，对上市公司审计进行监管；通过负责合伙人轮换制度以及咨询与审计服务不兼容等措施来提高审计的独立性；对公司高管人员的行为进行限定以及改善公司治理结构等，以增进公司的报告责任；加强财务报告的披露；通过增加拨款和雇员等提高 SEC 的执法能力。

（一）含义及具体模式

由既独立于政府又独立于行业自律组织的独立机构承担起对某行业的监管职能。政府放弃直接监管的权力，设立一个中间机构并授权其行使监管职能。

PCAOB 是在安然丑闻后的萨班斯法案催化下的产物。PCAOB 是一家私营非营利机构，是会计行业的自律性组织，负责监管执行公众公司审计的会计师事务所及注册会计师。萨班斯法案颁布前，证券市场审计业务的监管是以美国证券交易委员会（以下简称 SEC）为主导，主要依靠 AIC-PA 的监管，即行业自律。除案件调查处理外，SEC 并不对注册会计师行业进行日常监管。PCAOB 的具体模式为：

（1）PCAOB 拥有注册、检查、调查和处罚权限，并保持独立运作，自主制定预算和进行人员管理，但是 PCAOB 不作为美国政府的部门或机构，遵从哥伦比亚非营利公司法，其成员、雇员及所属机构也不应视为联邦政府的职员或机构。

（2）授权 SEC 对 PCAOB 实施监督。PCAOB 由 5 名专职委员组成，由 SEC 与美国财政部长和联邦储备委员会商议任命，任期 5 年。5 名委员应熟悉财务知识，其中可以有 2 名是或曾经是执业注册会计师，其余 3 名必须是代表公众利益的非会计专业人士。

（3）要求执行或参与公众公司审计的会计师事务所需向 PCAOB 注册登记。PCAOB 将向登记会计师事务所收取"注册费"和"年费"，以满足其运转的经费需要。

（4）PCAOB 有权制定或采纳有关会计师职业团体建议的审计与相关鉴证准则、质量控制准则以及职业道德准则等。PCAOB 认为适当，将与指定的、由会计专家组成的、负责制定准则或提供咨询意见的专业团体保持密切合作，有权对这些团体建议的准则进行补充、修改、废除或否决。PCAOB 需就准则制定情况每年向 SEC 提交年度报告。

（5）根据 1934 年《证券交易法》和修订的 1933 年《证券法》的有

关要求，授权 SEC 对会计准则制定机构的会计原则是否达到"一般公认"的目标进行认定。该准则制定机构必须符合如下要求：①应是民间机构；②由某个理事会（或类似机构）管理，该理事会多数成员在过去两年内未在任何会计师事务所任职；③经费获取方式与 PCAOB 相似；④通过多数票的方式确保会计原则及时反映新的会计问题和商业实务；⑤制定准则时考虑准则适应商业环境的变动性，以及高质量会计准则国际趋同的必要性或适当性。

（6）PCAOB 对公众公司审计客户超过 100 户以上的会计师事务所，要进行年度质量检查，其他事务所每 3 年检查一次。PCAOB 和 SEC 可随时对会计师事务所进行特别检查。

（7）PCAOB 有权调查、处罚和制裁违反该法案、相关证券法规以及专业准则的会计师事务所和个人。不过，PCAOB 的处罚程序要受 SEC 监督，SEC 可以加重、减轻其做出的处罚，也可以修改或取消其处罚决定。处罚和制裁形式包括：临时或永久吊销注册；临时或永久禁止个人在会计师事务所执业；临时或永久限制事务所或个人的执业活动、职能等；对于故意、明知故犯、不计后果的行为或者屡犯的过失行为，可对自然人处以75 万美元以下的罚款，对单位处以 1500 万美元以下的罚款；对于过失行为，自然人罚款不超过 10 万美元，单位不超过 200 万美元；谴责；强制要求参加附加的专业培训和教育等。

（8）审计美国公司（包括审计美国公司的国外子公司）的外国会计师事务所也必须向 PCAOB 登记。

（9）合伙人轮换制度、咨询与审计服务不兼容等。

（二）行业自律

美国注册会计师协会（AICPA）并不会因为 PCAOB 的建立而消失，AICPA 的主要工作包括参与制定会计准则和指南、制定审计准则和职业道德规范，组织全国注册会计师考试，组织同业互查，开展后续教育，对违反行规者实施惩戒等。AICPA 的监管对象包括所有个人会员所从事的各种业务，并开展同业互查等工作。美国各州也都拥有自己的注册会计师职业组织——州注册会计师协会。各州注册会计师协会与 AICPA 功能类似，是州注册会计师的自律组织，对会员进行自律监管和服务。

（三）宏观监管

具体措施有：（1）PCAOB 的经费来源独立。向登记会计师事务所收取"注册费"和"年费",以满足其运转的经费需要。(2)SEC 负责对 PCAOB 的监督。包括任命其委员,审批其财政预算,监督其实施的处罚程序,对其做出的处罚决定可加重、减轻、修改或取消等,并在必要时对会计师事务所进行特别检查。(3)增加 SEC 拨款和雇员等来提高执法能力。(4)SEC 与美国财政部长和联邦储备委员会商议任命 PCAOB 5 名专职委员,任期 5 年。(5)美国审计总署加强调查研究。每年内分别向参议院银行委员会和众议院金融服务委员会报告。

资本市场资产评估与上市公司审计有着密切关系。2004 年 8 月 10 日,美国评估师协会(ASA)、评估学会(AI)等联名致函 SEC,称赞 PCAOB 提出的认可评估师为审计活动中专家的规则提案。该提案针对第三号审计准则指出:"委员会相信依赖专家是一个十分重要的环节。专家在审计业务中扮演重要的角色。例如评估师、精算师和环保咨询师在资产价值、计算假设、环境损失准备等方面提供十分有价值的数据。……如果审计师在确定可用于出售的商业性资产公允价值方面依赖评估师的工作,审计师应当确信获得完整的评估文件。"在联名信函中,相关评估协会提出:"我们支持 PCAOB 承认评估师为专家。正如委员会所熟知的,财务会计准则委员会(FASB)制定的准则中经常反映市场价值概念,因此,评估专业人士的工作在财务报告和审计中正发挥越来越重要的作用。"[①]

(四)理论分析

(1)这一中间机构在政府与市场之间形成了一个"保护带"和"缓冲区",既克服了政府直接监管带来权力膨胀的弊端,也使政府部门留有余地,不致因为监管失败而承受过大的政治风险。

(2)利用集体力量来纠正"市场失灵",解决由于信息不对称和评估师道德风险而导致的、仅凭市场力量和法律体系无法完全解决的评估质量问题。

调整后的美国注册会计师审计管理体制优点有:①兼顾政府调控要求、专业组织特点和社会公众利益之间的平衡。②既考虑到社会各界的参与、满足专业团体的专业管理需要,也强调了政府的有效监督。不过,普遍认为,首先,萨班斯法案的制定过程过于匆忙,是一种"本能的"反

---

① Valuation Insight & Perspectives, Third Quarter 2004. http://www.cas.org.cn/xwdt/xydt/13784.htm.

应。换言之，它很难说是一种深思熟虑的产物，而是美国社会普遍对公司高管的腐败行为感到愤怒的一种情绪下的产物。法案本身重点突出，但逻辑混乱。其次，审计准则的制定是一个专业性、技术性很强的工作，PCAOB 负责审计准则的制定，将影响审计准则的专业性。欧盟等国家对此也提出不同意见。最后，PCAOB 只负责制定证券市场审计业务的审计准则。

第二节　美国评估行业监管模式

一　美国评估行业监管基本框架

美国是当今世界上资产评估业最为发达的国家之一，资产评估在美国已有 100 多年的历史。美国资产评估主要是基于社会公众对财产保险、税务、会计处理、资产交易、企业合并、资产抵押贷款、家庭财产分割等方面的需要而产生的。美国资产评估行业监管模式属于混合模式，也称为"金融评估管理体制"。① 具体如图 9 - 2 所示。

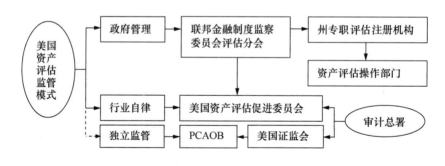

图 9 - 2　美国资产评估监管模式

（一）政府监督管理——联邦金融制度监察委员会评估分会

20 世纪 80 年代末期，美国银行贷款呆账坏账严重，大批金融机构倒

---

① 王诚军:《资产评估行业发展研究报告》(第 15 期)，编号: 1200922002 - 1，retype. wen-ku. baidu. com。

闭，损失了上千亿美元的联邦储备基金，多数金融分析家认为，这种状况与评估机构低评银行贷款抵押品价值有关。① 联邦政府 1989 年颁布了美国资产评估最具代表性的法律文件——《不动产评估改革》，该法令对从事不动产评估人员的资格标准和职业道德规范作了规定，各州均依据该文件制定了相应的州政府文件。美国联邦政府还依据该法令成立了联邦金融制度监察委员会评估分会（以下简称评监委），评监委的主要职责是：监督各州评估人员注册制度的实施；监督联邦金融管理机构与联邦信托公司所制定的与国有储备基金利益有关原交易中评估方面法规的实施；推行涉及联邦权益评估人员的注册工作；监督评估促进委员会（美国评估自律管理组织联合体）的工作等。美国各州均设有专职注册机构，对有能力从事与联邦储备基金利益相关资产评估业务的评估人员办理注册手续。

同时，美国各州所属郡、县政府以征收不动产税为目的，均设有资产评估操作部门，为地方征收不动产税提供依据，这些政府设立的资产评估操作部门并不负责评估行业管理，而且，它们在从事评估操作时，也须遵守政府有关法规和评估自律管理部门颁布的制度、准则及职业道德规范。

（二）行业自律——美国评估促进会（AF）

美国评估行业主要实行以行业自律管理为主导的模式，全美资产评估行业自律性管理组织主要有：美国注册评估协会（AACA）、美国评估者协会（ASA）、美国评估学会（AI）以及很多专业性协会。（如机器设备、不动产、公路、铁路评估师协会等，各个协会均有自己的章程和执业标准并颁发会员证书）随着行业的发展，各协会认识到需要统一资产评估执业标准，在美国评估者协会（ASA）的倡议下，联合其他协会于 1987 年成立了美国评估促进会（AF），截至 1995 年，已有 16 个评估协会（学会）加入该组织。AF 下设评估资格审查部和评估标准部，前者负责对申

---

① 1989 年美国国会通过了《金融机构改革、复原和实施法令》，在该法令中，非常明确地规范了美国房地产监管体系，即由国会针对房地产评估业进行立法与授权，确定监管方案；联邦政府依据该法令设立联邦金融机构检查委员会评估小组委员会，实施对房地产评估业的监管，包括监督各州的评估业监管方案的执行，监控评估促进会（协会）的活动，对全国评估师进行执业注册、收取注册费等；各州政府依法设立评估委员会负责评估师的具体监管工作，包括房地产评估师的考试、注册，颁发个人执照与证书，监督评估师行为，并处罚违规者。美国政府的监管既适合各州所属郡、县政府设立的征收不动产税为目的的资产评估操作部门，又适合民间资产评估机构和评估人员。美国采取这种由金融机构直接监管房地产评估模式，其目的是保证通过房地产抵押在金融机构贷款的安全，从而稳定金融秩序。基于此，有人将美国资产评估监管模式归结为"金融机构负责监管的模式"。

请加入该协会的会员进行资历审查，按规定的课程进行考试及后续培训；后者负责制定、修改全行业的评估标准（USPAP）。

美国评估促进会（AF）是由美国国会授权为评估准则制定和评估师资格认定的非营利组织，下设三个独立委员会，即评估师资格认证委员会（AQB）、评估准则委员会（ASB）、评估实务委员会（APB）。ASB 为维护评估师和评估服务使用者利益而存在，制定、出版、解释并修订或撤销《专业评估执业统一准则》（以下简称 USPAP）。1989 年 1 月 30 日起，USPAP 成为整个美国评估行业公认的、普遍接受的专业评估执业标准，也是国际评估界最具影响力的评估准则之一。AF 总部设在华盛顿特区，由受托人委员会指导以及董事会成员任命、提供资金支持和监督。

1989 年，美国国会通过了《金融机构改革、复兴和实施法令（FIR-REA）》，该法确立了美国评估促进会（AF）的法律地位，授权美国评估促进会评估准则委员会制定评估准则（USPAP），规定 USPAP 是涉及联邦交易的不动产评估业务中应当遵守的公认评估准则，各州与联邦政府的有关监管部门都强调要求履行 USPAP 现行版本或适用版本中的规定。同时，1992 年美国管理与预算办公室在其制定的 92 - 06 号公告中，要求联邦土地收购和直接租赁管理部门所涉及的评估业务应当符合 USPAP。

由此可见，20 世纪 80 年代以前，美国资产评估行业主要实行以各个行业协会为单元的自律管理，政府不进行直接干预。1989 年后，根据 FIRREA 要求，评估师执业中除遵守各自所在协会要求外，还应遵守 US-PAP。

值得关注的是，2012 年 6 月 28 日，美国众议院金融服务委员会保险、住房和社区机构分会举行听证会，就"评估监管：对消费者和企业的监管影响——评估师监管体系"主题进行听证。[①] 本次听证会是美国国会 20 年来首次就评估监管问题进行听证，美国评估行业及与评估相关的部门对其极为重视，美国评估体系相关部门代表分别从评估部门、监管部门、评估服务使用者、评估行业等角度陈述了对评估监管体系的意见和建议。在监管部门和多数评估行业代表基本认可现有监管体系的同时，美国评估学会代表却在发言中措辞激烈地批判现有评估监管体系指出，现有的

---

① 评估实务委员会（APB）：《过度监管》，http://www.chinavaluer.com/html/2012/News_0702/129.html。

监管体系是以规则为导向而非以原则为导向，造成了对评估师的过度监管；并强硬指出美国评估促进会新设立的评估实务委员会（APB）缺乏立法依据，违反评估监管体系和精神，要求国会重新规划评估监管体系。但这一批判并未得到其他行业协会的支持。

二　统一的评估准则

USPAP 界定了资产评估服务相关概念，规范了评估师职业道德、专业胜任能力、动产与不动产评估、评估复核、评估咨询、企业价值评估与无形资产评估等方面的执业标准，并以"细则说明"形式对现金流量分析、展示期等问题进行具体规范，为评估师进行资产评估、评估复核和评估咨询活动提供了依据。履行 USPAP 是评估师执行评估服务的法律规范或法规责任，亦是履行与委托方或评估服务预定使用者订立合同的责任要求（USPAP 经各州与联邦司法机构采用，已取得法定权威。所以，履行 USPAP 已经在联邦与各州法律或法规中得到确立）。当并无上述义务时，评估师可能仍会选择履行 USPAP。职业道德规定提出，在个人以评估师的名义提供服务的任何时间内，都应当履行 USPAP 的道德责任，评估师的职责是维护公众对其行业整体的信任。

三　美国审计总署

中国资产评估协会 2004 年出版的《监管计划》一书，是美国审计总署 2003 年 5 月应国会要求所做的报告，分别对联邦政府、州政府监管部门，联邦金融监管机构等负有评估监管职能部门的角色进行了评价，并从这些部门及联邦国民按揭协会等相关评估协会的角度，对 FIRREA 法实施十多年来的监管状况、监管机构结构设置等方面进行了分析。①

（一）美国审计总署

美国审计总署 1921 年成立，2004 年改变了其机构名称的用词，从GENERAL ACCOUNTING OFFICE 变为 GOVERNMENT ACCOUNTABILITY OFFICE。前者直译为总会计办公室，后者直译为政府责任办公室。更名后的美国审计总署名称缩写仍为 GAO。GAO 认为有必要使用一个与政府的经济、效率和效果密切相关的机构名称，有些人可能难以理解。但是，GAO 为人熟知的旧名称，没有与 GAO 在政府中所扮演的角色保持一致。

---

① 美国审计总署，中国资产评估协会：《监管计划》（加强不动产评估业监管的机会），经济科学出版社 2004 年版。

事实上，会计从来都不是 GAO 的主要使命。这一措辞上的变化是美国审计总署近年来业务内容转变的结果，也反映了美国审计总署未来的发展方向。GAO 组织结构如图 9 - 3 所示。

GAO 的独特权威在于国会需要它提供专业的、客观的、实事求是的、不盲目和不武断臆测的信息。首先，GAO 处于立法机构这种位置使其与审计和监督的执行机构保持一定的距离。其次，GAO 的负责人即审计长能够享有一个长达 15 年的任期，这使 GAO 的领导具有了联邦政府中少有的连续性。因此，GAO 和审计长能够具有一种长远的眼光，指出一系列复杂甚至是有争议的问题。再次，GAO 基于知识、技能和能力来录用职业工作人员的方式，使得 GAO 的独立性得到进一步保证。最后，GAO 承诺起表率作用，例如，把对自己行为的结果负责放在工作首位。

（二）GAO 的工作范围

尽管 GAO 目前还是美国政府会计报表的主要审计师，但是财务审计只占 GAO 工作量的 15%。GAO 的大部分工作是项目评估、政策分析等（见图 9 - 4），这些工作的内容涉及广泛的政府项目和行动，其中既包括国内的，也包括国外的。GAO 已经形成了一个现代的、具有多种不同学科的综合服务技能的专业服务机构。GAO 雇员包括经济学家、社会学家、工程师、律师、保险精算师、计算机专家，还包括医疗卫生和国土安全专家。

GAO 的工作体现了美国国家需求的改变，既提高联邦政府的工作绩效，又确保了联邦政府尽到对国会和美国人民应尽的责任。归纳起来，GAO 的主要业务范围如下。

（1）业绩审核。绩效审计是政府审计的必然产物和高级阶段，自 20 世纪七八十年代，新公共管理运动席卷全球，美国政府绩效审计也进入了以结果为导向、以评估为手段的高速发展时期。其内容包括对政府项目或活动的经济性、效率性以及效果性的评价。它是政府审计作为国家管理手段和方法的体现，也是全世界各国政府审计机构公认的战略发展方向和工作重点。

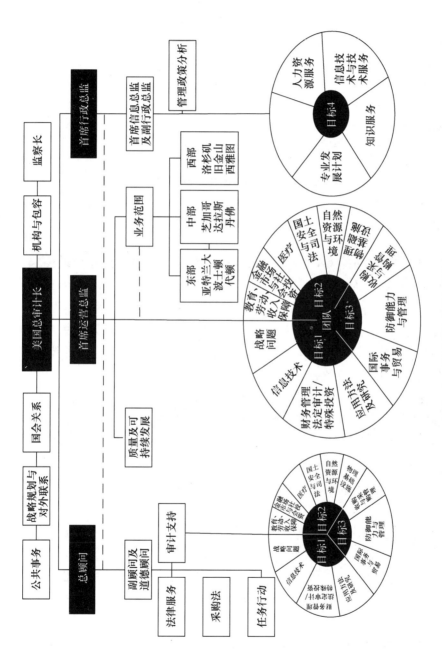

图 9 - 3 美国审计总署组织结构

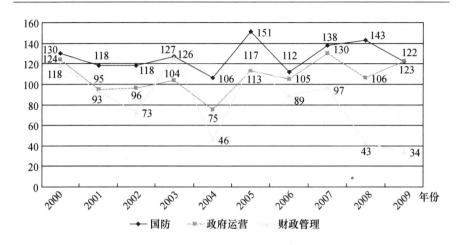

图 9 - 4　2000—2009 年主要工作报告数分布

（2）项目评估。GAO 根据国会（含委员会、议员）的指令或要求，对联邦政府各机构、各部门、各社团、各政府性公司执行的与联邦预算、国家安全和公民福利有关项目的执行结果进行评价和考察，判断是否达到项目预定的或专家认定的目标、国会和公众的要求与期望。其方法主要包括综合性项目评估和程序化项目评估。项目评价是一种事后审计，其实质是公共行政管理流程的一部分。

（3）政策监督、检查和评价。路径依赖理论认为，一旦一种独特的发展轨迹建立后，一系列外在性、组织学习过程和主观模型都会加强这一轨迹。GAO 开展政策性评估正是借助 1973 年石油供给危机、1976 年《能源保护与生产法》、越南战争、水门事件、克林河核反应堆等一系列事例，国会对行政系统的不信任感增大，经常向总署就重大问题征求意见。除了指出政府失误之外，GAO 还报告联邦运作良好的项目和政策，说明有关进展和提高。并对一些将会出现的，虽然还未达到危机程度却具有全国性影响的问题，向政策制定者和公众做出警示。

（4）财务审计。GAO 为美国政府合并会计报表的主要审计师，但财务审计仅占其目前工作量的 15%，以决定联邦的资金是否被恰当和有效的使用。

（5）其他。国会可能会对某一类项目特别感兴趣，GAO 就会加强对这一类项目的审计。此外，GAO 开发的联邦信息系统控制审计手册被广泛用来评估信息系统的安全控制。除了指出政府失误地方之外，GAO 还报告联邦运作良好的项目和政策，并说明有关进展和提高。GAO 经常向立法者和在促使政府更好工作方面起主导作用的机构提供咨询，咨询内容包括更新最佳实务和合并或淘汰不必要的联邦项目。

总之，作为权力制衡的产物与工具，它的每份报告都反映出三项核心价值：问责、廉洁、可靠。大约 4/5 的 GAO 审计建议在四年内得到采纳，保证了政府机构及其他公营企业的正常运作和服务效率的提高。

（三）GAO 与资产评估监管

谁来负责监管资本市场资产评估的监管者？这是一个长期困扰监管制度顶层设计的问题。美国是现存历史最悠久的宪政立宪共和国，有世界上最早并仍在运作的成文宪法。美国宪法的主要内容是建立联邦制国家，各州拥有较大的自主权，包括立法权；实行三权分立的政治体制——立法、行政、司法三部门鼎立，并相互制约。GAO 隶属于国会，作为权力制衡的产物与工具，GAO 通过评价和问责资产评估监管者的工作绩效，对督促和提高资产评估监管的效果、效率和效益具有十分重要的作用。

第三节　英国、澳大利亚、马来西亚模式

英国、澳大利亚、马来西亚模式分政府和民间自律两大体系，政府管理下的评估体系是以纳税为目的和涉及国家权益的评估，不负责评估行业的管理，如澳大利亚的评估总署、马来西亚财政部下属的评估与财产服务署等，均系政府职能机构。其他则由民间资产评估机构进行，相应的监管也属于行业自律，如英国皇家特许测量师协会（RICS）。

一　英国模式

（一）政府管理：财政税务局

英国政府干预管理的资产评估，主要是服务于以征税为目的的税基评估，一般分为中央、大区和区评估办公室三个层次（见图 9－5）。中央级评估办公室设在财政税务局，主要职能是制定有关政策和管理大区及区级的评估工作。大区级评估办公室全国共设 5 个，主要职能是协调其所辖区评估办公室的工作。区级评估办公室全国设有 95 个，具体承担其所辖区内的税基评估工作。鉴于评估工作的专业性和独立性，以及政府为减少行政开支而精简人员，大区级和区级评估办公室逐渐从税务部门独立出来，

成为非行政序列的单位，其性质类似于我国的事业单位，但其职能仍然是为政府对房地产征税提供服务以及为公共部门提供服务。

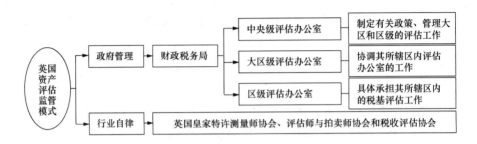

图9-5 英国资产评估监管模式

(二) 行业自律：英国皇家特许测量师协会 (RICS)

民间评估机构为独立、客观、公正的社会中介服务组织，多数以咨询、顾问公司形式存在，其组织形式主要是合伙制、有限责任公司及少量独资形式。除评估业务外，还接受委托从事房地产购买、销售、出租、承租、投资等业务。英国有关评估的协会有三家，其中影响最大的是英国皇家特许测量师协会 (RICS)，其他两家为评估师与拍卖师协会 (ISVA) 和税收评估协会 (IRRV)。IRRV 是英国地方税收、效益、估值领域最大的专业团体，其成员通常有 IRRV 和 RICS 的双重会员资格。RICS 成立于1868 年，目前 RICS 在 150 个国家和地区拥有 15 万名会员，得到了全球50 多个地方性协会及联合团体的大力支持。RICS 亚洲总部有 11000 多名个人会员，在中国设有北京、上海、重庆三个办事处，拥有国内会员近1000 人。RICS 主要职能是：制定行业操作规范和行为准则；教育和培训；对评估人员进行监督；保持和政府部门的联系；为测量师和广大公众提供服务。《RICS 评估专业准则》（红皮书）就是这三家协会联合发布的。《RICS 评估专业准则——结合国际评估准则》（第 7 版）由全球评估准则、全球评估准则和英国本土评估准则、全球评估准则和印度评估准则等版本构成，有汉语、荷兰语、法语、德语、意大利语、俄语、西班牙语、葡萄牙语（巴西）、欧洲葡萄牙、波兰语、匈牙利语和希腊语等语种。

英国并没有法规规定只有 RICS 认证的会员才可以从事评估工作，但英国社会及公众形成的共识及惯例是：只有 RICS 认证的评估师才能获得工商团体、银行和金融机构、政府及其他国际机构的认可。所有提供评估服务的 RICS 会员，应当强制性遵从最新版本的 RICS 评估准则。

二　澳大利亚模式

澳大利亚资产评估行业监管如图 9-6 所示。

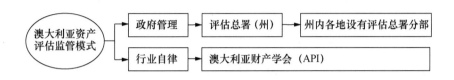

图 9-6　澳大利亚资产评估监管模式

（一）政府管理：评估总署

房地产税在澳大利亚属于地方税，澳大利亚各州政府设有专门为征收房地产税的评估总署，州内各地设有评估总署分部，为政府职能机构的组成部分。评估总署主要进行以政府征税为目的的土地评估，以及政府资产出售、私有化、各部门间资产转让、征用私人房地产等的评估和评估咨询业务。不过，税基评估以外的评估或咨询并不是评估总署的法定业务，政府部门也可以委托民间会计师事务所、评估公司进行评估。

（二）行业自律：澳大利亚财产学会

澳大利亚资产评估业务多数由各种物业管理公司等兼营机构进行，专营机构无论人数还是业务上均小于兼营机构。澳大利亚的资产评估管理机构是澳大利亚财产学会（API）。API 的首要任务是建立并维护评估业务、教育、道德和纪律的高水准。主要职责是：（1）制定和颁布统一的资产评估执业准则；（2）考核和培训会员；（3）承担资产评估争议的仲裁；（4）负责出版评估期刊和专业书籍；（5）为评估师提供交流的场所和信息资料。API 全国委员会下设全国估价与资产准则委员会、全国资产专家委员会、全国教育委员会以及全国金融管理委员会、全国市场委员会等。除了有全国性的委员会以外，每个州都有其分会，负责每个州的事务。各分会的职责是执行全国总会政策，落实总会战略计划，发展会员，进行一般教育和后续教育等。

API 在整个澳大利亚及海外大约有 8600 个会员，覆盖澳大利亚所有的房地产行业，API 成员包括住宅、商业和机械设备评估师，财产顾问，财产分析师，基金经理和资产管理公司，物业设施管理人员，房地产律师以及财产研究人员和学者。会员入会不是强制的，却是必需的。因为做贷款、抵押等项目时，银行和客户一般要求估价师必须是 API 会员，因为他们更被客户信任，非 API 会员很难承接到项目。API 不是政府组织机构，无政府资金等方面的支持，其各种活动严格遵守澳大利亚的法律，在业务方面有些评估师（会员）是直接为政府服务的。澳大利亚实行的是联邦制，各州制定适合自己的法令，因此，API 会员均为个人，而非团体。在资格认定方面，也由各州决定，其管理范围、权限均有很大的约束。

三 马来西亚模式

马来西亚评估行业包括以纳税为目的和涉及国家权益的评估以及民间性质的评估两大体系，具体形式如图 9 – 7 所示。

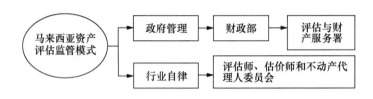

图 9 – 7 马来西亚资产评估监管模式

(一) 政府管理：财政部

马来西亚财政部设评估与财产服务署负责税基评估业务监管，其主要职能是为联邦、州和地方政府及相关管理部门提供不动产评估和咨询服务。具体职能有：代表政府对应纳税标的进行评估，以合理确定税基，涉及的税种包括印花税、不动产增值税、房产税等；为土地购买、住房贷款、保险、私有化、组建公司等目的进行评估及相关谈判工作；为可行性研究、物业管理、法律诉讼等目的对土地和建筑物进行评估；为不动产交易提供信息咨询服务；广泛调研，为制定、修改评估准则提供建议。评估和财产服务署的主要客户为联邦政府、各州政府、地方政府及有关管理部门，此外也接受私人和私有企业的委托提供评估服务。评估与财产服务署为政府提供评估服务时不收费，由财政部划拨专项经费，但其他评估服务可按照规定收取相应费用。

评估与财产服务署设主任 1 名，副主任 2 名，主任助理若干名，并在各州、地区设分支机构，主任必须是注册评估师，并由财政部部长任命。在马来西亚全国，评估与财产服务署共有160多名注册评估师，300多名助理评估师和600多名高级评估助手。

（二）行业自律：评估师、估价师和不动产代理人委员会

马来西亚的评估行业协会有评估师、估价师和不动产代理人委员会和马来西亚测量师协会。前者是介于官方和民间之间的组织，设17名委员，由财政部部长任命，财政部评估与财产服务署主任兼任该委员会主席，委员中有6名来自为公众服务的注册评估师，4名由马来西亚测量师协会推举的注册评估师，3名注册不动产代理人，3名由委员会主席提名的评估师。评估师、估价师和不动产代理人委员会根据马来西亚政府颁布的《评估师、估价师和不动产代理人法令》，行使对全国评估业的管理职能，评估师和评估机构只有获得该委员会签名颁发的注册执照和执业许可证，才能以评估师、评估机构的名义提供有关评估服务。其具体职能主要是：保存和管理全国注册评估师和注册不动产代理人名单；对注册申请进行审查，决定是否允许注册；组织注册评估师和注册不动产代理人全国考试；就专业纠纷举行听证会并做出裁决；制定行业准则；对违规人员进行处罚；评比、授予专业奖金等。

马来西亚测量师协会是全国性的民间行业协会，基本继承了英国皇家测量师协会的模式，对产业测量师、土地测量师等专业人士进行行业自律管理。该协会制定了相关文件，对产业测量师的资格、考试、行为守则及有关法则等做出了具体规定。测量师的资格长期以来被当然视为评估人员的资格。1981年，《评估师、估价师和不动产代理人法令》颁布后，已经注册的147名产业测量师转为注册评估师，注册评估师成为政府认可的评估行业从业资格，马来西亚评估行业的行业管理职能实际上由评估师、估价师和不动产代理人委员会行使。

第四节　德国、韩国及中国香港模式

一　德国模式

德国的资产评估行业监管是典型的政府干预模式，即以资产评估行业

协会自律管理为基础，由政府进行较大范围干预的一种监管模式。[①] 行业协会主要职责在于维护评估行业形象、对会员进行后续教育及争取行业利益最大化。德国所有行业的评估均由专门机构——估价委员会（即评估事务所）负责实施，德国的市县都设有估价委员会，地区设有高级估价委员会，负责辖区内的估价工作。各级估价委员会都设有办公室，作为办事机构挂靠同级的地籍局，负责日常组织管理工作。

政府通过联邦立法与地方立法（如《建设法典》、《不动产交易底价评估条例》、《建设使用条例》等），共同对评估师行业进行管理并对其予以详尽而严格的规定。如资产评估人员在专业范围以外的评估项目中使用印章、证件，将按刑事诉讼法或反不正当竞争法的有关规定予以处罚；资产评估人员在公布他从事的业务以及在进行宣传时，如存在招揽顾客的嫌疑，也将受到反不正当竞争法的处罚；资产评估人员在评估中未履行应尽的义务时，也将按造成损失性质的不同，分别按照蓄意或过失两种不同标准予以论处。每个市、县均设有估价委员会，地区设有高级估价委员会，负责辖区内的估价工作[②]。

二　韩国模式

韩国评估行业产生于 20 世纪 70 年代，1972 年年底，韩国建设部根据《国土利用管理法》等土地相关法律，建立了韩国"土地评价士"制度。土地评价士主要从事基准地价的调查和评估业务，为国有和公有土地买卖，对私人土地的征用补偿、课税税基的确定等提供地价标准。1982 年 2 月，成立土地评价士协会。1973 年年底，韩国财务部根据鉴定评价有关法律建立了"公认鉴定士"制度。公认鉴定士主要从事银行贷款时抵押担保财产的评估，国有、公有财产的评估，根据国家资产再评估法规定的定期财产评估、诉讼财产评估，以及其他公证性财产评估的中介活动。1976 年 4 月，成立公认鉴定士协会。1989 年 4 月，韩国将土地评价士制度和公认鉴定士制度统一起来，统称"鉴定评价士"，鉴定评价士可以从事所有公私财产的价值评估业务。这两个协会也于 1989 年年底合并，成立了现在的韩国鉴定评价业协会。

韩国的鉴定评价业和鉴定评价业协会由建设部统一领导。建设部对鉴

---

① 姜楠：《资产评估学》第二版，东北财经大学出版社 2012 年版。
② 王雅：《从委托代理角度看价值评估行业监管失效问题》，《价值工程》2008 年第 8 期。

定评价士和鉴定评估机构的管理，一般只管理鉴定评价士资格的取得和鉴定评价机构的设立，其余主要由鉴定评价业协会以自律方式进行管理。协会主要职能是：鉴定评估制度、理论、方法的调研、制定和发表；鉴定评价士的业务培训；鉴定评价士的权益的维护；对鉴定评价士的统一指导；建立鉴定评价士职业道德规范，监督会员公正执业，调解、仲裁评估纠纷等。

三　中国香港模式

中国香港的资产评估行业监管属于行业自律模式。香港特区政府一般不存在对测量师的监管问题，评估结果也无须得到政府部门的确认。但对涉及众多投资者利益的一些重大评估项目，评估人员资格需要得到政府部门的认可。如对上市公司进行评估，政府就有评估师必须是香港测量师学会会员等规定。

第五节　我国资产评估监管的历史
演进与模式构建

一　中国资产评估行业业务监管的演变

资产评估行业业务监管是指对资产评估机构及从业人员的业务指导、监督、检查及对有违反行业管理规定的机构和人员进行处罚的行为。我国资产评估行业监管经历了三个发展阶段（见图9-8）。

（一）政府监管阶段

1990 年成立的资产评估中心隶属于国家国有资产管理局，以行政监管手段行使对国有资产评估的管理权，资产评估主要职责是为国有资产产权交易提供服务。1991 年以国务院第 91 号令发布了《国有资产评估管理办法》，为建立国有资产评估项目管理制度、资产评估资格管理制度等提供了法律依据，推动了我国资产评估行业在初期阶段的快速发展，并对我国评估行业发展发挥了长期指导作用。此阶段资产评估行业规模小、人员少，是在政府托管下开展工作的，此阶段政府除不进行具体的资产评估业务外，直接监督评估机构的执业，监管的重点是评估项目和评估机构。

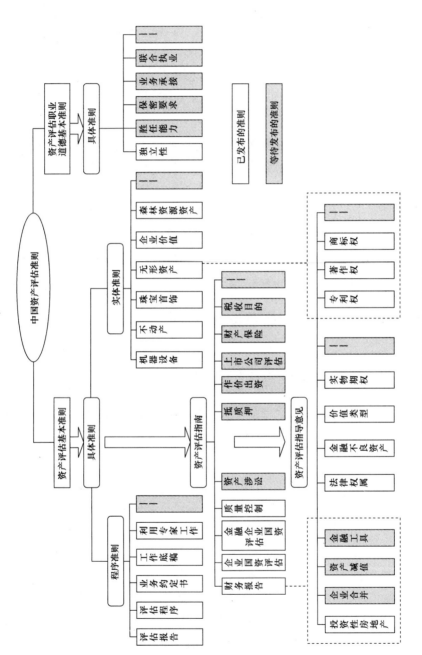

图 9 - 8 中国资产评估准则体系框架

（二）行政监管和行业自律监管并重阶段

1993 年 12 月，中国资产评估协会正式成立，标志着中国资产评估行业自律管理组织的诞生。《中国资产评估协会章程》第三条明确指出，"建立协会的目的是适应社会主义市场经济发展的需要，使资产评估管理工作覆盖全社会，引导资产评估机构和资产评估人员加强自律性，坚持独立、客观、公正性，保证产权交易公平合理地进行，维护产权所有者及交易各方的合法权益，促进我国资产评估行业与国际同行间的交流。"表明资产评估行业的业务监管从单纯的国有资产评估业务范围，扩展到全社会各类经济成分的资产评估业务。其后，中评协颁布了《资产评估执业人员自律守则》、《中国资产评估协会会员管理暂行办法》、《中国资产评估行业评估纠纷调处工作规则》、《资产评估操作规范意见（试行）》、《在若干城市试行国有企业破产有关资产评估问题的暂行规定》等一系列规章制度。这一时期的行业监管的特点是：行政监管和行业自律监管部门是合二为一的，当时的中国资产评估协会与原国家国有资产管理局资产评估中心是合署办公，即一套人马，两块牌子，既行使对评估机构的行政监管，又行使对评估机构的自律监管①。

2004 年以后，中评协下发了《资产评估执业质量自律检查办法》、《资产评估行业谈话提醒办法》、《会员诚信档案管理办法》、《资产评估执业行为自律惩戒办法》等行业自律监管办法，初步建立了资产评估执业行为自律监管体系。其中，《资产评估执业质量自律检查办法》建立了资产评估执业质量自律检查长效管理机制。《资产评估执业行为自律惩戒办法》规定了对注册资产评估师和资产评估机构自律惩戒的种类、情形、程序等，完善了行业自律惩戒机制。《资产评估行业谈话提醒办法》对资产评估机构及执业人员有针对性的提醒、教育，是行业自律惩戒机制的有效补充。《会员诚信档案管理办法》建立了会员诚信信息的记录和查询制度。

（三）向行业自律监管为主体的过渡阶段

1998 年，根据政府体制改革方案，国家国有资产管理局被撤销，相应的资产评估管理工作移交到财政部，中国资产评估协会划归财政部管理。1999—2000 年，我国资产评估行业完成了评估机构脱钩改制工作。

---

① 《资产评估行业业务监管的发展历程》，《中国资产评估》1999 年第 5 期。

2003 年 12 月，国务院办公厅发布《国务院办公厅转发财政部关于加强和规范评估行业管理的意见的通知》（国办发［2003］101 号），对加强和规范资产评估行业管理提出了全面要求。根据国务院文件的精神，2004年 2 月，财政部决定中国资产评估协会继续单独设立，标志着中国资产评估行业从此进入了符合国际惯例、适合评估行业发展的行业自律监管时期。2005 年 5 月 11 日，财政部发布《资产评估机构审批管理办法》（财政部令第 22 号），这是新时期政府部门制定的资产评估行业的重要部门规章，对资产评估机构及其分支机构的设立、变更和终止等行为进行规范。同时，财政部三定方案明确了中国资产评估协会业务监管的具体职责：（1）评估纠纷的调解、裁决；（2）对评估机构执行日常业务的监管及实施年检；（3）对评估执业人员日常业务的监管；（4）会同财产评估司、财政监督司对违反评估行政法规的机构和人员进行处罚。

此外，作为行业自律的重要规范——资产评估准则，中国资产评估准则除具有鲜明的"中国特色"外，也保持了蓬勃发展的良好态势，创造了国际评估史上的"中国速度"。截至 2014 年年底，财政部和中评协立足我国基本国情，累计发布了《资产评估准则——基本准则》、《资产评估职业道德准则——基本准则》等 26 项准则，包括 2 个基本准则、12 个具体准则、4 个评估指南和 8 个指导意见，基本涵盖了评估执业程序的各个环节和评估业务的主要领域（见图 9 - 8），使得评估业务的基本程序、主要资产类型的评估业务都有相应评估准则予以规范，标志着我国评估实践全面进入了准则规范化时代。

二 我国资产评估监管存在的主要问题

（一）评估市场多头管理，条块分割，各自为政

由于评估市场由财政、建设、国土资源、物价等多个部门分头管理，且部门之间缺少沟通，加之对机构和人员准入的条件、标准、管理政策不一，各类评估均以不同范围、领域的社会资产为对象，拥有自成体系的评估程序、方法和管理措施，同属资产评估的不同领域的技术规范、操作规程、执业质量参差不齐。各管理部门均强调本专业评估管理的特殊性，各自进行评估资格认定，形成部门垄断和专业封锁，影响了评估行业客观、公平、公正的职业形象。

（二）行业协会各自为政、相互封闭，自律监管体系缺乏统一协调

目前，我国有三个评估行业管理协会即中国资产评估协会、中国房地

产估价师协会、中国土地估价师协会，不同协会隶属于相应的政府部门，与不同类型的资产评估业有关的行政管理壁垒仍未完全消除，多头管理现象十分严重，导致行业协会对整个评估行业的自律监管较难统一。

（三）行政干预过多，独立性较弱

作为一个新兴的中介服务行业，我国资产评估业的快速发展离不开行政力量的支持与推进。我国众多评估机构在成立之初，均挂靠在不同的行政事业单位，接受相关部门的管理和领导，这种行政部门管理模式在某种程度促进了资产评估市场化的进程。然而，这种行政部门管理模式的弊端逐渐凸显出来，由于行政干预评估中介服务市场的现象时有发生，严重影响了资产评估的独立性：一是一些地方政府部门发文指定评估机构承担某种业务；二是主管部门擅自规定评估业务收费标准；三是因其地方和部门利益，对所属企业资产评估限定评估时间和评估价值，影响资产评估的独立性、客观性和公正性。

（四）行业监管法律法规不健全

目前，我国资产评估业的立法滞后。现有相关法规的一些内容还难以适应行业发展的要求。社会和评估业界呼吁已久的《资产评估法》也一直未能出台，不仅直接影响了我国资产评估行业的全面发展，而且也导致我国资产评估行业协会开展相关活动缺乏应有的法律依据，从而制约了其功能优势的有效发挥。

三　国外资产评估模式演进对中国的启示

监管是资产评估行业健康发展的重要保障，要保证评估工作的顺利进行和评估结论的可靠性，必须有一定的监督机制。只有加强对评估工作的监督，才能有效鞭策评估机构和评估人员认真履行自己的职责，依法进行资产评估，才能防止评估结论的失真。

（一）市场竞争抑或政府监管

赞成市场竞争有效理论者有科斯（R. Coase）、斯蒂格勒（G. Stigler）、弗里德曼（M. Freedman）等。尽管各自理论并不完全一致，但是，他们都普遍认为，充分竞争的市场本身能够自动达到均衡。科斯有关交易成本与企业规模的理论，就隐含了市场能够自动达到最佳企业规模的思想；斯蒂格勒有关政府管制的研究表明，政府管制并没有提高效率，却增大了社会运行成本。弗里德曼认为，私有企业经营失败的结局是破产和倒闭，而政府经营企业的失败，不是破产和倒闭，而是扩张。除此之外，阿尔钦（A. Alchian）所提出的经济学达尔文主义、詹森（M. Jensen）等提出的代理理论，都包含市场有效且市场机制能够自动实现最佳均衡安排和结果。

（二）模式选择

国际经验表明，鉴于资产评估在技术规范之外还存在高度职业判断，一味依靠行业自律抑或政府干预，都难以提高监管的效率和质量。前者存在独立性差（自己监督自己）、专家专制、约束力差、"劣币驱除良币"等局限性；后者则扼杀了评估师应有的职业判断，并存在政府失灵、权力"寻租"、官僚化程度高、高成本和低效率、灵活性和适应性差等弊端。归纳起来，自律、政府干预、混合、独立四种监管模式各有利弊和特点（见表9－1），也都有成功的范例。其中自律监管与政府监管也并不是割裂、冲突而不相融的，自律监管需要得到政府的支持，政府监管也应得到行业自律的配合。一个国家资产评估监管模式的选择，应当与其国家政治体制、社会文化、资产评估发展水平等国情相匹配。

表9－1　　　　　　　　　　　　不同模式的比较

序号	特点程度	高	中	低
1	与市场自由主义理念相协调	行业自律	独立管制	政府管制
2	与政府干预主义理念相协调	政府监管	独立监管	行业自律
3	形式上的独立性	独立监管	政府监管	行业自律
4	实质上的独立性与公众利益保护	独立监管	政府监管	行业自律
5	权威性与约束力	政府监管	独立监管	行业自律
6	监管涵盖面	行业自律	独立监管	政府监管
7	与被监管者间的信息不对称	政府监管	独立监管	行业自律
8	反应灵活性	行业自律	独立监管	政府监管
9	职业组织的官僚化	政府监管	行业自律	独立监管
10	不当监管发生概率	政府监管	独立监管	行业自律
11	在诸种行业监管模式中的竞争强势	政府监管	独立监管	行业自律
12	监管状态下无序竞争的解决难度	政府监管	独立监管	行业自律

（三）行业管理模式的共同之处

（1）政府对评估行业的管理介入很少，而且没有多个部门插手评估管理的现象。尽管有少数国家政府对评估行业实行某种程度的管理，但是，没有哪一个国家是多个政府部门同时管理评估行业的。

（2）行业自律性管理是评估行业管理的主要形式。评估行业发展比较成熟的国家，都有评估行业自律性组织，尤其是对评估行业的人员资格、后续培训、执业标准、职业道德等方面进行相应的规范管理，以及为评估人员和客户提供相应服务。

（3）评估行业管理的重点是对"人"的管理。国外评估行业自律性管理主要是对人的管理，具体包括：评估人员执业资格考试和认定；评估人员的注册管理；评估人员的后续培训；评估执业准则的制定；评估行业职业道德规范的建立；评估纠纷的调解与仲裁，等等。这些管理内容都与评估人员有关。

（4）多数评估行业自律性组织都经历了从分散走向联合统一的发展道路，这也是评估行业进一步发展的必然趋势。纵观历史变革，美国、英国等市场经济发达国家的评估行业自律管理组织都经历了从分散到联合统一的发展历程。实行统一管理，有利于评估行业统一行业准入条件、执业行为、执业标准和服务规范，也有利于消除评估行业的内部壁垒，为客户提供更规范、更优质的服务。

四　中国资本市场资产评估现行监管模式

资产评估价值信息是资本市场的基础性信息，其信息质量对股价、投资者权益和市场稳定影响重大。市场需要各相关主体归位尽责，需要依靠市场自身力量进行自我约束。目前，根据主管部门的不同，我国资产评估行业可分为财政部主管的资产评估行业（即狭义概念上的资产评估行业，相应的行业协会为中国资产评估协会）、国土资源部主管的土地估价行业（行业协会为中国土地估价师协会）和矿业权评估行业（行业协会为中国矿业权评估师协会）、建设部主管的房地产估价行业（行业协会为中国房地产估价师与房地产经纪人学会）、商务部主管的旧机动车辆评估行业以及保监会主管的保险公估行业。

（一）法规梳理

对资产评估机构从事证券业务评估资格的管理①，属于"二次准入"

---

① 证券业务，是指涉及各类已发行或者拟发行证券企业的各类资产评估业务，以及涉及证券及期货经营机构、证券及期货交易所、证券投资基金及其管理公司、证券登记结算机构等资产评估业务。

的行政许可。1993 年起，资产评估机构要开展与证券业务有关的资产评估业务，必须取得证券业务资产评估许可证。当时为规范管理，原国家国有资产管理局和证监会联合印发了《关于从事证券业务的资产评估机构资格确认的规定》（国资办发〔1993〕12 号）。2004 年，根据国务院的要求，财政部和证监会对 102 家持有证券业务资产评估许可证的资产评估机构开展了综合性检查，并暂停受理证券评估资格的申请和变更。由于缺少有效的退出机制，无法进行优胜劣汰，个别内部管理混乱的资产评估机构执业时存在不遵守职业道德甚至违法违规的问题，成为证券评估市场的重大隐患。因此，当时我国迫切需要加强证券评估资格的准入管理，并建立退出机制。2005 年，《行政许可法》施行后，根据新修订的《证券法》、《国务院对确需保留的行政审批项目设定行政许可的决定》（国务院第 412 号令），国家继续对资产评估机构从事证券业务实施行政许可，资格审批工作由财政部和证监会负责。此后，财政部和证监会研究草拟了相关管理办法，并经过多次研究论证和修改完善。2008 年 4 月 29 日，财政部和证监会联合印发的《关于从事证券期货相关业务的资产评估机构有关管理问题的通知》（财企〔2008〕81 号，以下简称 81 号文）。81 号文明确规定了财政部和证监会对从事证券业务资产评估机构的日常管理措施以及证券评估资格的设立、撤回、撤销情形以及相应的管理要求。同时也明确规定，申请或者继承原有证券评估资格的机构，应当是按照财政部第 22 号令规定设立的资产评估机构。从 2008 年 7 月 1 日起，具有证券评估资格的资产评估机构发生合并、分立或者设立分支机构等事项的，应当在符合财政部第 22 号令、《财政部关于加强资产评估机构后续管理有关问题的通知》基础上，再按照 81 号文件规定执行。中国资产评估协会协助财政部、证监会对具有证券评估资格的资产评估机构进行管理。由此可见，中国资本市场资产评估监管模式为以财政部、证监会为主导，以中评协为辅助的综合监管体系。①

（二）进入、日常监管及退出机制

根据《证券法》第 169 条规定，审计与评估机构从事证券服务业务，

---

① 中评协负责与财政部、国务院国有资产监督管理委员会、国家审计署、国家税务总局、中国注册会计师协会、中国资产评估协会、中国土地估价师协会、中国房地产估价师与房地产经纪人学会等相关部门进行沟通与协作，联合发布规范性文件，协同各方力量监管会计与评估机构及其相关人员，构建综合监管体系，增强监管合力，提高监管效率。

必须经国务院证券监督管理机构和有关主管部门批准。目前，审计与评估机构从事证券期货相关业务，必须经证监会和财政部批准。如前所述，鉴于证券、期货相关评估业务（以下简称证券业务）涉及重大公众利益，结合综合检查中发现的问题，81 号文对从事证券业务的资产评估机构提出了更加严格的管理要求，为促进资产评估机构做优做强、实现资产评估行业规模化发展提供了制度保证。同时，我国资产评估行业注重发挥行业协会的自律作用，与行政管理相结合，有利于证券评估领域的规范发展，有利于维护证券市场秩序，有利于保护投资者及社会公众的合法权益。归结起来，中国资本市场资产评估监管模式如图 9 - 9 所示。

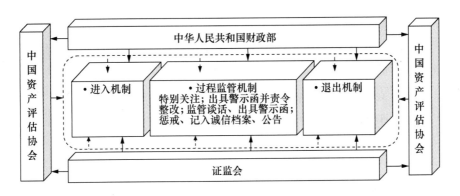

图 9 - 9　中国资本市场资产评估监管模式

1. 进入机制

资产评估机构申请证券评估资格，应当符合以下 7 个条件：（1）机构依法设立并取得资产评估资格 3 年以上，发生过吸收合并的，还应自完成工商变更登记之日起满 1 年；（2）质量控制制度和其他内部管理制度健全并有效执行，执业质量和职业道德良好；（3）具有不少于 30 名注册资产评估师，其中最近 3 年持有注册资产评估师证书且连续执业的不少于 20 人；（4）净资产不少于 200 万元；（5）按规定购买职业责任保险或者提取职业风险基金；（6）半数以上合伙人或者持有不少于 50% 股权的股东最近在本机构连续执业 3 年以上；（7）最近 3 年评估业务收入合计不少于 2000 万元，且每年不少于 500 万元。

81 号文同时明确，有下列任何情形之一的机构，不得申请证券评估资格：（1）在执业活动中受到刑事处罚、行政处罚，自处罚决定执行完

毕之日起至提出申请之日止未满 3 年；（2）因以欺骗等不正当手段取得
证券评估资格而被撤销该资格，自撤销之日起至提出申请之日止未满 3
年；（3）申请证券评估资格过程中，因隐瞒有关情况或者提供虚假材料
被不予受理或者不予批准的，自被出具不予受理凭证或者不予批准决定之
日起至提出申请之日止未满 3 年。

依法取得证券评估资格的资产评估机构，可以从事涉及各类已发行或
者拟发行证券企业的各类资产评估业务，以及涉及证券及期货经营机构、
证券及期货交易所、证券投资基金及其管理公司、证券登记结算机构等的
资产评估业务。

2. 日常监管

财政部、证监会负责对具有证券评估资格的资产评估机构进行日常管
理，依法对机构从事证券业务情况进行监督检查，资产评估机构及其注册
资产评估师应当配合有关部门的监督检查。同时，财政部、证监会应当建
立资产评估机构从事证券业务诚信档案。对具有证券评估资格的资产评估
机构从事证券业务违反规定的，财政部、证监会可以采取出具警示函并责
令其整改等措施；对资产评估机构负责人、直接负责的主管人员和其他直
接责任人员，可以实行监管谈话、出具警示函等措施，对情节严重的，可
以给予一定期限不适宜从事证券业务的惩戒，同时记入诚信档案，并予以
公告。

（1）中国证监会的日常监管。2009 年中国证监会修订了《会计师事
务所与资产评估机构证券期货相关业务监管责任制》（以下简称监管责任
制），进一步优化完善了独具特色的资本市场会计监管模式，形成了包括
中国证监会会计部、证监局、专员办等一体化监管体系。证监会会计部全
面负责监管具有证券期货相关业务资格的审计与评估机构，包括制定、修
改与解释监管政策规章和总体规划，审批与管理评估机构的证券资格，建
立完善监管信息系统，根据实际情况对评估机构进行全面检查和专项检
查，依法对评估机构采取监管措施，安排、指导、培训、协调、检查各证
监局和专员办的相关监管工作。证监局在会计部指导下落实对评估机构的
监管要求，根据实际情况对评估机构进行业务检查，督促辖区评估机构按
要求报备资料，依法对评估机构采取监管措施，建立和维护持续监管档
案。2007 年，证监会建立了首席会计师联席会议制度。首席会计师联席
会议由中国证监会首席会计师召集，成员来自中国证监会发行部、上市部

等 24 个部门和上海、深圳证券交易所。首席会计师联席会议作为加强证券监管系统专业沟通和交流的平台，进一步促进资本市场财务信息披露质量的提高。2010 年 11 月，证监会增加了上海、深圳证券专员办的评估机构检查职责，专员办的评估机构检查工作主要是在会计部的业务指导下，做好对审计与评估机构的现场检查，跨境监管合作试点和案例分析等工作。

中国证监会对证券资格评估机构的日常监管主要包括信息报备监管、年报审计监管和媒体质疑及投诉事项核查等。信息报备监管包括年度报备和重大事项报备监管。为加强对信息报备的监管，掌握审计与评估机构的持续、实时信息，证监会建立了评估机构监管系统。对媒体反映或投资者举报的评估机构执业质量问题或其他违规行为，证监会建立了快速反应机制，通过现场检查或发函要求评估机构以自查等方式，核实相关问题，及时予以处理。

（2）财政部的日常监管。资产评估工作由财政部原企业司负责管理，2014 年，财政部为完善国有资产管理体制、统一归口管理行政事业单位和企业的国有资产，将企业司改造为主要以国有资产所有者身份履行国有资产管理职责的内设机构，相应更名为资产管理司，不再承担作为社会管理者履行的相关职责。财政部将行政政法司的行政资产处和教科文司的事业资产处划入了资产管理司。新的资产管理司内设六个处。其主要职责有：牵头负责完善国有资产管理体制有关工作，承担国有资产管理体制改革及国有企业改革重组等相关工作；制定和实施国有资本管理政策、规则和制度；负责国有资本经营预算管理有关工作；制定和组织实施企业财务制度，负责编报企业财务会计报告；研究提出支持企业兼并重组及国有企业改革的财政政策，管理支持国有企业改革的相关专项资金；承担除国有金融资产、国有文化资产以及烟草、邮政、铁路三个行业之外的国有企业资产管理有关工作；拟订和组织实施行政事业类资产管理规章制度，承担中央行政事业类国有资产管理有关工作；研究建立国家国有资产报告制度；承担有关资产评估管理工作。

（3）中国资产评估协会的日常监管。中国资产评估协会成立于 1993年 12 月，是资产评估行业的全国性自律组织，依法接受财政部和民政部指导、监督。中国资产评估协会宗旨是：加强行业自律管理，指导、监督会员规范执业；维护会员合法权益和社会公众利益，服务于会员、服务于行业、服务于市场经济；帮助会员提高专业技能和职业道德素养，提高行业的社会公信力；协调行业内外关系，扩大行业国内外影响力；全面促进行业持续健康发展。

中国资产评估协会的主要职责是：制定行业发展目标和规划，并负责组织实施；制定资产评估执业准则、规范和行业自律管理规范，并负责组织实施、监督和检查；负责组织注册资产评估师及分专业全国统一考试；负责注册资产评估师注册和会员登记管理；负责对会员执业资格、执业情况进行检查、监督，对会员执业责任进行鉴定，实施自律性惩戒，规范执业秩序；组织开展资产评估理论、方法、政策的研究，负责资产评估行业教育培训工作；编辑出版协会刊物，组织编写、出版与行业发展相关的书籍、资料，对资产评估行业和评估专业进行宣传；负责向政府各界和市场主体反映会员意见、建议及有关需求，维护会员合法权益；为会员提供专业技术支持和信息服务；协调行业内外关系，改善外部执业环境；代表行业开展对外交流、国际交往；参与行业有关的法律、法规、规章和规范性文件的研究、起草工作；推动行业文化建设，组织行业党建工作；指导地方协会工作，领导本会专业分会及地方派出机构；办理法律、法规规定和国家机关授权或委托的有关工作；承办其他应由该会办理的事项。

中国资产评估协会资产评估行业的日常监管由专业监管部负责，其基本职责为负责制定并组织实施行业自律监管制度，与相关监管、审计等部门协调，组织行业执业质量自律检查，接受政府委托的行业监管检查，处理投诉举报案件等工作。具体包括：负责专业监管工作的研究，制定行业自律监管制度并组织实施；负责与相关监管、审计等部门协调，提出专业监管建议；负责行业自律监管具体工作，组织年度执业质量检查、日常职业道德检查和有关专项检查工作；承担政府部门委托的评估行业监督检查工作；负责执业质量投诉举报及移交案件的调查处理；推动行业监管信息化建设工作；负责协会惩戒委员会、申诉委员会的日常工作；负责首席评估师队伍建设及日常管理工作；指导、监督地方协会的行业自律监管工作；办理协会领导交办的其他工作。

（4）日常管理措施包括：①特别关注。具有证券评估资格的资产评估机构存在下列12种情形之一的，财政部、证监会将给予特别关注：对被举报的；受到公众质疑，被有关媒体披露的；首次承接证券业务的；注册资产评估师流动过于频繁，或者最近1年内未从事证券业务的；股东

（合伙人）之间关系极不协调，可能对执业质量造成影响的；股东（合伙人）发生重大变动的；收费异常的；客户数量、规模与资产评估机构的执业能力、承担风险能力不相称的；发生合并、分立的；受到刑事处罚、行政处罚或者行业自律惩戒的；不按本通知规定进行报备的；以及财政部、证监会认为需要给予特别关注的其他情形。②出具警示函并责令整改等措施。对具有证券评估资格的资产评估机构从事证券业务违反规定的，可以采取出具警示函并责令整改等措施。③监管谈话、出具警示函。对资产评估机构负责人、直接负责的主管人员和其他直接责任人员，实行监管谈话、出具警示函等措施。④惩戒、记入诚信档案、公告。对情节严重的，可以给予一定期限不适宜从事证券业务的惩戒，同时记入诚信档案，并予以公告。

3. 退出机制

撤回、撤销资产评估机构证券评估资格情形主要有三种：（1）资产评估机构发生不具备以下条件之一情形的：①质量控制制度和其他内部管理制度健全并有效执行，执业质量和职业道德良好；②具有不少于30名注册资产评估师，其中最近3年持有注册资产评估师证书且连续执业的不少于20人；③净资产不少于200万元；④按规定购买职业责任保险或者提取职业风险基金。且逾期未报告，未经整改，或者整改后仍未达到规定条件的，撤回其证券评估资格①。（2）情况变化导致资产评估机构不具备：①半数以上合伙人或者持有不少于50%股权的股东最近在本机构连续执业3年以上；②最近3年评估业务收入合计不少于2000万元，且每年不少于500万元。撤回其证券评估资格。（3）资产评估机构以欺骗等不正当手段取得证券评估资格，撤销其证券评估资格。此外，具有证券评估资格的资产评估机构终止的，证券评估资格失效，其证券评估资格证书应当在工商注销登记之前交回。具有证券评估资格的资产评估机构，除被依法撤销、撤回证券评估资格外，不再从事证券业务的，应当交回证券评估资格证书，并按一式三份提交资产评估机构终止证券业务情况说明表。财政部、证监会应当对被依法撤销、撤回证券评估资格或者交回证券评估资格证书的资产评估机构予以公告。

---

① 具有证券评估资格的资产评估机构发生上述条件之一情形的，应当在5个工作日内，向财政部和证监会报告，并应当自出现上述情形之日起90日内进行整改，整改期间不得承接证券业务。整改结束后，应当在5个工作日内报送整改情况说明。

五 中国资产评估监管模式的构建

（一）我国注册会计师审计行业监管模式观点

安然事件后，我国不少学者讨论了我国注册会计师审计行业的监管模式构建问题。资产评估行业与注册会计师审计行业有着密切渊源和相似性。研究相关观点，对改进我国资产评估监管具有一定借鉴或参考价值。黄世忠、杜兴强和张胜芳（2002）建议在我国构建由全国人大或国务院牵头，人大法工委、财政部、经贸委、中国人民银行总行、证监会、评估署、国家税务总局等权威政府部门的有关领导组成的会计监察领导小组，对注册会计师审计行业实施独立监管。刘明辉、张宜霞（2002）提出可考虑增设由国务院授权，主要由独立的投资者代表、政府司法部门及高校会计学、经济学知名学者组成的公共监督管理委员会，对政府监管部门进行监督与协调。谢德仁（2002）认为，从逻辑上讲选择独立监管模式无疑是最优的，从实践上看，只有将政府与市场的力量有机结合起来，将行业自律监管与政府监管有机结合起来才能推进评估师行业管理，而独立监管模式正是这种结合的代表。叶友（2005）认为，独立监管模式符合政府经济职能和行业协会本质，应积极探索适合我国具体情况的、有中国特色的评估师行业独立监管模式。可见，独立的监督机构克服了行业自律或政府监管二者各自存在的缺陷，提高注册会计师审计的客观性和公正性，是各国资本市场注册会计师审计监管的变革方向。

关于资产评估监管问题，刘萍（2007）提出，资产评估行业自律监管体制是随着资产评估行业管理体制改革不断建立和完善的。当前和今后一个时期，资产评估行业执业质量自律监管的指导思想是：落实财政部提出的"披露充分、方法科学、满足需要"评价评估报告的三原则，以诚信建设为主线，以维护公众利益为宗旨，创新监管工作理念，充分利用新技术丰富监管方式，降低监管成本，完善监管体制，以防范为主，辅以必要的惩戒，促进行业执业质量全面提高，提升社会公信力。① 执业质量自律性监管的工作思路是立体式的监管思路，总的来说，就是统一的管理体系、上下联动的管理方式、重点突出的管理方法，师所监管结合、指导监督服务并重。常艳改、王雅（2008）建议，由国务院确定一个职能部门

---

① 刘萍：《加强资产评估行业执业质量监管　提升评估行业社会公信力》，《行政事业资产与财务》2007 年第 3 期。

作为全国评估行业的主管部门，也可从财政部、建设部、国土资源部、证监会等部门各任命几名委员组成中国价值评估行业独立监管机构，制定管理制度，规范评估收费，对全国评估中介服务市场实行统一管理。该机构可单独设立，直属国务院，作为中国价值评估行业监管的唯一权力机构，其他任何政府与民间部门不得越过该机构直接干预评估行业职业服务市场的管理[①]。常艳改（2013）认为，行政干预机制、法律法规建设机制和职业道德建设机制是我国的资产评估管理体制主要的三个部分[②]。

（二）混合监管模式（政府监管下的行业自律）

1. 模式选择及其理由

依照行业自律、政府管理、混合监管和独立监管四种模式的划分及其形式，我国行业协会"代言人"和"监管者"的双重身份使行业自律管理存在自身的缺陷，我国目前资产评估行业监管实质属于政府管理模式。随着我国经济体制改革的不断深入，以政府为主的监管模式并不是我们的最终选择，而是计划经济向市场经济转轨过程中的一个历史阶段。结合中国国情和资产评估行业发展状况，混合监管模式，亦即政府监管下的行业自律是资产评估监管较为理想的模式。

选择混合监管模式的理由有：（1）政府干预思想在经济生活中占主导地位，且有尊上、唯上的传统文化习惯。（2）资产评估行业法律体系不够完备，有赖于政府完善。（3）资本市场成熟度不够、证券市场上大多数上市公司由国有企业改制而来。（4）资产评估的发展历史和执业环境等因素。因此，处于转轨时期的我国，现时评估监管应当以保护社会公众的利益为目标，遵循"法律规范，政府监管，行业自律"三位一体监管设计思路，构建以政府监管与行业自律有机结合的开放性监管模式。

2. 指导思想

十八届三中全会提出，我国将全面推进经济、政治、社会、文化、生态的大转型，并转变政府职能，深化行政体制改革，建设法治政府和服务型政府，把权力关进制度的笼子里。具体指导原则有：（1）按市场化原则规范和发展各类行业协会等自律性组织。（2）转变政府职能，简政放权、放管结合。（3）吸取国际发达国家资产评估行业监管的经验及教训。

---

① 王雅：《从委托代理角度看价值评估行业监管失效问题》，《价值工程》2008年第8期。

② 常艳改：《简述我国资产评估行业管理体制现状》，《时代金融》2013年第5期。

3. 监管主体

借鉴欧美等国家或地区资产评估监管机构设置经验，我国资产评估监管模式如图9－10所示。

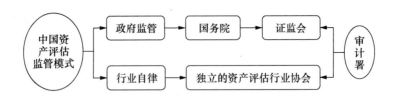

图9－10 中国资产评估监管模式

（1）政府部门。剥离财政部、住房和城乡建设部、国土资源局等部委主管评估业务的职权，由国务院确定一个职能部门作为全国评估行业主管部门，如国有资产监督管理委员会（国资委）、证监会、发改委等。鉴于我国混合经济的特点、资产评估行业的监管现状、民营经济不断增长以及国有企业改制的进一步深入，并考虑到监管机构设置及其监管活动所产生的成本，可以由证监会作为政府资产评估管理部门。也就是说，证监会除涉及资本市场的评估业务监管外，也具有监管上市公司以及外企事业单位的评估活动。（2）组成联合统一的行业协会——行业自律。行业自律分为两个层级，一是由中国资产评估协会、中国房地产估价师协会、中国土地估价师协会等行业协会发起组成一个统一的行业协会，如美国的美国评估促进会（AF）、英国的英国皇家特许测量师协会（RICS）等，并参考国际惯例，在统一的评估行业协会分设若干管理部门和专业委员会，分别负责日常事务的管理和评估准则的制定等工作。二是中国资产评估协会、中国房地产估价师协会、中国土地估价师协会等行业协会各自的专业自律监管。① （3）审计署。为确保政府相关部门、联合统一行业协会、证

---

① 建立评估行业协会联席会议制度，改进和加强各评估协会之间的沟通、协调与合作。为了有利于各评估专业的沟通、协调与合作，促进我国评估行业的协调发展，本着自愿原则，由行业协会自主协商，建立评估行业协会联席会议制度。联席会议主要负责研究提出我国评估行业改革和发展的意见和建议，研究提出规范评估执业人员执业行为的道德准则，协调各专业的评估执业准则和执业规则，研究提出加强评估行业自律性管理的意见和建议，参与评估行业法律法规的研究草拟工作等。（《国务院办公厅国务院办公厅转发财政部关于加强和规范评估行业管理意见的通知》（国办发〔2003〕101号），2003年12月19日）。

监会等履行各自监管职责，提高监管效率，并形成外部制衡，可由审计署定期或不定期检查和评价全国资产评估行业监管效率、效果和存在问题。

4. 合理界定政府干预管理与行业协会自律管理的职责分工

为了提高监管效率，减少推诿扯皮，形成监管合力，应当合理界定政府行政管理与行业自律管理的职责分工。

（1）证监会。1998 年 4 月，根据国务院机构改革方案，决定将国务院证券委与中国证监会合并组成国务院直属正部级事业单位。1998 年 9 月，国务院批准了《中国证券监督管理委员会职能配置、内设机构和人员编制规定》，进一步明确中国证监会为国务院直属的正部级事业单位，是全国证券期货市场主管部门，进一步强化和明确了中国证监会的职能。中国证监会是经政府授权的法定监管部门，履行的是法定监管职责。其现行的监管职责之一就是"会同有关部门审批律师事务所、会计师事务所、资产评估机构及其成员从事证券期货中介业务的资格并监管其相关的业务活动。"

政府职责主要是：①制定行业法律法规；②理顺财政部、住房和城乡建设部、国土资源局等方面的关系；③协调行业外部环境；④负责评估机构的审批；⑤监督、指导行业协会的工作；⑥建立不同评估专业协会之间沟通、协调与合作机制，推动整个评估行业的健康、协调发展。

（2）行业协会的自律管理职责主要是：①组织评估师的执业资格考试；②办理评估师的注册；③组织实施会员的后续教育；④对会员的违规行为进行惩戒；⑤开展行业国际交流；⑥维护会员的合法权益；⑦向社会宣传、推广行业；⑧协助立法机关、政府起草行业法律法规和规章制度；⑨建立同业互查机制及第三方检查机制；⑩加强各项自律性管理制度的建设，推动评估行业诚信建设，建立完善有效的行业自律性管理约束机制。

（3）审计署的职责主要是：外部制衡并定期或不定期检查和评价资产评估行业监管情况。

第十章　我国资本市场资产评估监管效率评价

本章基于我国资产评估执业质量年度检查、企业价值评估报告、行业市场生态结构、自律惩戒和非自律惩戒等数据分析以及早期研究，运用模糊综合评价等方法，研究我国资本市场资产评估监管的制度安排与效率。

第一节　2005—2014年企业价值评估报告统计分析

一　评估方法应用情况

（一）评估方法选择及增值率

本书统计研究对象为沪深证主板上市公司2005—2013年公开披露的企业价值评估报告，每个年度随机抽取100份。表10－1为2005—2013年公开披露的企业价值评估报告评估方法选择、最终取值方法以及评估增值率的数据统计。

表10－1　　　2005—2013年公开披露的企业价值评估报告

年份	评估方法选择			最终取值方法			最低增值率（%）			最高增值率（%）		
	成本法	收益法	市场法	成本法	收益法	市场法	成本法	收益法	市场法	成本法	收益法	市场法
2005	100	19	0	82	18	0	-44.38	-73.87	0	526.24	1180.15	0
2006	92	28	5	77	18	5	-85.53	9.71	1.73	9303.94	926.68	27.93
2007	88	45	8	71	23	6	0.01	23.81	11.54	18659.02	734.54	155.12
2008	93	41	7	80	14	6	-518.45	-18.51	53.70	12377.85	102.85	166.76
2009	93	61	1	82	18	0	-1.16	3.80	0	2216.88	1364.87	0
2010	96	65	4	80	20	0	-96.41	8.00	2.22	2987.56	575.21	0

续表

年份	评估方法选择			最终取值方法			最低增值率（%）			最高增值率（%）		
	成本法	收益法	市场法	成本法	收益法	市场法	成本法	收益法	市场法	成本法	收益法	市场法
2011	95	66	2	68	31	1	-3.50	10.60	0	20887.46	1933.41	17.28
2012	83	45	6	72	26	2	-37.31	-13.42	105.36	3846.12	1534.22	265.05
2013	73	59	9	68	28	4	-169.48	12.47	60.14	17463.88	3281.05	77.54
平均	90.33	47.67	4.67	75.56	21.78	2.67	-106.25	-4.16	26.08	9807.66	1292.55	78.85

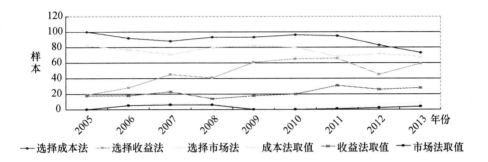

图 10 - 1 2005—2013 年上市公司企业价值评估方法

1. 评估方法选择

数据揭示，尽管企业价值常用的评估方法为成本法（资产基础法）、收益法和市场法三种，但成本法依然是上市公司企业价值评估首选的评估方法，2005—2013 年平均占 90.33%，47.67% 的评估项目选择了收益法，而选择应用市场法的仅占 4.67%。此外，收益法很多时候是与成本法共同使用的，其单独使用概率约为 10%。企业价值评估报告一般最终只确定一种评估方法作为最终的评估结论，在最终评估结果方法的选择上，成本法、收益法和市场法分别占 75.56%、21.78% 和 2.67%。由此可见，成本法和收益法仍是目前重大资产重组项目中企业价值评估的主要评估方法。[①] 但同时也关注，随着我国证券市场的完善和上市公司数量的增加，

---

① 值得说明的是，IPO 评估与一般意义上的企业价值评估应当有所区别。根据 Wind 不完全统计，2013 年 11 月 20 日—2014 年 11 月 20 日，A 股共披露了 319 起重大重组事件，交易总价值共计 685 亿元。而 2012—2013 年该区间内，A 股则披露了 110 件重大重组事件，交易总价值为 223 亿元，均为前者的 1/3。2012 年 IPO 停摆、产业发展瓶颈，导致并购重组需求升温。2013 年被业界称为"并购元年"。评估方法主要是市场法、收益法和成本法，目前成本法占 3% 左右，收益法和市场法占 97%。但市场法的问题在于，资本市场尚处发展期，细分行业可比样本并不多。收益法增长率假设、预测期和永续期安排、折现率选择，不能完全匹配现在行业的变化。

市场法所需资料更易收集，收益法和市场法的结合使用也呈上升趋势。这
与杨冬芳（2011）的统计结果基本一致（见表 10 - 2 和表10 - 3）①。

表 10 - 2　　　　　　　　2010 年不同方法对应的业务收费情况

序号	评估方法	业务量	收费（万元）	比例（%）
1	成本法	144	1962	34.9
2	成本法、收益法	89	2239.8	42
3	市场法	24	205.5	3.85
4	收益法	29	641.9	12
5	其他方法	12	163.9	3.07
6	成本法、市场法	8	66	1.23
7	市场法、收益法	5	92.35	1.7
8	成本法、其他方法	5	39.5	0.7
9	成本法、收益法、市场法	5	26.5	0.5
10	成本法、市场法、其他方法	1	3.4	0.05
合计		322	5440.85	100

表 10 - 3　　　　　　　　　2010 年评估方法分布

序号	评估方法	数量	比例（%）	序号	评估方法	数量	比例（%）
1	成本法	172	45.5	7	市场法、收益法	7	1.85
2	成本法、收益法	98	26	8	成本法、其他方法	5	1.3
3	市场法	35	9.2	9	成本法、收益法、市场法	5	1.3
4	收益法	32	8.5	10	收益法、其他方法	2	0.53
5	其他方法	11	2.9	11	成本法、市场法、其他方法	1	0.32
6	成本法、市场法	10	2.6	合计		378	100

　　同时，置出资产和置入资产评估目的不同，评估方法也存在一定差异
性。与置入资产相比，置出资产的评估方法更多选用成本法和收益法或使
用成本法一种方法，基本不会采用市场法，主要原因在于置出资产的持续

---

　　① 资产评估方法包括成本法、市场法、收益法，除以上三种方法外，房地产评估还常采用
假设开发法（剩余法）和基准地价系数修正法。针对清算的企业，则需采用清算价格法。（杨冬
芳：《资产评估监管工作研究》，《现代经济信息》2011 年第 17 期）。

盈利能力相对较弱，即使采用成本法和收益法两种方法评估，评估结论也一般采用成本法的评估结果。

关于较少选择市场法的原因，一般归结为我国目前市场化、信息化程度不高，未能收集到足够的同类企业产权交易案例，也未能收集到足够的与被评估单位业务结构、经营模式、企业规模和所处经营阶段等因素接近或可比的上市公司相关信息；而不宜采用收益法的原因有，某些行业的市场不稳定、企业未来发展具有不确定性、未来经营收益和风险的水平难以合理量化、无法对被评估企业的未来经营和收益状况进行合理预测等。至于不采用成本法的原因，一般为在评估中很难考虑那些未在财务报表上出现的项目如人力资本、管理效率等，且成本法以企业单项资产的再取得成本为出发点，有忽视企业整体获利能力的可能性等。

2. 方法使用与增值率的关系

表10-1数据显示，2005—2013年成本法、收益法、市场法评估结果的增减值百分比区间为 -518.45%—20887.46% 、-73.87%—3281.05% 、0—265.05% ，平均值区间分别为 -106.25%—9807.66% 、-4.16%—1292.55% 、26.08%—78.85% ，表明成本法评估结果的波动性较大。同时，统计结果还显示，成本法的增值率基本集中在0%—150% ，收益法集中在0%—400% 。此外，无论使用何种方法，置入资产的增值率显著高于置出资产的增值率。

3. 评估方法及参数选取存在的主要问题

（1）成本法。一是账外无形资产未进行评估，造成与其他评估方法得出的评估结论相差太大，部分企业收益法结论是成本法结论的20—40倍，使成本法的评估结论不具有参考价值，只是形式上完成并购重组对两种评估方法的要求。另外，对于上市公司非同一控制下的企业合并，由于购买方未充分确认可辨识无形资产，导致商誉过大，使企业合并后续期间的成本费用被低估，同时可能存在因企业经营业绩变化导致短期商誉发生减值，上市公司业绩发生重大波动，不利于证券市场的健康发展。二是递延所得税资产的评估，有的按照审计口径的账面值确定评估值，有的按照评估值重新计算递延所得税金额，存在不一致的情况。

（2）收益法。一是收益预测未考虑行业周期变化和产品技术经济使用寿命的影响，盲目乐观，高估资产的价值。二是高新技术、轻资产行业并购，评估溢价高，评估方法和参数选取不具有一定的前瞻性。随着行业的成熟，竞争加剧，行业盈利能力可能将与相关行业或上下游趋同，评估参数选取应考虑行业风险，避免因高估值造成的投资损失。三是境外资产并购，未考虑不同市场及商业环境差异的影响，市场风险溢价未考虑国家风险，仍按照国内上市公司有关数据标准取值。

（3）市场法。一是未对可比案例与被评估企业差异进行调整或调整内容不足，未充分考虑可比案例与被评估企业在资产负债结构、流动性、股权比例等方面的差异，也未考虑营运资金，溢余资产、产品结构及经营范围不同等造成的差异。二是评估修正过程主观判断因素较多，合理分析内容较少，缺少说服力，评估结论参考价值较小。三是在考虑控制权溢价方面，评估机构间处理方式不统一。一种观点认为采用上市公司的股票交易价格计算股权"市值"，这个"市值"代表着少数股权的价值，被评估公司全部股东权益与其相比，具有一定的控制权溢价，故初步评估结果加上控股权溢价，另一种观点未考虑控制权溢价问题。

4. 评估结论分析存在的主要问题

一是对两种结果进行的对比分析往往过于简单和模式化，针对性较弱，分析深度不足，评估结论选取理由说服力较差，有时还会出现逻辑错误。二是部分矿山企业评估报告一般选择成本法评估结果，而成本法评估结果中引用矿业权评估结论一般也是采用折现现金流量法得出，该评估结论所依赖的大部分参数的确定是建立在对未来预测的基础上，企业的主营产品价格也受到国内外市场价格波动这一因素的制约，其评估结果并不能体现比成本法结论的优越性。通常，矿业权评估与企业价值评估在假设前提条件和技术参数选取方面存在较大差异，特别是上市公司的并购重组，对企业未来盈利能力有较高的预期，应详细分析成本法和收益法在参数及方法上的差异及合理性，特别是分析企业权益价值适用的评估结论，使最终评估结论的确定更具说服力。三是并购重组热点行业，收益法较成本法差异很大，评估报告只说明选取收益法的理由，未充分说明形成差异的原因和合理性，且评估溢价较高，也未进行充分分析，对相关重点参数对评估结论的影响也未进行分析说明，容易误导评估报告使用者，市场负面舆论较多。四是大部分评估报告未进行敏感性分析，特别是某些关键评估参数存在重大不确定性，更应增加相应的分析内容。

二 评估结论对交易定价的参考情况

以 2013 年为例，在 102 宗置入资产评估项目中，评估结论成为交易价格的重要参考依据。有45宗是直接以评估结论作为交易定价，占44.12%，差异率±2%内（不含零）为40宗，占39.22%，特别是交易价格低于评估结论2%以内的有33宗，占32.35%，差异率±2%—±10%内的8宗，占7.84%，差异率±10%以上的9家，占比8.82%。在13宗置出资产评估中，有11宗项目直接以评估结论作为交易定价，有1宗因产权第二次挂牌才转让成功，交易价格为评估结论的90%，有1宗资产负债组合的评估结果为负值，交易定价按1元计。置入和置出资产评估结论与交易定价差异在±2%以内有97宗，占84%，且部分直接以评估值定价或者在评估值基础上取整，说明评估结论在交易定价上发挥了关键作用。[①]

三　存在的主要问题

（一）评估报告披露

一是仅披露存在问题，未对问题解决、完善及对评估结论与经济行为目的的影响做充分提示。

二是披露内容不完整，应披露而又未披露的事项较多，如被评估公司账面无无形资产，评估报告也未对被评估公司是否拥有账外无形资产进行说明，相关无形资产也未纳入资产基础法的评估，导致重技术轻资产企业的收益法评估结论较成本法评估结论差异较大，且最终选定收益法评估结论后，容易误导投资者对企业价值的判断。

三是对被评估单位主营业务、资产情况分析不足、披露不清晰，特别是企业的经营模式、核心竞争力、利益关联者等缺少披露，难以让报告使用者全面了解有关业务资产关系，对评估增减值的合理性也难以判断，造成不必要的误导，不利于报告使用者合理的理解评估结论。

四是流动性折扣率、控制权溢价率、折扣率、无风险报酬率、风险报酬率、β和α值等企业价值评估的重要参数披露较少，不利于专业人士分析和理解评估过程。

（二）评估价值类型

个别评估报告的价值类型采用投资价值时，存在以下问题：一是评估报告中评估思路和方法说明依据并购方提供的投资规划进行盈利预测，但

---

① 《中国证监会会计部2013年证券资产评估分析》，《上海证券报》http：//stock. sohu. com/20150112/n407727310. shtml。

未说明投资规划给被并购企业带来的协同效应体现在哪些方面，也未考虑并购重组企业整合成本等负协同效应。二是评估报告未披露投资价值与市场价值的差异以及结论的合理性，上市公司在收购股权的公告中没有任何关于投资价值的描述，而直接将投资价值评估结论作为并购交易价格。

（三）评估假设前提

部分评估报告存在评估假设前提不合理，对评估结论影响披露不足的问题。比如，一是对于先进技术性企业，评估报告未对被评估企业是否可以持续通过高新技术企业认定并继续享受相关税收优惠政策进行分析说明，而直接假设企业可以永续采用 15% 的所得税。二是对于境外企业并购项目，在人民币对主要外汇汇率波动较大的情况下，未增加对外汇汇率变动的敏感性分析或增加汇率变动的风险提示，简单地使用不考虑外汇汇率变动的假设，易造成评估结论存在重大不确定性。三是房地产开发企业及投资性房地产税费方面，部分评估报告假设不考虑相关税费的扣除问题。由于房地产开发政策规定较多，税费计算复杂，对评估结果有重大影响，在计算评估值时应根据不同评估方法充分考虑各项税费的影响。

第二节　资产评估执业质量自律检查

资产评估执业质量自律检查（以下简称质量检查），是指资产评估协会对资产评估机构和注册资产评估师遵守资产评估行业有关法律、法规、规章、制度和资产评估准则等情况进行的检查[①]。众所周知，执业质量是行业自律管理的重要内容。2010 年以来，中评协对行业自律检查中存在质量问题的 6 家评估机构、3 家分支机构及 15 名评估师给予了自律惩戒，对 18 家评估机构、7 家分支机构及 133 名评估师通过发关注函提醒其改正违规行为，有力促进了评估师职业道德水平和执业质量的提高[②]。

一　组织、检查人员及权限

《资产评估执业质量自律检查办法》第四条指出："中评协负责对具

---

① 《中国资产评估协会关于印发〈资产评估执业质量自律检查办法〉的通知》（中评协〔2006〕98 号）。

② 《中国资产评估行业发展规划》解读之六。http://qys.mof.gov.cn/zhengwuxinxi/zhengcejiedu/201304/t20130426_ 845366. html。

有证券评估业务资格的资产评估机构及其注册资产评估师进行质量检查，必要时也可会同地方协会开展质量检查。中评协授权地方协会对本辖区资产评估机构和注册资产评估师进行质量检查。"检查人员应当由资产评估协会秘书处有关工作人员和选聘的注册资产评估师担任，具体质量检查工作应当由不少于3名检查人员（其中至少有一名资产评估协会秘书处的工作人员）组成的检查组实施。检查组实施组长负责制，组长对检查组的检查质量及提交的质量检查报告负责。2014年，财政部检查办公室负责对从事证券、期货相关业务资产评估机构的执业质量抽查及专项检查工作，抽查比例为证券资格资产评估机构总数的20%。

担任检查人员的注册资产评估师应当符合三个基本条件：（1）持有注册资产评估师证书5年以上并担任项目经理以上职务；（2）熟悉资产评估等相关专业理论并富有实践经验；（3）有良好的职业道德记录。

检查人员在质量检查工作中有权索取、查阅被检查资产评估机构的评估报告、工作底稿、内部管理制度及与质量检查有关的财务凭证等文件和资料，有权按照检查工作底稿内容要求对所查阅的有关内容与事项进行记录，有权对其认为有问题并需要取得相关证明材料作为认定依据的有关内容与事项进行复印，有权就有关问题向被检查资产评估机构有关人员进行询问。

二　检查对象、范围及内容

（一）检查对象及其选择

资产评估机构应当按照资产评估协会的安排，每5年内至少接受一次质量检查。资产评估协会可以根据本地区行业发展实际情况，以适当的方式确定年度被检查对象，有以下情形之一的资产评估机构可以作为重点检查对象：（1）被投诉举报或涉及有关部门移交案件的；（2）被有关媒体披露、质疑的；（3）上年度受到行政处罚或自律惩戒的；（4）内部管理混乱，可能对执业质量造成影响的；（5）以恶意降低服务费等不正当手段争揽业务的；（6）新设立并已出具评估报告的；（7）法定代表人（首席合伙人）变更的；（8）50%以上股份的持有股东或50%以上合伙人变更的；（9）资产评估协会认为需要重点检查的其他情形。

资产评估协会应当每年组织开展质量检查工作。地方协会应当在年度质量检查对象、方案确定后10个工作日内报中评协备案。

（二）质量检查范围

质量检查范围应当以被检查对象上一次接受检查至本次检查之间出具的评估报告为主，必要时可延伸到以前年度。

（三）质量检查的主要内容

（1）资产评估机构和注册资产评估师遵守资产评估行业有关法律、法规、规章和制度情况；（2）资产评估机构和注册资产评估师遵守资产评估准则情况；（3）资产评估机构和注册资产评估师遵守资产评估职业道德准则情况；（4）资产评估机构内部质量管理和控制情况；（5）资产评估协会认为需要检查的其他内容。

三 检查方式及结果处理

质量检查以实地抽样检查方式为主，必要时也可以采取其他适当的检查方式。资产评估协会在听取检查组的检查情况汇报和审查检查组提交的质量检查报告后，对在检查中发现问题的资产评估机构和注册资产评估师，应视其问题性质或情节轻重，提出相应的处理意见和建议。具体处理意见和建议包括三种：

（1）对存在问题性质或情节轻微，不足以予以自律惩戒的资产评估机构和注册资产评估师，应通过发关注函、谈话提醒、举办强制培训班或其他适当的方式，提醒、教育其改正。

（2）对存在问题性质或情节较为严重，应予以自律惩戒的资产评估机构和注册资产评估师，应按照《资产评估执业行为自律惩戒办法》的有关规定做出惩戒决定。

（3）资产评估协会对检查中发现的不符合注册条件的注册资产评估师，应按照注册资产评估师管理的有关规定进行处理。

四 2012—2014 年质量检查工作总结报告分析

（一）检查内容与方法

根据检查要求，地方资产评估协会应当于每年 10 月 31 日前将本年度质量检查工作总结报告及自律惩戒文件等有关资料报中评协备案。质量检查工作总结报告主要内容包括：检查工作的基本情况，检查取得的成效，被检查机构的发展状况，检查中发现的主要问题、典型案例及成因分析，对存在问题的处理结果、程序、依据、整改意见，规范评估行业发展的有关建议等。"财政部检查办"规定要求的检查比例为 20% 以上。

2014 年，检查采取抽查（质量类检查）、专项检查（管理类检查）

两种方式进行，即在质量检查的基础上，增加了专项检查。前者主要根据质量类检查要求，按照企业价值、资产组合、无形资产、单项资产、新业务顺序，每个评估机构随机抽取若干份评估报告进行定性、定量分析，对评估机构和注册资产评估师遵守资产评估准则和职业道德准则的情况进行检查。专项检查的内容主要是资产评估机构内部治理、评估费用收取、资产评估机构持续满足设立条件等情况。通常是指定专人采取查阅财务账目、社会保险和人事管理档案、章程（合伙人协议）、各项规章制度等资料以及询问评估机构相关人员等方式进行，具体包括：（1）内部制度建设情况。诸如人事管理、财务管理、质量控制、业务档案管理、后续教育、执业道德守则及评估收费管理制度等。（2）评估费用收取情况。如是否向委托方开具发票、与约定书载明的收费金额是否相符等。（3）机构设立条件的持续情况。评估机构注册资产评估师人数、合伙人或股东、首席合伙人和法定代表人在人数和任职资格等方面是否符合财政部《资产评估机构审批和监督管理办法》规定，是否满足持续设立条件。（4）"三会"治理情况。根据章程（或合伙协议），检查资产评估机构根据自身规模建立股东会（或合伙人会议）、董事会（或合伙人管理委员会）及监事会三会治理结构情况。章程（或合伙协议）中应当明确股东（或合伙人）相关权利和义务、股东会职权范围、议事规则和表决程序。章程（或合伙协议）中应当明确董事（或执行董事）的任职条件和产生程序、董事会（或合伙人委员会）的人数及人员构成、职权范围以及议事规则等。

（二）基本数据

受多种因素影响，除个别省市外，大多数省市资产评估协会对资产评估行业执业质量检查结果的详细信息披露讳莫如深，通常只是对完成过程做简要报道。具有证券资格评估机构执业质量检查的信息披露也存在年度之间详细程度不一致等问题，为深入研究资产评估行业监管问题带来了很大障碍或挑战。不过，从部分省市或者相关的数据还是可以管窥该行业监管的基本状况及其存在的问题。

（1）2012年部分省市检查结果。2012年资产评估行业执业质量检查的大致情况为，河北、广东、湖北、四川、云南等省市分别对20家、20家、25家、40家和15家评估机构进行了检查，其中河北对执业质量问题较多的1家评估公司，要求其限期整改；对执行执业准则问题较多的8名注册资产评估师予以谈话提醒。湖北对2家资产评估机构和14名注册资产评估师给予行业自律惩戒。

（2）2013 年部分省市检查结果。表 10-4、表 10-5 及图 10-2、图 10-3显示，部分省市抽查比例仅近似达到地方评估机构总数 20% 的要求。同时，从得分的情况看，各地区的评估报告自查得分存在一定的差异，亦即评估执业质量存在一定的差距。上海自查评估报告平均得分为 74.76 分，海南抽查的平均得分为 69.78 分。山西、云南、海南三省抽查的 210 份评估报告中，得分在 80 分以上的仅占 4.29%，80 分以下的占 95.71%，其中，70—79 分的占 28.10%，60—69 分的占 64.29%，低于 60 分达 3.33%，其中山西更是高达 4.04%，由此可见，我国评估机构执业质量状况处于中等偏下水平，个别地区的评估机构问题较大。

从海南省自查评估报告份数及打分情况看（见表 10-5），不同类型评估报告之间的得分也存在一定差别，由高到低的顺序依次为企业价值评估、单项资产评估、资产组合评估、无形资产评估。

表 10-4　　　　　　　2013 年资产评估行业执业质量检查情况

省　　市	北京	山西	上海	湖北	云南	海南
评估机构（家）	171	128	46	120	72	31
检查范围（家）	—	25	10	24	27①	6
抽查检查所占比例（%）	—	19.53	21.74	20.00	16.67	19.35
自查评估报告总量（份）	603		823		481	132
抽查评估报告总量（份）	280	99	80	94	83②	28
自查评估报告平均得分（分）	—	—	74.76	—	—	—

表 10-5　　　　　　　2013 年资产评估行业执业质量抽查情况

	山西		云南		海南		合计（平均）	
	份数	比例（%）	份数	比例（%）	份数	比例（%）	份数	比例（%）
抽取评估报告份数	99	—	83	—	28	—	210	—
总平均得分	—	—	—	—	69.78		—	—
≥80 分	0	0	6	7.23	3	10.71	9	4.29
70—79 分	16	16.16	36	43.37	7	25.00	59	28.10
60—69 分	79	79.80	39	46.99	17	60.71	135	64.29
50—59 分	4	4.04	2	2.41	1	3.57	7	3.33

---

① 对抽取的 12 家机构进行抽查，对上年检查过的 15 家机构进行回查。

② 占被检查机构该年度 4196 份报告的 11%。

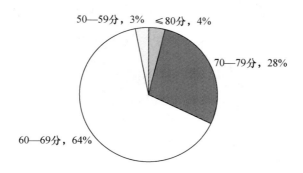

图 10 - 2 2013 年山西、云南、海南三省资产评估行业执业质量抽查情况

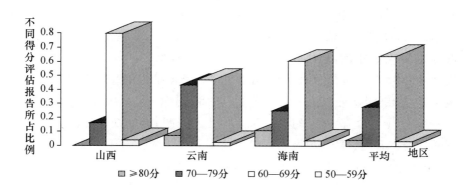

图 10 - 3 2013 年山西、云南、海南三省资产评估行业执业质量抽查情况比较

表 10 - 6 2013 年海南省资产评估行业执业质量自查情况

评估报告类型	企业价值评估	比例（%）	无形资产评估	比例（%）	单项资产评估	比例（%）	资产组合评估	比例（%）
自查份数（份）	132	48	36.36%	3	2.27	62	46.97	19	14.39
平均得分（分）	—	77	—	70.8	—	75.75	—	73.7	—

（3）2014 年部分省市或地区检查结果。表 10 - 7 显示，山西、海南、新疆三个地区抽查的 173 份评估报告中，得分在 80 分以上的占 6.94%，80 分以下的占 93.06%，其中，70—79 分的占 22.54%，60—69 分的占 64.74%，

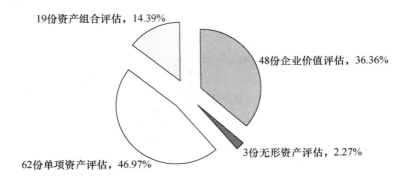

图 10 - 4　2013 年海南省资产评估行业执业质量自查情况

低于 60 分达 5.78%，其中新疆高达 10%。再看 2014 年海南和新疆被抽查评估机构的得分情况，海南涉及 5 家评估机构，最高分为 87.3 分，最低分为 54 分，平均得分为 71.07 分。新疆检查范围涉及 10 家评估机构，最高分为 83 分，最低分只有 52 分。此外，海南抽查的 5 家机构中，抽查报告平均得分 80 分以上的有 1 家，70—80 分（不含 80 分）的有 3 家，60—70 分（不含 70 分）的有 1 家。因此，按照 80 分以上为良好的一般判断标准，海南、新疆以及山西等地区不具有证券从业资格评估机构的执业质量状况处于中等偏下水平，个别地区的评估机构执业质量令人堪忧。

表 10 -7　　　　　　　　　2014 年资产评估行业执业质量检查

	山西		海南		新疆		合计（平均）	
	份数	比例（%）	份数	比例（%）	份数	比例（%）	份数	比例（%）
抽取评估报告份数	100		33		40		173	
≥80 分	0	0	9	27.27	3	7.5	12	6.94
70—79 分	9	9	8	24.24	22	55	39	22.54
60—69 分	87	87	14	42.42	11	27.5	112	64.74
50—59 分	4	4	2	6.06	4	10	10	5.78

（三）主要问题

以北京市检查结果为例，主要问题包括：

（1）工作底稿完备性等问题。一是评估计划编制的内容流于形式，缺少项目风险评价内容及计划调整预案措施等。二是缺访谈记录、现场勘察记录。如评估无形资产发明技术未到现场查验相关权属资料及载体情况等；资料的收集不足以支持评估结论，缺少对模型选择、参数选取、公式中各因素的分析过程和计算过程。三是质量控制不严格。未见公司规定的相应级次的复核人的复核意见，大部分机构底稿中缺少对评估资料全面性、客观性、适时性的复核。四是底稿归档不规范。

（2）评估报告存在表述等问题。一是评估对象和评估范围表述不完整，重复多记或遗漏少记评估对象，致使报告使用者无法获取足够信息，合理理解和应用评估结论。二是评估假设不合理，未在报告中说明相关政策规定对评估结论影响程度。三是评估依据列示不全、不规范，未进行合理归类表述。四是评估披露不够充分，特别事项和评估过程的描述过于简单，存在正文和说明不一致的情况。五是评估方法选取的适用性分析、参数选择的原因分析及价值类型的选取理由未充分阐述。

（3）多元化经营的评估机构项目投入不足。以企业价值为例，这些机构由于项目投入人力不足，执业中严重违背资产评估准则的相关规定，收费和执业质量都受到不同程度的影响。

（4）个别机构以"融资贷款为目的"的项目评估业务占据主要位置。检查发现此类业务基本没有底稿，出具的报告格式和评估依据从形式上看是参照资产评估准则，但实质上在项目执行中却未履行必要的评估程序，也未按评估准则的要求反映评估过程和评估结论。有甚者其报告的内容反映的是项目投资的可行性，遵循的既不是评估准则也不是部门规章，协会在处理这类投诉时，非常棘手。

（5）回头看的机构有改进但欠缺仍多。从回头看的机构和历年检查情况相比，报告格式和内容有改进，但是底稿中复核方面的实质内容欠缺较多，一些重要的程序未得到有效实施，报告中一些要件、影响评估结论的因素分析及参数选取过程等方面基本没有改进，熟练运用评估准则的技能、技巧有待提高。

（四）收费情况

收费偏低或者采取低价竞争策略在资产评估行业是一种常见现象，甚至出现过零元竞标情况。以海南为例，2012 年，查 783 项项目收费情况发现，实际收费占标准收费比率52.38%，实际收费达到标准收费80%以上的机构有 6 家，实际收费低于标准收费50%以下的机构有 7 家。2013年，被检查 5 家评估机构 2013 年的实际评估收费占标准收费比率的

48%，收费最高的机构为 69.17%，最低的机构为 37.44%，收费基本反映了海南资产评估行业状况。个别业务因特殊情况收费偏低，主要是海南各国有商业银行、资产管理公司、法院等均采取评估机构入围政策，评估机构需与其签订服务协议，确定的收费比率是标准的 30%—40%。

（五）质量控制体系

1. 质量控制环境

在组织结构和治理结构上，少数执业机构存在缺陷，主要表现在：股权过分集中于个别或少数股东，个别甚至持股比例较大，不利于发挥行业专业性的特点；存在股东挂名的现象，股东未在执业机构执业，没有履行其应尽职责；股东年龄老化，年龄结构不合理。上述问题的存在，造成执业机构难以形成合理的治理结构和有效监督制约机制，给执业机构质量控制体系的建设带来阻碍。

在经营理念和经营风格上，个别执业机构管理层风险意识淡薄，以市场为导向，大量低价承揽业务，不重视执业机构的质量控制，不重视执业人员专业胜任能力，没有形成质量至上的经营理念，没有建立有效的风险防范体系。在经营战略上，执业机构没有建立清晰的长远目标和明确的发展规划，没有着手建立与之匹配的质量控制制度和人力资源系统，造成业务量与执业机构职业胜任能力不匹配，给执业质量带来风险。在执业机构文化建设上，执业机构没有建立和倡导重视执业风险、质量至上的执业机构文化，如通过宣传栏、内部刊物、员工绩效评价、管理层职责分派等传递管理层重视质量的理念。个别执业机构对业务开拓部门待遇明显好于质量复核部门，这种重业务开拓轻质量控制的理念将给执业带来风险隐患。

2. 评估工作底稿的规范性和完备性

（1）缺少业务约定书或业务约定书内容不完整。未遵守《资产评估准则—业务约定书》，问题集中在工作底稿中无业务约定书；业务约定书内容不完整，如无评估基准日、无评估服务费总额、无评估报告提交期限和方式等、法定代表人未签字、双方未签章等；业务约定书载明的评估目的、评估对象和评估范围与评估报告不一致；当与委托方约定事项有变化时未变更业务约定书，比如某机构业务约定书中评估基准日定为 2011 年 7 月 12 日，但评估报告中评估基准日为 2011 年 8 月 31 日，评估基准日发生变化，执业机构未与委托方签订补充协议或者重新签订业务约定书。从以上问题看出，部分机构忽略业务约定书的重要性，如果出现法律诉讼，业务约定书是确定执业机构和委托人双方应负责任的重要证据。

（2）缺少评估计划或评估计划编制过于简略。部分机构未编制评估计划，部分机构的评估计划未涵盖现场调查、收集资料、评定估算、编制和提交评估报告等评估业务实施全过程。如仅有工作时间和人员的安排，缺少评估项目基本情况（评估目的、评估对象和范围、价值类型、评估基准日等）、主要评估程序、评估方法、技术方案等要素，评估计划无执业机构相关负责人审核、签字。

（3）缺少现场调查记录或记录不完整。①单项资产或资产组合评估业务中，无委托方评估申报明细表、评估明细申报表科目不完整、填列内容欠缺，无提供方盖章确认。比如机器设备评估表中缺账面值、生产厂家、型号等要素。无现场勘查记录，仅有照片且缺少必要的说明。现场勘查记录过于简单粗略，仅有资产数量记录，无资产现状描述，无勘察时间、签名。②企业价值评估业务中没有必要的访谈，未根据评估项目具体情况，确定合理的现场调查方式，缺少询问、函证、监盘、勘查等重要程序。如既未收集银行对账单又不进行函证，或将会计师事务所的函证复印件作为评估工作底稿。调查的重点及勘查盘点数量欠缺，记录过于简单。如某机构评估的机器设备共计65项，工作底稿只有少部分设备的现场勘察表，且表中设备技术状况和使用情况描述为"运转正常"或"一般、较好"，欠缺其他主要设备的具体勘查情况记录。欠缺企业经营和会计核算资料进行查阅的记录或分析过程。

（4）对于有产权瑕疵的资产，未取得委托方及相关当事方提供的说明、证明和承诺；运用市场法进行评估的项目缺少市场调查及数据分析资料，收集的交易实例与评估对象的可比性较差，甚至个别资产评估机构存在虚构交易实例的情况；运用收益法进行评估的项目收集评估对象历史经营资料、未来收益状况的预测资料以及客观收益信息不完整，折现率等重要参数的获取可靠性差；运用成本法进行评估的项目缺少主要资产的询价记录和定价依据资料，缺少确定资产成新率或各贬值因素相关的资料。

（5）评定估算无详细分析计算过程。主要问题为重要评估参数的确定无依据或说明、方法的选用无说明、重要数据的确定无计算过程。成本法评估时重置成本构成要素不完整，如评估大型设备未考虑可能存在的资金成本和其他合理费用；如将船舶的历史成本作为重置成本；又如一般纳税人的制造型企业，按现行税法有关规定，企业购入生产用设备可抵扣增值税进项税额，而对机器设备的评估中，成本法中重置成本包含了增值税的事项未在评估报告披露。取价、取费无依据、确定成新率时未考虑经济性贬值和功能性贬值，除评估案例外基本未反映其重置全价、成新率计算和分析过程。聘请专家工作时，未对其工作成果进行分析并形成工作底稿。

收益法评估时直接采用企业未经审计的账面会计数据，未对其不具有代表性的收入和支出，如非正常和偶然收入与支出进行调整；未收集企业非经营性资产、负债和溢余资产及与其相关的收入和支出的说明并对其进行分析调整；收益口径与选择的公式不一致；预测的收益成本费用各要素无依据，随意性较大；如对污水处理经营权资产评估时，重要数据污水处理费单价，未取得相应的政府定价文件。又如对某杂志十年承包经营权评估时，在预期收益的预测时未收集被评估对象的历史经营状况、发展前景及未来预测可靠性的证据且未作必要的分析。采用市场法的部分报告存在交易案例和评估对象可比性和相似性较差，选作交易案例的信息不充分、不完整，交易案例的价格可信性不强；各项修正因素考虑不充分，有的存在逻辑关系错误。

（6）执业机构内部审核无轨迹。主要表现为审核记录反映的审核程序与其审核制度不一致，比如制度规定的三级复核实际只执行了项目负责人和签字评估师二级复核。审核意见流于形式，无实质性内容，审核程度表中无审核意见及修改完善结果或意见答复，仅有打钩或签名。复核日期晚于报告日期。审核质量不高，报告存在多处文字及计算错误。

（7）评估工作底稿不规范。主要表现为与审计合作的部分评估项目，评估底稿直接为复印审计底稿，底稿未反映评估实施的清查核实、评定估算程序，也未就利用审计底稿的原因及合理性做出相关说明；工作底稿未编制索引号、排序较凌乱、归档目录填列不全、电子文档无标识及存储安全性不足；工作底稿归档前未履行必要复核程序，个别项目存在归档评估说明非最终定稿等。

3. 评估报告内容规范性和完备性

大部分执业机构评估报告基本符合报告准则、企业国有资产评估报告指南要求，但仍存在下列问题：（1）个别报告标题不完整，缺少经济行为关键词。（2）个别报告缺少声明。（3）评估报告摘要缺乏重要内容，如缺乏价值类型及其定义。（4）报告正文委托方、产权持有者和委托方以外的其他评估报告使用者内容不完整，无委托方以外的其他评估报告使用者内容。对委托方和产权持有者的介绍也较简单，如产权持有者系自然人，未介绍法定住所等；未介绍被评估企业近三年的资产、财务及经营等情况。（5）评估目的不明确，没有相对应明确的经济行为。如"为委托方提供资产市场价值参考。"（6）评估对象和评估范围混淆，如报告表述为"纳入评估范围的评估对象是×××"。未具体描述评估对象的基本情况，如对单项资产或资产组合仅简单说明数量，未详细介绍其法律权属状况、经济状况和物理状况。企业价值评估时未根据评估目的，正确区分评估对象是企业的整体价值，还是股东全部权益价值。评估对象及其相关权益状况不明确。（7）价值类型及其定义：个别报告将价值类型与评估假设混淆，如价值类型定义为"本次评估采用持续经营前提下的市场价值作为选定的价值类型。"未采用《资产评估价值类型指导意见》选择及定义价值类型，如"委估资产在评估基准日的重置成本价值"。缺少价值类型的定义，且未说明选择价值类型的理由。（8）评估基准日：评估报告载明的评估基准日与业务约定书约定的评估基准日不一致；未准确地说明选取评估基准日时重点考虑的因素。（9）评估依据：报告书评估依据描述不完备，缺少与评估目的对应的准则依据；主要的取价依据未明确有关询价资料的具体名称或来源；部分评估报告仍将已废止的《资产评估报告基本内容与格式的暂行规定》（财政部财评字〔1999〕91号）、《资产评估操作规范意见（试行）》（国资办发〔1996〕23号）作为评估依据；采用收益法评估企业价值、无形资产时评估依据针对性不强；采用重置成本法评估特殊资产如船舶等，缺少与其相关的取价依据。（10）评估方法：本次检查的评估报告无论是单项资产或是企业价值评估，除极个别采用收益法外，大部分仅采用成本法评估，基本未采用其他方法，评估方法选择单一。且评估报告缺乏对评估方法选用的分析和说明或说明的理由不充分，如某项股权收购项目，不采用收益法评估的理由描述为"评估目的实现后，其经营环境和主体都将发生重大变化，所以未来的收益存在极大不确定性，因此不具备采用收益现值法的条件"。（11）评估过程：部分机构在所有报告中均采用一样的评估过程说明。（12）评估假设：部分报告对评估假设说明较简单，特别是对于收益法评估、无形资产评估采用的评估假设针对性不强。（13）评估结论中未说明账面价值与评估价值的增减幅度，特别是增减幅度较大时，未对增减原因进行分析。当采用两种方法评估时，未充分说明两种方法差异原因，最终确定评估结论的理由不充分。（14）特别事项说明：部分报告对影响评估结论的特别事项进行了说明，但侧重于披露事项本身，未对该事项的评估处理及该处理对评估结论的影响进行说明。（15）个别报告缺少评估报告使用限制说明。（16）部分评估报告中只有法定代表人和资产评估师的盖章，未签字。（17）个别报告附件中缺少委托方和相关当事方的承诺函、注册资产评估师承诺函。

五　2012—2013 年具备证券期货业务资格资产评估机构

（一）描述性统计

中国证监会发布的 2013 年具备证券期货业务资格的会计师事务所和资产评估机构年度检查情况显示（见表 10 - 8），与往年相比，证监会加大了审计评估机构检查力度，强调对中介机构证券期货业务执业范围和执业流程的全覆盖。

表 10 - 8、表 10 - 9 和表 10 - 10 数据揭示了以下几个问题：

（1）检查范围和力度均有大幅提高。证监会 2013 年共计检查了 19 家会计师事务所、20 家资产评估机构，分别占具备证券期货业务资格机构的 47.5%（19/40）、28.57%（20/70），均超出了规定检查 20% 的比例要求。其中，对 3 家会计师事务所及其执业的 44 个审计项目、5 家评估机构及其执业的 30 个评估项目进行了全面检查，对 16 家会计师事务所的 33 个审计项目、15 家评估机构的 18 个评估项目进行了专项检查。共抽查了 39 家中介机构 125 个审计和评估项目。这与 2012 年的 10 家中介机构（6 家会计师事务所和 4 家资产评估机构）10 个审计和评估项目（8 个审计项目和 2 个评估项目）相比，检查的范围和力度均有大幅提高。

（2）检查结果处理力度大大超过往年。2013 年证监会累计对 8 家会计事务所及 42 位相关签字注册会计师、9 家评估机构及 21 位相关签字注册资产评估师采取了行政监管措施并记入诚信档案。而 2012 年证监会仅对 5 家会计事务所、5 家评估机构、15 名个人采取行政监管措施。2013年行政监管措施涉及的机构数量是 2012 年的近 2 倍，涉及的个人是 2012年的 4 倍多。

（3）从主体监管向功能监管转型。会计师事务所是资本市场会计信息质量的"看门人"，在保障投资者权益方面发挥重要作用，同时随着再融资与并购重组业务量逐渐增长，资产评估也在其中发挥举足轻重的作用。在"放松管制、加强监管"的市场化改革背景下，证监会正从主体监管向功能监管转型。就功能监管来说，其核心是根据业务的性质来划分监管对象，能够实现跨产品、跨机构、跨市场的监管协调。检查不再单纯对某一个交易事项进行检查，而变为从业务承接到项目完成整个执业流程的检查，同时根据检查需要，适当延伸检查上市公司、证券公司等会计师事务所和资产评估机构的服务对象，检查力度大大加强，效率大幅提高。随着改革的进一步推进，未来加强对中介机构，特别是审计评估机构的监督检查将成为常态化的制度安排。

表10-8　具备证券期货业务资格的会计师事务所和资产评估机构年度检查情况

年份	评估机构		评估项目		被采取行政监管措施机构数			被采取行政监管措施人数		
	全面	专项	全面	专项	会计事务所	评估机构	合计	会计事务所	评估机构	合计
2012	—	4	2		5	5	10	—	—	15
2013	5	15	30	18	8	9	17	42	21	63

表10-9　　　　　　　　　2013年检查数据分析

机构类型	全面检查		专项检查		家数合计	项目合计	被采取行政监管措施机构数占被检查机构比例（%）	被采取行政监管措施人数占被检查项目比例（%）
	家数	项目	家数	项目				
会计师事务所	3	44	16	33	19	77	42.11	54.55
评估机构	5	30	15	18	20	48	45	43.75
差额	-2	14	1	15	-1	29	-2.89	10.80

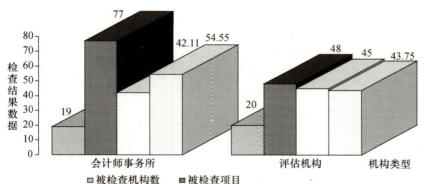

图10-5　2013年具备证券期货业务资格的会计师事务所和
资产评估机构年度检查情况

表 10 – 9 数据表明，2013 年资产评估的执业质量不令人满意，被采取行政监管措施机构数占被检查机构的比例高达 45%，如果按照这一比例推算，2013 年具有证券评估资格的 70 家评估机构将会有 32 家受到行政监管措施。被采取行政监管措施人数占被检查项目比例为 0.4375 人，这一数据意味着，每个评估项目就有 0.4375 个评估师或者相关人员会受到行政监管措施，亦即每两个资产评估项目，就会有一位评估师或相关人员受到行政监管措施。按照 2013 年资本市场 1297 宗评估项目推算，可能会有约 567 人受到行政监管措施，不过这也和证监会加大监管力度有着密切的关系。图 10 – 5 显示，评估机构中被采取行政监管措施机构数占被检查机构的比例高于会计师事务所，而评估机构被采取行政监管措施人数占被检查项目的比例较会计师事务所低 10.80%。

表 10 – 10　　　　　2012—2013 年证监会行政监管措施类型

机构类型	监管措施	2013 年		2012 年	
		机构名称	数量	机构名称	数量
资产评估机构	出具警示函	北京中企华资产评估有限责任公司、开元资产评估有限公司、深圳天健国众联资产评估土地房地产估价有限公司、中联资产评估集团有限公司、中瑞国际资产评估（北京）有限公司	5	北京龙源智博资产评估有限公司及其注册评估师王东升、杨嫦霞；北京亚超资产评估有限公司	2
	监管谈话	北京中科华资产评估有限公司、北京中天华资产评估有限责任公司、福建中兴资产评估房地产土地估价有限责任公司、广东中广信资产评估有限公司	4	北京国友大正资产评估有限公司、北京卓信大华资产评估有限公司、北京亚超资产评估有限公司注册评估师范海兵和徐峰	3
	责令改正		0	深圳天健国众联资产评估土地房地产估价有限公司	1
	其他	对上述资产评估机构的相关签字注册资产评估师采取了不同类型的行政监管措施并记入诚信档案			

续表

机构类型	监管措施	2013 年		2012 年	
		机构名称	数量	机构名称	数量
会计师事务所	出具警示函	利安达会计师事务所、立信会计师事务所、中兴财光华会计师事务所、中准会计师事务所	4	国富浩华会计师事务所及其员工唐海梅；中审国际会计师事务所有限公司及其主任会计师谷杨、员工高东红；安永华明会计师事务所及其注册会计师赵宁、肖慧；大信会计师事务所	4
	监管谈话	上会会计师事务所、四川华信（集团）会计师事务所、众环海华会计师事务所	3	国富浩华会计师事务所及其注册会计师杨如生、谌友良；安永华明会计师事务所及其注册会计师严盛炜、张路；中瑞岳华会计师事务所及其注册会计师张富根、苗策	3
	责令改正	瑞华会计师事务所	1		
	其他	对上述事务所及原中瑞岳华会计师事务所的相关签字注册会计师采取了不同类型的行政监管措施			

（二）评估机构存在的共性问题

部分资产评估机构内部治理、业务质量控制体系与评估项目执业质量等方面存在或多或少问题，其中不乏极具共性的执业质量问题。具体表现在：

（1）项目风险分析与评估。在业务承接与计划方面，部分资产评估机构在承接业务前未充分开展项目风险分析与评估工作，风险评估程序流于形式，未充分关注独立性、专业胜任能力等事项，签订的业务约定书不规范，制定的评估计划不全面。例如，国友大正在执行同洲电子相关项目资产评估时，承接业务期间风险分析不充分，确定重要参数时没有履行必要评估程序、未获取充分的评估证据。

（2）现场调查不充分、滥用评估假设。业务实施阶段存在较多问题，诸如，部分机构对银行存款、应收款项、存货、固定资产等该履行的调查程序不充分、有的机构则滥用评估假设、选取的重要评估参数缺乏合理理由、未明确参考样本标准、未充分考虑行业实际情况等。如龙源智博在执行 2008 年内蒙古远兴能源股份有限公司收购子公司内蒙古博源联合化工有限公司股权的评估项目时，评估基准日重要财务数据信息收集不全，评估程序履行不充分，评估方法的选择依据不充分，收益计算公式存在错误，盈利预测分析不够全面，未充分关注和分析行业存在的风险、企业的竞争情况等，此外还存在评估报告披露有误、工作底稿不符合要求等问题。再如，北京亚超总、分所管理不统一，财务管理不规范。北京亚超在执行河南豫能控股股份有限公司拟转让郑州新力电力有限公司股权评估项目时，未收录对大额发电设备的现场勘查与技术鉴定工作底稿，未能聘请外部专家或采取其他措施弥补自身专业经验欠缺，未对未来经营需求审慎分析、缺乏支持收入预测可靠性的评估证据。

（3）信息披露存在瑕疵。评估报告与评估说明披露的充分性、完整性不足也是评估执业质量普遍存在的问题，对部分与评估结论直接相关的重要事项，或是对报告使用者理解评估结论有重大影响的事项，评估报告与说明没有进行充分披露与揭示，不少评估报告和说明存在个别内容、数据和实际情况不一致的低级错误。

（4）工作底稿编制。多数资产评估机构编制的工作底稿存在内容不完整、索引缺失、归档不及时等问题。

（5）内部治理与质量控制体系不完善。诸如人员、财务、业务和信息系统未实现一体化，独立性相关制度履行，三级复核制度的实施等方面还有待进一步提高或完善。例如，天健国众联内部管理不规范，股东会记录不完整，公司监事无相应的履职记录，财务管理工作不规范等问题。国友大正也存在内部管理不规范，部分高管是存在利益冲突的公司的股东。再如，卓信大华未对职业风险基金设立专户核算。

第三节　资产评估行业谈话提醒与执业行为自律惩戒

一　资产评估行业谈话提醒办法

为健全资产评估行业自律机制，规范注册资产评估师和资产评估机构执业行为，防范执业风险，根据《中国资产评估协会章程》有关规定，中国资产评估协会制定并印发了《资产评估行业谈话提醒实施办法》的通知（中评协〔2006〕97号）。本办法共计十五条。

（一）对象及执行

谈话提醒是指资产评估协会与注册资产评估师和资产评估机构负责人（以下统称谈话对象）当面交流，指出谈话对象存在的问题，进行有针对性的提醒、教育，促使其纠正违规行为的非惩戒性自律管理手段。注册资产评估师和资产评估机构存在《资产评估执业行为自律惩戒办法（试行）》中规定的违规行为，但性质或情节轻微，不足以予以自律惩戒的，资产评估协会可以依据本办法对其进行谈话提醒。

中国资产评估协会（以下简称中评协）负责全行业谈话提醒工作，并指导各省、自治区、直辖市、计划单列市资产评估协会（以下简称地方协会）谈话提醒工作。中评协直接办理注册资产评估师和资产评估机构涉及证券业务评估或具有重大影响的违规行为谈话提醒。中评协授权地方协会对本辖区注册资产评估师和资产评估机构不涉及证券评估业务的违规行为谈话提醒。

（二）谈话提醒方式

资产评估协会应当提前5个工作日将谈话时间、地点、事由、要求等以书面形式通知谈话对象。谈话对象不能按时参加谈话提醒的，应当在接到书面通知之日起3个工作日内向资产评估协会请假，针对同一问题的谈话提醒，谈话对象请假次数不得超过2次。谈话对象未经资产评估协会同意，不参加谈话提醒的，资产评估协会应当按照有关规定对其予以自律惩戒。

资产评估协会应当有2名以上工作人员参加谈话提醒，并对谈话提醒内容予以记录。谈话结束时，参加谈话的工作人员和谈话对象应在谈话记录上签字。谈话对象应当按谈话提醒的有关要求认真整改，并将整改报告在规定的时间内报送资产评估协会。

资产评估协会应当将谈话记录及谈话对象的整改报告等材料归档保管。

参加谈话提醒人员应当对谈话提醒过程中涉及的国家秘密、商业秘密和个人隐私予以保密。

同时，本办法强调，资产评估协会应当对违反保密规定的资产评估协会工作人员按照资产评估协会的有关规章制度予以处分。各地方协会应当于每年 1 月 15 日前将上一年度谈话提醒情况统计表报中评协备案。本办法由中国资产评估协会负责解释。本办法自发布之日起施行。

二 资产评估执业行为自律惩戒

从制度经济学角度，制度分为正式制度安排和非正式制度安排。《惩戒办法》属于正式制度的范畴，而自身道德约束属于非正式制度范畴。注册资产评估师、资产评估机构有下列情形之一的，依据本办法予以自律惩戒：（1）违反资产评估行业有关法律、法规、规章和规范性文件有关规定；（2）违反资产评估准则和执业规范；（3）违反资产评估职业道德准则和执业纪律；（4）违反中国资产评估协会章程规定，不履行相关义务；（5）其他应予惩戒的违规行为①。资产评估协会应当将受到自律惩戒的注册资产评估师和资产评估机构记入资产评估注册管理系统的诚信档案。

（一）自律惩戒种类和实施

对存在违规行为应予自律惩戒的注册资产评估师，应当根据情节轻重给予以下自律惩戒：（1）警告；（2）行业内通报批评；（3）公开谴责；（4）吊销注册资产评估师证书。对存在违规行为应予自律惩戒的资产评估机构，应当根据情节轻重给予以下自律惩戒：（1）警告；（2）限期整改；（3）行业内通报批评；（4）公开谴责。负责对全国范围注册资产评估师和资产评估机构的违规行为进行自律惩戒，并指导各省、自治区、直辖市、计划单列市资产评估协会（以下简称地方协会）的自律惩戒工作。中评协直接办理注册资产评估师和资产评估机构涉及证券业务评估或具有重大影响的违规行为的自律惩戒。对注册资产评估师予以吊销注册资产评估师证书的自律惩戒，由中评协作出。

注册资产评估师或资产评估机构有下列情形之一的，可以从轻、减轻惩戒：（1）主动改正违规行为或主动消除、减轻违规行为后果；（2）主动向资产评估协会报告其违规行为；（3）主动配合查处违规行为；（4）受他人胁迫发生违规行为；（5）其他应予从轻、减轻惩戒的情形。

注册资产评估师或资产评估机构有下列情形之一的，应当从重惩戒：

---

① 《中国资产评估协会关于印发〈资产评估执业行为自律惩戒办法〉（试行）的通知》（中评协〔2005〕183 号）。

（1）同时具有两种或两种以上应予惩戒的行为；（2）在两年内发生两次或两次以上同一性质应予惩戒的行为；（3）对投诉人、举报人、证人、管理人员等进行威胁、报复；（4）违规行为发生后编造、隐匿、销毁、涂改、丢失（不可抗力除外）证据材料；（5）其他应予从重惩戒的情形。

（二）对注册资产评估师的自律惩戒

注册资产评估师与委托人或资产占有方串通作弊，故意出具含有虚假、不实、有偏见或具有误导性分析或结论评估报告的，予以公开谴责；情节严重的，吊销注册资产评估师证书。

注册资产评估师因过失出具含有虚假、不实、重大遗漏、有偏见或具有误导性分析或结论评估报告的，予以行业内通报批评；情节严重的，予以公开谴责；情节特别严重的，吊销注册资产评估师证书。

注册资产评估师在执业中有下列行为之一的，予以警告；情节严重的，予以行业内通报批评：（1）未根据业务具体情况履行适当的评估程序；（2）未根据相关条件选择适当的价值类型，并未对价值类型予以明确定义；（3）未根据相关条件恰当选择评估方法、形成合理评估结论；（4）未科学合理使用评估假设，并未在评估报告中披露评估假设及其对评估结论影响；（5）未形成能够支持评估结论的工作底稿；（6）未在评估报告中提供必要信息，使评估报告使用者无法合理理解评估结论；（7）未关注评估对象的法律权属，并未在评估报告中对评估对象法律权属及其证明资料来源予以必要说明；（8）其他违反资产评估准则、规范有关规定的行为。

注册资产评估师有下列行为之一的，予以行业内通报批评；情节严重的，吊销注册资产评估师证书：（1）签署本人未参与项目的评估报告；（2）允许他人以本人名义签署评估报告；（3）以个人名义执业；（4）同时在两家或两家以上资产评估机构执业。

注册资产评估师有下列行为之一的，予以警告；情节严重的，予以行业内通报批评：（1）对其专业胜任能力和执业经验进行夸张、虚假和误导性宣传；（2）采用欺诈、利诱、强迫、回扣、恶意降低服务费等不正当手段招揽业务；（3）向委托方或相关当事方索取约定服务费之外的不正当利益；（4）贬损或诋毁其他注册资产评估师；（5）与委托方或相关当事方之间存在可能影响注册资产评估师公正执业的利害关系应当回避而没有回避；（6）除法律、法规规定或行业监管外，未经委托方许可，对外提供执业过程中获知的商业秘密和业务资料。

注册资产评估师拒绝、阻挠资产评估协会检查、调查的，予以行业内通报批评；情节严重的，吊销注册资产评估师证书。

对注册资产评估师予以警告、行业内通报批评、公开谴责等自律惩戒的同时，应当对其进行强制培训。

（三）对资产评估机构的自律惩戒

资产评估机构与委托人或资产占有方串通作弊，故意出具含有虚假、不实、有偏见或具有误导性的分析或结论评估报告的，予以公开谴责。

资产评估机构因过失出具含有虚假、不实、重大遗漏、有偏见或具有误导性的分析或结论评估报告的，予以行业内通报批评；情节严重的，予以公开谴责。

资产评估机构有下列行为之一的，予以警告并限期整改；情节严重的，予以行业内通报批评：（1）资产评估工作底稿不完备、不规范；（2）评估报告基本内容不完备、不规范；（3）有本办法第十四条第（1）—（7）项规定行为之一的；（4）未建立并实施内部质量控制制度；（5）未按有关规定管理和保存评估工作档案；（6）其他违反资产评估准则、规范有关规定的行为。

资产评估机构有下列行为之一的，予以行业内通报批评；情节严重的，予以公开谴责：（1）冒用其他资产评估机构名义执行评估业务；（2）允许其他资产评估机构以本机构名义执行评估业务；（3）冒用注册资产评估师名义签署资产评估报告。

资产评估机构有下列行为之一的，予以警告并限期整改；情节严重的，予以行业内通报批评：（1）对其专业胜任能力和执业经验进行夸张、虚假和误导性宣传；（2）采用欺诈、利诱、强迫、回扣、恶意降低服务费等不正当手段招揽业务；（3）向委托方或相关当事方索取约定服务费之外的不正当利益；（4）贬损或诋毁其他资产评估机构；（5）与委托方或相关当事方之间存在可能影响注册资产评估师公正执业的利害关系应当回避而没有回避；（6）除法律、法规规定或行业监管外，未经委托方许可，对外提供执业过程中获知的商业秘密和业务资料。

资产评估机构拒绝、阻挠资产评估协会检查、调查的，予以行业内通报批评；情节严重的，予以公开谴责。

对资产评估机构予以自律惩戒的同时，还应当对其负责人及直接责任人进行强制培训。

三 全国数据统计及分析

2005—2009 年，中评协对 34 起发现问题的评估机构和评估师作出警告、限期整改等自律惩戒。74 起进行谈话提醒、发关注函等非自律惩戒监管措施。2010 年以来，中评协对行业自律检查中存在质量问题的 6 家评估机构、3 家分支机构及 15 名评估师给予自律惩戒，对 18 家评估机构、7 家分支机构及 133 名评估师通过发关注函提醒其改正违规行为，有力促进了评估师职业道德水平和执业质量的提高[1]。

表 10 - 11 显示，据不完全统计，全国有 16 个省市披露了 27 个年度的谈话提醒具体数据，仅占全国的 51.61%，而披露数据的年度仅占应当披露年度的 16.88%（27/160）。不过，2006 年谈话提醒办法实施后，披露该数据的地区呈现增长的态势。我们认为，没有披露谈话提醒信息的地区并不意味着其资产评估执业质量就高，披露谈话提醒信息充分的地区监管质量好于披露差的地区。图 10 - 11 显示，不同年度之间谈话提醒的人次变化较大，呈现波浪而非持续增长或下降状态，这可能是监管带来的积极效果。

表 10 - 11　　　　　　　全国部分省市谈话提醒披露情况

年　份	2004	2005	2006	2007	2008	2009	2010	2011	2012	2013	合计
北京市	—	—	—	—	—	—	—	2[2]	5[3]	—	7
河北省	—	5	—	—	—	—	—	—	8[4]	—	13
山西省	—	—	14[5]	—	—	—	—	10	3	3	30

① 《中国资产评估行业发展规划》解读之六。http://qys.mof.gov.cn/zhengwuxinxi/zhengce-jiedu/201304/t20130426_845366.html。

② http://www.bicpa.org.cn/dtzj/zxgg/B133050412048233.html

③ http://www.bicpa.org.cn/dtzj/hydt/B1364781367821522.html。

④ http://www.hebas.org.cn/xydt/40452.htm2012，对执业质量问题较多的 1 家评估公司，要求其限期整改。

⑤ 因转所过程中暂缓通过年检人数 15 人，对 14 名存在违规行为，但性质或情节轻微，不足以自律惩戒的注册资产评估师进行谈话提醒。http://www.sxpg.org.cn/xxjb/34643.htm。

续表

年　份	2004	2005	2006	2007	2008	2009	2010	2011	2012	2013	合计
辽宁省	—	—	—	10①	—	—	—	—	—	—	10
黑龙江省				8②	—	—	—	—	—	—	8
上海市	—	—	—	—	—	—	—	—	5③	—	5
江苏省	—	—	—	—	—	—	—	26④	—	14⑤	40
浙江省	—	—	—	1	—	—	—	—	—	—	1
安徽省	—	—	—	—	—	—	—	7⑥	—	2⑦	9
江西省	—	—	—	3⑧	—	—	—	—	—	—	3
广东省	—	—	—	—	37⑨	10⑩	—	15⑪	—	—	62

---

① http：//www. lnpx. org. cn/xhfw/zhgljywjd/35035. htm，出具资产评估报告存在质量问题。

② 给予 3 家评估机构行业内通报批评处理，给予 4 家评估机构和 6 名注册资产评估师警告处理，给予 8 家评估机构谈话提醒处理，给予 3 家评估机构风险提示处理。

③ 向 34 家机构发出关注函，并与其中的 5 家机构的负责人进行谈话提醒；对 3 家机构做出了警告并整改的自律惩戒处罚，并对涉及的注册资产评估师进行谈话提醒并列为回头看机构。http：//www. cas. org. cn/xwdt/dfxx/40074. htm。

④ 对其中的 8 起举报，我们进行了实地调查取证，根据有关准则和制度，进行了认真的分析研究，提出了处理意见，对 4 位当事人我们进行了谈话提醒。针对这次检查中发现的两家评估机构、7 名注册资产评估师存在的违规行为，经自律惩戒委员会审议，分别做出警告、行业内通报批评的惩戒；对情节较轻的 22 名注册资产评估师进行了谈话提醒。http：//www. jsas. net. cn/Article_ Show. asp？ArticleID = 163。

⑤ 经惩戒委员会审议，给予 1 家机构公开谴责，1 家机构警告，4 名注册资产评估师警告。对 6 家资产评估机构 14 名注册资产评估师谈话提醒。通过惩戒达到警示、规范、督促、提高的目的。http：//www. jsas. net. cn/Article_ Show. asp？ArticleID = 810。

⑥ 决定对 4 家评估机构处以谈话提醒，对 5 名注册资产评估师处以警告、7 名注册资产评估师予以谈话提醒。http：//211. 94. 73. 240/xwdt/dfxx/42944. htm。

⑦ 2013 年 9 月 25 日，安徽评协针对本年执业质量检查工作中发现的问题，对两家资产评估机构负责人和部分注册资产评估师进行了谈话提醒，要求对其不规范的执业行为进行认真整改，并督促从业人员遵守职业道德，执行执业标准，提高业务水平，规范执业行为。http：//www. cas. org. cn/xwdt/dfxx/42944. htm。

⑧ 共有 3 家评估机构、8 名注册资产评估师分别受到了谈话提醒、责令改正、书面检讨、强制培训、通报批评等不同类型的自律惩戒，其中 1 家评估机构将同时被移送省财政厅企业处处理。http：//www. jxicpa. org. cn/ywjg/jggs/2012122056. html。

⑨ 分别约见了 39 家被查机构单独交换意见。对存在轻微违规执业行为的 37 家机构，进行谈话提醒。http：//www. gdpx. org/newscenter/Newsinfo2. asp？ID = 206。

⑩ 发关注函 13 家，谈话提醒 10 家，警告 1 家。会议要求省评协尽快将处理意见分别送达有关资产评估机构，督促有关机构进行整改。http：//www. gdpx. org/newscenter/Newsinfo2. asp？ID = 347。

⑪ 对 15 家被查机构进行谈话提醒，对 5 家被查机构发关注函。http：//www. gdpx. org/newscenter/Newsinfo2. asp？ID = 564。

续表

年　份	2004	2005	2006	2007	2008	2009	2010	2011	2012	2013	合计
海南省	—	—	—	—	—	—	11①		9②	—	20
重庆市	—	—	—	—	—	—		—	3	—	3
四川省	3③	20④	—	—	—	—		8		—	31
云南省	—	1	—	—	—	—		1		—	2
陕西省	—	6⑤	—	—	—	—		—		—	6
合　计	3	32	14	22	37	10	11	69	33	19	250

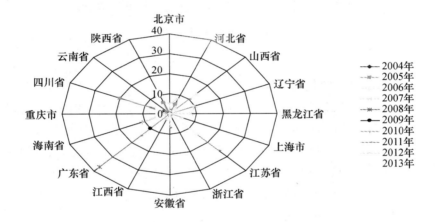

图 10 - 6　2004—2013 年部分省市谈话提醒情况

---

① http：//www. hnas. org. cn/zyjd/201012/t20101222_ 76073. html。

② http：//www. hnas. org. cn/zyjd/201212/t20121227_849765. html；http：//www. hnas. org. cn/zyjd/201205/t20120503_ 670330. html。

③ 三名评估人员为委托方作出了总价值 4. 93 亿元的虚高评估结果，委托方据此向金融单位骗贷 1. 66 亿元。这三名因"出具证明文件重大失实罪"的评估师被判刑。http：//www. cas. org. cn/ywjg2/zyfxjs/14426. htm。

④ http：//www. cas. org. cn/xwdt/dfxx/14016. htm。

⑤ 陕西省资产评估协会关于马瑜等 6 名注册资产评估师谈话提醒的通知。马瑜等 6 名注册资产评估师没有严格按照中国注册会计师协会《注册资产评估师注册管理暂行办法》（会协〔2002〕183 号）的规定执业。

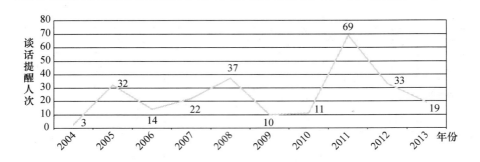

图 10 - 7　2004—2013 年部分省市谈话提醒汇总情况

第四节　中国资本市场资产评估机构市场生态结构

一　证券评估机构基本情况

截至 2013 年 12 月 31 日，全国证券评估机构 70 家，注册资产评估师 4842 人（根据各证券评估机构报备数据统计，以下同），业务收入 28.32 亿元（合并口径），其中，证券评估业务收入 5.2 亿元。证券评估机构数量虽少，但业务收入约占全行业 1/3，资产评估师人数约占全行业的 15%，凸显出证券评估机构在评估行业较高的综合实力。

（一）证券评估机构及其分布

根据中国证券监督管理委员会会计师事务所及资产评估机构监管系统所填报信息（以下简称审计与评估机构监管系统），截至 2013 年年底，经证监会和财政部共同确认的具有证券期货相关业务执业资格的资产评估机构（以下简称证券评估机构）共计 70 家（见表 10 - 12），分布于 16 个省（市），其中，注册地在北京的有 36 家，占比逾 50%；注册地在上海的有 7 家，位居第二，但远低于北京；其他 14 个地区分布约 1—3 家。全国有 56 家证券评估机构设立了 190 家分支机构，有 4 家证券评估机构设立了 26 家子公司。与 2012 年相比，证券评估机构设立分支机构和子公司的数量有所增加，特别是某些大型证券评估机构的分支机构数量显著增长，说明证券评估机构的区域扩张加剧，做大做强意愿明显。

表 10 - 12　　我国具备证券期货从业资格资产评估公司名单一览

行号	机构名称	行号	机构名称
1	北京中同华资产评估有限公司	36	中威正信（北京）资产评估有限公司
2	辽宁元正资产评估有限公司	37	北京卓信大华资产评估有限公司
3	中铭国际资产评估（北京）有限责任公司	38	北京中天和资产评估有限公司
4	北京金开资产评估有限公司	39	湖北众联资产评估有限公司
5	北京华信众合资产评估有限公司	40	浙江万邦资产评估有限公司
6	上海东洲资产评估有限公司	41	中水致远资产评估有限公司
7	北京中锋资产评估有限责任公司	42	辽宁众华资产评估有限公司
8	四川天健华衡资产评估有限公司	43	安徽中联国信资产评估有限责任公司
9	中财宝信（北京）资产评估有限公司	44	北京中林资产评估有限公司
10	万隆（上海）资产评估有限公司	45	中联资产评估集团有限公司
11	北京大正海地人资产评估有限公司	46	天源资产评估有限公司
12	北京亚超资产评估有限公司	47	北京中和谊资产评估有限公司
13	坤元资产评估有限公司	48	正衡资产评估有限责任公司
14	广东中联羊城资产评估有限公司	49	中瑞国际资产评估（北京）有限公司
15	上海众华资产评估有限公司	50	亚洲（北京）资产评估有限公司
16	深圳德正信国际资产评估有限公司	51	上海立信资产评估有限公司
17	青岛天和资产评估有限责任公司	52	北京北方亚事资产评估有限责任公司
18	广东中广信资产评估有限公司	53	中建银（北京）资产评估有限公司
19	广东联信资产评估土地房地产估价有限公司	54	北京国融兴华资产评估有限责任公司
20	重庆华康资产评估土地房地产估价有限责任公司	55	北京中天华资产评估有限责任公司
21	北京中天衡平国际资产评估有限公司	56	北京天圆开资产评估有限公司
22	中通诚资产评估有限公司	57	中资资产评估有限公司
23	开元资产评估有限公司	58	银信资产评估有限公司
24	山东正源和信资产评估有限公司	59	河南亚太联华资产评估有限公司
25	中发国际资产评估有限公司	60	中和资产评估有限公司

续表

行号	机构名称	行号	机构名称
26	厦门市大学资产评估有限公司	61	天津华夏金信资产评估有限公司
27	天津中联资产评估有限责任公司	62	北京中企华资产评估有限责任公司
28	福建联合中和资产评估有限公司	63	北京天健兴业资产评估有限公司
29	福建中兴资产评估房地产土地估价有限责任公司	64	上海财瑞资产评估有限公司
30	沃克森（北京）国际资产评估有限公司	65	同致信德（北京）资产评估有限公司
31	北京京都中新资产评估有限公司	66	深圳市天健国众联资产评估土地房地产估价有限公司
32	江苏银信资产评估房地产估价有限公司	67	江苏中天资产评估事务所有限公司
33	上海申威资产评估有限公司	68	中京民信（北京）资产评估有限公司
34	北京中科华资产评估有限公司	69	北京经纬东元资产评估有限公司
35	江苏华信资产评估有限公司	70	北京恒信德律资产评估有限公司

（二）注册资产评估师

截至 2013 年年底，全国证券评估机构注册资产评估师共计 4842 人，人数最多的证券评估机构有 214 人，最少的只有 32 人。注册资产评估师人数在 100 人以上的只有 10 家证券评估机构，占机构总数的 14.3%，低于 100 人的有 60 家，占机构总数的 85.7%，其中，有 47 家证券评估机构的注册资产评估师人数集中在 30—69 人，占机构总数的 67%。

（三）证券评估业务收入

据 wind 咨询数据，2013 年上市公司公告披露的由证券评估机构承做的并购重组评估项目有 1297 宗。2013 年全国证券评估业务收入为 5.21 亿元，占所有证券评估机构评估业务收入的 18.40%。其中，证券评估业务收入超过 5000 万元的仅有 1 家，达到 8506.64 万元，大幅领先其他证券评估机构；证券评估业务收入超过 1000 万元的有 17 家，占证券评估机构总数的 24.29%；证券评估业务收入 500 万元以下的机构共 41 家，占证券评估机构总数的 58.57%，而且还有 1 家没有证券评估业务收入，大部分证券评估机构表现出较差的行业竞争力。

二　证券评估业务市场结构

市场结构、市场行为和市场绩效是经典产业组织理论三个基本组成部分。本书主要从市场结构入手研究资产评估市场结构问题。市场结构是买卖双方之间及各自内部由供需、产品、数量等构成的混沌状态，反映产业组织的基本特征。市场结构间接反映了行业竞争程度，可分成完全竞争、完全垄断、垄断竞争和寡头垄断（寡占）四种基本类型。按照市场结构—市场行为—市场绩效（SCP）框架考察，市场集中度是决定市场结构的主要因素。通常用市场集中度（CR）与赫尔芬达尔—赫希曼指数（HHI 指数）来判断市场的集中化程度。

（一）2011—2014 年评估收入排名前 100 强

表 10-13 显示，2011—2014 年评估机构收入排名前 100 强的总收入为 226238.00 万元、253213.10 万元、265980.59 万元、287434.73 万元，年增长率分别为 11.92%、5.04% 和 8.07%，平均增长率为 8.34%。

（二）资产评估市场生态结构

1. 市场集中度

市场集中度（CR_n）是指规模最大的前几位企业的有关数值 X（销售额、增加值、职工人数、资产额等）占整个行业份额。该指标数值越高，行业也就越垄断。集中度是衡量行业中排名靠前的大企业占据市场份额的指标，在资产评估市场结构分析中主要使用评估机构年度总收入指标。通过 CR 指数可以从一定程度上观察出资产评估行业的竞争程度和集中度。贝恩以美国产业背景对市场结构作了六类划分，从寡占 I 到寡占 IV 和竞争型，确定了不同的 CR_4 和 CR_8 指数对应的市场结构；谢佩德也以美国的行业数据为样本，把美国的市场结构分成纯粹垄断、主导企业、紧密垄断、松散垄断、垄断竞争和纯粹竞争六类（见表 10-14）。这里采用的衡量指标是"绝对集中度"，其计算公式为：

$$CR_n = \sum_{i=1}^{n} X_i / \sum_{i=1}^{N} X_i$$

其中，CR_n 为资产评估行业规模最大的前 n 个评估机构；X_i 中为行业中第 i 位评估机构年总收入；N 为评估机构总数。在产业经济学市场结构研究中，n 的取值往往较小，以 4 或 8 居多。

表10-13　　2011—2014年评估机构评估收入排名前100强

（单位：万元）

排名	2011年		2012年		2013年		2014年	
	机构名称	收入	机构名称	收入	机构名称	收入	机构名称	收入
1	北京中企华	27478	北京中企华	25862.23	北京中企华	25283.79	中联	26211.18
2	中联	15019	中联	23745.26	中联	24694.55	北京中企华资	21640.83
3	北京天健兴业	10048	北京天健兴业	14063.07	北京天健兴业	12503.00	北京天健兴业	12031.98
4	上海东洲	7437	中和	8194.62	上海东洲	10005.21	银信	11976.21
5	中和	6962	银信	7796.14	银信	9795.08	上海东洲	11589.74
6	北京中同华	5642	上海东洲	7222.38	中和	6857.18	中和	10901.58
7	上海银信	5245	北京中同华	6115.23	上海立信	5371.00	上海立信	8420.31
8	坤元	5235	坤元	5637.33	北京中同华	5365.00	北京中同华	6221.24
9	北京中天华	3875	上海立信	5031.66	坤元	5061.75	深圳市天健国众联	5014.39
10	上海立信	3637	北京国融兴华	4255.94	国众联	4957.05	坤元	4933.77
11	沃克森（北京）国际	3329	深圳市天健国众联	4203.03	北京中天华	4386.05	北京国融兴华	4874.49
12	中发国际	3296	北京中天华	3836.06	北京国融兴华	4189.08	北京中天华	4480.62
13	北京国友大正	3199	北京国友大正	3269.48	上海财瑞	3684.06	重庆汇丰	4330.57
14	中通诚	3097	湖北众诚	3258.27	北京大正海地人	3437.00	上海财瑞	3973.61
15	深圳市天健国众联	3070	北京北方亚事	3125.42	中资	3304.00	沃克森（北京）国际	3293.85
16	北京中锋	3022	上海财瑞	3109.30	北京华源国际	3127.96	中发国际	3172.03

续表

排名	2011 年		2012 年		2013 年		2014 年	
	机构名称	收入	机构名称	收入	机构名称	收入	机构名称	收入
17	上海财瑞	3013	四川华衡	3106.05	深圳市鹏信	3066.72	中资	3112.39
18	中资	2947	重庆汇丰	3018.63	中通诚	2887.00	重庆华康	3105.99
19	北京国融兴华	2764	中通诚	2820.53	重庆华康	2649.04	北京大正海地人	3105.48
20	中宇	2758	重庆华康	2775.77	江苏华信	2583.62	上海申威	3021.77
21	江苏中天	2465	中资	2724.00	中发国际	2568.39	深圳市鹏信	3005.91
22	西安正衡	2364	江苏华信	2499.08	沃克森(北京)国际	2559.82	中通诚	2982.82
23	四川华衡	2286	沃克森(北京)国际	2432.42	四川天健华衡	2552.62	江苏华信	2979.04
24	中威正信(北京)	2282	深圳市鹏信	2425.72	上海申威	2338.87	广州亚勤	2620.05
25	重庆华康	2171	正衡	2179.44	正衡	2322.25	正衡	2614.80
26	开元	2140	中铭国际	2143.16	天津华夏金信	2200.21	厦门市大学	2439.82
27	上海万隆	2016	上海申威	2104.29	北京北方亚事	2198.98	天津华夏金信	2343.58
28	深圳市鹏信	2007	中发国际	2043.80	浙江万邦	2180.81	北京北方亚事	2289.06
29	天津华夏金信	1961	北京中锋	2039.47	重庆汇丰	2123.39	广东国众联	2280.93
30	重庆汇丰	1949	天津华夏金信	2030.00	万隆(上海)	2046.88	广东联信	2251.39
31	中铭国际(北京)	1859	万隆(上海)	2023.80	湖北众联	2042.42	江苏银信	2124.93
32	中水	1812	北京京都中新	1929.89	福建光明	2015.23	陕西新兰特	2122.37
33	北京亚超	1806	中通诚(天津)	1839.29	中水致远	1958.87	中水致远	2116.38
34	江苏立信永华	1766	广东中联羊城	1831.01	北京经纬	1958.11	中瑞国际(北京)	2107.72

续表

排名	2011年 机构名称	收入	2012年 机构名称	收入	2013年 机构名称	收入	2014年 机构名称	收入
35	北京北方亚事	1754	中水致远	1821.85	北京京都中新	1952.16	万隆(上海)	2107.20
36	中京民信(北京)	1746	广东联信	1803.46	广东国众联	1909.42	北京经纬	2057.54
37	北京经纬	1721	北京经纬	1790.88	广东联信	1852.99	北京华源	2052.52
38	湖北众联	1707	重庆同诚	1788.02	上海信达	1842.14	重庆同诚	1962.14
39	广东立信羊城	1696	浙江万邦	1774.13	江苏银信	1778.54	广东中广信	1953.54
40	重庆同诚	1590	重庆金地	1715.87	广东中广信	1775.03	重庆华川	1913.12
41	辽宁元正	1526	江苏银信	1705.90	中铭国际(北京)	1760.48	辽宁华华	1882.07
42	北京中和润	1511	广东国众联	1701.52	重庆天健	1722.91	湖北华联	1868.88
43	广东国众联	1390	河南亚太联华	1692.19	河南亚太联华	1709.65	重庆金地	1858.11
44	广州银信	1340	重庆瑞升	1611.25	浙江中联耀信	1704.19	北京卓信大华	1849.60
45	重庆天健	1308	重庆天健	1600.12	重庆同诚	1689.99	浙江中联华	1827.59
46	天津中天诚	1296	中威正信(北京)	1563.24	浙江中企华	1688.50	浙江中联耀信	1811.65
47	广州粤国	1290	浙江天源	1559.89	天津中联	1671.77	北京天圆开	1768.83
48	上海沪港	1259	辽宁众华	1508.00	新疆华盛	1664.20	辽宁中联	1753.66
49	北京卓信大华	1256	浙江中企华	1506.81	中威正信(北京)	1649.20	厦门中利	1740.06
50	重庆海特	1224	广东中广信	1419.18	广东中联羊城	1633.70	北京京都中新	1728.95
51	辽宁众华	1219	重庆大信	1408.85	北京天圆开	1608.14	中威正信(北京)	1718.92
52	河南亚太联华	1218	天健国信(天津)	1406.53	开元	1593.78	重庆天健	1704.56

续表

排名	2011 年 机构名称	收入	2012 年 机构名称	收入	2013 年 机构名称	收入	2014 年 机构名称	收入
53	安徽国信	1214	上海信达	1404.49	辽宁众华	1570.10	天津中联	1672.79
54	青岛天和	1214	广州业勤	1368.30	辽宁元正	1569.58	四川天健华衡	1667.21
55	上海信达	1213	北京天圆开	1318.93	中通诚（天津）	1559.88	重庆海特	1659.32
56	浙江天源	1208	江苏中天	1285.46	广东财兴	1519.86	中联（广西）	1632.00
57	广东联信	1204	亚洲（北京）	1275.75	重庆金地	1513.98	北京亚太联华	1629.71
58	天津国信	1201	厦门中利	1272.21	陕西新兰特	1512.77	北京亚超	1622.03
59	江苏华辰	1199	辽宁元正	1249.12	北京中锋	1508.71	江苏国衡	1612.39
60	安徽致远	1191	中联（广西）	1241.74	山东大地	1504.66	天健兴业（陕西）	1593.69
61	上海申威	1189	中京民信(北京)	1229.82	广州业勤	1483.00	广东中联羊城	1581.70
62	福建光明	1188	重庆海特	1225.14	辽宁中联	1450.33	开元	1564.23
63	江苏华信	1186	安徽国信	1215.29	天源	1423.26	中通诚（天津）	1550.30
64	福建中兴	1181	河南中联	1211.49	重庆铂码	1407.99	深圳中铭码	1516.45
65	山东正源和信	1166	广西众益	1198.72	中联（山东）	1406.60	南京长城	1508.79
66	北京天圆开	1154	北京中天衡平国际	1170.70	重庆海特	1400.91	上海信达	1501.92
67	北京经纬东元	1148	深圳德正信国际	1167.16	中联（广西）	1382.42	重庆诺威	1457.17
68	北京京都中新	1129	广州众华	1163.45	厦门中利	1359.10	重庆铂码	1425.02
69	北京中宝信	1108	上海众华	1155.46	江苏中天	1343.40	重庆天值	1396.72
70	江苏仁合	1106	重庆诺威	1143.64	青岛天和	1336.00	天源	1387.84

续表

排名	2011 年 机构名称	收入	2012 年 机构名称	收入	2013 年 机构名称	收入	2014 年 机构名称	收入
71	河南中联	1103	山东正源和信	1133.07	天健兴业（陕西）	1302.04	福建中兴	1373.17
72	中财国政（北京）	1096	北京中科华	1116.24	惠州市惠正	1297.37	中联（陕西）	1349.81
73	北京龙源智博	1092	惠州市惠正	1115.89	福建中兴	1293.29	中铭国际（北京）	1322.12
74	浙江中企华	1089	新疆华盛	1113.56	深圳德正信国际	1249.15	惠州市惠正	1318.22
75	北京中科华	1078	重庆铂码	1112.54	广西众益	1223.46	天健国信（天津）	1285.76
76	广东财兴	1057	广东财兴	1099.62	上海众华	1223.18	福建联合中和	1283.96
77	广东中广信	1057	北京中和谊	1089.93	深圳中联	1222.10	北京中金浩	1274.98
78	广西祥浩	1031	青岛天和	1089.29	中联（陕西）	1205.05	上海众华	1264.51
79	深圳市德正信	1021	广州粤国	1086.40	江苏金汇	1201.37	辽宁元正	1256.54
80	重庆金地	1004	辽宁中联	1078.93	重庆金汇	1162.54	江苏富华	1251.65
81	亚洲（北京）	1004	湖北万信	1063.37	安徽中联国信	1155.44	安徽中联国信	1233.50
82	浙江万邦	985	福建中兴	1049.98	陕西金达	1153.91	江苏中天	1230.28
83	厦门中利	971	中联（山东）	1048.90	重庆大信	1145.96	万邦	1225.52
84	中联（福建）	968	中联（福建）	1047.51	北京亚超	1143.79	上海沪港	1222.18
85	江苏富华	961	北京卓信大华	1043.61	中京民信（北京）	1141.63	亚洲（北京）	1206.08
86	福建联合中和	953	天津中联	1032.98	厦门市大学	1138.75	江苏五星	1204.39
87	重庆端升	951	深圳中联	1029.30	北京观复立立道	1122.87	北京新博智胜	1194.30
88	北京中天衡平国际	947	南京长城	1028.51	福建武夷	1107.91	陕西金达	1173.45

续表

排名	2011 年		2012 年		2013 年		2014 年	
	机构名称	收入	机构名称	收入	机构名称	收入	机构名称	收入
89	河南永华	947	福建华审	1019.85	重庆诺威	1107.80	中京民信(北京)	1167.54
90	重庆华川	942	山西中联	1008.73	南京长城	1100.52	福建武夷	1151.76
91	广州业勤	933	江苏富华	1005.32	同致信德(北京)	1092.81	四川衡立泰	1137.57
92	江苏国衡	901	福建联合中和	981.85	北京中立华	1083.74	北京立信东华	1135.51
93	福建建友	888	北京龙源智博	958.50	山东正源和信	1083.14	广西众益	1134.93
94	福建华审	882	开元	955.18	福建联合中和	1074.26	北京中科华	1134.00
95	重庆金汇	880	北京亚超	937.94	北京中科华	1063.94	北京中锋	1126.72
96	重庆大信	879	北京中宝信	933.88	广东弘实	1040.71	福建建友	1119.38
97	重庆诺威	873	江苏国衡	930.15	上海沪港	1030.19	辽宁隆丰	1117.35
98	北京中天和	861	连城	920.42	北京中金浩	1028.56	北京中林	1108.37
99	湖北万信	860	中都国脉(北京)	916.40	海宁正泰联合	1025.87	重庆端升	1101.70
100	深圳市金开中勤信	817	海宁正泰联合	898.92	辽宁隆丰	1024.91	山东开元	1100.43
总收入		226238.00	—	253213.10	—	265980.59	—	287434.73
平均		2262.38	—	2532.13	—	2659.81	—	2874.35

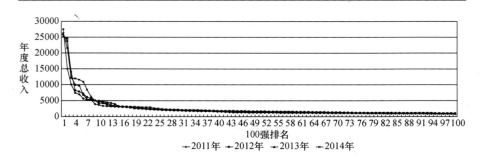

图 10 - 8　2011—2014 年中国资产评估机构 100 强

表 10 - 14　　　　　　　　　　　贝恩分类法

市场类型	CR_4	CR_8	该行业企业总数
极高寡占型	75%		40 家以内
高集中寡占型	65%—75%	85% 以上	20—100 家
中（上）集中寡占型	50%—65%	75%—85%	很多
中（下）集中寡占型	35%—50%	45%—75%	很多
低集中寡占型	30%—35%	40%—45%	很多
竞争型	30% 以下	40% 以下	极其多

表 10 - 15　　　　　　　　2011—2014 年中国评估市场集中度

年份	市场集中度 CR_t（%）					赫尔芬达尔—赫希曼指数 HHI
	CR_4	CR_5	CR_8	CR_{10}	CR_{20}	
2011	26.51	29.59	36.72	40.04	53.52	302
2012	28.38	31.46	38.95	42.62	55.47	313
2013	27.25	30.94	37.55	41.32	53.84	293
2014	25.00	29.03	37.92	41.38	54.07	270
平均	26.79	30.26	37.79	41.34	54.23	294.50

资料来源：根据中国资产评估协会发表前百家信息整理而来。

2. 赫尔芬达尔—赫希曼指数

CR 只反映规模位于前列事务所的集中度状况、忽视了样本内部规模分布，如果参与计算 CR 指标的评估机构之间规模差异很大，则绝对集中度就难以全面反映整个产业的市场结构。为弥补这一缺陷，引入 HHI 指数来反映企业的数目和规模。计算公式为：

$$HHI = \sum_{i=1}^{n} (X_i/X)^2 = \sum_{i=1}^{n} S_i^2$$

式中，n 为整个行业中所有企业的总数；X 代表资产评估市场总规模；X_i 代表第 i 个企业的规模；X_i/X 为企业 i 所占的份额。通常将结果乘以 10000 作为衡量标准。

从公式可以看出，产业内企业的规模越是接近，且企业数越多，HHI 指数就越接近于 0。因此，该指数可以在一定程度上反映市场结构状况。并且 HHI 对规模最大的前几个企业的市场份额的变化反应特别敏感，能够比较真实地反映市场中企业之间规模的差距。美国司法部和联邦贸易委员会颁布的合并指南赫尔芬达尔指数判断标准显示，在市场的 HHI 不足 1000 的情况下，该市场是一个没有集中的市场；HHI1000—1800，为中度集中的市场；HHI 超过 1800，为高度集中的市场；在独家企业垄断市场的情况下，该企业的市场份额为 100%，赫尔芬达尔指数就等于 10000。理论上，应该选取行业中所有评估机构的业务收入进行计算，但是排名百强之后的评估机构业务收入难以获取，而且其占据市场份额相对较低。由于公式中含有平方项，因此，对 HHI 值的影响比较低。

表 10-13 的计算数据揭示，按照贝恩分类法划分标准，2011—2014 年，CR_4 均在 30% 以下，表明该行业评估机构数量很多，市场类型属于竞争型；CR_5 为 29.03%—31.46%，平均值为 30.26%，市场类型接近或属于低集中寡占型；CR_8 和 CR_{10} 分别为 36.72%—38.95%、40.04%—42.62%，市场类型为中（下）集中寡占型；CR_{20} 为 53.52%—55.47%，市场类型为中（上）集中寡占型。2011—2014 年赫尔芬达尔—赫希曼指数为 302、313、293、270，均低于 1000，也说明我国资产评估是一个没有集中的市场。同时，与相关行业比较，如"四大"会计师事务所所占市场份额稳定在 25% 左右，行业前 12 名集中度超过 40%。2013 年，具有证券资格的会计师事务所仅有 40 家，而评估机构多达 70 家，多出会计师事务所 30 家（42.86%），资产评估行业集中度还有很大提升空间。

理论上讲，我国应该建立寡占型资产评估市场，寡头垄断市场优势如：资产评估质量、资产评估可信度比较高；有助于破除个别评估机构在地方的垄断，这种垄断有时会受制于政府的干预和利益集团的干涉，进而影响资产评估质量；执业水平较高的评估机构之间的竞争，会形成资产评估行业的"马太效应"，好的评估机构水平更高、客户更多、更优质。

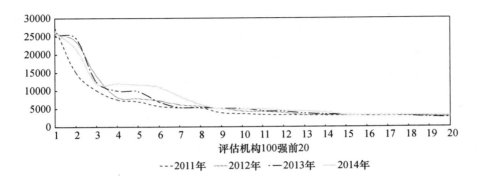

图 10 - 9 2011—2014 年中国资产评估机构 20 强

同时，值得关注的是，表 10 - 16、图 10 - 10 的数据显示，除 5 强收入增值率有较大幅度提升外，4 强、8 强、10 强、20 强的增长幅度均低于 GDP 的增值幅度，尤其是 2014 年，4 强的年度收入甚至出现了负增长。说明我国资产评估市场亟待拓展业务范围，以促进资产评估市场的可持续发展。

表 10 - 16   2011—2014 年资产评估机构前 20 强数据分析   单位：%

年　份	2011	2012	2013	2014	平均
100 强收入增长率	—	11.92	5.04	8.07	8.34
4 强收入增长率	—	19.81	0.86	- 0.86	6.60
5 强收入增长率	—	11.98	25.64	18.32	18.65
8 强收入增长率	—	18.74	1.26	9.13	9.71
10 强收入增长率	—	19.15	1.83	8.23	9.74
20 强收入增长率	—	16.00	1.97	8.52	8.83
GDP 增值率	—	10.11	9.53	11.90	10.51

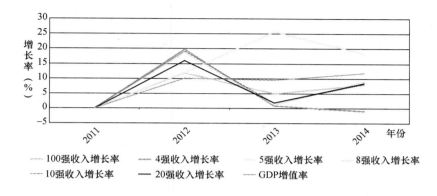

图 10 – 10　2011—2014 年资产评估机构前 20 强数据分析

3. 评估机构十强的位次更迭

表 10 – 17 显示，2011—2013 年，北京中企华排第一位；2014 年，中联则上升到了第一位，北京中企华排到了第二位。此外，北京天健兴业也连续 4 年排在第三位。同时，综合排名的前三甲稳如磐石，一直由中联资产评估集团有限公司、北京中企华资产评估有限责任公司和北京天健兴业资产评估有限公司这 3 家占据。第四位主要由上海东洲、上海银信、中和竞争，北京国融兴华仅出现一次，而上海立信、坤元的相对位次变化较大，表明我国资产评估行业的十强基本形成，除非采取合并等外延式发展，否则很难角逐十强的位置。主要原因在于，近三年来，除中联等评估机构外，资产评估机构的业务收入普遍增幅不大，稳中有升是大多数评估机构发展的基本态势。① 此外，从规模上看，2012 年仅有前 4 个机构跨入 1 亿元收入大关，2013 年上升到 6 家，2014 年共有 7 家评估机构突破亿元大关。

表 10 – 17　　　　　　　2011—2014 年评估机构十强排名

排名	2011 年	2012 年	2013 年	2014 年
1	北京中企华	北京中企华	北京中企华	中联
2	中联	中联	中联	北京中企华资
3	北京天健兴业	北京天健兴业	北京天健兴业	北京天健兴业

---

① 中联资产评估集团有限公司连续 3 年收入均有较大增长，从 2012 年的 3.9 亿元上涨到 2013 年的 4.2 亿元，到 2014 年达到 4.6 亿元，环比增长率分别为 7.7% 和 9.5%。

续表

排名	2011 年	2012 年	2013 年	2014 年
4	上海东洲	中和	上海东洲	上海银信
5	中和	上海银信	上海银信	上海东洲
6	北京中同华	上海东洲	中和	中和
7	上海银信	北京中同华	上海立信	上海立信
8	浙江坤元	浙江坤元	北京中同华	北京中同华
9	北京中天华	上海立信	浙江坤元	深圳市天健国众联
10	上海立信	北京国融兴华	深圳市天健国众联	浙江坤元

4. 政策评价

2012 年 10 月 23 日，财政部印发《中国资产评估行业发展规划》通知指出了我国资产评估行业发展目标，力争用 5 年左右时间（2011—2015 年），实现六个方面的主要发展目标如图10－11所示。

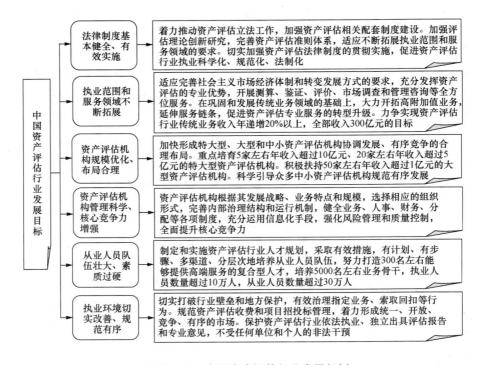

图 10－11　中国资产评估行业发展规划

5. 中小资产评估机构数量众多，发展动力不足

2013 年，我国资产评估行业收入 120.75 亿元，同比增长 42.18%。一般来说，中小资产评估机构基本处在行业百名之外，它们覆盖面广、服务对象多、社会影响大，机构数量占行业总数的 95% 以上，收入约占行业总收入的 60%，在中小评估机构执业的注册资产评估师约占行业数的 85%。① 截至 2012 年 10 月底，全国 3089 家资产评估机构中，有 1605 家在非省会城市，约占全部机构数的 52%，其中包括分所 45 家，子公司 5 家。应当说，资产评估机构的地区分布与经济社会发展需求整体上是契合的，经济较发达的地区，机构的数量和规模都相对大些，这也符合市场经济发展的基本规律。按照《规划》界定，中小资产评估机构在业务收入和人员数量上相比大型资产评估机构要少，但在实际中很难划出明确界限。一般来说，中小资产评估机构基本处在行业百名之外，它们覆盖面广、服务对象多、社会影响大，机构数量占行业总数的 95% 以上，收入约占行业总收入的 60%，在中小评估机构执业的注册资产评估师约占行业总数的 85%。近年来，资产评估行业机构数量增长的绝大部分为中小机构，或者说现有机构的重组整合力度没有新设机构的速度快。当然，并不是说中小资产评估机构的数量越少越好，但大量中小资产评估机构是在进行低水平的重复建设，并没有形成专业特色、差异服务和错位竞争，而是拥挤在低端评估服务市场中"自相残杀"，一些中小评估机构经营效益低下，趋向于低成本操作，人才流失严重，陷入恶性循环。近几年中小资产评估机构的收入增幅一直低于行业增幅，更远低于大型资产评估机构收入增幅，个别地区甚至差距很大。如 2009 年北京资产评估行业收入 9.85 亿元，同比 2008 年增长了 0.57 亿元，增长率为 6.14%。其中大型评估机构实现业务收入 7.53 亿元，占北京地区收入的 76%，同比增长了 18.4%，增幅远高于行业收入增长幅度，而中小评估机构收入总额为 2.32 亿元，同比 2008 年减少了 0.6 亿元，反而下降了 21%。

6. 做大做强的方式

特大型、大型资产评估机构要体现其独特的专业服务能力和核心竞争力，为客户解决切实问题、提供准确依据、创造更多价值，必须坚持评估

---

① 《2014—2018 年中国资产评估行业全景调研与发展战略研究咨询报告》，http://www.chinairn.com/rprint/903356.html。

技术创新，积极拓宽评估业务领域。其他行业的国际比较可以为我们提供借鉴，如"四大"之一的德勤会计师事务所，其全球咨询业务收入占总收入的40%，其中评估收入5%，财务咨询20%，管理咨询15%。在评估技术上，特大型、大型资产评估机构必须为行业的发展做出榜样，要走在行业发展前列，成为具有国际影响力的机构，同时要把中国的评估实践上升到理论，与国际同行分享。

在资产评估机构实现做大方式上，《规划》支持资产评估机构通过兼并、联合、重组等方式，实现规模化、品牌化发展。资产评估机构实现做大做强的途径有两种，一是内涵式发展，即通过资产评估机构自身实力的不断发展，不断吸纳专业人才，拓展评估业务范围，逐步扩大经营规模；二是外延扩张式发展，通过合并、联合、重组等方式，实现规模化发展。从目前具有证券期货相关业务从业资格的70余家资产评估机构看，多数是通过内涵扩大方式发展起来的，其优势在于成本较低、幅度易控，在质量标准、文化、理念等方面容易统一，不足之处是整合需要较长的时间。外延式发展优势在于可以实现资产评估机构的快速发展，但要特别注重控制风险。在目前情况下，应当在控制风险的同时，积极鼓励和推动外延式发展方式。

与资产评估机构做大模式密切相关的是机构的组织形式问题，《规划》提出要探索适合特大型、大型资产评估机构加快发展的组织形式，引导具备条件的特大型、大型资产评估机构依法、有序地向特殊普通合伙组织形式转换。根据《资产评估机构审批和监督管理办法》，资产评估机构主要以总分所的方式实现规模扩张，机构根据业务需要在异地设置分支机构，总所对分所直接管理，承担全部民事责任，分所在总所授权范围内经营，没有独立的法律地位。这种模式的优势在于法律责任清晰，容易控制风险，总所控制力强，"品牌"优势明显，适合强弱不同的机构之间的合并。劣势在于总所承担分所的全部责任，总所管理成本高，同时加大了执业风险。

第五节　我国资本市场资产评估监管的基本评价

为了全面客观地评价我国资产评估行业，尤其是资本市场资产评估的监管效率，并验证评价系统的合理性，我们采用模糊数学原理进行多因素的模糊综合评定。

一　指标设置及描述

（一）指标设计思想

资产评估监管制度安排及效率基本目标是完善我国资本市场资产评估监管，规范评估机构的业务质量，维护社会公共利益和资产评估各方当事人合法权益，提升行业社会公信力，使资产评估行业更加有效地服务于资本市场等资产交易活动，实现资产评估行业健康持续发展。

评价指标设计主要围绕以下几个问题展开：（1）作为一种依法实施的活动，资产评估监管相关的法规是否健全（有法可依）？是否有法必依？（2）资产评估行业发展境况、社会形象、社会责任和竞争态势如何？要实现设想，我们将如何保持改进和提高的能力？（3）现行的监管模式是否满意、高效？监管力量投入是否充足？（4）作为监管的主要环节，监管程序是否透明？监管的信息披露是否及时充分？（5）评估执业质量如何？评估值与交易值是否一致？资产评估增值率异常波动情况如何？（6）要得到社会认可，评估机构应当如何改进？

（二）指标设计

基于研究的基本目标和提出的几个问题，我们从监管法规健全程度、行业发展环境、评估执业质量、监管投入、监管信息透明度以及监管效率、效果等方面构建了我国资产评估监管基本评价维度（见表10－18）。同时，为了便于进行模糊综合评定，依据前期研究结果，对每个维度的目前状况进行了归纳和描述。

表10－18　　　　　资本市场资产评估监管评价 KPI 指标

评价指标	目前状况描述
监管法规健全程度	①建立了评估机构的准入机制；②建立了评估机构的退出机制；③建立了证券评估机构业务质量控制指南；④监管规章制度有待进一步完善；⑤存在评估机构、委托方、监管方的博弈现象，尤其是评估机构与监管部门的博弈现象较为普遍；⑥违规成本偏低；⑦资产评估法尚待出台；⑧存在"重审批、轻监管"的现象
行业发展环境	①资产评估专业本科及研究生教育快速发展，资产评估理论研究有了较大起色；②评估公司与委托方存在历史渊源及一定程度的政治关系；③评估公司伦理气氛有一定的利润导向，评估机构的社会责任、信誉和形象有待进一步提高；④行业存在五龙治水的割据状态；⑤低价竞争比较普遍；⑥资产评估准则得到快速

续表

评价指标	目前状况描述
行业发展环境	发展，但其科学性及合理性还有待提高；⑦行业集中度低，评估机构规模小，具有证券评估资格的评估机构偏多（会计师事务所为40家）；⑧评估机构内部治理不健全、不完善；⑨评估机构业务趋同、单一，业务范围多元化不够，新兴业务少；⑩评估机构研究生以上学历人员过少，知识结构有待改善
评估执业质量	①按照实际应用情况，评估方法选择的顺序为：成本法→收益法→市场法，同时，成本法与收益法的组合较多；②评估结果准确性、交易值与评估值的一致性有待进一步提高；③置出资产与置入资产评估增值率变动异常现象普遍，存在一定的虚假评估现象；④企业价值等综合性评估中存在矿业权评估等责任推诿现象；⑤评估增值率分析不够细致、全面
监管投入	①现行监管模式为行政干预与行业自律相结合，行政干预为主；②证监会与财政部、中评协为具有证券执业资格评估机构的监管主体；③资本市场评估年度检查每年约投入100人左右，抽查具有证券评估资格评估机构总数（70家）的20%以上①
监管信息透明度	①年度检查结果信息披露不够详细、及时，各年披露信息量详略不一致，存在报喜不报忧、家丑不外扬等现象；②除个别省市或自治区外，中评协及地方资产评估协会大多只报道检查布置及完成时间、检查总结，而对具体的检查违规结果却秘而不宣
监管效率、效果	①为资本市场等企事业单位的资产交易提供了保障；②每年约全面检查5家、专项检查15家，共计50个左右的评估项目；③每年20余起的警告、限期整改、谈话提醒、发关注函等自律惩戒或非自律惩戒监管措施

冰山理论表明，露在海平面上的结构部分（第一类因素）只是冰山的一角，仅占冰山总体的1/8，且是客观存在的、显性的、易觉察的。海平面以下行为部分（第二类因素）才是更为庞大和危险的部分，也是更主观、个性及被刻意掩饰起来的部分。由此可以推断，我国每年抽查20%评估机构的检查结果以及日常行业自律、新闻媒体等方面所披露的虚假评估违规事件，应该仅仅是全部评估违规活动的一部分。

---

　　① 2014年，中评协组织8个检查组共97名检查人员，对信永中和、江苏公证天业、四川华信、北京天圆全、大华、中兴华、北京永拓和利安达8家证券所总所及其21家分所的执业质量进行了检查。本次检查共抽查了118份审计报告，其中，上市公司审计报告49份，IPO审计报告5份，非上市公众公司审计报告11份，内控审计报告21份，其他报告32份。

二 监管效率的模糊综合评定

（一）评价方法

在构建评价指标的基础上，采用层次分析法（AHP）确定各指标维度所占权重，再采用模糊数学等方法进行综合评定。具体过程包括确定评价因素、提出评语集、确定评价因素的权重、确定模糊评定矩阵、确定评价结果等，评价分级划分为 6 级，即Ⅰ、Ⅱ、Ⅲ、Ⅳ、Ⅴ、Ⅵ级，依次表示优秀、良好、较好、一般、较差、差等分类级别（见表 10 – 19）。

表 10 – 19   资本市场资产评估监管效率评价分类级别

因素	优秀	良好	较好	一般	较差	差
u	5.0—4.8	4.7—4.2	4.1—3.6	3.5—3.0	2.9—2.4	2.3—0.0

计算结果显示，我国资产评估监管效率评价的综合得分为 73.71 分，评价级别为较好，表明其还有较大的发展潜力或提升空间。

（二）资本市场上资产评估监管效率评价

目前，我国构建了行政监管与行业自律相结合的资产评估监管体制，财政部、证监会为行政监管部门，中评协为行业自律组织，具有证券执业资格的评估机构由财政部、证监会、中评协监管，其他评估机构由财政部和中评协监管。行政监管与行业自律二者目标一致、紧密合作、各有侧重、各有所长、相互配合、优势互补、缺一不可。从制度上看，2004 年《行政许可法》颁布施行，财政部发布了《资产评估机构审批管理办法》（财政部令第 22 号），对资产评估机构及其分支机构的设立、变更和终止等行为进行规范，建立了评估机构的准入和退出机制，限制了机构数量的非理性增长，资产评估机构进入了稳步、规范发展的新阶段。同时，中评协印发并实施了《资产评估执业行为自律惩戒办法》、《资产评估执业质量自律检查办法》、《资产评估行业谈话提醒实施办法》、《评估机构业务质量控制指南》（2012 年起在证券评估机构正式施行）等一系列行业自律管制办法。

总体而言，我国资本市场上资产评估监管处于相对低效状态，具体表现为：①相关法律法规不健全，当事人违规成本低，法规和准则呈现被实践推着走、修修补补的被动局面。②上市公司和大股东在评估业务中占有优势地位，且普遍具有操纵资产评估结论的动机，呈现出"共谋"、"猫鼠同道"的态势，虚假评估现象时有发生。③资产评估机构数量多、规模小，执业环境不完善、恶性竞争以及片面迎合客户需求的情况严重，评估机构承担风险能力与收益不相匹配。④在管理体制方面，我国评估市场及其监管存在管理体制不顺、政出多门、市场分割、"多龙治水"现象，至今仍划分为资产评估、房地产评价、土地估价、矿业权评估、保险公估和旧机动车辆鉴定评估等专业领域，存在注册资产评估师、房地产估价师等几种执业资格以及分别由建设部、国土资源部、财政部、证监会、国家知识产权局、国家工商总局、国家林业局多方监管并存的尴尬局面。⑤每年均有一定数量的评估师或评估机构被实施自律惩戒监管措施（警告、限期整改等）和非自律惩戒监管措施（谈话提醒、发关注函等），甚至有的被追究法律责任。⑥监管力量投入不够，每年仅抽查不低于20%的评估机构。⑦监管模式应进一步完善。⑧尚未构建不同专业领域统一认可的评估准则，导致评估结论的一致性、准确性受到影响。

第十一章　研究结论与政策建议

第一节　研究结论

梳理相关研究，主要得出以下研究结论或发现：

（一）资产评估行业的功能及作用不可或缺

中国资产评估行业发展20多年的历史表明，资产评估在国有资产管理、企业并购重组中发挥着巨大而不可替代的作用。同时，随着我国国有企业深化改革、多层次资本市场建立、金融体制改革等一些国家重大改革和政策的落实与推进，赋予评估行业新的机遇和挑战。因此，政府应该出台相应政策鼓励资产评估发展，吸引更多人才加入评估行业，壮大专业人才队伍，提升综合专业服务能力。

（二）行业自律及政府干预（行政监管）使评估行业监管互为补充

行业自律与行政监管是推动行业加快发展的制度保障，二者目标一致、紧密合作、各有侧重、各有所长、相互配合、优势互补、缺一不可。财政部及中评协作为资产评估机构的行政管理部门或者自律管理组织，负责评估准则制定及评估机构的日常监管。财政部、证监会对具有证券评估机构的监管行为包括行政处罚和非公开的行政监管措施。行政处罚通常包括罚款、暂停执业、撤销证券业务许可等，刑事处罚最高刑期为5年有期徒刑。中评协对评估机构和评估师实施自律惩戒。不过，为了降低评估机构负担，避免重复检查，近年来财政部与中评协对评估执业情况进行联合检查，并视检查结果予以相应的行政处罚或自律惩戒，情节较轻的，主要采取自律惩戒。

（三）建立了比较完善的评估机构准入、退出和日常监管机制

中国资本市场资产评估建立了评估机构的准入机制、退出机制，以及

《资产评估执业行为自律惩戒办法》、《资产评估执业质量自律检查办法》、《资产评估行业谈话提醒办法》、《会员诚信档案管理办法》、证券评估机构业务质量控制等一系列监管制度。以上四个行业自律监管办法，是行业自律监管链条的四个关键环节。《资产评估执业质量自律检查办法》建立了资产评估执业质量自律检查长效管理机制；《资产评估执业行为自律惩戒办法》完善了行业自律惩戒机制；《资产评估行业谈话提醒办法》是行业自律惩戒机制的有效补充；《会员诚信档案管理办法》建立了会员诚信信息的记录和查询制度。

（四）提出了中国评估监管模式——混合监管模式基本构想

结合中国国情和资产评估行业发展状况，混合监管模式即政府监管下的行业自律是资产评估监管较为理想的模式。首先，剥离财政部、住房和城乡建设部、国土资源局等部委主管评估业务的职权，由国务院确定一个职能部门作为全国评估行业的主管部门，如国有资产监督管理委员会（国资委）、证监会、发改委等。鉴于我国混合经济的特点、资产评估行业的监管现状、民营经济不断增长以及国有企业改制的进一步深入，并考虑到监管机构设置及其监管活动所产生的成本，可以由证监会作为政府资产评估管理部门。也就是说，证监会除涉及资本市场的评估业务监管外，也具有监管上市公司以及外企事业单位评估活动。其次，组成联合统一的行业协会——行业自律。行业自律分为两个层级，一是由中国资产评估协会、中国房地产估价师协会、中国土地估价师协会等行业协会发起组成一个统一的行业协会，如美国的美国评估促进协会（AF）、英国的英国皇家特许测量师协会（RICS）等，并参考国际惯例，在统一的评估行业协会分设若干管理部门和专业委员会，分别负责日常事务的管理和评估准则的制定等工作。二是中国资产评估协会、中国房地产估价师协会、中国土地估价师协会等行业协会各自的专业自律监管。最后，外部制衡机制。为确保政府相关部门、联合统一行业协会、证监会等履行各自的监管职责，提高监管效率，并形成外部制衡，可由审计署定期或不定期检查和评价全国资产评估行业监管的效率、效果和存在问题。同时，应当发挥社会监督的作用，积极提倡、鼓励社会公众参与监督。

（五）构建了我国资产评估监管基本评价维度

资产评估监管制度安排及效率基本目标是完善我国资本市场资产评估监管，规范评估机构业务质量，维护社会公共利益和资产评估各方当事人合法权益，提升行业社会公信力，使资产评估行业更加有效地服务于资本市场等资产交易活动，实现资产评估行业的健康持续发展。从监管法规健全程度、行业发展环境、评估执业质量、监管投入、监管信息透明度以及监管效率、效果等方面构建了我国资产评估监管基本评价维度。并采用层次分析法（AHP）确定各指标维度所占权重，再采用模糊数学等方法进行综合评定。计算结果显示，我国资产评估监管效率评价的综合得分为 73.71 分，评价级别为较好，表明还有较大的发展潜力或提升空间。

（六）制度环境对国有企业评估机构的影响，受国有股权终极控制人等级性质影响

相比中央政府控制的公司，地方政府控制的公司更容易受到制度环境的影响。（1）政府同时控制我国资产评估机构和上市公司是我国评估市场的重要特征。因此，在考察我国上市公司评估机构的行为时，需要考虑资产评估机构和上市公司的政府背景特征，而不是仅仅考虑市场的供需关系。（2）地区制度环境的改善能够为当地的评估市场创造一个更加公平的竞争环境，上市公司在选择评估师时更多考虑评估质量而不是受双方的政府背景特征所牵制，这样，也更利于评估市场声誉机制的构建，形成良性竞争机制，从而利于评估市场长远发展。

（七）评估机构组织伦理气氛：马基雅维利主义还是其他

通过探索性因素分析和验证性因素分析方法，得到我国评估机构占主导的组织伦理气氛类型有四种，即公司规则和程序、法律法规和职业规范、效率以及公司利润。同时发现，我国目前评估机构占主导的伦理气氛为，以遵守公司规则和程序、法律法规和职业规范的制度型伦理气氛和以追求公司利润——效率的形成利润—效率型伦理气氛。表明现阶段我国评估机构本身、法律和相关行业规范等建设具有一定成效，能够在规范成员行为方面发挥重要的作用，能够共同监督与管理评估机构和评估师的行为。但基于"僧多粥少"的竞争环境，在倡导公司利润和效率型伦理气氛的资产评估机构，为求生存，以利为先，评估执业过程中很可能忽视法律法规和职业道德规范的要求，可能会导致评估质量的下降。

（八）梳理并归纳了虚假评估的基本特征及关注重点

梳理并总结曝光的资本市场虚假资产评估事件，至少可得出以下基本特征：（1）多数评估机构高级管理人员参与了虚假评估。（2）少数评估

师专业胜任能力缺失。（3）随意删减评估程序，尤其是风险评估环节和现场勘查环节。（4）长期雇佣、政治关联及内在关联关系——"御用"评估机构。（5）男性，年龄介于 36 岁至 55 岁之间。（6）客户至上。（7）预设评估结果。（8）无形资产评估、国有资产评估。一般而言，具有以下"红色信号"特征的客户，容易出现虚假评估现象：（1）IPO、增资扩股的公司。（2）资本运作和关联交易频繁的上市公司。（3）涉及国有资产出售、转让、合并、MBO 等的评估项目。（4）涉及无形资产评估、土地价值评估、资源性资产评估的项目。（5）被 ST 的公司。（6）发展中或竞争产业对新资金的大量需求。（7）委托方管理层有不法前科记录。（8）高新技术企业。而监管中值得重点关注的评估机构特征主要有：（1）规模偏小且陷入财务困境的评估机构。（2）有业务长期合作关系的评估机构。（3）同时为一个客户进行咨询、评估的评估机构。（4）收入较大的单项评估业务。（5）合并不久或者频繁发生合并的评估机构。此外，总结了虚假评估的典型手法。

（九）得到以下研究发现

（1）相关法律法规不健全，对各类专业评估管理缺乏统一的法律基础。由于我国尚未制定出有关评估行业管理的法律法规，对各类专业评估进行规范管理无法可依，对相关政府部门、评估行业协会、评估中介机构以及评估师职责缺乏必要和统一的法律约束。实际工作中，有关主管部门只能通过制定一般规范性文件，对各自归口管理的专业评估事务进行管理。

（2）政府行政性管理和行业自律性管理不到位。有的部门没有认真履行行政管理的职责，有的评估专业尚未建立行业自律性组织。

（3）不同评估专业之间缺乏沟通、协调与合作。各类评估专业之间有着密切的业务联系，需要相互沟通、协调与合作。但实际工作中，各评估专业之间缺乏必要联系，影响各类评估专业执业资质、执业资格和执业技术规范等制度建设的协调发展。

（4）中央政府控制的公司更可能选择中央政府背景的评估机构，地方政府控制的公司更可能选择地方政府背景的评估机构；制度环境越好（市场化水平越高、政府干预指数越低和法治化水平越高），企业越可能选择无政治背景的资产评估机构。即良好的地区制度环境与公司选择具有政治背景的资产评估机构显著负相关。

（5）上市公司盈余管理动机和大股东侵害动机对资产评估结论的影响完全不同，在对 δ 的影响中，盈余管理动机和大股东侵害动机是互斥的，即上市公司对同一资产评估结论的影响不可能既出于盈余管理动机又出于大股东侵害动机。上市公司与关联方交易和与非关联方交易的 δ 显著不同，表明关联交易的重组定价有被操纵之嫌，为达到某种特定目的的资产重组活动很可能发生在关联交易之中；上市公司置入资产的 δ 显著高于置出资产的 δ，表明上市公司存在低卖高买资产现象。

（6）评估机构缺乏独立性。在资产评估业集中度较低的情况下，评估机构"属地"色彩比较浓。评估机构与当地政府关系密切，地方保护严重。导致各地评估机构往往屈从于客户，评估随意性较强，不利于各评估机构的公平竞争、独立性的保持及执业质量的提高。

（7）资产评估的监管相关的博弈方一般涉及评估委托方、评估机构及评估师、监管部门（财政部、证监会、中评协等）三个方面，委托方和监管方将评估机构及评估师夹在中间，呈现典型性的"三明治"或"馍夹肉"结构。只有使评估机构因违规所得收益无法弥补由此受到的惩罚，评估机构进行违规操作无利可图，才能有效制止违规现象的发生，增强评估机构和评估人员的风险意识。

（8）竞争激烈的评估市场。按照贝恩分类法划分标准，2011—2014年，CR_4 均在 30% 以下，表明该行业评估机构数量很多，市场类型属于竞争型；CR_5 为 29.03%—31.46%，平均值为 30.26%，市场类型接近或属于低集中寡占型；CR_8 和 CR_{10} 分别为 36.72%—38.95%、40.04—42.62%，市场类型为中（下）集中寡占型；CR_{20} 为 53.52%—55.47，市场类型为中（上）集中寡占型。2011—2014 年赫尔芬达尔—赫希曼指数为 302、313、293、270，均低于 1000，也说明我国资产评估是一个没有集中的市场。同时，与相关行业比较，如"四大"会计师事务所所占市场份额稳定在 25% 左右，行业前 12 名集中度超过 40%。2013 年，具有证券资格的会计师事务所仅 40 家，而评估机构多达 70 家，多出会计师事务所 30 家（42.86%），资产评估行业集中度还有很大提升空间。

理论上讲，我国应该建立寡占型的资产评估市场，寡头垄断的市场优势如：资产评估质量、资产评估可信度比较高；有助于破除个别评估机构在地方的垄断，这种垄断有时会受制于政府的干预和利益集团的干涉，进而影响资产评估质量；执业水平较高的评估机构之间的竞争，会形成资产评估行业的"马太效应",好的评估机构水平更高、客户更多、更优质。

（9）各地区的评估报告自查得分存在一定的差异,我国评估机构执业质量状况处于中等偏下水平,个别地区的评估机构问题较大。以 2013 年为例,上海、海南自查评估报告平均得分为 74.76 分、69.78 分。而 2014 年山西、海南、新疆三个地区抽查的 173 份评估报告中,得分在 80 分以上的占 6.94%,70—79 分的占 22.54%,60—69 分的占 64.74%,低于 60 分达 5.78%。

（10）评估质量堪忧,检查范围和处理力度均有大幅提高。2013 年证监会共计检查了 19 家会计师事务所、20 家资产评估机构,分别占具备证券期货业务资格机构的 47.5%（19/40）、28.57%（20/70）,均超出了规定检查 20% 的比例要求。这与 2012 年的 6 家会计师事务所和 4 家评估机构相比,检查的范围和力度均有大幅提高。同时,2013 年证监会累计对 8 家会计事务所及 42 位相关签字注册会计师、9 家评估机构及 21 位相关签字注册资产评估师采取了行政监管措施并记入诚信档案,是 2012 年的近 2 倍,涉及的个人是 2012 年的 4 倍多。不过,这也从另外一个侧面说明,2013 年资产评估的执业质量并不令人满意,被采取行政监管措施机构数占被检查机构比例高达 45%,倘若按照这一比例推算,具有证券评估资格的 70 家评估机构,2013 年将会有 32 家评估机构会受到行政监管措施。被采取行政监管措施人数占被检查项目比例为 0.4375 人,这一数据意味着,每个评估项目就有 0.4375 个评估师或者相关人员会受到行政监管措施,即每两个资产评估项目,就会有一位评估师或相关人员受到行政监管措施。按照 2013 年资本市场 1297 宗评估项目推算,可能会有约 567 人受到行政监管措施,不过这也和证监会加大监管力度有着密切的关系。评估机构被采取行政监管措施机构数占被检查机构比例高于会计师事务所。

第二节　政策建议

基于研究发现的问题、研究结论或发现,提出完善我国资本市场资产评估监管的政策建议:

（一）加快资产评估法规、准则和评估质量评价体系建设

首先,《资产评估法》和《注册资产评估师法》为中心基本法律法规

的尽快出台，同时辅以其他法律法规，使我国目前资产评估法律体系由分散型向独立型转变，将使资产评估有法可依、消弭评估执业的"割据"局面，维护社会公共利益和资产评估各方当事人的合法权益，杜绝评估委托方与评估机构"合谋"或"购买评估结论"现象。法律法规应当明确资产评估机构的权利义务，加大对违规操作评估机构惩罚力度，使资产评估机构对经济发展的作用得以发挥，有效地维护资本市场中资产评估机构间的公平竞争，使评估机构因违规执业而获取的超额收益尽可能地降低甚至为负数。

其次，评估准则的进一步发展有利于规范各类资产评估行为，维护社会公共利益和资产评估各方当事人的合法权益。最后，我国应尽快建立资产评估质量的评价体系，帮助监管方以及评估报告的使用者判断评估质量的高低，优胜劣汰，最终使评估机构提供较高质量的评估报告。

（二）政府"简政放权"，让评估机构走向市场化

政府控制对资产评估行业的诞生和起步有着重要的作用，为资产评估机构带来客户资源，解决了资产评估机构前期发展的问题。不过随着我们评估行业的发展，资产评估在经济生活中发挥的作用日益重要。单纯靠政府关系业务的喂养已经不能满足资产评估机构的发展，同时也很难获得市场的认可。因此政府"简政放权"，把执法权力关进"数据铁笼"，完全脱离与资产评估机构的关系，让评估机构"市场化"，进行公平的竞争，才能释放评估行业的发展动力。为了避免遭到淘汰，有政治依靠的评估机构也将专心于执业质量的提高；而没有政治依靠的评估机构为了争取到市场也会努力进行执业能力的提升。另外，评估行业执业能力、执业水平和报告质量的全面提升，也将为评估获得更多的市场认可，从而进一步开拓市场，增加评估师的社会影响力。

（三）扩大监管投入，提高抽查比例

从目前证监会、财政部、中评协等监管投入看，无论人员、经费，还是基础设施，都相对比较薄弱，应当保证监管部门经费充足，提高监管人员业务素质和条件设施，加大相关监管部门的监管力度。要培养一支高素质的监察队伍，从技术上防止资产评估机构违规操作，提高对资产评估机构违规操作的识别能力，并采取同业互查、不定期检查等方式加强对资产评估机构的检查力度，并建立有效的违规执业信息反馈机制，使资产评估机构始终处于一种被监控状态。同时，应当扩大每年资产评估检查抽查范

围、比例，增大发现评估机构违规操作的概率。

（四）构筑文化、职业道德、内部控制、惩戒、法律"五道防线"

第一道防线旨在使评估机构或评估师形成恰当的契约精神、价值观和伦理观；第二道防线通过道德教化矫正人们选择的误差；第三道防线通过建立质量控制体系，保证评估业务质量，防范执业风险；第四道防线利用定期和随机质量检查、谈话提醒、吊销职业资格等形式，惩戒不当执业行为；第五道防线将相关法律作为最后底线。这样就会大大减少评估从业者触及"底线"的概率，维护行业乃至公共利益。

（五）建立同业互查机制和定期轮换制度

防止资产评估委托人和评估机构合谋的最有效手段是实行外部监督，使其不敢造假。目前，国际流行的外部监督形式是同业互查。当评估师意识到其工作将由第三方检查，并且虚假评估报告将受到严厉惩罚时，就会自发地提高评估质量。评估机构之间的互查工作应在各地的评估师协会统一部署下组织开展。参与互查工作的检查人员由评估师协会临时选调的评估师担任。必要时还可聘请其他相关专家，这样能最大限度地保证互查人员的独立性。

实施评估师轮换制度，将有利于消除因评估机构历史问题形成的壁垒，促进行业竞争，提高评估质量。同时，这一措施也将鼓励更多的评估机构参与竞争，使评估行业更具有产业吸引力，激发行业的活力，实现行业长远发展。

（六）建立完善的信息披露制度，对国有资产评估报告实施公示制度

信息披露能够帮助资产评估工作开展更加严密，降低不确定因素对评估结果的影响。理论上讲，国有资产评估是关系全民利益的事项，全民都有参与评判、监督的权利，因此应予公告，广泛征求全民的意见，使所有者确认自有资产的价值。但是，并非所有人都了解该资产的价值，出于降低运行成本和提高效率的考虑，资产评估报告及其经济事项批复文件等资料至少应在资产占有单位进行公示，征求广大职工的意见，职工无异议后，由职工代表签字确认。特别是国有资本退出控股地位的经济事项所涉及的资产评估报告，应要求必须履行公示程序，把资产评估监管风险降到最低。

（七）积极围绕市场需求，制定统一的评估执业准则

以某一个部委统一管理的我国评估市场有一定难度或阻力，这从资产

评估法的制定过程就可见一斑。同样，要将中国资产评估协会、中国地产估价师和房地产经纪人学会以及中国土地估价协会合并在一起也具有相当大的挑战。对此，应当"避虚就实"，借鉴英美等资产评估发达国家或地区长达一百多年的经验教训，即由不同的协会发起制定共同认可的评估准则及管理体系，用评估准则来管理整个市场的资产评估执业，使不同协会的评估师执行统一的评估准则，进而保证评估结果的一致性和权威性。

（八）倡导积极的伦理气氛建设，提高组织伦理气氛水平

就我国评估行业中评估机构不断扩大规模以求发展壮大局势看，过度追求利润与追求效率的组织伦理气氛不利于我国评估机构的长远发展，从国外评估业的发展趋势也可以看出，为保证我国资产评估机构的持续健康发展与长远利益的获得，必须倡导与塑造例如遵循法律法规和遵循道德规范等积极的组织伦理气氛。可见，作为评估行业中的主体实施者，评估机构应不断推进遵循道德规范和法律制度的伦理气氛建设，从而确保资产评估行业内部评估机构伦理标准的一致性，进一步明晰评估人员伦理期望。可以采取以下措施加强或培养我国评估机构人员的组织伦理气氛水平：（1）在机构内部倡导积极的气氛，提高评估机构组织伦理的选择能力。（2）树立领导者榜样力量，提高评估机构的伦理调节能力。（3）提高建立绩效考核与奖惩机制，增强评估机构组织伦理的评价能力。

（九）加强评估机构内部机制建设

一是完善治理结构和机制。严格按照《公司法》、《合伙企业法》、相关法律法规建立现代企业制度的要求。形成权力机构、决策机构、监督机构与管理层之间权责分明、各司其职、有效制衡、科学决策、协调运作的法人治理结构。股东大会、董事会、各司其职，形成"权益清晰、决策科学、管理严格、和谐发展"的内部治理机制。

二是完善内部质量管理。建立科学规范的执业质量控制体系，切实执行有效的复核制度，形成执业质量预警机制，通过提高执业质量来提升自身的竞争力。

三是进一步完善自身的惩戒制度；建立与质量控制制度相结合的岗位责任制度、能上能下的晋升制度、能进能出的人才流动制度、激励惩戒制度等；建立公开透明的财务管理制度，使机构财务管理有章可循、有据可查；建立公平合理的分配制度形成"对内具有公平性，对外具有竞争力"的分配体系。

四是制定科学、合理的人力资源政策和规划，保证评估机构专业队伍始终保持良好的职业素质和专业胜任能力。

（十）建立 δ 异常波动监控机制

建立分行业 δ 合理的变化区间，对超出区间或者可能存在异常现象的 δ，应从评估基准日选择是否合理、资产评估的假设是否允当、评估方法选择与运用是否恰当、计价标准和有关参数的变化、外部环境与资产评估值匹配性（一致性）等对评估结果增减有重大影响的因素加以甄别，以抑制上市公司的盈余管理、利益输送动机及行为。

（十一）推行上市公司企业价值定期评估制度

根据现行制度安排，资产评估业务通常是随着资产转让、置换、合并、分立、破产、解散等经济行为发生而引起的，即伴生性的。建立类似于注册会计师审计的年报审计方式，施行上市公司定期整体资产价值评估制度，更有利于动态、准确地反映企业真实资产增减值状况，进一步完善上市公司信息披露，进而制衡上市公司通过操纵置入或置出资产评估结果进行盈余管理、利益输送，助力资本市场规范、健康发展。

（十二）建立评估行业协会联席会议制度

为了有利于各评估专业的沟通、协调与合作，促进我国评估行业的协调发展，本着自愿的原则，由行业协会自主协商，建立评估行业协会联席会议制度。联席会议主要负责研究提出我国评估行业改革和发展的意见和建议，研究提出规范评估执业人员执业行为的道德准则，协调各专业的评估执业准则和执业规则，研究提出加强评估行业自律性管理的意见和建议，参与评估行业法律法规的研究草拟工作等。

（十三）建立资产评估行业的社会监督机制

建立起"以行政监管为主，行业自律为辅，社会监督为重点"的监督体系。一要充分发挥社会监督作用。加强与政府相关部门的联系。主动邀请财政、国资委、法院、工商、林业等部门对评估机构监督，听取他们对行业的意见和建议。加大对政府、司法部门移交的案件查处工作力度。二要主动接受人大、政协对评估行业的监督。充分发挥评估行业人大代表、政协委员对评估行业的监督作用。三要充分发挥舆论监督作用。加强与新闻媒体的工作联系，鼓励新闻媒体既要宣传一批讲诚信、讲质量、有社会责任感的先进评估机构和评估师，又要敢于对那些道德缺失、违规执业的评估机构进行行业内警告、通报批评和公开谴责，甚至在媒体公开曝光，惩治邪恶，弘扬正气，净化环境。

（十四）引入竞争机制，提高评估师的执业能力

在政府控制的不完全竞争的评估市场上，评估行业不以评估质量作为优胜劣汰的标准，而是以谋求政治关联作为发展的路径。这样的机制必然损害评估行业的长远发展。随着业务领域的拓展和复杂化，对评估师的专业胜任能力也提出了更高的要求，如果评估师停留于以往的执业能力必不能赢得市场的认可，最终失去市场。因此引入市场竞争机制，树立评估质量为导向的价值观对评估行业的长远发展显得异常重要和迫切。

本书在研究设计时，拟用回归模型对评估监管的效率进行探究，但由于相关数据难以获得等原因，改用模糊综合评定，未能实现课题申报时的研究设计。同时，由于研究时间跨度较长以及数据获得的滞后性，个别章节数据未能及时更新。今后，拟在评估监管活动的动态博弈、评估机构组织伦理气氛类型及其作用机制等方面展开进一步研究。